Justus Duhnkrack
Öffentliche Kunstförderung

Edition Politik | Band 160

Justus Duhnkrack, geb. 1989, ist Justitiar von Bündnis 90/Die Grünen. Er war Leiter der Abteilung Personal & Recht der Kulturstiftung des Bundes und studierte Rechtswissenschaften, Mediation und Konfliktmanagement in Hamburg, Südafrika und Frankfurt (Oder). Seine Veröffentlichungen befassen sich mit Kulturpolitik sowie Rechts- und Konfliktwissenschaften.

Justus Duhnkrack

Öffentliche Kunstförderung

Systematisierung und Lösungsansätze eines Verteilungskonflikts am Beispiel der freien Szene

[transcript]

Bibliografische Information der Deutschen Nationalbibliothek
Die Deutsche Nationalbibliothek verzeichnet diese Publikation in der Deutschen Nationalbibliografie; detaillierte bibliografische Daten sind im Internet über https://dnb.dnb.de/ abrufbar.

transcript Verlag | Hermannstraße 26 | D-33602 Bielefeld | live@transcript-verlag.de

Umschlaggestaltung: Maria Arndt, Bielefeld
Druck: Majuskel Medienproduktion GmbH, Wetzlar
https://doi.org/10.14361/9783839469477
Print-ISBN: 978-3-8376-6947-3
PDF-ISBN: 978-3-8394-6947-7
Buchreihen-ISSN: 2702-9050
Buchreihen-eISSN: 2702-9069

Gedruckt auf alterungsbeständigem Papier mit chlorfrei gebleichtem Zellstoff.

Inhalt

Zweiter Teil: Der verfassungsrechtliche Rahmen der öffentlichen Kunstförderung

Dritter Teil: Der verwaltungsrechtliche Rahmen der öffentlichen Kunstförderung

Vierter Teil: Ergebnis

Vorwort

Die vorliegende Arbeit wurde 2022 an der Bucerius Law School – Hochschule für Rechtswissenschaft – als Dissertation angenommen, die Literatur und Rechtsprechung befindet sich überwiegend auf dem Stand Mai 2022. Das Promotionsverfahren wurde mit der mündlichen Prüfung am 28. Februar 2023 abgeschlossen.

Ich danke zuerst Professor Dr. Herman Pünder, der an dieser Arbeit und den Entwicklungen in meinem persönlichen Leben entscheidenden Anteil hat, indem er mich durch eine weichenstellende Lebensphase begleitete. Sämtliche Ratschläge haben sich – trotz meiner Skepsis – als richtig erwiesen und sollten sich in ihren Zukunftsprognosen vollumfänglich bewahrheiten. Ich freue mich, davon als Student, Berufseinsteiger und Freund profitiert haben zu dürfen und weiterhin zu profitieren. Herrn Professor Dr. Christian Bumke danke ich für die rasche Anfertigung des Zweitgutachtens und den darin enthaltenen Anregungen für weitere Forschungsfragen.

Ich danke meinen Eltern Dr. Thomas und Hedwig Duhnkrack, die mit gleichermaßen viel Geduld und Ungeduld mein Vorhaben zu unterstützen wussten und schließlich die zweifelhafte Freude hatten, die Arbeit Korrektur zu lesen. Einen unermesslichen Beitrag hat meine Frau Charlotte Duhnkrack (geb. Maier) geleistet, die mich bislang nur in Begleitung meines Promotionsvorhabens kennt und ohne die, diese Arbeit unbeendet geblieben wäre.

Ich danke meinen Freunden und Freundinnen, deren Leidensgemeinschaft im Studium und der Promotion von außerordentlichem Wert war, sich nicht zu verlieren. Schließlich bin ich dankbar für vielfältige künstlerische Zusammenarbeiten und Bekanntschaften mit der freien Szene, Theatern und Museen sowie meiner Tätigkeit für die Kulturstiftung des Bundes, während derer ich zahlreiche Eindrücke und Erfahrungen sammeln durfte, die in diese Arbeit Eingang gefunden haben.

Nieblum auf Föhr, den 10. August 2023
Justus Duhnkrack

Erster Teil:
Grundlagen der Untersuchung

Erster Abschnitt: Einleitung

A. Einführung

I. Problembeschreibung

Kunstförderung polarisiert. Die gesellschaftspolitische Debatte umfasst eine Bandbreite verschiedener Aspekte, die mit politisierten Schlagworten wie »Künstlerprekariat«[1], »Honoraruntergrenze«[2], »Entbürokratisierung«[3], »Unterfinanzierung«[4], »Gerechtigkeitslücke«[5], »Aufmerksamkeitsökonomie«[6] und »Systemrelevanz«[7] nur ausschnitthaft diskutiert werden. Von dem fortwährenden Ruf nach mehr Geld hat sich die Debatte weiterentwickelt.[8] Fragen der Verteilungsgerechtigkeit[9] und der

---

1 Schlussbericht der Enquete-Kommission »Kultur in Deutschland«, BT-Drs. 16/7000, S. 232.

2 U. a. eine Forderung des Bundesverbandes freie darstellende Künste, abrufbar unter: https://darstellende-kuenste.de/de/themen/soziale-lage/diskurs/honoraruntergrenze.html, zuletzt abgerufen am 10. Juli 2020.

3 *Arbeitsgemeinschaft für wirtschaftliche Verwaltung e.V.* (Hg.), Modernisierung der Zuwendungspraxis für den Dritten Sektor, 2018, S. 7.

4 Schriftliche Kleine Anfrage des Abgeordneten Norbert Hackbusch (DIE LINKE) vom 06.02.18 in der Hamburger Bürgerschaft, Drs. 21/11913.

5 Die Fraktion »Die Linke« versucht seit Jahrzehnten unter diesem Schlagwort erfolglos eine nicht-dispositive Ausstellungsvergütung für Bildende Künstler im Urheberrecht zu verankern, in der Hoffnung deren wirtschaftliche Lage zu verbessern, s. dazu BT-Drs. 18/12094.

6 *Hörisch*, Ökonomie der Aufmerksamkeit, https://www.deutschlandfunk.de/oekonomie-der-aufmerksamkeit.700.de.html?dram:article_id=80967, zuletzt abgerufen am 17. August 2018.

7 *Häberle/Kotzur*, ZRP 2022, 24 (26); *dies.*, NJW 2021, 132 (133).

8 So noch der Vorwurf an den Kulturbetrieb seitens *Haselbach et al.*, Kulturinfarkt, S. 56ff.; *Knoblich*, Kulturpolitische Mitteilungen II/2021, S. 35 (36), fordert »Strukturbereinigung«, durch vermehrte Entscheidung gegen den Weiterbetrieb eines Angebots zugunsten der Profilierung eines anderen.

9 *Badura/Zierold*, Kulturpolitische Mitteilungen II/2021, S. 38 (39), sprechen von einer Begünstigung der Großinstitutionen gegenüber der freien Szene; *Bergmann*, Kulturpolitische Mitteilungen Nr. 173, II/2021, S. 48; *Eichler*, Kulturpolitische Mitteilungen II/2021, S. 42ff.; *Haselbach*, ZfK 2018, S. 103 (116); *Meissner*, Kulturpolitische Mitteilungen I/2020, S. 38; *Rodatz*, Solidarische Mittelvergabe, S. 28 (30); *Schad*, ZfK 2015, S. 29 (44f.); *Teissel*, ZfK 2015, S. 15 (24); Antrag

Umstrukturierung[10] des »Förderdschungels«[11] stehen nunmehr im Fokus. Im Kern widmet sich diese Diskussion dem Verteilungskonflikt, der durch ein multipolares Interessengeflecht zwischen individuellen und kollektiven Interessen, zwischen den Künstlern und Künstlerinnen[12], Projekten und Institutionen[13] sowie zwischen den künstlerischen Sparten geprägt ist.[14] Die Vielzahl und Vielfalt öffentlicher Kunstförderung machen die Materie besonders unübersichtlich.[15]

»Die Kulturlandschaft in Deutschland steht unter einem zunehmenden Veränderungsdruck«, konstatierte die Enquete-Kommission »Kultur in Deutschland« in ihrem Schlussbericht 2008 als neue Herausforderung der Kultur »heute«.[16] Die Handlungsempfehlungen zu Lage und Strukturwandel der öffentlichen Kulturförderung sind ein Abbild des »inneren« (politischen) Drucks auf die Beteiligten.

Knapp 15 Jahre später steigt der Druck »von außen«. Die Kultur wird als die »neue Kampfzone«[17] bezeichnet, die die politische Rechte für sich entdeckt hat und mit einigem Erfolg auch auf diesem »Kampffeld« die Gesellschaft spaltet.[18] Einmal

---

der Fraktion Bündnis 90/Die Grünen, »Soziale und wirtschaftliche Lage von Künstlerinnen, Künstlern und Kreativen verbessern, Kulturförderung gerecht gestalten«, BT-Drs. 18/12373.

10 Siehe etwa Masterplan der Freien Hansestadt Bremen für die Kulturentwicklung 2006–2011, abrufbar unter: https://www.kultur.bremen.de/sixcms/detail.php?template=20_search_d&search%5Bsend%5D=true&search%5Bvt%5D=landesamt&search%5Barea%5D=0&skip=, zuletzt abgerufen am 2. September 2018; Konzeptionspapier zum Auf- und Ausbau der Förderstrukturen der freien Szene darstellender Künste in der Freien und Hansestadt Hamburg vorgelegt vom DfdK Hamburg, abrufbar unter: https://dfdk.de/images/PDF/Konzeptionspapier_DfdK_16.02.2018.pdf, zuletzt abgerufen am 2. September 2018; *Röbke*, Unternehmen Kultur, S. 135 (137).

11 *Müller/Richter/Ziekow*, Handb. Zuwendungsrecht, Teil A, Rn. 356.

12 *Künzel*, APuZ 2004, S. 34ff.; schriftliche Anfrage der Abgeordneten Verena Osgyan BÜNDNIS 90/DIE GRÜNEN, vom 21.10.2015, im Bayerischen Landtag, Drs. 17/10140; aus Gründen der leichteren Lesbarkeit wird in der vorliegenden Ausarbeitung die gewohnte männliche Sprachform bei personenbezogenen Substantiven und Pronomen verwendet. Dies impliziert jedoch keine Benachteiligung des weiblichen Geschlechts, sondern soll im Sinne der sprachlichen Vereinfachung als geschlechtsneutral zu verstehen sein.

13 *Klein*, Jahrbuch Kulturpolitik 2021/22, S. 191 (199f.).

14 *Höfling*, DÖV 1985, S. 387 (392); *Schad*, ZfK 2015, S. 29 (46).

15 Gefordert wird zudem, dass die Förderverwaltung sich zu einem lernenden System entwickeln müsse, das sich aus eigenem Antrieb um stetige Qualitätsverbesserung bemüht, *Müller/Richter/Ziekow*, Handb. Zuwendungsrecht, Teil B, Rn. 30.

16 Schlussbericht der Enquete-Kommission »Kultur in Deutschland«, BT-Drs. 16/7000, S. 43.

17 Abrufbar unter: https://www.daserste.de/information/wissen-kultur/ttt/sendung/ndr/chronik-afd-kultur100.html, zuletzt abgerufen am 19. September 2019; *Küpper*, Kulturpolitische Mitteilungen II/2020, S. 31 (32).

18 In einer Pressemitteilung des kulturpolitischen Sprechers der AfD im Landtag Sachsen-Anhalt heißt es etwa, dass Grundlage und Ausgangspunkt jeder Kulturförderung ein selbstbewusstes Bekenntnis zur deutschen Identität sein müsse, wie es allein die AfD vertrete. Abrufbar unter: https://www.afdfraktion-lsa.de/dr-tillschneider-ein-starkes-the

mehr wird eine Kulturkrise ausgerufen.[19] Kaum einem anderen Grundrecht kommt eine ähnliche Signalfunktion für den Grad der Freiheitlichkeit oder Repressivität einer Gesellschaft zu wie der Freiheit der Kunst.[20]

Die politische Rechte hinterfragt mittels (zulässiger) Anfragen im Bundestag und in Parlamenten die Finanzierung etablierter Institutionen und der freien Szene,[21] verbunden mit der Position, dass öffentliche Kunst unpolitisch sein müsse.[22] Die Frage der unpolitischen Kunst ist selbst eine hoch politische und nimmt in Diskussionen verschiedene Formen an: Ist öffentlich gefördert entstandene Kunst zur politischen Enthaltung verpflichtet? Wieviel Politik verträgt die Kunst und wieviel Kunst verträgt die Politik? Ist öffentliche Kunstförderung überhaupt zulässig? Wie

---

ater-braucht-eine-starke-nationalidentitaet, zuletzt abgerufen am 19. September 2019; derselbe fordert eine »kulturpolitische Wende um 180 Grad«, abrufbar unter https://www.landtag.sachsen-anhalt.de/plenarsitzungen/transkript/?tx_apertobase_livetranscript%5Bspeaker%5D=11471&cHash=17d0dccdceb7be4104c81c3306a995c1, zuletzt abgerufen am 31. Juli 2020; ähnlich beschreibt die nationalsozialistische Kulturpolitik ihre Ideologie: »Die Bolschewisierung der Kunst wurde begründet mit dem im alten Staat allgemein anerkannten internationalen Wesen der Kunst, ein Kardinalfehler, denn wahre und große Kunst kann nur auf nationaler Grundlage erwachsen, was die Geschichte aller Kulturvölker beweist«, zitiert nach *Weck*, Legitimationsprobleme öffentlicher Kunstförderung, S. 57.

19 Vgl. etwa *E. Huber*, Kulturstaat, S. 5.

20 *Hufen*, Handb. der Grundrechte Bd. IV, § 101, Rn. 1; ähnlich *Baum*, FS-Schwencke S. 53 (55); *Häberle/Kotzur*, ZRP 2022, 24 (26).

21 Das zivilgesellschaftliche Engagement, etwa repräsentiert durch die »Erklärung der Vielen«, beschreibt die Agitation der politischen Rechten so: »Rechte und nationalistische Gruppierungen und Parteien stören Veranstaltungen, wollen in Spielpläne eingreifen, polemisieren gegen die Freiheit der Kunst und arbeiten an einer Renationalisierung der Kultur.«, Hamburger Erklärung der Vielen, abrufbar unter: https://dievielen.de/erklaerungen/hamburg, zuletzt abgerufen am 19. September 2019. Beispielsweise kleine Anfrage der AfD-Bundestagsabgeordneten Marc Jongen, Petr Bystron, Nicole Höchst, weiterer Abgeordneter und der Bundestagsfraktion der AfD zum Künstlerkollektiv Zentrum für politische Schönheit BT-Drs. 19/410; große Anfrage der Abgeordneten Dr. Alexander Wolf, Dirk Nockemann, Detlef Ehlebracht, Andrea Oelschläger, Harald Feineis und Peter Lorkowski (AfD) in der Hamburger Bürgerschaft vom 28.11.18, betreffend die »›Erklärung der Vielen‹ – Parteipolitische und weltanschauliche Einflussnahme durch öffentlich geförderte Kultureinrichtungen?«, Drs. 21/15134; zur Rolle der staatlichen Theater im Kulturkampf siehe auch *Wolf*, NVwZ 2020, S. 845ff.

22 »Kein Gesinnungstheater mit Steuermitteln!«, abrufbar unter: www.hansjoachimberg.de/kein-gesinnungstheater-mit-steuermitteln/, zuletzt abgerufen am 19. September 2019; »in der Vermischung von Asylrecht und Kunstfreiheit sieht die AfD einen erneuten Beweis dafür, wie Kultur einmal mehr unter dem Deckmantel der Kunstfreiheit für politische Zwecke instrumentalisiert wird. Dagegen wird sich die AfD auch weiterhin zur Wehr setzen.«, abrufbar unter: https://www.afdbundestag.de/renner-willkuer-und-tombola-prinzip-in-der-kulturfoerderung-stoppen/, zuletzt abgerufen am 19. September 2019; *Pliplat*, Kulturpolitische Mitteilungen II/2020, S. 20 (21), beschreibt vergleichbare Vorgänge in ganz Europa.

frei ist die freie Szene? Diese Fragestellungen spitzen sich insbesondere in dem Dilemma zwischen staatlicher Neutralität und einer staatlichen Auswahlentscheidung im Verteilungsverfahren der Kunstförderung zu. Zur Klärung bedarf es einer Systematisierung der staatlichen Tätigkeit sowie ihrer Möglichkeiten und Grenzen mit Blick auf die verfassungsrechtlichen Leitgedanken und verwaltungsrechtliche Umsetzung bei der Lösung des Verteilungskonflikts.

Zur Verdeutlichung der Fragestellung wird die vorliegende Arbeit thematisch auf einen konkreten Ausschnitt des »weiten Feldes« Kulturförderung begrenzt. Für die »Angriffe von außen« ist die zeitlich befristete, innovationsorientierte Projektförderung der freien Szene von besonderer Bedeutung. Im Gegensatz zur institutionellen Förderung wird die Projektförderung nur begrenzt durch demokratisch legitimierte Aushandlungsprozesse gesteuert, sondern ist maßgeblich Gegenstand einer Auswahlentscheidung.[23] Projektförderung gilt daher als Handlungsfeld für kulturpolitische Agitation und kann zum Spielball des politisierten Staatsapparates werden.[24] Mit schätzungsweise jährlich mehreren hundert Millionen Euro für die Projektarbeit der freien Kulturszene ist auch der finanzielle Hebel nicht zu unterschätzen.[25] Mit der Projektförderung wird Politik gemacht.

Neben der Eingrenzung der Fragestellung auf das politische Handlungsfeld der Kunstförderung steht aus einem zweiten Grund die Projektförderung der freien Szene im Fokus: Diese aus dem Gedanken der Flexibilisierung heraus entstandene Form der Förderung unterscheidet sich von der institutionellen Förderung durch das Fehlen von Routinen, Planstellen und Traditionen und bietet einen Arbeitszu-

---

23 Zur Differenzierung zwischen institutioneller Förderung und Projektförderung siehe ausführlich S. 139. Die Projektförderung wird im Bereich der darstellenden Kunst nicht nur am häufigsten eingesetzt, sondern erweist sich in der Praxis auch als das Instrument, das am stärksten zur Steuerung genutzt wird, so *Blumenreich*, Förderstrukturen, S. 191; *Wolf*, NVwZ 2020, S. 845 (848), spricht von »politisch instrumentalisierbaren Schutzlücken«; *Heskia*, ZfK 2015, S. 13 (40); zur Historie der Indienstnahme der Kunst durch den Staat zwecks Identität, Repräsentation und Sozialdisziplinierung siehe auch Dreier/*Wittreck*, Art. 5 Abs. 3 GG, Rn. 2; *Stern*, Staatsrecht IV/2, S. 616ff.; zur wirtschaftlichen Bedeutung von Subvention in Deutschland und Europa Ehlers/Fehling/Pünder/*Kühling*, Bes VerwR Bd. 1, § 30, Rn. 1.

24 *Hufen*, Handb. der Grundrechte Bd. IV, § 101, Rn. 16, attestiert einer diskriminierenden Kunstförderung das Potential schwerwiegender Eingriffe in die Kunstfreiheit; zur politischen Gestaltungsfreiheit bei Zuwendungen *Dittrich*, § 23 BHO, Rn. 2.1.

25 *Sievers*, Kulturpolitische Mitteilungen II/2019, S. 37; vgl. Gabriel/Krohn/Neun/*Dietlein/Fandrey*, Handb. d. Vergaberechts, § 9 Rn. 4; grundsätzlich zur politischen Bedeutung von Zuwendungen als »goldenem Zügel« *Kluckert*, Zuwendung und Gesetz, S. 13; zur Gefahr der Kürzung von Haushaltsmitteln der Projektförderung gegenüber der institutionellen Förderung *Röbke*, Unternehmen Kultur, S. 135 (136); Ähnlich *Knoblich*, Kulturpolitische Mitteilungen II/2021, S. 35; *Dittrich*, § 23 BHO, Rn. 2, bezeichnet Zuwendungen als das wichtigste haushaltsrechtliche Instrument für staatliche Fördermaßnahmen.

sammenhang der Autonomie und Selbstbestimmung für die Zivilgesellschaft.[26] Der freien Szene wird das Potential herausragender künstlerischer und gesellschaftlicher Impulse zugeschrieben.[27] Anders als im institutionalisierten Kontext besteht in der freien Szene – pointiert formuliert – erst die (gemeinsame) Idee und dann beginnt die Suche nach der Finanzierung, während in Institutionen erst das Geld vorhanden ist und dann die Idee gesucht wird.[28] Neben dem Angriff »von außen«, besteht, wie erwähnt, die Gefahr der Brüchigkeit »von innen«. Der anfänglichen Begeisterung eines modernen, kreativen, freien Arbeitens ist die Ernüchterung eines enttäuschenden und erschöpfenden Wettbewerbs innerhalb der Szene gewichen. Immer mehr Akteure konkurrieren um die begrenzten Fördermittel.[29] Der Verteilungskonflikt spitzt sich zu.

II. Erkenntnisinteresse

Während die Kunst ein Spiegel der gesellschaftlichen Verfasstheit ist, ist die Kunstfreiheit ein Spiegel der staatlichen Verfassung. In der direkten staatlichen Kunstentstehungsförderung der Leistungsverwaltung durch Zuwendungen nimmt die Kunstfreiheit neben der abwehrrechtlichen Funktion auch als Freiheitsrecht Gestalt an. Der geförderte Schaffensprozess ist dem Kern des grundrechtlichen Schutzbereichs der Kunstfreiheit besonders nahe. Schaffensprozesse beginnen nicht in den heiligen Hallen der Museen oder auf den großen Bühnen der Theatersäle. Museen und Theater sind die Krone eines Baumes, der in der freien Kunstszene wurzelt. Die freie Szene nährt das Etablierte und sorgt für Wachstum in der Spitze und doch wird sie meist vergessen; denn für viele ist sie unter der metaphorischen Erdoberfläche unsichtbar (»Subkultur«).

Eine Systematisierung der öffentlichen Kunstförderung bietet einen Ausgangspunkt für die kulturpolitische Diskussion über Sinn und Unsinn des Status quo. Dafür sind zahlreiche Maßnahmen abzugrenzen, deren Wirkrichtung nicht spezifisch auf die freie Szene abzielen. Beispiele sind die Förderung staatlicher Einrichtungen, die unter Umständen Kulturschaffende der freien Szene engagieren oder urheberrechtliche Verwertungsmöglichkeiten, die Anreiz für jegliche kreative Schöpfung sein sollen. Im Zentrum der Betrachtung stehen die Fördermaßnahmen, die

---

26 *Sievers*, Kulturpolitische Mitteilungen II/2019, S. 3; zur Begriffsdefinition der Projektförderung und institutionellen Förderung siehe Nr. 2.1 bzw. Nr. 2.2 VV zu § 23 BHO.

27 *Redmer*, Mut zum Paradigmenwechsel – Die Förderung der freien Szene in Nordrhein-Westfalen, in: Kultur & Politik 3/2018, S. 24.

28 *Deuflhard*, Jahrbuch für Kulturpolitik 2014, S. 56; ähnlich *Haselbach et al.*, Kulturinfarkt, S. 193ff.

29 *Lorey*, Freies Theater in Deutschland, S. 77 (78); *Haselbach*, ZfK 2018, S. 103 (104); *Rodatz*, Solidarische Mittelvergabe, S. 28 (36); *Zimmermann*, Freie Szene – Ort der Kunstinnovation und der Armut, in: Politik & Kultur 3/2018, S. 21.

die freie Szene adressieren: Die Kunstentstehung ist der Ausgangspunkt der Freiheitsbetätigung, auf diesen nimmt die Verwaltung durch die Verteilung einer knappen Ressource unmittelbar Einfluss.[30] Der Nukleus dieses Spannungsfeldes grundrechtlicher und verwaltungsrechtlicher Fragestellungen ist das Dilemma zwischen Auswahlentscheidung und staatlicher Neutralität.[31]

Der bestehende Rechtsrahmen ist nicht leicht zu überschauen und entbehrt ordnender Regulierung. Auf der einen Seite finden sich keine (überzeugenden) dogmatischen Begründungen für die Kunstförderung. Auf der anderen Seite ist Kunstförderung aber (historische) Praxis. Dem sich daraus ergebenden Legitimations-Vakuum widmet sich das Erkenntnisinteresse dieser Arbeit, indem die verfassungsrechtlichen Leitgedanken der öffentlichen Förderung der freien Kunstszene identifiziert und daraus operable Verfahrensmaßstäbe entwickelt werden.

III. Gang der Untersuchung

Um eine Grundlage für die Systematisierung öffentlicher Förderung der freien Kunstszene zu schaffen, wird zunächst durch die Abgrenzung von Begrifflichkeiten und einer Betrachtung der staatlichen Tätigkeit der Gegenstand der Untersuchung weiter präzisiert (*Erster Teil*). Anschließend werden die handelnden Akteure und ihre Geschichte kulturpolitischen Zusammenwirkens umrissen, um einen Überblick über die »Ideengeschichte« der öffentlichen Kunstförderung zu geben.

Die Verfassung gibt den Rahmen vor, innerhalb dessen sich die Umsetzung der politischen Diskussion realisieren lässt (*Zweiter Teil*). Dementsprechend sind zunächst die kulturverfassungsrechtlichen Aussagen zu analysieren, die insbesondere der Frage nach Kunstförderpflicht oder Kunstförderverbot nachgehen, die Notwendigkeit einer gesetzlichen Regelung klären sowie die Zuständigkeiten auf dem Gebiet der Kunstförderung festlegen (*Erster Abschnitt*).

Der *zweite* und *dritte Abschnitt* des *zweiten Teils* widmen sich den verfassungsrechtlichen Direktiven der Kunstfreiheit und des Gleichheitssatzes, die die Leitgedanken der öffentlichen Kunstförderung konturieren. Auf dieser Grundlage sollen später Standards für die verwaltungsrechtliche Praxis entwickelt werden, die als Blaupause für neue Instrumente und Konzeptionen staatlicher Fördertätigkeit

30 Zur Gefahr der Indienstnahme der Kunst durch den Staat, Dreier/*Wittreck*, Art. 5 Abs. 3 GG, Rn. 4; zum Missbrauchspotential siehe ausführlich S. 51.

31 *Germelmann*, Kultur und staatliches Handeln, S. 373; *Höfling*, DÖV 1985, S. 387 (390); *Huster*, Ethische Neutralität, S. 436ff.; *Lenski*, Öffentliches Kulturrecht, S. 360f.; Dreier/*Wittreck*, Art. 5 Abs. 3 GG, Rn. 34, spricht vom »Subsystem Kunst als Herausforderung der Rechtswissenschaft«; a. A. *Steiner*, HStR IV, § 86, Rn. 15, verortet die Projektförderungen »am Rande der Ausübung politischer Macht«.

dienen können. Auf diese Weise kann eine qualitative Verbesserung der Aufgabenerfüllung Kunstförderung erfolgen, ohne dass die Lösung ein zentralisierter Kulturstaat oder lediglich eine Aufstockung der vorhandenen Fördergelder wäre.

Im *dritten Teil* wird, ausgehend von einem Überblick des Zuwendungsrechts (*Erster Abschnitt*), ein *best practice* der Förderentscheidung analysiert. Anregungen aus anderen Verteilungsverfahren werden dafür als Impulse aufgenommen, um materielle Maßstäbe (*Zweiter Abschnitt*) und prozedurale Maßstäbe (*Dritter Abschnitt*) zu entwickeln. Warum nicht die guten Ideen des Gesetzgebers in anderen Bereichen aufgreifen? Ein maßgeblicher Grund, warum die Kunstförderung nur marginal geregelt ist und andere Verteilungskonflikte wie das Vergabeverfahren eine ungleich höhere Regulierungsdichte aufweisen, beruht schließlich lediglich (auch) auf der vergleichsweise geringen finanziellen Relevanz und der damit verbundenen (unterschätzten) politischen Bedeutung der Kunstförderung im Gesamtspektrum der öffentlichen Aufgabenwahrnehmung.

Der *vierte Teil* greift die Ergebnisse der Arbeit in Thesen auf und verknüpft sie in einem Ausblick mit aktuellen Diskursen.

B. Begrifflichkeiten

Ein erster Zugriff auf die Systematisierung der öffentlichen Kunstförderung erfolgt durch die Erörterung der Begrifflichkeiten, die in der Zusammenschau mit einer anschließenden Einordnung öffentlicher Maßnahmen zugleich eine Verortung der Kunstförderung auf der Landkarte der Kulturverwaltung leisten.[32]

I. Kultur und Kunst

Der Begriff der Kultur wird verschiedentlich definiert.[33] Versuche einer Begriffsdefinition beschreiben ein kaum konturiertes, von aktuellen gesellschaftlichen Strömungen abhängiges und durch historische Wurzeln geprägtes amorphes Etwas, das »Lebensqualität und Entfaltungsmöglichkeiten weithin prägt und die Bürger untereinander und mit ihrer Gesellschaft verbindet«.[34] Ähnlich weit beschreibt das Bundesverfassungsgericht Kultur als »Gesamtheit der innerhalb einer

32 Zur Kulturverwaltung ausführlich *Scheytt*, Kommunales Kulturrecht, Rn. 24.

33 Zu den Gefahren dieses Definitionsvorhabens siehe Dreier/*Wittreck*, Art. 5 Abs. 3 GG, Rn. 4.

34 Der Schlussbericht der Enquete-Kommission »Kultur in Deutschland«, BT-Drs. 16/7000, S. 43, bezieht sich auf die weite Definition der UNESCO Weltkonferenz über Kulturpolitik von 1982, die Kultur als »die Gesamtheit der einzigartigen geistigen, materiellen, intellektuellen und emotionalen Aspekte [...] die eine Gesellschaft oder eine soziale Gruppe kennzeichnen« definiert. Dies schließt Kunst und Literatur ein, aber auch Lebensformen, die Grundrechte des Menschen, Wertsysteme, Traditionen und Glaubensrichtungen. Abrufbar unter: https://ww

Gemeinschaft wirksamen geistigen Kräfte, die sich unabhängig vom Staat entfalten und ihren Wert in sich tragen«.[35]

Realpolitisch sind unter anderem Bildung, Schulen, Wissenschaft, mitunter Religion und Sport in der Kulturverwaltung zusammengefasst (erweiterter soziologischer Kulturbegriff[36]).[37] Diesen weiten Anwendungsbereich hat die vorliegende Arbeit nicht im Blick. Der Titel der vorliegenden Arbeit verweist ausdrücklich auf die »Kunst«, nicht die »Kultur«. Letztere wird in vergleichbaren Kontexten vielfach als Ausgangspunkt von Untersuchungen gewählt. Wie verhält sich also die Kunst zur Kultur? Kunst wird auch als die »schöne Kultur«[38] oder als »geistig schöpferische Betätigung« (enger Kulturbegriff[39]) abgegrenzt, die eine Sonderbeziehung von Staat und Bürger nach sich zieht.[40] Der Schritt von der Kultur zur Kunst ist der Weg vom Größeren zum Kleineren (*a maiore ad minus*). Die Kunst als Teil der Kultur wird auch als der »kulturelle Kernbereich (Kultur = Kunst + X)«[41] oder als »besonders bedeutsame Ausprägung kulturellen Schaffens«[42] beschrieben. Die Kunst wird in dieser Arbeit als Teilbereich der Kultur verstanden.[43]

II. Kulturförderung und Kunstförderung

Es mag überraschen, dass nach einer Abgrenzung der Kunst als Teilbereich der Kultur der Weg der Begriffsbestimmung über den Begriff der Kulturförderung gewählt wird, um den Bereich der Kunstförderung einzugrenzen. Doch die Arbeit kommt nicht gänzlich ohne den Blick auf das »Große« – der Kultur – aus, ohne die vielfach

---

w.unesco.de/sites/default/files/2018-03/1982_Erklärung_von_Mexiko.pdf, zuletzt abgerufen am 19. September 2019.

35 BVerfGE 10, 20 (36); der anthropologische Kulturbegriff umfasst alle nicht natürlich determinierten, insbesondere alle naturverändernden Aktivitäten des Menschen, *Grimm*, VVDStRL 42 (1984), S. 46 (59).

36 *Steiner*, VVDStRL 42 (1984), S. 7 (8); ähnlich *Häberle*, AöR 1999, S. 549 (564).

37 *Scheytt*, Kommunales Kulturrecht, Rn. 13, bezeichnet die Zusammenfassung dieser Lebensbereiche als »additiven Kulturbegriff«.

38 *Karpen*, Pro Kultur, S. 11.

39 *Steiner*, VVDStRL 42 (1984), S. 7 (8), schließt auch die Wissenschaft in den engen Kulturbegriff ein.

40 Zu den Kunstbegriffen in der Rechtsprechung und der juristischen Literatur, namentlich dem materialen, formalen, offenen und relationalen Kunstbegriff siehe ausführlich Dreier/*Wittreck*, Art. 5 Abs. 3 GG, Rn. 37ff.; einen Überblick über den Kulturbegriff in Rechtsprechung und Schrifttum gibt *Bauer*, Kultur und Sport, S. 73ff.

41 *Fuchs*, Kulturpolitik, S. 108.

42 *Germelmann*, Kultur und staatliches Handeln, S. 60; Dreier/*Wittreck*, Art. 5 Abs. 3 GG, Rn. 78, spricht von Kunst als der »vornehmen Ausprägung der Kultur«.

43 »Die Freiheit der Kunst und die Freiheit der Kultur gehören zusammen, mag ihre verfassungsrechtliche Absicherung auch dogmatisch verschiedene Wege gehen.«, kommentiert *Steiner*, FS-Starck, S. 449.

in einem Leitbild oder einer Verwaltung tatsächlich zusammengefassten Gegebenheiten zu vernachlässigen.

Es wird im Folgenden daher auf die Kulturförderung als das Allgemeinere rekurriert, wenn die Kunstförderung programmatisch oder beispielsweise im Fall von statistischen Informationen nicht aus dieser herauszulösen ist. Die Förderung der freien Kunst wird als thematischer Teilbereich der Kulturverwaltung verstanden und ist folglich nicht mit dem durch das Bundesverfassungsgericht geprägten Kunst-Begriff zu verwechseln. Der Begriffsbestandteil der Förderung hat die positive Aktivierung von Potentialen der Kunst zum Gegenstand. Die nachfolgende Systematisierung wird zeigen, dass sich die Förderung in verschiedene thematische Bereiche differenzieren lässt. Diese Arbeit widmet sich, das sei vorweggenommen, der Kunstentstehung und zwar maßgeblich den Förderinstrumenten, die die freie Szene durch Projektförderung betreffen, die nicht Teil der in Haushalten »fest« verankerten Kulturinstitutionen sind.

III. Öffentliche Kunstförderung zwischen Subvention, Beihilfe und Zuwendung

Bevor die *öffentliche* Kunstförderung durch die Analyse ihrer Förderinstrumente näher betrachtet wird, erfolgt eine Eingrenzung durch eine Einordnung in das System hoheitlicher Finanzleistungen an Dritte, die mit verschiedenen Begriffen wie Subventionen, Beihilfen, Zuweisungen, Zuschüssen oder Finanzhilfen beschrieben werden.

Der Begriff der Subvention ist im öffentlichen Recht nicht einheitlich definiert. In der Regel handelt es sich um einen finanz- oder wirtschaftspolitischen Begriff, der nicht trennscharf von Zuwendungen und Beihilfen abgegrenzt wird.[44] Zuwendungen sind demgegenüber in § 23 B/LHO definiert als Ausgaben und Verpflichtungsermächtigungen für Leistungen an Stellen außerhalb der Bundesverwaltung zur Erfüllung bestimmter Zwecke, die veranschlagt werden dürfen, wenn der Bund oder die Länder an der Erfüllung durch solche Stellen ein erhebliches Interesse haben, das ohne die Zuwendungen nicht oder nicht im notwendigen Umfang befriedigt werden kann. Entscheidend für eine Zuwendung kommt es zudem darauf an, dass kein Rechtsanspruch auf die begehrte Förderung besteht.[45]

Beihilfe ist ein legaldefinierter Begriff des europäischen Unionsrechts. Gem. Art. 107 Abs. 1 AEUV drohen Beihilfen durch die Begünstigung bestimmter Un-

44 Heuer/Scheller/*Dommach*, § 23 BHO, Rn. 3, 5; *Mihatsch*, Öffentliche Kunstsubventioniert, S. 19; zur Unterscheidung des engen und weiten Subventionsbegriffs siehe Ehlers/Fehling/Pünder/*Kühling*, Bes VerwR Bd. 1, § 30, Rn. 3f.

45 Zum Begriff der Zuwendung, dem Sprachgebrauch und Kritik an der Gesetzesformulierung mit Blick auf die Negativabgrenzung in Nr. 1.2 VV zu § 23 BHO siehe *Dittrich*, § 23 BHO, Rn. 3ff.

ternehmen oder Produktionszweige den Wettbewerb zu verfälschen und sind daher mit dem Binnenmarkt unvereinbar, soweit sie den Handel zwischen Mitgliedstaaten beeinträchtigen. Beihilfen sind weit auszulegen und umfassen nicht nur Geldleistungen, sondern etwa auch Steuervergünstigungen, die im Weiteren noch Beispiel einer indirekten Förderung sein werden.[46] Durch die ausdrückliche Beschränkung des Wortlauts auf Unternehmen oder Produktionszweige besteht ein wesentlicher Unterschied zum programmatisch offenen Zuwendungsbegriff.

In einer Gesamtschau der Begrifflichkeiten ergibt sich keine für jeden Fall trennscharfe Unterscheidung. Vielmehr bestehen Schnittmengen, denn es liegt kein Ausschlussverhältnis vor.[47] Eine Zuwendung kann zugleich eine Beihilfe oder Subvention sein und umgekehrt. Beihilfen und Subventionen sind weiter gefasst, weil sie sich nicht nur auf freiwillige Leistungen beschränken und sie sind zugleich enger gefasst, weil sie ausschließlich Wirtschaftsleistungen bezeichnen.[48] Gleiches trifft auf die Kunstförderung zu. Eine indirekte Förderung etwa durch steuerrechtliche Privilegierung kann als Subvention und Beihilfe bezeichnet werden, es liegt aber keine Zuwendung vor. Eine Projektförderung stellt eine Zuwendung dar, nicht jedoch eine Beihilfe und nur unter erheblicher Überdehnung der gängigen Begriffsverwendung eine Subvention, denn es handelt sich um einen Gesellschaftsbereich, nicht um einen Wirtschaftsbereich.[49] Entscheidend kommt es nicht auf die Bezeichnung, sondern auf eine materielle Betrachtung an.[50] Schwerpunkt der Kunstförderung sind daher Zuwendungen,[51] obgleich in einzelnen Teilbereichen im Zusammenhang mit ökonomischen Erwägungen auch auf den Subventionsbegriff zurückgegriffen werden muss.

Als »öffentlich« ist die Kunstförderung zu charakterisieren, die unmittelbar durch die Staatsverwaltung zur Verfügung gestellt wird. Das schließt nicht aus, dass die in dieser Arbeit erörterten Grundsätze auch auf die mittelbare Staatsverwaltung Anwendung finden sollten.[52]

---

46 *Müller/Richter/Ziekow*, Handb. Zuwendungsrecht, Teil A, Rn. 184.

47 Ähnlich *Dittrich*, § 23 BHO, Rn. 3.19; Gröpl/*Rossi*, § 23 BHO, Rn. 20.

48 *Müller/Richter/Ziekow*, Handb. Zuwendungsrecht, Teil A, Rn. 186; zum Begriff der Finanzhilfen siehe unter Rn. 187.

49 Im Ergebnis ebenso *Müller/Richter/Ziekow*, Handb. Zuwendungsrecht, Teil A, Rn. 18; *Hammerich*, Kunstförderung durch das Steuerrecht, S. 38; die Gegenauffassung zum Subventionsbegriff argumentiert, dass Subventionen sich nicht auf den Wirtschaftsbereich beschränken, sondern zur Erfüllung aller im öffentlichen Interesse liegenden Zwecke eingesetzt werden *Mihatsch*, Öffentliche Kunstsubventionierung, S. 19ff.

50 Gröpl/*Rossi*, § 23 BHO, Rn. 21; Heuer/Scheller/*Dommach*, § 23 BHO, Rn. 3.

51 Ausführlich zum Begriff der Zuwendung als Typus *Kluckert*, Zuwendung und Gesetz, S. 8ff.

52 Siehe ausführlich S. 48.

Zweiter Abschnitt: Gegenstand der Untersuchung

A. Kunstentstehungsförderung

Eine überblicksartige Darstellung der unterschiedlichen Fördermaßnahmen ermöglicht zunächst eine Systematisierung der zumeist aus pragmatischer Situationsbewältigung anstatt einer planmäßigen Strategie hervorgegangenen staatlichen Bemühungen.[1] Darüber hinaus verdeutlicht die Abgrenzung der Maßnahmen die Differenzierung zwischen verschiedenen grundrechtlichen Spannungsfeldern und erlaubt eine thematische Eingrenzung. Zu diesem Zweck bietet sich eine Unterscheidung nach der Zielrichtung der jeweiligen Maßnahmen als übergeordnete Kategorisierung an. Ein zweiter Systematisierungsschritt unterscheidet zwischen direkten und indirekten Maßnahmen.

I. Systematisierung kulturverwaltender Maßnahmen nach ihrer Zielsetzung

Lenski kategorisiert die Zielsetzung staatlicher Maßnahmen in Kulturentstehungsschutz[2], Kulturerhaltungsschutz[3], Kulturumgebungsschutz[4] sowie Kulturnutzungsschutz[5]. Der unüberschaubaren Breite von Teil- und Überschneidungsmaterien staatlicher Kulturverwaltung geschuldet, folgt diese Charakterisierung thematischen Regelungsclustern.[6] Der Kulturentstehungsschutz beschäftigt sich

1 *Stüdemann*, APuZ 2004, S. 3.

2 *Lenski*, Öffentliches Kulturrecht, S. 181.

3 *Lenski*, Öffentliches Kulturrecht, S. 213.

4 *Lenski*, Öffentliches Kulturrecht, S. 242.

5 *Lenski*, Öffentliches Kulturrecht, S. 257.

6 Es bieten sich auch andere Schematisierungs- und Einordnungsmuster an; so beschränkt sich beispielsweise *Braun*, Prinzipen öffentlicher Kunstförderung, S. 11ff., für seine sozialwissenschaftlich-philosophische Betrachtung auf eine Differenzierung nach dem »ob« einer finanziellen Förderung; *v. Beyme*, Kulturpolitik in Deutschland, S. 54f., unterscheidet aus politikwissenschaftlicher Sicht zwischen akquisitiven, restriktiven, protektiven, distributiven und regulativen Bereichen; *Ebert et al.*, Öffentlich geförderter, intermediärer und privater Kultursektor, S. 24, wählt eine funktionsbezogene Abgrenzung; eine andere materielle Kategorisie-

mit der gegenwarts- und zukunftsbezogenen Schaffung von Kulturwerken. Demgegenüber in die Vergangenheit gerichtet, befasst sich der Kulturerhaltungsschutz mit der Sicherung bzw. dem Erhalt bereits geschaffener Kulturwerke.[7] An bereits geschaffenen (materiellen) Kulturwerken knüpft auch der Kulturumgebungsschutz an, der die räumliche Umgebung bzw. deren Wirkung auf die geistige Integrität des betreffenden Kulturwerks schützt. Der Kulturnutzungsschutz sichert die Nutzbarkeit und den Zugang zu Kulturgütern, d.h. sowohl den Genuss auf Konsumentenseite als auch die Verwertung auf Produzentenseite.

Die vorliegende Untersuchung wird sich ausschließlich Maßnahmen der Kunstentstehung widmen. Im Vordergrund stehen in Abgrenzung zum Kulturerhaltungsschutz nicht Zwecke wie die Archivierung oder der Erhalt, sondern die nicht institutionalisierte Infrastruktur einer zeitgenössischen Kunstproduktion.

Kunstentstehungsförderung kann in Form von direkten und indirekten Fördermaßnahmen auftreten.[8]

II. Direkte öffentliche Förderung

Zur direkten Förderung gehören der Unterhalt staatlicher Kultureinrichtungen sowie einmalige oder laufende Geldleistungen zum Zweck der Kunstentstehung.[9] Durch den Unterhalt[10] von bzw. die Beteiligung[11] an Kultureinrichtungen, wie etwa

---

rung nimmt beispielsweise auch *Palm*, Öffentliche Kunstförderung, S. 32, vor, der zwischen individuellen Maßnahmen zur Förderung der künstlerischen Selbstverwirklichung und kollektiver Förderung einer kulturellen Öffentlichkeit unterscheidet; siehe für einen weiteren Systematisierungsansatz auch *Conrad*, Öffentliche Kulturförderung und Welthandelsrecht, S. 85.

7 Soweit es sich nicht um gegenständliche Kulturwerke, sondern um immaterielle Kulturwerke wie Musik handelt, werden diese durch den Kulturnutzungsschutz aufgefangen, *Lenski*, Öffentliches Kulturrecht, S. 258; daran verdeutlicht sich die geringe Trennschärfe bzw. die uneinheitliche Charakterisierung der Zielrichtungen für die einzelnen künstlerischen Sparten.

8 *Palm*, Öffentliche Kunstförderung, S. 31, bezeichnet Maßnahmen der Kunstentstehungsförderung als »leistungsstaatliche Förderungsverwaltung« und differenziert diese in »Subventionsverwaltung« sowie »sonstige Förderungsverwaltung«.

9 Teil der direkten Förderung ist auch die Filmförderung, *Lenski*, Öffentliches Kulturrecht, S. 194; *Germelmann*, Kultur und staatliches Handeln, S. 361; anders als die übrigen Maßnahmen der direkten Kulturförderung folgt die Filmförderung einem konkreten rechtlichen Rahmen (Filmförderungsgesetz), dazu ausführlich *v. Have*, Filmförderungsgesetz.

10 In Berlin gehören dazu Bühnen wie das Deutsche Theater, die Volksbühne am Rosa-Luxemburg-Platz oder das Maxim-Gorki-Theater.

11 Für die Einrichtungen werden verschiedene Rechtsformen gewählt. Anders als die öffentlichen Eigenbetriebe in Berlin hat die Freie und Hansestadt Hamburg die staatlichen Kultureinrichtungen überwiegend in private Rechtsform umgewandelt, wie etwa das Deutsche Schauspielhaus (Neue Schauspielhaus GmbH) oder die Deichtorhallen Hamburg GmbH. Als juristische Person des Privatrechts im Eigentum der Freien und Hansestadt Hamburg nimmt

Museen, Theatern und Orchestern, stellt der Staat unmittelbar die Ressourcen für die Produktion neuer Kunst zur Verfügung. Der Staat produziert gewissermaßen mittelbar selbst Kulturwerke. Durch weisungsunabhängige künstlerische Leiter und Intendanten wird dieser »Zurechnungszusammenhang« gelockert und ein gewisses Maß an Unabhängigkeit von Staat und Kunst gewährleistet. Die Organisationsform dieser Einrichtungen kann in öffentlich-rechtlicher oder privat-rechtlicher Weise erfolgen.[12] Teil der öffentlichen Kulturförderung sind auch Anstalten des öffentlichen Rechts, namentlich die Rundfunkanstalten.[13] Den Rundfunkanstalten kommt beim Einsatz der verfügbaren Ressourcen eine vergleichsweise weite Entscheidungsfreiheit zu. Sie werden durch den Rundfunkstaatsvertrag reguliert, der nicht Gegenstand der nachfolgenden Untersuchung ist.

Förderung durch einmalige oder laufende Geldleistungen zur Deckung von Ausgaben für einzelne abgegrenzte Vorhaben (Projektförderung) ist auf punktuelle Kunstentstehung gerichtet.[14] Davon umfasst sind einerseits einzelne Kunstschaffende[15] und einmalige Projekte[16] sowie andererseits wiederholt geförderte Künstlerhäuser, Atelierhäuser und Kunstorte, die mit ihrem Programmschwerpunkt die Kunstentstehung entwickeln – zusammenfassend die freie Kunstszene.[17] Diese Förderung steht im Fokus der vorliegenden Arbeit.

---

die Stadt durch die Behörde für Kultur und Medien im Rahmen ihrer Beteiligungsverwaltung Einfluss. Der Schlussbericht der Enquete-Kommission »Kultur in Deutschland«, BT-Drs. 16/7000, S. 122, empfiehlt, Theater, Opern und Orchester in privater Rechtsform zu organisieren.

12 Dazu ausführlich *Germelmann*, Kultur und staatliches Handeln, S. 439ff.

13 Beispielsweise das NDR-Sinfonieorchester, heute Residenzorchester der Elbphilharmonie, unterhält eigene Konzertreihen in Lübeck und Kiel, nimmt an Festivals sowie internationalen Tourneen teil und engagiert sich in der Nachwuchsförderung.

14 *Germelmann*, Kultur und staatliches Handeln, S. 355; zur Abgrenzung der Projektförderung Gröpl/*Rossi*, § 44 BHO, Rn. 29ff.

15 Beispielsweise die Förderung von bildenden Künstlerinnen und Künstlern durch das einjährige Arbeitsstipendium der Freien und Hansestadt Hamburg, abrufbar unter: www.hamburg.de/bkm/kunst-arbeitsstipendien/, zuletzt abgerufen am 26. Februar 2022.

16 Dies umfasst beispielsweise freie Theaterproduktionen. Die Freie und Hansestadt Hamburg fördert solche in den Bereichen Sprech-, Musiktheater und Performance, Tanz, Kinder- und Jugendtheater, im Einzelnen abrufbar unter: https://www.hamburg.de/bkm/freie-darstellende-kuenste-projektfoerderung/, zuletzt abgerufen am 22. Februar 2022.

17 Im Bereich bildende Kunst gehörten beispielsweise 2022 zu den geförderten Kunstorten in Hamburg u.a. der Westwerk e.V., der FRISE Künstlerhaus e.V. und die Galerie Genscher, Ergebnisse abrufbar unter: https://www.hamburg.de/contentblob/15762898/c054fef18e22792a76bfdb342ac9dbe0/data/2022-forderergebnisse-programmfoerderung.pdf, zuletzt abgerufen am 26. Februar 2022.

Projektbezogene Förderung eröffnet flexible Gestaltungsspielräume. Hinsichtlich der Beteiligungsstruktur – sie wird auch als »maximal demokratisch«[18] beschrieben – entsteht Vernetzung unter Akteuren, und zwar sowohl unter den Produzierenden als auch innerhalb des Publikums. Vernetzung diverser Akteure findet in institutionalisierten Strukturen nicht in gleicher Weise statt, sodass der freien Szene eine hohe Innovationskraft zugeschrieben wird.[19] Die freie Szene stellt den Produktionsprozess, nicht das Produkt in den Vordergrund.

Durch zeitlich begrenzte Projektförderung bleiben Haushaltsmittel flexibel einsetzbar, so dass sich politische Handlungsspielräume eröffnen.[20] Der dadurch gewonnenen Flexibilität steht durch die fehlende Kontinuität der Finanzierung das Risiko einer prekären Lage für die Angehörigen der freien Szene gegenüber. Durch die Notwendigkeit sich immer wieder mit zeitlich begrenzten Projekten bewerben zu müssen, wird eine Verstetigung dieser sozialen Lage als sog. »Projektlogik« beklagt.[21] Die Projektlogik führt auch zu Defiziten auf Ebene der ökonomischen Nachhaltigkeit der Förderung für ein Projekt, das nach Ende eines Förderzeitraumes in der Regel nicht im Wege der weiteren Distributionsmöglichkeiten monetarisiert werden kann und dadurch nicht zur wirtschaftlichen Absicherung für Kunstschaffende beiträgt.

In Abgrenzung zur Projektförderung sind die institutionelle Förderung und erst recht der Unterhalt von Eigenbetrieben, die beide in dieser Arbeit nicht vertieft behandelt werden, nicht auf zeitlich oder thematisch begrenzte Förderung beschränkt, sondern bezwecken eine langfristige Programmentwicklung.[22] Unterschiede sind die zeitliche Dauer, aber auch die strukturelle Abhängigkeit durch Weisungsrechte sowie Einfluss auf Haushalts- und Personalentscheidungen. In der

---

18 *Knüsel*, Jahrbuch für Kulturpolitik 2014, S. 133 (137); andererseits wird neben der positiven Innovationskraft auch die Bedeutung eines kontinuierlichen (projektunabhängigen) Arbeitens für die künstlerische Schaffenskraft betont, *Bergmann et al.*, Handb. Kulturmanagement F 2.10., S. 20; zur demokratisierenden Wirkung der Kulturförderung *Mokre*, ZfK 2015, S. 51 (62f.).

19 *Sievers/Föhl*, Jahrbuch für Kulturpolitik 2014, S. 31; *Knüsel*, Jahrbuch für Kulturpolitik 2014, S. 133 (137); *Hilterhaus*, Jahrbuch für Kulturpolitik 2014, S. 61 (65); mit Einschränkungen zustimmend *Mohr*, Kulturpolitische Mitteilungen, I/2020, S. 6 (7).

20 Zuwendungen folgen grundsätzlich einer politisch motivierten Zweckfestlegung, *Müller/Richter/Ziekow*, Handb. Zuwendungsrecht, Teil A, Rn. 7; Gabriel/Krohn/Neun/*Dietlein/Fandrey*, Handb. d. Vergaberechts, § 9 Rn. 2; *Redmer*, Mut zum Paradigmenwechsel – Die Förderung der freien Szene in Nordrhein-Westfalen, in: Politik & Kultur 3/2018, S. 24.

21 *Knüsel*, Jahrbuch für Kulturpolitik 2014, S. 133 (143); anschaulich *Kotzerke*, Solidarische Mittelverabe, S. 184 (190f.); *Lorey*, Freies Theater in Deutschland, S. 77 (79); *Sievers/Föhl*, Jahrbuch für Kulturpolitik 2014, S. 32; *Vogt*, Jahrbuch für Kulturpolitik 2014, S. 325 (327); mitunter auch als »Projektitis« bezeichnet, *Redmer*, Mut zum Paradigmenwechsel – Die Förderung der freien Szene in Nordrhein-Westfalen, in: Politik & Kultur 3/2018, S. 24.

22 *Germelmann*, Kultur und staatliches Handeln, S. 359; Gröpl/*Rossi*, § 44 BHO, Rn. 31.

Praxis ist insbesondere die Anwendung der Nebenbestimmungen zur institutionellen Förderung (AnBest-I) bzw. der Nebenbestimmungen zur Projektförderung (AnBest-P) von erheblicher Bedeutung. Anders als die Finanzierung und der Unterhalt staatlicher Kunstveranstaltungen und -institutionen durch die Deckung der gesamten Ausgaben oder eines nicht abgegrenzten Teils der Ausgaben, reduziert sich im Fall der Projektförderung durch das Auslösen eines eigenständigen künstlerischen Schaffensprozesses das Maß des staatlichen Gestaltungseinflusses auf den künstlerischen Schaffensprozess.[23] Die »freie« Kunstszene wird durch zwei Seiten derselben Medaille charakterisiert: Auf der einen Seite ist sie zwar wirtschaftlich von der öffentlichen Förderung in hohem Maße abhängig, ist aber dafür auf der anderen Seite gegenüber institutionalisierten Entstehungsprozessen in höherem Maße inhaltlich und organisatorisch frei.

Die direkten Maßnahmen zur Förderung der Kunstentstehung folgen, bedingt durch die föderalen Zuständigkeiten,[24] keiner einheitlichen Linie im Bundesgebiet. Mangels spezialgesetzlicher Ausgestaltung bedient sich die Verwaltung verschiedener Handlungsformen auf dem Gebiet der direkten staatlichen Förderung.[25] Die Kunstförderung ist grundsätzlich zugänglich für die gleiche Fülle an verwaltungsrechtlichen Handlungsformen wie das übrige Verwaltungsrecht.[26] Die Formenwahlfreiheit umfasst den Verwaltungsakt, öffentlich-rechtliche Verträge sowie zivilrechtliche Verträge.[27] Gegenstand dieser Arbeit sind lediglich die dem Zuwendungsrecht unterfallenden Maßnahmen.[28] Nicht näher betrachtet werden Maßnahmen, die eine Gegenleistungsbeziehung begründen wie etwa Aufträge der Baukunst, die nach allgemeiner Auffassung dem Vergaberecht unterfallen.[29]

---

23 *Lenski*, Öffentliches Kulturrecht, S. 190.

24 Siehe ausführlich S. 83ff.

25 Ausnahme ist das Kulturfördergesetz NRW sowie das Sächsische Kulturraumgesetz; *Germelmann*, Kultur und staatliches Handeln, S. 379, spricht von »gesetzesfreie[r] Verwaltung«. Zur Initiative weiterer Kodifizierungen auf dem Gebiet der Kunstförderung siehe https://www.kulturfoerderngesetz.de/, zuletzt abgerufen am 30. August 2021.

26 *Lenski*, Öffentliches Kulturrecht, S. 384.

27 Ehlers/Fehling/Pünder/*Kühling*, Bes VerwR Bd. 1, § 30, Rn. 20; in der Praxis der Kunstförderung kommt regelmäßig ein Verwaltungsakt zur Anwendung *Lenski*, Öffentliches Kulturrecht, S. 391.

28 Ankäufe von Kulturwerken als direkte Fördermaßnahme sind unter der thematischen Einschränkung des Kulturentstehungsschutzes nicht Gegenstand der Untersuchung. Diese sind dem Kulturerhaltungsschutz zuzuordnen; eine ähnliche thematische Begrenzung findet sich auch in dem wegweisenden Aufsatz *Höfling*, DÖV 1985, S. 387 (390).

29 *Lenski*, Öffentliches Kulturrecht, S. 192.

III. Indirekte öffentliche Förderung

Als indirekte staatliche Förderung wird die hoheitliche[30] Bereitstellung von Rahmenbedingungen verstanden, die sich günstig auf die Kunstentstehung auswirken.[31] Im engeren Sinne gehören dazu Privilegierungen der Kunstschaffenden durch das öffentliche Recht auf dem Gebiet des Steuerrechts und mit Blick auf die soziale Absicherung. Indirekte Förderung im weiteren Sinne sind auch Anreize für die private Fördertätigkeit.

Die steuerrechtliche Privilegierung Kunstschaffender gegenüber anderen Berufen erfolgt zum einen durch § 18 EstG, nach welchem auch freiberufliche künstlerische Tätigkeiten Einkünfte aus selbstständiger Arbeit sind. Daraus folgt eine Befreiung von Buchführungspflichten und der Gewerbesteuer (§ 2 GewStG).[32] Zum anderen sind gem. § 3 EstG verschiedene potentielle Einkünfte Kulturschaffender steuerfrei. Dazu gehören Zuwendungen aus öffentlichen Mitteln, sofern es sich nicht um Aufträge oder Ankäufe (Gegenleistungsbeziehung) handelt (§ 3 Nr. 11 EstG). Steuerfrei sind bis zu einem Maximalbetrag außerdem Einnahmen aus nebenberuflicher künstlerischer Tätigkeit im Auftrag einer juristischen Person des öffentlichen Rechts oder juristischen Personen, deren (steuerrechtliche) Gemeinnützigkeit anerkannt ist sowie Stipendien unter den Voraussetzungen des § 3 Nr. 44 EstG.

Die Künstlersozialversicherung fördert die soziale Absicherung. Aufgrund des Künstlersozialversicherungsgesetzes (KSVG) sind Kulturschaffende Mitglieder der Künstlersozialkasse, die als selbstständige Kunstschaffende i. S. d. § 2 KSVG anerkannt werden.[33] Die Finanzierung der Künstlersozialkasse tragen die Versicherten lediglich zu 50 %, während ca. 20 % durch den Bund finanziert werden und ca. 30 % durch die Künstlersozialabgabe. Letztere wird anhand einer anteiligen Bemessungsgrundlage (§ 23 KSVG) von Verpflichteten (§ 24 KSVG) erhoben. Verpflichtete sind Unternehmen des in § 24 KSVG normierten Katalogs, der schwerpunktmäßig Unternehmen der Kultur- und Kreativbranche umfasst und solche Unternehmen einschließt, die für Zwecke ihres eigenen Unternehmens Werbung oder Öffentlich-

---

30 Sowohl auf nationaler als auch auf supranationaler Ebene bestehen die Regelungen der Union überwiegend parallel zu denen auf nationaler Ebene, eine Verdrängung findet nicht statt, *Germelmann*, Kultur und staatliches Handeln, S. 350.

31 *Germelmann*, Kultur und staatliches Handeln, S. 363ff.; *Lenski*, Öffentliches Kulturrecht, S. 199ff.

32 Buchführungspflichten werden positiv geregelt für selbstständig Tätige nach § 141 AO (nur Gewerbetreibende und Land- und Forstwirte), es besteht auch keine entsprechende Pflicht nach »anderen Gesetzen« i.S.d. § 140 AO.

33 Sowohl die Frage der selbstständigen oder unselbstständigen Tätigkeit als auch die Anwendung des Begriffs des »Künstlers« im KSVG sind für die vielen, mitunter sehr unterschiedlichen künstlerischen Betätigungsfelder und Lebenswirklichkeiten umstritten.

keitsarbeit betreiben und dabei nicht nur gelegentlich Aufträge an selbstständige Kunstschaffende oder Publizisten erteilen.[34]

Zentral für die wirtschaftliche Absicherung kreativer Leistungen ist das Urheberrecht.[35] Durch den Schutz geistigen Eigentums werden die Rahmenbedingungen für eine wirtschaftliche Verwertung künstlerischer Leistung (Kulturnutzungsschutz) geschaffen. Das Urheberrecht öffnet den Kunstschaffenden den Zugang zum Markt.[36] Insoweit wird das privatrechtliche Urheberrecht auch als »Kehrseite« bzw. »Komplementär« der direkten öffentlichen Kunstförderung gesehen.[37] Während die direkte öffentliche Kunstförderung solche Kunst fördert, die nicht markttauglich ist,[38] ermöglicht die Verwertbarkeit aufgrund des Urheberrechts eine wirtschaftliche Absicherung für markttaugliche Kunst.[39] Im Gegensatz zum Urheberrecht stellt die öffentliche Kunstentstehungsförderung sicher, dass eine zeitlich vorverlagerte Finanzierungssicherheit während lange dauernder Recherche- und Schaffensphasen besteht, noch bevor ein entstandenes Urheberrecht verwertbar ist.[40]

Für private Fördertätigkeit wird durch die steuerliche Begünstigung von Spenden und Mitgliedsbeiträgen an gemeinnützige (kulturelle) Einrichtungen[41] sowie die (ausnahmsweise) steuerrechtliche Privilegierung einzelner Erwerbstatbestände von Kulturgegenständen ein Anreiz gesetzt.[42] Als Vorteil einer indirekten Kunstförderung durch das Steuerrecht wird hervorgehoben, dass Privatinitiative bestätigt

---

34 *Germelmann*, Kultur und staatliches Handeln, S. 368 m. w. Nw.

35 *Ridder*, Freiheit der Kunst nach dem Grundgesetz, S. 15, spricht auch von der »Bedeutung des [...] Urheberrechts für die faktische Freiheit«.

36 Zudem sind Verwertungsgesellschaften wirtschaftlich notwendig. Sie gewährleisten einen Marktzugang, indem sie die Erlaubnis zur Werkverwertung erteilen, diese überwachen und kontrollieren, unberechtigte Werknutzung unterbinden und den Kunstschaffenden zustehende Tantiemen einziehen, Eichelberger/Wirth/Seifert/*Seifert*, Einl. UrhWahrnG, Rn. 22.

37 *Lenski*, Öffentliches Kulturrecht, S. 203.

38 Nicht schutzfähig gem. § 2 UrhG und daher nicht als Werk markttauglich ist mit Einschränkungen beispielsweise temporäre oder performative Kunst wie die Kunstrichtung des Fluxus. Als Beispiel sei »Lighting Piece« von Yoko Ono (»Light a match and watch till it goes out«, 1955) genannt. Freilich ist die gestalterische Manifestierung durch Videos der performativen Ausführung und ähnliches als Eigentum gleichwohl marktfähig.

39 *Hansen*, Warum Urheberrecht, S. 140f., weist am Beispiel der Literatur darauf hin, wie gering die tatsächliche wirtschaftliche Erwartung durch exklusive Schutzrechte an Werken sein kann und verweist auf vorzugswürdige, staatlich finanzierte Vergütungen in Form von »reward Systems«, die die negativen Effekte von Ausschließlichkeitsrechten (»deadweight loss«) vermeiden.

40 *Hansen*, Warum Urheberrecht, S. 142.

41 Sonderausgaben gem. § 10b Abs. 1 EStG i. V. m. § 52 Abs. 2 Nr. 5 AO.

42 Der bis 31.12.2013 geltende ermäßigte Steuersatz für Kunstgegenstände wurde zur Abwendung eines Vertragsverletzungsverfahrens nach AEUV gegen die Bundesrepublik Deutschland auf gemeinschaftsrechtlich zulässige Ausnahmen beschränkt.

und angeregt wird. Dadurch werde die Bewertung der Kunst dem Bürger überlassen und die Auswahlentscheidung auf diese Weise zum einen dezentralisiert und zum anderen staatlicher Einflussnahme entzogen.[43]

IV. Abgrenzung zu sozialstaatlichen Maßnahmen der Kunstschaffendenförderung

Im politischen Ringen um die Struktur der Kunstförderung muss zwischen Kunst- und Kunstschaffendenförderung unterschieden werden. Während die Kunstförderung den noch näher zu beschreibenden Freiheitsraum der Kunst (Produktion) zu ermöglichen versucht, zielt die Kunstschaffendenförderung (Produzierende) auf die soziale Absicherung der Person der Kunstschaffenden.[44] Beide Bereiche stehen in einem Verhältnis der Wechselwirkung.[45] Eine Projektförderung kann durch Verdienstmöglichkeiten (kurzfristig) zur sozialen Absicherung beitragen, verursacht aber zugleich die Gefahr eines Gefangenseins in der bereits genannten »Projektlogik«. Kunstschaffende arbeiten fortwährend in Projekten ohne gesichertes Einkommen, zumeist mit selbstausbeuterischen Tendenzen und ohne soziale Absicherung.[46] Ein weiteres Schlagwort in diesem Kontext ist die Aufmerksamkeitsökonomie, das Versprechen der Profilierung und Wahrnehmbarkeit durch das Publikum als einzige Gegenleistung für eine (professionelle) künstlerische Leistung.[47] Der Kunstschaffendenförderung sind bereits genannte Beispiele wie die Künstlersozialkasse zuzuordnen. Sie knüpft an der Person der Kunstschaffenden und ihrer sozialen Lage an. Freilich kann auch die Kunstschaffendenförderung im Interesse der Kunstförderung sein, wenn man davon ausgeht, dass von Kunstschaffenden, die sich nicht in einer prekären sozialen Lage befinden, erwartet werden kann, mehr Kapazitäten zur Produktion aufwenden zu können.[48]

---

43 Ausführlich *Hammerich*, Kunstförderung durch das Steuerrecht, S. 169 ff; *Heuer*, NJW 1985, S. 232.

44 Anders beispielsweise das Gesetz über Förderung der Kunst aus Bundesmitteln in Österreich, das gem. § 1 Abs. 1 S. 2 auch die Verbesserung der sozialen Lage der Künstler anstrebt.

45 So wird beispielsweise für die Förderung im Bereich der darstellenden Kunst eine mehrjährige Projektförderung und Festbetragsfinanzierung vorgeschlagen, um die Planungssicherheit der Kunstschaffenden zu erhöhen, *Blumenreich*, Förderstrukturen, S. 191.

46 Eingehend u.a. *Gadola/Meyer/Soltau*, Kulturpolitische Mitteilungen Nr. 178, III/2022, S. 58; *Blumenreich*, Kulturpolitische Mitteilungen Nr. 178, III/2022, S. 61 (62).

47 Für den Bereich der Bildenden Kunst wird als Lösung wiederkehrend eine Ausstellungsvergütung gefordert. Zuletzt etwa auf Initiative der Fraktion »Die Linke« im Bundestag in Form eines zwingenden Vergütungstatbestandes im Urheberrecht, BT-Drs. 18/12094.

48 *V. Beyme*, Kulturpolitik in Deutschland, S. 130, fasst die Künstler-Sozialpolitik der 70er Jahre dahingehend zusammen, dass diese »keineswegs Spitzenreiter in der kulturellen Innovation« gewesen sei.

Die Diskussion der Kunstschaffendenförderung und der prekären sozialen Lage kennt zahlreiche weitere politisierte Schlagworte und Themen, die im weiteren Sinne die Förderung (begrifflich ggf. besser »Unterstützung«) von Kunstschaffenden betreffen. So droht beispielsweise ein weitreichender *de facto* Ausschluss von Kunstschaffenden aus der Grundrente, durch den eine Altersarmut unter Kunstschaffenden befürchtet wird.[49] Zum einen erfüllen die wenigsten Kunstschaffenden die 33 Jahre lange Einzahlungsdauer von Beiträgen. Zum anderen erreichen zahlreiche Kunstschaffende nicht das erforderliche Mindesteinkommen von mindestens 30 % des bundesweiten Durchschnittseinkommens (12.624 Euro). Die Realität der Kunstschaffenden mit Blick auf das Durchschnittseinkommen sieht laut Künstlersozialkasse im gesamten Jahr 2018 düster aus: 11.668 Euro erwirtschafteten Bildhauer und Bildhauerinnen, Malerinnen und Maler 12.253 Euro, Konzeptkünstlerinnen und Konzeptkünstler 9.389 Euro und Performancekünstlerinnen und -künstler 9.207 Euro.[50]

Die Begründung des Referentenentwurfs führt an, dass diejenigen Personen keine Grundrente erhalten sollen, deren Arbeitsentgelte häufig lediglich die Bedeutung eines ergänzenden Einkommens hatten, wie es insbesondere bei »Minijobbern« der Fall ist.[51] Künstlerverbände fordern deshalb die Herabsetzung des Durchschnittseinkommens auf 10 %, was ergänzende Einkommen überwiegend ausschlösse und sich am Mindesteinkommen für die Mitgliedschaft in der Künstlersozialkasse orientiert.[52]

---

49 Dies befürchtet etwa der Deutsche Kulturrat in seinem Positionspapier »Altersarmut von Künstlern und Künstlerinnen: Grundrente ohne Bedürftigkeitsprüfung jetzt«, abrufbar unter: https://www.kulturrat.de/positionen/altersarmut-von-kuenstlern-und-kuenstlerinnen-grundrente-ohne-beduerftigkeitspruefung-jetzt/, zuletzt abgerufen am 19. Februar 2020.

50 Pressemitteilung des Bundesverbandes Bildender Künstler vom 29.01.2020, abrufbar unter: https://www.bbk-bundesverband.de/aktuelles/details/?tx_ttnews%5Btt_news%5D=2561&cHash=d56c284192a6e10334d6dc7e608eba04, aufgerufen am 19. Februar 2020.

51 Referentenentwurf der Bundesregierung zum Grundrentegesetz S. 2, abrufbar unter: https://www.bmas.de/SharedDocs/Downloads/DE/PDF-Gesetze/Referentenentwuerfe/ref-gesetz-zur-einfuehrung-der-grundrente.pdf?__blob=publicationFile&v=2, zuletzt abgerufen am 2. März 2020.

52 Vorschlag der Allianz der freien Künste, abrufbar unter: https://darstellende-kuenste.de/images/AFK_Forderung_Grundrente_2020_02_18_final.pdf, zuletzt abgerufen am 2. März 2020; zustimmend: Bundesverband Bildender Künstler, abrufbar unter: https://www.bbk-bundesverband.de/aktuelles/details?tx_ttnews%5Btt_news%5D=2561&cHash=d56c284192a6e10334d6dc7e608eba04, zuletzt abgerufen am 2. März 2020.

B. Akteure der Förderung der freien Kunstszene

Zum besseren Verständnis der vorhandenen Förderstrukturen und Abgrenzung der einzelnen Handlungsräume bedarf es einer Skizzierung der involvierten Akteursgruppen. Die Akteure lassen sich in drei übergeordnete Gruppen systematisieren. Erstens gibt es die öffentlichen Akteure, die von der Verwaltung »beherrscht« werden und damit im engeren Sinne Teil der Kulturverwaltung sind. Dem stehen – zweitens – die Kunstschaffenden der freien Szene als Gegenpol gegenüber. Dazwischen befinden sich – drittens – die Intermediäre, die entweder noch zur von der Verwaltung beeinflussten Kulturverwaltung im weiteren Sinne gehören oder als zivilgesellschaftliche Akteure den Kunstschaffenden nahestehen. Außerhalb dieser Beziehung, aber für das Gesamtbild der Kunstförderung gleichwohl von Interesse, ist das Mäzenatentum.

I. Öffentliche Akteure

Anders als im internationalen Vergleich besteht in Deutschland im Rahmen der Kulturförderung ein Trägerpluralismus.[53] Anstelle eines ausschließlich fördernden Zentralstaates gehören in Deutschland Bund, Länder bzw. Stadtstaaten und Kommunen zu den öffentlichen Akteuren. Daneben tritt auf supranationaler Ebene die Europäische Union. Ein Trägerpluralismus auf staatlicher Seite kann freiheitserhaltende Wirkung entfalten.[54] Er schützt die pluralistische Kunstförderung vor einseitiger Kulturpolitik und wird deshalb auch als eine Grundvoraussetzung für die »Freiheit der Kultur« angesehen.[55] Die Aufteilung der Zuständigkeiten vor allem zugunsten der Länder bzw. Kommunen sichert Dezentralität, Vielfalt und eine gewisse Nähe zu den Kulturschaffenden bei der Verfahrensorganisation.[56]

Kritik wird dahingehend geäußert, dass der durch die Kulturverantwortung der Länder und Kommunen bezweckte Schutz kultureller Vielfalt, der auch als »Seele des deutschen Föderalismus« bezeichnet wird, durch die bundesstaatliche Kulturförderung kompromittiert werde. Es sei nicht verwunderlich, dass kein anderer Bereich so sehr gegen Einflüsse des Bundes verteidigt werde wie die Kultur.[57] Der

53 *V. Beyme*, Kulturpolitik in Deutschland, S. 129, gibt einen Überblick über unterschiedliche staatliche und institutionelle Traditionen der Kulturpolitik; *Vogt*, Jahrbuch für Kulturpolitik 2014, S. 347 (354ff.), gibt einen Überblick über den Vergleich der öffentlichen Ausgaben für Kultur einiger europäischer Länder.

54 *Häberle*, Kulturstaatlichkeit und Kulturverfassungsrecht, S. 1 (46f.); *Huster*, VVDStRL 65 (2006), S. 51, S. 64; *Scheytt*, Handb. Kulturmanagement B 1.11, S. 3; Dreier/*Wittreck*, Art. 5 Abs. 3 GG, Rn. 73.

55 *Scheytt*, Kompendium Kulturmanagement, S. 190.

56 *Beissel*, Kulturföderalismus, S. 139; *Stern*, Staatsrecht Bd. IV/2, S. 655.

57 *Beissel*, Kulturföderalismus, S. 139; zustimmend *Ogorek/Pu*, GLJ 2005, S. 1335 (1354).

Kompetenzstreit zwischen Bund und Ländern ist Gegenstand fortwährender Diskussion, die je nach politischer »Großwetterlage« mal mehr und mal weniger intensiv geführt wird. Hauptvorwurf ist die extensive Interpretation bestehender Kompetenznormen zugunsten des Bundes, die die Systematik der prinzipiellen Länderzuständigkeit im Bereich der Kultur in erheblichem Maße ignoriere.[58] Insbesondere die Förderung individueller Kunstschaffender durch den Bund steht im Widerspruch zu der im Wesentlichen auf Repräsentation kollektiver Identität ausgerichteten Bundesförderung und ist an sich Teil der integrativen Aufgabe föderaler Strukturen. Dem wird argumentativ entgegengehalten, dass der Bund auch zur Förderung von »Pionier-«, »Pilot-« und »Modellvorhaben« legitimiert sei, die die Gewinnung exemplarischer Erkenntnisse erwarten lasse, indem neue Methoden entwickelt und erprobt werden.[59] Der dogmatische Anknüpfungspunkt für eine Zuständigkeit für »Modellvorhaben« sollte aber weiterhin die jeweilige Bundeskompetenz sein, so dass die Nachahmungseffekte in erster Linie auf Bundesebene Anregungen versprächen und nicht eine vernachlässigte Länderkompetenz kompensieren.[60] Auf dem Gebiet der Kulturförderung wird dem Bund ein Bedeutungszuwachs bescheinigt,[61] der perspektivisch auch Ausdruck in der »Erhebung« der Kultur zu einem Ministerium finden könnte.

Der Anteil des Bundes an den Gesamtausgaben für Kultur liegt etwa bei einer Größenordnung von ca. 17 %, während Länder und Kommunen die restlichen 83 % etwa zu gleichen Teilen bereitstellen.[62] Die öffentlichen Ausgaben für Kultur in Deutschland betragen ca. 13,5 Milliarden Euro und sind seit 2005 um etwa 68 % gestiegen.[63] In Relation zur Bevölkerung ergibt das Ausgaben i. H. v. 138,21 Euro je Einwohner – ein steigender Wert.[64] Im internationalen Vergleich holt Deutschland damit auf, belegt aber keineswegs einen »Spitzenplatz«.[65] Private Haushalte geben zudem durchschnittlich 138 Euro für den Besuch kultureller Veranstaltungen aus.[66]

58 *Beissel*, Kulturföderalismus, S. 141.

59 *Dittrich*, § 23 BHO, Rn. 5.2.

60 *Dittrich*, § 23 BHO, Rn. 5.2.

61 *Gallep*, Kulturpolitische Mitteilungen, II/2021, S. 62; *Scheytt*, Handb. Kulturmanagement B 1.11, S. 4.

62 *Statistische Ämter Bund/Länder* (Hg.), Kulturfinanzbericht 2020, S. 21f.; zugunsten einer großzügigeren Förderung wird mitunter auch eine Bundesfinanzierung über Kompetenzgrenzen hinweg gutgeheißen, *Steiner*, HStR IV, § 86, Rn. 15; *Bauer*, Kultur und Sport, S. 224; aktuell: *Blumenreich*, Kulturpolitische Mitteilungen II/2021, S. 58 (59).

63 *Statistische Ämter Bund/Länder* (Hg.), Kulturfinanzbericht 2020, S. 21.

64 *Statistische Ämter Bund/Länder* (Hg.), Kulturfinanzbericht 2020, S. 21.

65 *Vogt*, Jahrbuch für Kulturpolitik 2014, S. 347 (354); siehe zu aktuellen Zahlen auch Compendium of Cultural Policies and Trends in Europe (2019), abrufbar unter: https://www.culturalpolicies.net/statistics-comparisons/statistics/funding/#1563446779880-b9ea6e8d-6b06, zuletzt abgerufen am 2. August 2020.

66 *Statistische Ämter Bund/Länder* (Hg.), Kulturfinanzbericht 2020, S. 20.

1. Kommunen

Damit eine kommunale Kulturlandschaft entsteht, ist auch die Kulturförderung Teil der kommunalen Selbstverwaltungsgarantie gem. Art. 28 Abs. 2 GG.[67] Das Bundesverfassungsgericht beschreibt den Selbstverwaltungsauftrag als »Aktivierung der Beteiligten für ihre eigenen Angelegenheiten, die lebendigen Kräfte in der örtlichen Gemeinschaft des Volkes zur eigenverantwortlichen Erfüllung öffentlicher Aufgaben der engeren Heimat zusammenschließt mit dem Ziel, das Wohl der Einwohner zu fördern und die geschichtliche und heimatliche Eigenart zu wahren«.[68] Diese Rechtsprechung wird angesichts der zentralstaatlich organisierten Kulturpolitik der nationalsozialistischen Terrorherrschaft auch heute noch dahingehend ausgelegt, dass kommunale Kulturförderung der kulturellen Tradition und gemeinsamen Identitätsfindung verpflichtet ist.[69] Diese Bestandsaufnahme bestätigen in der Praxis zahlreiche kommunale Richtlinien, die Förderkriterien mit Orts- und regionalem Identitätsbezug aufstellen.

Der quantitative Umfang der Kulturförderung ergibt sich aus den Festlegungen des jeweiligen Haushalts. Die kulturpolitische Entscheidungsfindung wird hinsichtlich ihrer Leitlinien durch die jeweilige Vertretung der Bürger – etwa den Gemeinderat, Stadtverordnetenversammlung, Kulturausschuss – als demokratisch legitimierte Gewalt der Legislative festgelegt und überprüft. Die exekutive Umsetzung erfolgt unter der politischen Verantwortung des jeweiligen Kulturdezernenten, Kulturbürgermeisters oder Kulturreferenten durch den jeweiligen Verwaltungsangestellten im Kulturamt oder Kulturreferat.[70]

2. Länder

Im Zentrum der Kulturförderung stehen neben den Kommunen auch die Länder. Ihr Verhältnis untereinander ist geprägt von einem kooperativen Kulturföderalismus.[71] Das Gesamtvolumen der öffentlichen Kulturförderung der Länder umfasst ca. 5,4 Milliarden Euro. Das entspricht einem Wachstum im Zeitraum 2015 bis 2020 von ca. 29 %.[72] Die Aufgabenkompetenz ergibt sich aus der Gesetzgebungskompetenz der Länder gem. Art. 30, 70 GG. Ausnahmen dazu sind die nachfolgend dargestellten ausdrücklichen Bundeskompetenzen.[73] Es obliegt den Gesetzgebungsorganen von Ländern und Bund auf Grundlage dieser Kompetenznormen die indirekte

---

67 Ausführlich *Claasen*, DVBl 2016, S. 406; *Gern/Brüning*, Deutsches Kommunalrecht, Rn. 117; *Karpen*, Pro Kultur, S. 11 (15).

68 BVerfGE 11, 266 (275).

69 *Karpen*, Pro Kultur, S. 11 (13); *Scheytt*, Kulturstaat Deutschland, S. 121; vgl. *Teissel*, ZfK 2015, S. 15 (25).

70 *Gerlach-March*, Kulturfinanzierung, S. 39.

71 *Scheytt*, Kompendium Kulturmanagement, S. 190.

72 *Statistische Ämter Bund/Länder* (Hg.), Kulturfinanzbericht 2020, S. 53.

73 Siehe ausführlich S. 83.

Kulturförderung durch Rahmenbedingungen, die sich günstig auf die Kultur auswirken, herzustellen.[74] Ein kooperatives Instrument unter den Ländern stellt die Kultusministerkonferenz dar, die sich jedoch schwerpunktmäßig Fragen der Bildung und nur peripher Fragen der Kulturverwaltung wie etwa Kulturerhaltungsschutz widmet. Seit 2019 besteht daneben die Kulturministerkonferenz, die Angelegenheiten der Kulturpolitik von überregionaler Bedeutung mit dem Ziel einer gemeinsamen Meinungs- und Willensbildung und der Vertretung gemeinsamer Anliegen gegenüber der Bundesregierung berät.[75] Die geringe Intensität dieser Kooperation dürfte einer der Gründe für den erwähnten Bedeutungszuwachs des Bundes sein.

Umfang und Ausgestaltung des kulturellen Auftrags der Länder regeln die jeweiligen Landesverfassungen in sehr unterschiedlichem Ausmaß. Neben in den Landesverfassungen unterschiedlich ausgestalteten Aussagen zur Kultur, formuliert Art. 35 Abs. 3 Einigungsvertrag weitere Aufträge. Danach ist die Erfüllung der kulturellen Aufgaben einschließlich ihrer Finanzierung von den Vertragsparteien zu sichern, wobei Schutz und Förderung von Kultur und Kunst den neuen Ländern und Kommunen entsprechend der Zuständigkeitsverteilung des Grundgesetzes obliegen.[76] Einfachgesetzliche Ausgestaltungen der kulturellen Aufgabenwahrnehmung bestehen nur vereinzelt.[77] Zu nennen ist beispielsweise das Gesetz zur Förderung und Entwicklung der Kultur, der Kunst und der kulturellen Bildung in Nordrhein-Westfalen (KFG-NRW), das 2022 durch das Kulturgesetzbuch Nordrhein-Westfalen (KulturGB-NRW) abgelöst wurde.[78]

Im Bereich der direkten Kunstförderung unterhalten die Länder Regie- und Eigenbetriebe, institutionell geförderte Kultureinrichtungen oder auch landeseigene Kulturstiftungen. Letztere können als öffentlich-rechtliche Anstalten (öA), Stiftungen oder auch als (gemeinnützige) GmbH betrieben werden und sind in der hier gewählten Systematik als Intermediäre zu qualifizieren. Die institutionellen Förde-

---

74 Davon sind freilich alle Themenbereiche der Kulturverwaltung umfasst: Kulturentstehungsschutz, Kulturerhaltungsschutz, Kulturumgebungsschutz, Kulturnutzungsschutz, siehe ausführlich S. 23.

75 Abrufbar unter: https://www.kmk.org/aktuelles/kulturminister-konferenz.html, zuletzt abgerufen am 17. Februar 2020.

76 Aufgrund der Überschreitung der Kompetenzordnung kritisch: *Schulze-Fieliz*, NJW 1991, S. 2456 (2460).

77 Für mehr fachliche Normierungen im Kontext der Kulturpolitik plädiert *Knoblich*, APuZ 2016, S. 7 (14); eine Pflicht Förderzweck und Verfahren gesetzlich zu regeln, sieht auch Dreier/*Wittreck*, Art. 5 Abs. 3 GG, Rn. 73; gegen den Mehrwert von Kulturfachgesetzen spricht sich dagegen *Steiner*, HStR IV, § 86, Rn. 8, aus.

78 Siehe zur kulturpolitischen Einordnung *Eichler*, Kulturpolitische Mitteilungen Nr. 173 II/2021, S. 20.

rungen sowie die Projektförderungen der Länder ergeben sich aus dem jeweiligen Landeshaushalt und werden durch die jeweilige Landesverwaltung administriert.

3. Bund

Die Verwaltungsverantwortung liegt bei der Beauftragten für Kultur und Medien und umfasst einen Etat von ca. 1,9 Milliarden Euro.[79] Das Amt wurde 1998 gem. Art. 87 Abs. 3 S. 1 GG neu geschaffen, um die kultur- und medienpolitischen Aktivitäten des Bundes in einer Regierungsbehörde zu bündeln.[80] Das Bundesamt ist organisatorisch zu einem Vorbild der institutionellen Verankerung auf höchster Regierungsebene geworden, dem einzelne Länder wie Berlin, Nordrhein-Westfalen und Sachsen-Anhalt gefolgt sind.[81] Ausgangspunkt für die Begründung dieser exekutiven Organisationsmaßnahme auf Bundesebene war die Aufgabenerweiterung der 90er Jahre, die in der deutschen Einheit von 1989 ihren Ausgangspunkt hatte.[82]

Beispiele für die direkte (institutionalisierte) Kunstförderung sind für den Bereich der Bildenden Kunst etwa die Kunst- und Ausstellungshalle der Bundesrepublik Deutschland in Bonn, für die Musik die Bayreuther Festspiele oder Publikationen der Deutschen Schillergesellschaft für die Literatur. Projekte fördert der Bund darüber hinaus mit direkten Zuwendungen in Fällen der »nationalen Bedeutung« und setzt damit eigene politische Programme um.[83] Weitere Beispiele für direkte individuelle Kunstförderung durch den Bund sind Auslandsstipendien in der Casa Baldi Rom oder dem Studienzentrum Venedig.[84]

Insgesamt ist ein kontinuierlicher Anstieg der Bundesausgaben für die Kultur zu verzeichnen. Betrugen die öffentlichen Ausgaben im Jahr 2015 noch 1,5 Milliarden Euro, lassen vorläufige Ergebnisse einen Anstieg der Bundesausgaben im Zeitraum bis 2020 von insgesamt ca. 46,67 % auf knapp 2,2 Milliarden Euro erwarten.[85] Dabei ist das milliardenschweren Rettungsprogramm Neustart Kultur anlässlich der weltweiten Corona Pandemie noch unberücksichtigt. Seit 2010 sind die Kulturausgaben des Bundes um mehr als die Hälfte (55,9 %) angestiegen.[86] Die Aufwendungen für

---

79 *Luy*, Beauftragte für Kultur und Medien, S. 30; *v. Beyme*, Kulturpolitik in Deutschland, S. 143ff.

80 Befürwortend *Häberle*, AöR 1999, S. 549 (577), der hingegen die Gründung eines Bundeskulturministeriums wegen der »zentralistischen Sogwirkung« entschieden ablehnt.

81 *Winands*, 20 Jahre neue Kulturpolitik des Bundes, S. 173 (174).

82 *Knoblich*, APuZ 2016, S. 7 (11).

83 *Luy*, Beauftragte für Kultur und Medien, S. 172.

84 Ergebnisse abrufbar unter: https://www.berlin.de/sen/kultur/foerderung/foerderprogramme/foerderergebnisse/internationaler-kulturaustausch/, zuletzt abgerufen am 20. November 2018.

85 *Statistische Ämter Bund/Länder* (Hg.), Kulturfinanzbericht 2020, S. 53.

86 *Statistische Ämter Bund/Länder* (Hg.), Kulturfinanzbericht 2020, S. 22.

Kultur entsprechen 0,07 % des BIP und 1,2 % des Gesamthaushaltes.[87] Mit dem im Vergleich zu Ländern und Kommunen proportional erheblich größeren Anstieg der Ausgaben geht zugleich auch ein kulturpolitischer Bedeutungszuwachs auf Bundesebene einher. Im Übrigen erfolgt die Kulturförderung des Bundes insbesondere durch indirekte Maßnahmen. Die ordnungspolitische Gesetzgebung mit Bezügen zur Kunstentstehungsförderung betrifft unter anderem das Urheberrecht, Sozialversicherungsrecht, Vereinsrecht, Stiftungsrecht und Arbeitsrecht.

4. Europäische Union

Neben der nationalen öffentlichen Kulturförderung tritt auf supranationaler Ebene die Europäische Union als Akteurin auf.[88] Maßnahmen zur Unterstützung, Koordinierung oder Ergänzung der Maßnahmen der Mitgliedstaaten mit europäischer Zielsetzung können gem. Art. 6 lit. c AEUV auch für den Bereich Kultur getroffen werden.[89] Diese werden in Art. 167 AEUV näher ausgestaltet. Es besteht eine Handlungsbefugnis als echte Unionsaufgabe, im Rahmen der Förderung, Unterstützung und Ergänzung kultureller Tätigkeiten der Mitgliedstaaten unter Wahrung der kulturellen Selbstbestimmung der Mitgliedstaaten einen Beitrag zur Entfaltung der Kulturen zu leisten.[90] Kulturförderung wird als notwendige Form der Integrationspflege zur Gestaltung des europäischen Einigungsprozesses, eines europäischen Selbstbewusstseins und einer europäischen Identität verstanden.[91] Während dabei insbesondere der Kulturerhaltungsschutz (Abs. 1) im Vordergrund steht, eröffnet Abs. 2 die Möglichkeit, die Zusammenarbeit zwischen den Mitgliedstaaten für den Bereich des nichtkommerziellen Kulturaustausches und des künstlerischen und literarischen Schaffens, einschließlich des audiovisuellen Bereichs, zu fördern. Die EU kann folglich mittels Rechtsakt (indirekte Maßnahmen), aber auch durch direkte Maßnahmen Kulturförderung betreiben.[92] Kulturentstehung kann als Vehikel

87 *Statistische Ämter Bund/Länder* (Hg.), Kulturfinanzbericht 2020, S. 53; aktueller Überblick auch bei *Blumenreich*, Kulturpolitische Mitteilungen II/2021, S. 58.

88 Der Beitrag der Kultur- und Kreativindustrie zur Wirtschaftsunion beträgt rund 2,6 % des EU-Bruttoinlandprodukts und umfasst etwa fünf Millionen Arbeitsplätze, daneben wird der Kultur- und Kreativindustrie wichtige Antriebskraft für wirtschaftliche und soziale Innovation zugeschrieben, Grabitz/Hilf/Nettesheim/*Rees/Ukrow*, Art. 167 AEUV, Rn. 21.

89 Zu den Maßnahmen im Einzelnen vgl. Calliess/Ruffert/*Calliess*, Art. 2 AEUV, Rn. 19ff.

90 Calliess/Ruffert/*Blanke*, Art. 167 AEUV, Rn. 1; eingehend zum Verhältnis von Unionsrecht und nationalem Recht im Bereich der Kultur Streinz/*Niedobitek*, Art. 167 AEUV, Rn. 38ff.; Grabitz/Hilf/Nettesheim/*Rees/Ukrow*, Art. 167 AEUV, Rn. 20.

91 Eine gemeinsame Identität ist nicht mit einer Einheitsidentität gleichzusetzen, vielmehr kommt es auf die Betonung der gemeinsamen geistigen Wurzeln an, Calliess/Ruffert/*Blanke*, Art. 167 AEUV, Rn. 4; v. d. Groeben/Schwarze/*Fechner*, Art. 167 AEUV, Rn. 12.

92 Beispiele für direkte Förderungen sind die Aktion »Europäische Kulturstadt« oder »Kreatives Europa«, Calliess/Ruffert/*Blanke*, Art. 167 AEUV, Rn. 24; v. d. Groeben/Schwarze/*Fechner*, Art. 167 AEUV, Rn. 44ff.; Streinz/*Niedobitek*, Art. 167 AEUV, Rn. 20.

für interkulturellen Dialog durch Kooperation oder grenzübergreifende Aktivität gefördert werden.[93]

Als exekutives Organ der EU befasst sich die europäische Kommission mit der Kulturförderung insbesondere mittels des Creative Europe Förderprogramms, das während der Programmlaufzeit von 2014 bis 2020 insgesamt 1,46 Mrd. Euro zur Verfügung stellte, um alle Kultursparten und den audiovisuellen Bereich zu fördern. Innerhalb der EU-Kommission soll zukünftig der Aufgabenbereich »Bildung, Kultur, Jugend und Sport« in das Portfolio der Generaldirektion »Innovation und Jugend« aufgenommen werden, sodass die »Kultur« begrifflich nicht mehr explizit genannt wird. Befürchtet wird eine Einbuße von Aufmerksamkeit und damit einhergehend die Schwächung der politischen Priorisierung der Kultur.[94]

Aus der sog. Querschnittsklausel (Art. 167 Abs. 4 AEUV) ergibt sich keine eigene Ermächtigungsgrundlage, sondern ein für alle Politikbereiche der Union geltendes Gebot der Rücksichtnahme auf die kulturellen Interessen der Mitgliedstaaten sowie den Schutz des gemeinsamen kulturellen Erbes, die als Entscheidungsfaktoren im supranationalen Willensbildungsprozess angemessen zu berücksichtigen sind.[95] Das in Art. 5 EUV geregelte Subsidiaritätsprinzip kommt auch im Kontext der Ausübung der kulturordnungsrechtlichen Kompetenz zur Anwendung, so dass Förderprogramme in ihrer finanziellen Ausstattung die nationale Kulturpolitik nicht dominieren dürfen und eine umfassende und eigenständige Kulturpolitik der EU unterbleibt.[96] Das Subsidiaritätsprinzip dient der Erhaltung der Eigenständigkeit

---

93 Als Beispiele für solche Projekte mit deutscher Beteiligung kann das Trauma & Revival Kooperationsprojekt unter Mitwirkung des Zentrums für Kunst und Medien Karlsruhe genannt werden, das die kulturellen Verflechtungen in Ost- und Westeuropa während des Kalten Krieges bis heute auf künstlerischem Wege darzustellen und zu reflektieren versucht. Indem das Projekt im Interesse der internationalen Zusammenarbeit Künstler, Intellektuelle und Bürger aus ganz Europa, einschließlich Russland, zusammenbringt, bietet es eine dynamische Plattform, um die gemeinsame Geschichte neu zu denken, die heutigen Vorstellungen zu transformieren und neue Formen des kulturellen Dialogs zu ermöglichen, abrufbar unter: https://zkm.de/de/projekt/eu-projekt-trauma-revival, zuletzt abgerufen am 06. September 2019; weitere Beispiele für Bildende und Darstellende Kunst unter http://kultur.creative-europe-desk.de/projekte/kooperationsprojekte/nach-sparten.html, zuletzt abgerufen am 06. September 2019. Ausführlich zu den für die gesamte Kulturverwaltung relevanten EU-Förderprogrammen und die Differenzierung zwischen Strukturfonds (regionale/nationale Förderung) und (transnationalen) Aktionsprogrammen sowie Einzelmaßnahmen *Gerlach-March*, Kulturfinanzierung, S. 42.

94 Stellungnahme der Kulturpolitischen Gesellschaft vom 16.09.2019, abrufbar unter: https://kupoge.de/pressearchiv/pressedok/2019/20190916_Stellungnahme_EU-Kommssion.pdf, zuletzt abgerufen am 18. September 2019.

95 Calliess/Ruffert/*Blanke*, Art. 167 AEUV, Rn. 15; Streinz/*Niedobitek*, Art. 167 AEUV, Rn. 36; Grabitz/Hilf/Nettesheim/*Rees/Ukrow*, Art. 167 AEUV, Rn. 148.

96 Calliess/Ruffert/*Blanke*, Art. 167 AEUV, Rn. 7; v. d. Groeben/Schwarze/*Fechner*, Art. 167 AEUV, Rn. 5; Grabitz/Hilf/Nettesheim/*Rees/Ukrow*, Art. 167 AEUV, Rn. 106ff.

der EU-Staaten, indem öffentliche Aufgaben möglichst bürgernah und auf der niedrigsten politischen Ebene geregelt werden und eine wachsende (europäische) Bürokratie verhindert werden soll.

II. Die freie Kunstszene

Die »freie Szene« ist nach einer überwiegend vertretenen Begriffsbestimmung »die Gesamtheit aller professionellen freien Kunstschaffenden, Künstlerinnen und Künstler, Ensembles, Einrichtungen und Strukturen in freier Trägerschaft, aus den Bereichen Architektur, bildende Kunst, darstellende Kunst, Musik, Neue Medien, Literatur sowie aller spartenübergreifenden und transdisziplinären künstlerischen Arbeiten«.[97] Das umfasst auf »Adressatenseite« der direkten Kunstförderung individuelle Kunstschaffende und kollektive Zusammenschlüsse, die nachfolgend näher umrissen werden.[98] Ihr gemeinsames Selbstverständnis ist eine Vordenker- und Vorbildrolle künstlerischen Lebens und Arbeitens als Experimentierfeld gesellschaftlicher Innovation, die eine Förderung rechtfertigt.[99]

1. Individuelle Kunstschaffende

Eine Charakterisierung individueller Kunstschaffender im 21. Jahrhundert entzieht sich einem einheitlichen Bild. Der Schlussbericht der Enquete-Kommission zur Kultur in Deutschland stellt zusammenfassend fest, dass unterschiedlichste Kunstauffassungen und historisch gewordene Künstlerbilder nebeneinander existieren.[100] Kunstschaffende der freien Szene leben von ihrer künstlerischen Praxis durch Verkäufe, Auftritte oder ähnliches sowie von der Finanzierung ihrer Projekte durch öffentliche Zuwendungen, wobei der Professionalisierungsgrad

97 *Zimmermann*, Ort der Kunstinnovation und Armut, Politik & Kultur 3/2018, S. 21; einen ähnlichen Ausgangspunkt wählte auch § 11 KFG-NRW, siehe dazu ausführlich *Landmann*, Kulturfördergesetz NRW, S. 58f., m. w. Nw.; zum Verhältnis Kulturverwaltung zur kulturellen Szene *Scheytt*, Kommunales Kulturrecht, Rn. 27; *Mädler*, Freies Theater in Deutschland, S. 75, definiert den kleinsten gemeinsamen Nenner der freien Szene als die Art der Finanzierung im Wege der Projektförderung.

98 Aus Sicht des Zuwendungsrechts handelt es sich bei der freien Kunstszene um einen Teilbereich des »dritten Sektors«, *Arbeitsgemeinschaft für wirtschaftliche Verwaltung e.V.* (Hg.), Modernisierung der Zuwendungspraxis für den Dritten Sektor, 2018, S. 5.

99 »Wer [Anm.: die Verwaltung] sich derart vehement auf das Vorbild künstlerischen Lebens und Arbeitens beruft, steht in der Pflicht, dieses ebenso vehement zu fördern«. Beispielhaft wird hier auf die Initiative »Wir sind woanders« zur Notwendigkeit kultureller Grundlagenforschung verwiesen, abrufbar unter: http://www.wirsindwoanders.de/files_2009/index_submenu.php?seite=2&folge=00, zuletzt abgerufen am 29. Juli 2020; *Bergmann*, Kulturpolitische Mitteilungen Nr. 173, II/2021, S. 48; *Hilterhaus*, Jahrbuch für Kulturpolitik 2014, S. 61 (64).

100 Schlussbericht der Enquete-Kommission »Kultur in Deutschland«, BT-Drs. 16/7000, S. 238.

unterschiedlich ist. Neben neuen Ausdrucksformen künstlerischen Schaffens prägen traditionelle künstlerische Professionen das Bild der Kunstschaffenden und erfordern eine Infrastruktur, die sowohl traditionelle Ansätze wie auch experimentelle Kunstpraxen erhält. Zu den Kunstschaffenden der freien Szene gehören neben den genannten Absolventen der traditionellen künstlerischen Ausbildungen auch »Laien« bzw. Autodidakten sowie eine große Vielzahl interdisziplinär arbeitender Kreativer mit unterschiedlichem Ausbildungsgrad. Eine besondere Abgrenzungsschwierigkeit eröffnen Schnittmengen der künstlerischen und kreativwirtschaftlichen Tätigkeit. Die Vielfalt derjenigen Kunstschaffenden, die der freien Kunstszene zuzurechnen sind, ist ähnlich schwer bestimmbar wie der Begriff der Kunst selbst.

Eine negative Abgrenzung könnte danach erfolgen, wer beispielsweise in einer festen Anstellung an einer Institution wie einem Staatstheater oder ähnlichem arbeitet. Dennoch nehmen auch diese vielfach durch eigene Projekte oder Beteiligung an Projekten Dritter am Diskurs der freien Kunstszene teil. Folglich vermag auch eine negative Eingrenzung kaum ein konturscharfes Bild herzustellen. Die Zugehörigkeit zur »freien Kunstszene« zum Zweck einer Umschreibung der handelnden Akteure ist daher maßgeblich vom Selbstverständnis der Kunstschaffenden selbst geprägt und nur im Einzelfall vorzunehmen.

2. Kollektive Zusammenschlüsse

Zu den kollektiven Zusammenschlüssen gehören Künstler- und Atelierhäuser, Produzentenausstellungen, Ensembles, Performance-Gruppen, private Kunstvereine, Genossenschaften und zahllose weitere Formen, die sich teilweise in privatrechtlicher Form oder auch nur in losen Arbeitszusammenschlüssen organisieren. Meist kommt die Förderung entsprechender Kollektive nicht vornehmlich den daran Mitwirkenden selbst oder ihren assoziierten Kunstschaffenden zu, sondern erreicht durch nationalen und internationalen künstlerischen Austausch mittelbar auch Dritte.

Die kollektiven Zusammenschlüsse zeichnet in Abgrenzung zu etablierten Institutionen aus, dass sie Raum für eine künstlerische Praxis bieten, die mehr prozess- als produktorientiert ist, einen kollaborativen und/oder partizipativen Ansatz verfolgt sowie dialogische und/oder diskursive Formate einsetzt.[101] Die Selbstorganisation durch Initiatoren, Kunstschaffende und Kuratoren trägt dazu bei, dass sie flexibel und spontan reagieren und eine Nähe Rezipienten herstellen können. Kollektive Zusammenschlüsse befördern die Vielfalt unterschiedlichster Lebens-, Arbeits-,

101 *Bergmann*, Kulturpolitische Mitteilungen Nr. 173, II/2021, S. 48; Netzwerk freier Berliner Projekträume und -initiativen e.V., gegründet 2015, abrufbar unter: www.projektraeume-berlin.net/netzwerk/statements/#12519310cb88e95806d1c0e8a93251c5, zuletzt abgerufen am 12. September 2019; *Kotzerke*, Solidarische Mittelvergabe, S. 184 (188).

und Kunstvorstellungen im direkten Miteinander und verstehen sich als Antagonisten zur Ökonomisierung der Innenstädte und weiterer Lebensbereiche.[102] Damit wird in der Regel – das hat die freie Szene den Institutionen voraus – auf zwei Ebenen gearbeitet: an der künstlerischen Arbeit selbst und zugleich an der Reflexion der eigenen Produktionsbedingungen.[103]

Organisationen mit politischer Stimme bestehen auf nationaler wie auch auf regionaler Ebene. Ihnen wird durch ihre Repräsentationsfunktion eine demokratische Meinungsbildung und durch ihre Expertise eine wichtige Rolle im kulturpolitischen Diskurs zugeschrieben.[104] So sind Kunstschaffende der Bildenden Künste sowohl in einem Bundesverband Bildender Künstlerinnen und Künstler (BBK) zusammengeschlossen, wie auch in Landesverbänden wie dem BBK Hamburg e.V. oder BBK Niedersachsen e.V. Weniger nach Regional- und Bundesgebiet organisiert, sind Schauspielende und Performer, die sich im Bundesverband Schauspiel (BFFS) sowie Bundesverband freie darstellende Künste mit teilweise bestehenden Landesverbänden zusammengeschlossen haben. Hinzu treten zeitlich, räumlich oder inhaltlich begrenzte Initiativen wie die Koalition der freien Szene, der Gängeviertel e.V. oder »ART OFF Hamburg – Initiative freier Kunstorte«.

Gegenüber der Verwaltung wirken diese Kollektive auf bedürfnisgerechte Kulturpolitik und sachgerechte Förderverfahren ein. Ein gewisser Zwiespalt der Interessen entsteht dadurch, dass die Fachverbände ihrerseits oftmals von einer öffentlichen Förderung (teil)finanziert werden.[105] Eine ausschließlich mitgliedsbeitragsfinanzierte Organisation wäre wünschenswert. Die kulturpolitischen Forderungen der Kollektive umfassen sowohl Regulierungsfragen wie eine gesetzliche Ausstellungsvergütung,[106] eine Erhöhung und Ausdifferenzierung der Fördermittel,[107] als

102 Gängeviertel e.V., gegründet 2009, abrufbar unter: http://gaengeviertel-eg.de/nutzungskonzept/idee-und-ziele.html, zuletzt abgerufen am 12. September 2019.

103 *Matzke*, »Jenseits des freien Theaters«, abrufbar unter: https://www.nachtkritik.de/index.php?view=article&id=7472:hildesheimer-thesen-v-n&option=com_content&Itemid=84, zuletzt abgerufen am 7. Juli 2020.

104 *Zimmermann/Schulz*, Handb. Kulturmanagement B 1.1, S. 7; *Landmann*, Jahrbuch für Kulturpolitik 2014, S. 199 (201), sieht in der Bündelung von Interessen und Erfahrungen in Fachverbänden gar eine »höhere Weisheit«.

105 Siehe etwa § 14 Abs. 3 KulturGB-NRW; das Land fördert Verbände und kulturfachliche Büros, die die Interessen von Künstlerinnen, Künstlern und Kultureinrichtungen überörtlich bündeln und wahrnehmen und mit dem Land im Bereich der Kulturförderung zusammenwirken.

106 Die Initiative Ausstellungsvergütung wurde im Sommer 2016 gegründet und ist ein Zusammenschluss bundesweit agierender Künstlerverbände und der Verwertungsgesellschaft Bild-Kunst, um gemeinsam auf die existentiellen Lebens- und Arbeitsbedingungen von Bildenden Künstler*innen hinzuweisen, abrufbar unter: https://www.initiativeausstellungsverguetung.de, zuletzt abgerufen am 18. Juni 2020.

107 Beispielsweise Dachverband freie darstellende Künste Hamburg e.V., abrufbar unter: https://dfdk.de/verband/ziele.html, zuletzt abgerufen am 12. September 2019.

auch gesetzliche Regulierung, zur Herstellung von Transparenz und Kooperationen in Verteilungsverfahren herzustellen[108] sowie partizipative Prozesse bei kulturpolitischen Entscheidungen.[109] In der Praxis vereinfachen Kollektive durch ihre Repräsentationsfunktion den kommunikativen Aufwand für die Verwaltung erheblich und bündeln das Meinungs- und Interessenbild der freien Szene.

III. Intermediäre

Eine ausführliche Analyse der Intermediäre dient insbesondere als späterer Bezugspunkt für die Bewertung der Organisationsstrukturen staatlicher Kulturverwaltung. Die direkte Kunstförderung durch Bereitstellung von Ressourcen mittels Intermediären gewinnt, verglichen mit der unmittelbaren Verwaltung, an Nähe zur freien Szene.[110] Es findet eine Mediatisierung des Verfahrens statt, indem ein Dritter in den Verteilungskonflikt zwischen Verwaltung und freier Szene eingeschaltet wird, der kein oder ein nur geringes Eigeninteresse an der Lösung des Konflikts hat.

Von Intermediären durchgeführte Verfahren gewinnen in der Regel an Transparenz und verbessern den Informationsfluss. Weitere Vorzüge sind typischerweise die höhere Frequenz der Antragszeiträume oder die Möglichkeiten der Beratung vor bzw. begleitend zum Verfahren. Je größer die Distanz von Verwaltung zur Auswahlentscheidung, desto geringer werden Möglichkeiten des parteipolitischen Einflusses, denn durch die Ausgestaltung der Verwaltungsorganisation kann auf die Arbeitsabläufe eingewirkt und dadurch die Aufgabenerfüllung gelenkt werden.[111] Darüber hinaus wird externer Sachverstand gewonnen, so dass eine Spezialisierung der Entscheidungsfindung stattfindet, die den noch darzustellenden verfassungsrechtlichen Prinzipien Rechnung trägt.[112] Demgegenüber steht der Nachteil der Lockerung der demokratischen Legitimationskette bei der Entscheidung über die Bereit-

---

108 Abrufbar unter: https://www.kulturfoerderngesetz.de, zuletzt abgerufen am 18. September 2021.

109 Koalition der Freien Szene Berlin, abrufbar unter: https://www.koalition-der-freien-szene-berlin.de/2018/05/01/11-punkte/, zuletzt abgerufen am 12. September 2019.

110 Man vergleiche beispielsweise nur die adressatengerechte Bereitstellung und Gestaltung der Informationen zum Vergabeverfahren des NRW Landesbüro freie darstellende Künste im Leitfaden zum Antragsverfahren für die allgemeine Projektförderung, abrufbar unter: https://www.nrw-lfdk.de/files/leitfaden_allg_projektfoerderung.pdf, zuletzt abgerufen am 11. September 2019 und die spärlichen Informationen zur Projektförderung der Freien und Hansestadt Hamburg abrufbar unter: https://www.hamburg.de/bkm/projektfoerderung/, zuletzt abgerufen am 11. September 2019.

111 *Lenski*, Öffentliches Kulturrecht, S. 407.

112 *Germelmann*, Kultur und staatliches Handeln, S. 394.

stellung von öffentlichen Mitteln.[113] Maßstäbe und Verfahren der Auswahlentscheidung müssen diese Aspekte ausbalancieren.

Intermediäre werden auch mit der Umsetzung der Kulturarbeit im Ausland im Rahmen der strategischen Leitlinien der Bundesregierung für die auswärtige Kulturpolitik betraut. Die Kulturmittler und Partnerorganisationen wie das Goethe-Institut, das Institut für Auslandsbeziehungen (IfA) und der Deutsche Akademische Austauschdienst (DAAD) gestalten als Intermediäre ihre Programme und Projekte in eigener Verantwortung und genießen dadurch ein höheres Maß an Unabhängigkeit und Freiheit als in staatlich organisierten Modellen.[114] Diese historisch entstandene Distanz dient der Vermeidung einer politisch interessengesteuerten Kulturpolitik. Die auswärtige Kulturpolitik bringt durch Kulturangebote die Zivilgesellschaften miteinander in Kontakt und bildet ein Fundament für partnerschaftliche und freundschaftliche internationale Beziehungen.

1. Intermediäre der Organisationsprivatisierung

Bei der Organisationsprivatisierung nehmen öffentliche Akteure ihre zugewiesenen Aufgaben nicht durch eine eigene Behörde wahr, sondern gründen privatrechtliche Gesellschaften (formelle Privatisierung).[115] Als Organisationsformen mit praktischer Bedeutung kommen die GmbH, der eingetragene Verein sowie Stiftungen in Betracht. Während eine Vielzahl öffentlicher Kulturbetriebe als GmbHs organisiert sind,[116] sind im Bereich der Intermediäre insbesondere Stiftungen und Vereine relevant.[117]

Stiftungen oder Vereine werden von öffentlichen Trägern einmalig eingerichtet, um mit einem entsprechenden Stiftungs- oder Satzungszweck Aufgaben der Kulturförderung zu übernehmen. Konzeptionell ist beabsichtigt, dass Kulturförderung nicht aus Haushaltsgeldern erfolgt, sondern aus einmal angelegtem Kapital, dessen Erträgen sowie Zustiftungen und Spenden.[118] Das kann die Intermediäre finanziell ein Stück weit »krisensicher« machen, wenn mit Haushaltseinschränkungen zu rechnen ist. Die Autonomie im Rahmen ihres Satzungszwecks kann Distanz zur öffentlichen Verwaltung und zugleich Nähe zu Kulturschaffenden herstellen bzw. zi-

113 *Lenski*, Öffentliches Kulturrecht, S. 424.

114 Ausführlich Seite 33. Bericht der Bundesregierung zur Auswärtigen Kultur- und Bildungspolitik für das Jahr 2018, S. 9, abrufbar unter: https://www.auswaertiges-amt.de/blob/2232572/8976f6ea5c1c60e8ef6fcea19e0060a1/akbp-bericht2018-data.pdf, zuletzt abgerufen am 1. Oktober 2019.

115 Maunz/Dürig/*Ibler*, Art. 86 GG, Rn. 116.

116 Kritisch zu monokratischen Verfahren durch die Verlagerung der Auswahlentscheidung auf eine private GmbH im Fall der Documenta X in Kassel *Hufen*, NJW 1997, S. 1112.

117 Zur Zulässigkeit der Verwaltung in Privatrechtsform und der Bedeutung der Stiftung Werner/Saenger/Fischer/*Kilian*/*Müller*, Die Stiftung, § 42 Rn. 3f.

118 *Gerlach-March*, Kulturfinanzierung, S. 24.

vilgesellschaftliche Partizipation ermöglichen. Weitere Vorteile sind »Umgehungsstrategien« in Bezug auf haushalts-, personal-, kompetenzrechtliche Aspekte und die zivilrechtlichen Handlungsformen.[119] Andererseits schafft die privatrechtliche Organisationsform gegenüber einer öffentlich-rechtlichen Organisation eine weniger durchschaubare interne Entscheidungsfindung und verringerte Kontrollmöglichkeiten.[120]

Eine Organisationsprivatisierung ist zulässig, soweit die konkrete Ausgestaltung der Organisation den lenkenden Staatseinfluss sicherstellen kann und dadurch eine demokratische Legitimationskette gewährleistet.[121] Nach Art. 1 Abs. 3 GG ist die Organisationsprivatisierung an die Grundrechte gebunden (keine »Flucht in das Privatrecht«).[122] Nähe und Ferne der Intermediäre zur jeweiligen Einflussnahme durch Verwaltung werden unter dem Paradigma »at an arm's length« diskutiert; schließlich bleibt die Tätigkeit der Intermediäre durch ihre finanzielle Abhängigkeit von Zuwendungen und organisatorischer Einflussnahme in Reichweite des Staates.[123] Es ist insofern eine Frage der Wahrnehmung ihrer Steuerungsfunktion durch die Verwaltung, inwieweit Intermediäre ihre Autonomie »leben« können. Kritisiert wird etwa die Entsendung von ex-officio Mitgliedern in Leitungs- und Kontrollorgane, die das politische Einflusspotential auf Intermediäre in personeller Hinsicht erhöhen.[124] Gleichwohl müssen entsprechende Einwirkungsrechte des öffentlichen Akteurs gesichert werden.[125] Die Übertragung der gesamten Verantwortung einer Auswahlentscheidung auf Private stößt daher auf verfassungsrechtliche Bedenken.[126]

Als Stiftung des privaten Rechts ist beispielsweise die Kulturstiftung des Bundes, ansässig in Halle an der Saale, zu nennen. Die Kulturstiftung des Bundes wurde im Jahr 2002 durch die Bundesregierung gegründet und unterstützt künstlerische Produktionen und gewährt Förderung für Themenbereiche, die in die Zuständigkeit des Bundes fallen und inhaltlich besondere Bedeutung für den aktuel-

---

119 Werner/Saenger/Fischer/*Kilian/Müller*, Die Stiftung, § 42 Rn. 16.

120 Werner/Saenger/Fischer/*Kilian/Müller*, Die Stiftung, § 42 Rn. 19; *Lenski*, Öffentliches Kulturrecht, S. 416.

121 Maunz/Dürig/*Ibler*, Art. 86 GG, Rn. 116; *Germelmann*, Kultur und staatliches Handeln, S. 395.

122 *Braun*, Jahrbuch für Kulturpolitik 2014, S. 301 (310); Ehlers/Pünder/*Ehlers*, Allg VerwR, § 3, Rn. 89; *Germelmann*, Kultur und staatliches Handeln, S. 395; HK-VerwR/*Unruh*, § 40 VwGO, Rn. 107.

123 *Lenski*, Öffentliches Kulturrecht, S. 416ff.; *Steiner*, HStR IV, § 86, Rn. 13 spricht von »Förderungsträgern«.

124 *König*, APuZ 2004, S. 15; siehe ausführlich S. 202ff.

125 Maunz/Dürig/*Ibler*, Art. 86 GG, Rn. 116; ausführlich am Beispiel der Stiftung Bauhaus Dessau, *Postel*, ZStV 2021, 92 (95).

126 *Hufen*, NJW 1997, S. 1112 (1113); zustimmend: *Britz*, EuR 2004, S. 1 (8).

len künstlerischen oder gesellschaftlichen Diskurs aufweisen.[127] Ein Schwerpunkt ist die Förderung innovativer Programme und Projekte im internationalen Kontext ebenso wie etwa die Anschubförderung für Vorhaben und Kooperationen im ländlichen Raum.[128]

Auf Landesebene bestehen beispielsweise die Bayerische Landesstiftung oder die Stiftung Rheinland-Pfalz für Kultur, deren Kapitalerträge für Förderungstätigkeiten ohne weitere Bezuschussung ausreichen. Die Mehrzahl der übrigen Stiftungen werden auch als »unechte Stiftungen« bezeichnet, die keine gesicherte Kapitalausstattung durch einen ausreichenden Kapitalsockel haben, der einen dem Stiftungszweck entsprechenden, von weiteren Leistungen Dritter unabhängigen Betrieb ermöglicht.[129] Stattdessen sind wiederholte Zuwendungen für den Betrieb nötig. Daraus ergibt sich das Risiko, dass in Krisenzeiten sowohl der Kulturhaushalt als auch die Zuwendung für Intermediäre gekürzt werden, anstatt haushaltsunabhängige, finanziell autarke Stiftungen zu gewährleisten.[130]

2. Intermediäre der Aufgabenprivatisierung

Durch die Aufgabenprivatisierung wird die öffentliche Aufgabenwahrnehmung Kunstförderung mit Ausnahme der Wirtschaftsaufsicht vollständig auf den Intermediär übertragen (materielle Privatisierung).[131] Dem Intermediär obliegt folglich auch die später noch im Vordergrund stehende Auswahlentscheidung zu treffen und zumeist im Wege der Weiterleitung die Zuwendungen an Dritte zur Eigenbewirtschaftung weiterzureichen. Es entsteht durch die Auslagerung der Förderentscheidung insoweit Distanz zum Staat, als dass die allgemeine Entscheidung über Bereitstellung der Mittel demokratisch legitimiert ist, nicht aber die konkrete Verteilung der Mittel, sofern die Einhaltung des Förderzwecks durch Erfolgskontrollen gesichert ist.[132]

Intermediäre der Aufgabenprivatisierung unterliegen nicht den gleichen verfassungsrechtlichen Bindungen wie die unmittelbare Verwaltung oder die Orga-

---

127 Die Förderrichtlinien sind abrufbar unter https://www.kulturstiftung-des-bundes.de/de/stiftung/foerderrichtlinien.html, zuletzt abgerufen am 6. September 2019; einen Überblick gibt auch *v. Beyme*, Kulturpolitik in Deutschland, S. 133ff.

128 *Völckers*, Jahrbuch für Kulturpolitik 2014, S. 125 (127); zu Fragen der kompetenzrechtlichen Zulässigkeit siehe *Mahrenholz*, DVBl 2002, S. 857 (858ff.); *Lenski*, Öffentliches Kulturrecht, S. 425, sieht die Organisationsprivatisierung als Verschleierung von Kompetenzüberschreitungen.

129 *Gerlach-March*, Kulturfinanzierung, S. 24.

130 *König*, APuZ 2004, S. 15; zur finanziellen Absicherung der öffentlichen Kulturförderung in Krisenzeiten durch eine Kulturquote siehe *Classen*, DVBl 2016, S. 406 (411ff.).

131 Maunz/Dürig/*Ibler*, Art. 86 GG, Rn. 110; *Gern/Brüning*, Deutsches Kommunalrecht, Rn. 1078.

132 *Germelmann*, Kultur und staatliches Handeln, S. 399; die Einzelheiten der Weiterleitung sind in Nr. 12 VV zu § 44 B/LHO geregelt.

nisationsprivatisierung, obgleich sie an der Entscheidung mitwirken.[133] Daher hat die mittelgebende Stelle die Aufgabe, Verfahren und Entscheidungsmaßstäbe in einer Art auszugestalten, dass das grundrechtlich gebotene Schutzniveau gesichert ist. Zudem muss eine Überwachung und Kontrolle des Intermediärs gewährleistet sein.[134] Eine »Risikodiversifizierung« der verfassungsrechtlichen Gefährdungslage im Kontext der Kunstförderung findet durch den bereits angesprochenen Trägerpluralismus statt.

Beispiele für materielle Privatisierungen sind etwa der Fonds Darstellende Künste e.V., der vom Bund finanziell abhängig ist, oder das Landesbüro Freie Darstellende Künste Nordrhein-Westfalen, das jährlich in Eigenregie Fördergelder aus Mitteln des Ministeriums für Kultur und Wissenschaft des Landes Nordrhein-Westfalen vergibt.[135] Diese sollten für eine sachgerechte Verteilung die im Folgenden ausgearbeiteten Vorgaben für Verfahren der Kunstentstehungsförderung berücksichtigen.

IV. Privates Mäzenatentum

Alternativ zur öffentlichen Förderung kann Kunstförderung auch auf Initiative bzw. unter Beteiligung Privater erfolgen. Um sich später der Diskussion um das Verhältnis von öffentlicher und privater Kunstförderung zu nähern, hilft das Verständnis der »inneren Logik« der Fördertätigkeit durch Mäzene und Unternehmen mittels finanziellen und sächlichen Sponsorings. Sponsoring kann durch Schenkung, Leihgabe, gestiftete Preise aber auch Co-Finanzierungen und Public Private Partnerships erfolgen. Ihr Vorteil besteht in der höheren Flexibilität der Mittelallokation und der Staatsferne.[136]

1. Fundraising durch Kultursponsoring

Aus Sicht der Kulturschaffenden ist das Kultursponsoring Teil des Fundraisings. Fundraising fasst sämtliche Aktivitäten eines Kulturbetriebs zusammen, welche darauf abzielen, benötigte Ressourcen (Geld-, Sach- und Dienstleistungen) durch eine konsequente Ausrichtung an den Bedürfnissen der Ressourcenbereitsteller ohne marktadäquate materielle Gegenleistung zu beschaffen.[137] Die Herausforderung liegt insbesondere darin Spenderbeziehungen aufzubauen und zu kultivieren etwa

133 *Germelmann*, Kultur und staatliches Handeln, S. 401.

134 *Germelmann*, Kultur und staatliches Handeln, S. 401.

135 Abrufbar unter: https://www.nrw-lfdk.de/index.php?article_id=3, zuletzt abgerufen am 11. September 2019.

136 *Steiner*, HStR IV, § 86, Rn. 2, bewertet die private Kunstförderung als eine Komplettierung der öffentlichen Förderung, die »keine wirklich prinzipielle […], sondern eine partielle Alternative« darstellt.

137 *Gerlach-March*, Kulturfinanzierung, S. 47.

durch Freundeskreise oder Fördermitgliedschaften. Bevor sich diese »auszahlen« ist zumeist ein hohes Maß an Zeit- und Personalaufwand erforderlich. Förderungen dieser Art können auch von den staatlich geschaffenen Rahmenbedingungen im Wege der mittelbaren Kulturförderung profitieren. Zu denken ist insbesondere an steuerrechtliche Vorteile für private Förderungen.

Obgleich dem Kultursponsoring in der vorliegenden Arbeit wenig Raum gegeben wird, ist es in der Kulturmanagementpraxis nicht zu unterschätzen, dass sich aus Sicht der Kulturschaffenden öffentliche Förderung und private Förderung gegenseitig durchdringen und durchaus gleichgeordnete Priorisierung erfahren. Gleichwohl unterscheiden sich öffentliche und private Förderung ganz erheblich, indem in privaten Sponsoringbeziehungen in der Regel eine Gegenleistung erwartet wird, und sei es durch ein erhöhtes Maß an Sichtbarkeit.[138] Sichtbarkeit bietet die freie Kunstszene häufig in sehr viel geringerem Maße als die prestigeträchtigen »Flaggschiffe« der institutionalisierten Kulturszene, sodass die Akquise zugunsten der freien Szene ungleich schwerer ist. Das Kultursponsoring birgt zudem seine eigenen Gefahren der Abhängigkeit.[139] Eine Problematik der jüngeren Vergangenheit ist die ethische Verantwortung für die Herkunft privater Fördermittel – auch bekannt unter dem Schlagwort des »Artwashing«.[140] Artwashing beschreibt die Strategie von Unternehmen, die in ethisch kontrovers diskutierten Wirtschaftszweigen agieren, mittels Förderung der Kultur eine positive öffentliche Meinung aufzubauen. Einen medialen Höhepunkt erreichte diese Kontroverse in den USA durch die Proteste gegen eine Förderung des New Yorker MoMA durch die Unternehmerfamilie Sackler, die ihr Vermögen mit dem Medikament Oxycontin erwirtschaftet hat, das als Ausgangspunkt der Opiate-Krise in den USA gesehen wird.[141] Artwashing wird daher in den USA auch als Argument zugunsten einer notwendigen Steigerung öffentlichen Engagements in der Kulturförderung angeführt.

---

138 *Bergmann et al.*, Handb. Kulturmanagement F 2.10., S. 6.

139 *Steiner*, FS-Starck, S. 449 (451), warnt, die ganz oder teilweise Entstaatlichung der Kulturförderung durch privates Engagement sei »nicht die Entlassung der Kultur in einen ungefährdeten Raum der Freiheit«.

140 Zur Kooperation britischer Öl-Konzerne mit Kulturinstitutionen siehe ausführlich *Evans*, Artwash: Big Oil and the Arts.

141 Siehe etwa https://www.deutschlandfunk.de/ueber-das-geld-die-kunst-kritisiert-ihre-private-geldgeber.1184.de.html?dram:article_id=461337, zuletzt abgerufen am 2. März 2020; https://www.manager-magazin.de/unternehmen/artikel/oxycontin-und-opioid-skandal-sackler-clan-vor-vergleich-purdue-insolvenz-a-1284029.html, zuletzt abgerufen am 2. März 2020.

2. Bindung privater Kultursponsoren an verfassungs- und verwaltungsrechtliche Direktiven?

Privatrechtliche Organisationen, die in keiner finanziellen Abhängigkeit von öffentlichen Geldern stehen oder anderweitig öffentlichem Einfluss unterliegen, sind nicht unmittelbar grundrechtsgebunden. Sie unterliegen keiner staatlichen Willensbildung und sind grundsätzlich nicht an die in dieser Arbeit untersuchten verfassungs- und verwaltungsrechtlichen Vorgaben gebunden. Private Organisationen betreiben ihren kulturfördernden Beitrag aus ihrem eigenen Selbstverständnis heraus.[142] Eine mittelbare Drittwirkung, die Einfluss auf die Kunstförderung unter Privaten nimmt, besteht nach überwiegender Auffassung nicht.[143] Gleichwohl wird der Ansatz, im Verhältnis zu Privaten jede Ungleichbehandlung als rechtfertigungsbedürftig anzusehen, als innovativ diskutiert.[144] Ein auf Kulturförderung gerichtetes Selbstverständnis kann der Staat allenfalls durch eine entsprechende Anreizpolitik mittels direkter oder indirekter Förderung beeinflussen.

Es stellt sich aber die Frage, ob derartige Private, deren Förderungstätigkeiten selbstbestimmten Paradigmen folgen, sich dem aus der verfassungsrechtlichen Gefährdungslage der Kunstfreiheit entwickelten Organisationsrecht durch eine Selbstverpflichtung im Sinne eines *best practice* unterwerfen sollten. In Frage kommen dafür insbesondere private Organisationen, die weitergeleitete Haushaltsmittel verteilen oder qua öffentlichen Auftrags einer Fördertätigkeit nachkommen wie die Verwertungsgesellschaften. Letztere sind gem. § 32 Verwertungsgesellschaftengesetz (VGG) auch nach Außerkraftsetzung des Urheberrechtswahrnehmungsgesetzes weiterhin in Form einer Soll-Vorschrift grundsätzlich verpflichtet, kulturell bedeutende Werke und Leistungen zu fördern. Zu nennen sind insbesondere die Stiftung Kulturwerk, die den kulturellen Auftrag der Verwertungsgesellschaft Bild-Kunst wahrnimmt und bildende Künstler und Künstlerinnen, Fotografen und Fotografinnen, Illustratoren und Illustratorinnen, Grafiker und Grafikerinnen sowie Filmschaffende fördert. Daneben besteht die GEMA-Stiftung, die sich an zeitgenössische Komponisten und Komponistinnen sowie Textautoren und Textautorinnen richtet. Der Sache nach handelt es sich dabei um direkte staatliche Förderung, die privatisiert wurde.[145] Bei § 32 VGG handelt es sich – auch angesichts fehlender objektiver Maßstäbe für den unbestimmten Begriff der »kulturellen Bedeutung« von Werken – um einen bloßen Appell des Gesetzgebers an die Verwertungsgesellschaften.[146] Obgleich diese Institutionen nicht gleichermaßen der

---

142 *Steiner*, VVDStRL 42 (1984), S. 7 (25).

143 V. Mangoldt/Klein/*Starck/Paulus*, Art. 5 GG, Rn. 442.

144 Sachs/*Nußberger*, Art. 3 GG, Rn. 68, der aber auch darauf hinweist, dass die Privatautonomie damit von der Regel zur Ausnahme gemacht würde.

145 *Lenski*, Öffentliches Kulturrecht, S. 211.

146 BeckOK UrhR/*Freudenberg*, § 32 VGG, Rn. 5.

Gefahr einer staatlichen Einflussnahme ausgesetzt sind, erscheint es sachgerecht, die dem Sachbereich der Kunstförderung immanenten materiellen und prozeduralen Maßstäbe anzuwenden.[147] Wie noch gezeigt wird, handelt es sich bei der gleichheitskonformen Ausgestaltung der Zugangschancen nach Auffassung des Bundesverfassungsgericht um einen allgemeinen Gerechtigkeitssatz,[148] der zumindest auf Private Anwendung finden sollte, die im öffentlichen Interesse tätig werden.[149] Auch der Zugang zu kulturellen Förderungen der Verwertungsgesellschaften muss auf fairen und sachgerechten Kriterien beruhen.[150] Die Stiftungen der Verwertungsgesellschaften haben ihre Förderung beispielsweise durch das neue VGG nicht am Maßstab des wirtschaftlichen Erfolgs auszurichten, sondern auch und gerade (Abs. 1) am Maßstab der kulturellen Bedeutung zu messen.[151] Für die Ausfüllung dieses konkretisierungsbedürftigen unbestimmten Rechtsbegriffs sollten die nachfolgenden Ausführungen herangezogen werden.

C. Kulturpolitik und Kunstförderung

Verfassungsrechtlich hat der Staat – das sei vorweg genommen – bei der Ausgestaltung fördernder Maßnahmen im Rahmen seiner Kulturpolitik weitgehende Freiheit.[152] In welcher Form und mit welchen Mitteln die öffentlichen Akteure ihre Aufgabe für jeden einzelnen Kulturbereich wahrnehmen, ist das Ergebnis (kultur-)politischer Diskussionen, Verhandlungen und Entscheidungen.[153] Der realpolitische Handlungsspielraum für die Kunstförderung ist dementsprechend weit und wird längst nicht nur vom idealistischen Geist einer freien Kunst getragen. Im Gegenteil, es eröffnet sich auch ein erhebliches Missbrauchspotential; nicht umsonst spricht beispielsweise *Huber* von »Kulturgestaltungsmacht«.[154] Die Betrachtung der kulturpolitischen Entwicklungsgeschichte sowie ökonomischen und soziologischen Argumentationslinien geben Aufschluss über die gesellschaftspolitische Bedeutung und Missbrauchspotentiale der Kunstförderung.

---

147 *Scheytt* weist auch darauf hin, dass private Initiativen und Mäzene ebenfalls vielfach auf Gremien für die Entscheidungsfindung zurückgreifen, sodass sich die hier entwickelten Leitlinien für ein Gremienmediatisierungsmodell fruchtbar machen ließen, *Scheytt*, Handb. Kulturmanagement, A.1.3, S. 3.

148 BVerfGE 116, 135 (153), siehe ausführlich S. 114.

149 Vgl. Maunz/Dürig/*Kirchhof*, Art. 3 Abs. 1 GG, Rn. 294.

150 Wandtke/Bullinger/*Gerlach*, § 32 VGG Rn. 3; Dreier/Schulze/*Schulze*, § 32 VGG, Rn. 8.

151 BeckOK UrhR/*Freudenberg*, § 32 VGG, Rn. 1.

152 BVerfGE 36, 321.

153 Schlussbericht der Enquete-Kommission »Kultur in Deutschland«, BT-Drs. 16/7000, S. 54.

154 *E. Huber*, Kulturstaat, S. 13.

I. Historische Entwicklungslinien öffentlicher Kunstförderung

Kunstförderung als Teilbereich der Kulturpolitik folgt dem sozialen Wandel und die jeweils vorherrschenden Kulturkonzepte bestimmen, inwieweit Staat und Kunst voneinander getrennt sind. Der Blick in die Vergangenheit zeigt, wie eng diese Konzepte mit dem jeweiligen zeitgenössischen gesellschaftlichen Freiheitsverständnis verknüpft sind. Die Bandbreite reicht von staatlichem Dirigismus bis hin zur weitgehenden Enthaltung. Die Nachzeichnung der historischen Entwicklungslinien öffentlicher Kunstförderung hilft bei der Einordnung gegenwärtiger kulturpolitischer Bestrebungen.[155]

1. Kunstförderung vor 1933

War die Kunst einst ein Sakralobjekt, dem etwas Heiliges innewohnte, unterstand sie notwendigerweise der kirchlichen Betreuung und führte zu einer Einheit von Kunst und Kult.[156] Anschließend wurde die Kunst zu einem Gegenstand des fürstlichen Patronage-Systems (14. Jhd.). Fürsten, die sich mit Kunstschaffenden schmückten und deswegen eigene Auswahlkriterien anlegten, nahmen das Prestige der Kunst zur Repräsentation für sich selbst in Anspruch (Gebrauchsfunktion) und schlossen dadurch politischen und gesellschaftlichen Pluralismus aus.[157] Die im weiteren Zeitverlauf zunehmende Unabhängigkeit der Kunst von öffentlichen Aufträgen und Höfen, gründete auf dem ideellen Interesse eines neu etablierten Bürgertums ab Mitte des 18. Jahrhunderts (kulturstaatliche Funktion) und wurde durch den zunehmenden demokratischen Umbruch im Zuge der Aufklärung begünstigt.[158] Daraus entstanden parallel die Unabhängigkeit und Individualisierung der Künstlerpersönlichkeit und Ansätze eines Künstlerkults mit dem Preis einer sozialen Unsicherheit und Verarmung der Kunstschaffenden.[159] Auf die zensurnahe

---

155 Eine Zusammenfassung bietet auch *Conrad*, Öffentliche Kulturförderung und Welthandelsrecht, S. 52ff.

156 *Grimm*, VVDStRL 42 (1984), S. 46 (47); *Hufen*, Handb. der Grundrechte Bd. IV, § 101, Rn. 5; *Luhmann*, Schriften zu Kunst und Literatur, S. 401 (402).

157 *Grimm*, VVDStRL 42 (1984), S. 46 (48); *Luhmann*, Schriften zu Kunst und Literatur, S. 401 (402); *Hufen*, Handb. der Grundrechte Bd. IV, § 101, Rn. 3, weist darauf hin, dass seit jeher und auch noch heute die Kunst eine besondere Affinität zu weltlicher und kirchlicher Herrschaft aufweise, die das Verhältnis von Staat und Kunst beeinflusse; *Ridder*, Freiheit der Kunst nach dem Grundgesetz, S. 13.

158 *Grimm*, VVDStRL 42 (1984), S. 46 (48f.); *Henning*, Handb. Kunstphilosophie, S. 613 (623); *Hufen*, Handb. der Grundrechte Bd. IV, § 101, Rn. 7; *Luhmann*, Schriften zu Kunst und Literatur, S. 389 (392); *Ridder*, Freiheit der Kunst nach dem Grundgesetz, S. 13.

159 *Hufen*, Handb. der Grundrechte Bd. IV, § 101, Rn. 7; *Ridder*, Freiheit der Kunst nach dem Grundgesetz, S. 14; der »Künstler-« oder »Geniekult« war zugleich Ausgangspunkt für die Entwicklung des Urheberrechts und der Vorstellung einer geistig persönlichen Schöpfung, Kahl et

Weimarer Republik folgte das nationalsozialistische Unrechtsregime,[160] das ab 1933 eine Zäsur setzte und durch staatlichen Dirigismus jegliche Distanz zur Kunst aufhob.

2. Kunstförderung im Nationalsozialismus

War die Kunstfreiheit und insbesondere der Kunstentstehungsschutz erstmals in der Weimarer Reichsverfassung eingeführt worden,[161] erfolgte die Gleichschaltung der Kunst unter dem Deckmantel der Kunstförderung im Nationalsozialismus durch das Reichskulturkammergesetz vom 22. September 1933.[162] Durch die Zwangsmitgliedschaft Kunstschaffender in der Reichskulturkammer wurden die künstlerischen Tätigkeiten als Maler, Graphiker, Bildhauer, Schauspieler, Regisseur etc., aber auch mit der Kunstvermittlung beschäftigte Verleger und Kunstvereine in einer staatlich beaufsichtigten und kontrollierten Organisation zusammengefasst.[163] Quellen zum Gesetzgebungsprozess belegen, dass das Reichskulturkammergesetz ein Machtinstrument darstellen sollte, um den »revolutionären Erscheinungen«, die sich gerade auf den Gebieten des Schrifttums, des Theaters, der Musik und der bildenden Künste zeigten, »Einhalt zu gebieten«. Der Propagandaminister wurde ermächtigt, die zur Durchführung des Gesetzes erforderlichen Verwaltungs- und Rechtsvorschriften zu erlassen.[164] Eine Verordnung auf Grundlage des Gesetzes vereinigte die Reichstheaterkammer, Reichsmusikkammer, Reichskammer für bildende Künste und die Reichsfilmkammer in der Reichskulturkammer, stellte sie unter die Aufsicht des Reichsministers für Volksaufklärung und Propaganda (Joseph Goebbels) und monopolisierte damit die kulturpolitische Macht. Neben der Zentralisierung der Verwaltung und staatlichen Aufsicht war es dem Wortlaut der Verordnung (§ 3) nach Aufgabe, die »deutsche Kultur in Verantwortung für Volk und Reich zu fördern, die wirtschaftlichen und sozialen Angelegenheiten der

---

al./v. *Arnauld*, BK GG, Art. 5 Abs. 3, Rn. 26; Ähnlich *Weck*, Legitimationsprobleme öffentlicher Kunstförderung, S. 37.

160 Zur vereinnahmenden Kunstförderpolitik der Kaiserzeit ausführlich *Weck*, Legitimationsprobleme öffentlicher Kunstförderung, S. 47ff.

161 In Art. 142 WRV war freilich nicht der »Kunstentstehungsschutz«, sondern die »Pflege« der Kunst genannt, Dreier/*Wittreck*, Art. 5 Abs. 3 GG, Rn. 6; *Stern*, Staatsrecht IV/2, S. 616ff.; ausführlich *Weck*, Legitimationsprobleme öffentlicher Kunstförderung, S. 51ff.

162 Eine historische Betrachtung untergliedert nach einzelnen Sparten findet sich bei *Oppermann*, Kulturverwaltungsrecht, S. 120ff.; die Indienstnahme der Kunst erfolgte nicht auf »verfassungsrechtlichem Boden«, sondern lediglich aufgrund einfacher Gesetze Dreier/*Wittreck*, Art. 5 Abs. 3 GG, Rn. 9.

163 *Kubowitsch*, Künstler im Nationalsozialismus, S. 75f. m. w. Nw.

164 *Dahm*, Reichskulturkammer, S. 53 (64f.).

Kulturberufe zu regeln und zwischen allen Bestrebungen der ihr angehörenden Gruppen einen Ausgleich zu bewirken«.[165]

Die Kammermitgliedschaft war unter anderem Voraussetzung für die Teilnahme an Ausstellungen, Wettbewerben und den Bezug von Materialien. Tragende Ideologie einer berufsständischen Organisation war die Abschaffung einer freien, staatsfernen Kunstentstehung »zugunsten« einer in sich widerspruchsfreien Kunst im Dienste der »Volksgemeinschaft«.[166] Die Mitgliedschaft (durch gesetzliche Inkorporierung regionaler Fachverbände), Neuaufnahme und (ab 1937) der Ausschluss aus der Kammer, wurden durch ein umfangreiches Auswahlverfahren mit Prüfung der Kunst- und Kulturschaffenden auf politische Zuverlässigkeit und fachliche Eignung (»eigenschöpferische Gestaltungskraft«) durchgeführt. Die Überprüfung unter Hinzuziehung von »Fachberatern« erfolgte anhand eines Fragebogens und eingereichter Arbeitsproben. Teil der abgefragten Informationen waren die Berufsausbildung, fachliche Auszeichnungen, Angehörigkeit zu Künstlervereinigungen, Beteiligung an öffentlichen Ausstellungen und Aufträgen sowie Religionszugehörigkeit und Abstammung.[167]

Nach Auffassung des NS-Regimes galt künstlerische Individualität als »hemmungsloser Ich-Kult«, der dem Volk als Träger der Kultur und der Volksgemeinschaft schade.[168] Ursprung dieser »isolierten« Existenz Kunstschaffender, die im Widerspruch zu den »Lebensgesetzen von Volk und Gemeinschaft« stehe, sei die in der Weimarer Republik bestehende Neutralität des Staates und Eigengesetzlichkeit der Kunst gewesen.[169] Eine dem Wohl der Volksgemeinschaft dienende Kunst sei »Angelegenheit der Nation«, um »die Schaffenden auf allen ihren Gebieten unter der Führung des Reiches zu einer einheitlichen Willensgestaltung zusammenzufassen« und es sei mithin erforderlich »innerhalb der Kultur schädliche Kräfte zu bekämpfen und wertvolle zu fördern, und zwar nach dem Maßstab des Verantwortungsbewusstseins für die nationale Gemeinschaft«.[170]

3. Kunstförderung nach Gründung der Bundesrepublik

Nach Gründung der Bundesrepublik führte das Grundgesetz als Gegenentwurf zur nationalsozialistischen zentralisierten Bundeskulturkompetenz die bereits in der Weimarer Republik und Kaiserzeit bestehende kulturelle Regionalisierung durch den Kulturföderalismus ein.[171] Konzeptionell ordnete sich die Kulturpolitik der Re-

165 Zit. nach *Dahm*, Reichskulturkammer, S. 53 (69).

166 *Dahm*, Reichskulturkammer, S. 53 (56).

167 *Kubowitsch*, Künstler im Nationalsozialismus, S. 77ff.

168 *Dahm*, Reichskulturkammer, S. 53 (73).

169 Zit. nach *Dahm*, Reichskulturkammer, S. 53 (74)

170 Zit. nach *Dahm*, Reichskulturkammer, S. 53 (74).

171 Ausführlich zur kulturpolitischen Historie vor dem Nationalsozialismus *Klein*, Kompendium Kulturmanagement, S. 100f.; »In das Grundgesetz ist die Gewährleistung [der Kunstfreiheit

staurationsphase der Nachkriegszeit unter, in der das politische Paradigma »keine Experimente« (Adenauer) auch für die Kulturpolitik galt und Schwerpunkte anstatt auf eine aktivierende (gesellschaftskritische) Kulturentstehungsförderung auf den Kulturerhaltungsschutz gelegt wurden.[172] Vorzugsweise sollte wieder aufgebaut werden, was vorher Bestand hatte, und in Kontinuität der Weimarer Republik vertraute Formate und Institutionen ohne Modernisierungsanspruch fortgeführt.

Die »Neue Kulturpolitik«, deren Ursprünge auf die 1970er Jahre zurückgeführt werden, führte den neuen »unabgeschlossenen« Leitgedanken einer gesellschaftspolitischen Kulturpolitik ein.[173] Die »Neue Kulturpolitik« beinhaltet die Abkehr von einer auf Kulturerhaltung fokussierten Verwaltung der Platon'schen Trias des »Guten, Wahren und Schönen« und die Hinwendung zu einer Kulturentstehungsförderung, die die Trennung von Kunst und Alltag sowie Kunst und Gesellschaft aufhebt (Soziokultur).[174] Innerhalb dieser tritt neben die Förderung von Institutionen insbesondere eine zeitlich befristete, innovationsfördernde Projektförderung, die gemeinsam zu einer kulturellen Eigendynamik und sozialen Aktivierung beitragen sollen. Kulturpolitik als Gesellschaftspolitik übernimmt dabei eine Aufgaben-Dichotomie: die Gestaltung des eigenen Lebens und die Gestaltung der Gesellschaft.[175]

---

gem. Art. 5 Abs. 3 GG] unter dem Eindruck der leidvollen Erfahrungen aufgenommen worden, die Künstler während der nationalsozialistischen Gewaltherrschaft haben hinnehmen müssen.«, BVerfGE 67, 213 (224).

172 *Knoblich*, APuZ 2016, S. 7 (9); *Staeck*, FS-Schwencke, S. 67 (68); in der DDR wurde kulturpolitisch demgegenüber, angestoßen durch den »Bitterfelder Weg«, der Zugang der Arbeiterklasse zur Kultur und die Bildung eines sozialistischen Bewusstseins verfolgt, *Mandel/Wolf*, Kultur für alle, S. 86ff.

173 *Sievers/Föhl*, Jahrbuch für Kulturpolitik 2014, S. 17; einen »Meilenstein« im juristischen Diskurs zu den Entwicklungen im Kulturbereich stellt die Tagung der Vereinigung der Deutschen Staatsrechtslehrer in Köln vom 28. September bis 1. Oktober 1983 mit dem Thema »Kulturauftrag im staatlichen Gemeinwesen. Die Steuerung des Verwaltungshandelns durch Haushaltsrecht und Haushaltskontrolle« dar. Noch 1969 beschreibt *Müller*, Freiheit der Kunst als Problem der Grundrechtsdogmatik, S. 128, die Kunstförderung als »verfilzt« und »wirkungslos«. Kunstförderung sei »die Subventionierung lokaler Serienfestspiele, [...] Ausstellungen der Lebenswerke verdienter und seit langem anerkannter grand old men des zeitgenössischen Kunstbetriebs und [...] die Verleihung von Preisen für verflossene Leistungen der Arrivierten«.

174 *Klein*, Kompendium Kulturmanagement, S. 115; *Mandel*, Jahrbuch für Kulturmanagement, S. 23 (26ff.), unterstreicht die Problematik, dass es der Kulturpolitik in der Vergangenheit kaum gelungen sei, gegen die Bestandserhaltungsinteressen der geförderten Kultureinrichtungen, die weite Teile des Budgets weiterhin in Anspruch nähmen, ihren Handlungsspielraum zu vergrößern; zum parallelen Prozess der rezeptionsästhetischen Wende *Alloa/Haffter*, Handb. Kunstphilosophie, S. 357 (358ff.).

175 *Brosda*, Kulturpolitische Mitteilungen II/2021, S. 40 (41); *Fuchs*, Kulturpolitik und Zivilgesellschaft, S. 83 (84); »Die Zukunft, die wir wollen, muss erfunden werden, sonst bekommen wir

Die »Neue Kulturpolitik« vereint in der Kunstentstehungsförderung einen Dualismus aus liberaler Autonomie und der kommunitaristischen sozialen Verantwortung des Einzelnen gegenüber der Gemeinschaft – das »Ich« und das »Wir«.[176]

Dem eigenen Anspruch der »Neuen Kulturpolitik« zufolge soll ihre Umsetzung nicht von einem klassischen staatlichen Verwaltungshandeln der Eingriffs- und Leistungsverwaltung geprägt sein, sondern von einer aktivierenden und »lernenden« Verwaltung, die sich aufgrund von Dezentralität durch Verantwortungsteilung im Staatsapparat und Kooperation mit zivilgesellschaftlichen Akteuren weiterentwickelt.[177] Governance in Form eines kooperativen Vernetzungsansatzes entspricht, anders als eine hoheitlich-etatistische Verwaltung der Vielfalt und Vielzahl der verschiedenen Akteure, namentlich Kommunen, Länder, Bund, Intermediäre sowie zivilgesellschaftliche Kunstschaffende und private Sponsoren. Neben der Verteilung von Ressourcen kommt der modernen Kulturpolitik und -verwaltung daher schwerpunktmäßig die Aufgabe einer Koordinierung und Vernetzung von Akteuren im Sinne eines »Netzwerkmanagements« zu.[178] Durch Kooperation ist mit mehr zivilgesellschaftlicher Verantwortungsübernahme zu rechnen.[179]

4. Gegenwärtiger »Kulturkampf von Rechts«

Die soziologische Forschung beschreibt für die 90er Jahre die Ästhetisierung als prägendes Leitmotiv, während für die 00er Jahre eine Kulturpolitik der Anerkennung, die sensibel auf Integration, Repräsentanz und pluralistische Assimilierung von Minderheiten als Herausforderung eingeht, ausgemacht wird (»Kultur mit allen«).[180] Anstatt die besonderen Identitäten von Gruppen kulturpolitisch zu »bedienen«, diese dadurch festzuschreiben und zu einem »Gefängnis« zu machen,[181] strebt die pluralistische Assimilation an, verschiedene Gruppen als gleichberechtigte Teile der Gesellschaft einzubinden, indem Wertesysteme gegenseitig toleriert und gleichzeitig zu wesentlichen Teilen geteilt werden.[182] Dem steht der eingangs bereits skizzierte »Kulturkampf von Rechts« diametral entgegen und zeigt, welche

eine, die wir nicht wollen«, Joseph Beuys' Aufruf zur Alternative, Frankfurter Rundschau, 23. Dezember 1978.

176 *Fuchs*, Kulturpolitik und Zivilgesellschaft, S. 83 (84).

177 *Sievers/Föhl*, Jahrbuch für Kulturpolitik 2014, S. 23.

178 Vgl. Schlussbericht der Enquete-Kommission »Kultur in Deutschland«, BT-Drs. 16/7000, S. 9, 92; *Landmann*, Jahrbuch für Kulturpolitik, S. 199.

179 Ähnliche Ansätze wurden beispielsweise in Hamburg durch die AG Bildende Kunst umgesetzt oder in Form des OFF-Circles durch die Gruppe ART OFF gefordert.

180 *Fuchs*, Kulturpolitik, S. 86; *Teissel*, ZfK 2015, S. 15 (22).

181 *Fuchs*, Kulturpolitik, S. 86.

182 *Schätzle*, Migration und Integration in Deutschland, S. 35; *Teissel*, ZfK 2015, S. 15 (25).

widerstreitenden Grundsätze einander gegenüberstehen.[183] Der »Kulturkampf von Rechts« erinnert methodisch an die nationalsozialistische Terrorherrschaft, die ungeniert Kultur als Mittel des ideologischen Kampfes genutzt hat.[184]

Ähnlich dem Nationalsozialismus ist die AfD bemüht einen exklusiven Kulturbegriff zu propagieren, für den die vermeintliche Trennung von »Eigenem« (»Heimat«, »Identität«, »deutsche Leitkultur«) und »Fremdem« (»Multi-Kulti«) sowie eine mythische Überzeichnung von »Volk« und »Nation« grundlegend ist.[185] Aus Sicht der AfD wird die »deutsche Leitkultur« in Abgrenzung zum »Multikulturalismus« als dominierend und nicht austauschbar dargestellt, so dass sich andere Kulturen unterzuordnen und anzupassen hätten.[186] Kulturpolitisch wird die »deutsche Kultur« genutzt, um das Selbstbild in einen überzeitlichen, identitären und homogenen Kontext einzuordnen, so dass das eigene Überlegenheitsdogma Pluralismus ausschließt.[187] Das Individuum verliert seine Autonomie und ordnet sich in der Gewissheit der Anerkennung in den Kodex der Gemeinschaft ein.[188] In der Kulturförderung wird versucht, diese Strategie durch eine Ausgrenzung von »politischer Gesinnung« aus der öffentlichen Förderung umzusetzen, um glorifizierenden Identitätsnarrativen Raum zu geben. Bewusste Ausgrenzung läuft jedoch einer staatlichen Neutralität entgegen und unterdrückt die der Kunst immanente Eigengesetzlichkeit.[189] Die Integration und Differenzierung, Erfassung und Aussonderung von Kunstschaffenden aus der öffentlichen Förderung am Maßstab der Bedeutung für die nationale

---

183 Siehe ausführlich insbesondere den Rechercheberich von »TTT« und der Süddeutschen Zeitung abrufbar unter: https://www.daserste.de/information/wissen-kultur/ttt/sendung/ndr/chronik-afd-kultur100.html, zuletzt abgerufen am 25. August 2020; mitunter auch als »Kulturrevolution von rechts« bezeichnet *Küpper*, Kulturpolitische Mitteilungen II/2020, S. 31; zum österreichischen Kulturkampf siehe auch *Burstein*, Elfenbeinturm, S. 43ff.

184 *Baum*, Kulturpolitische Mitteilungen IV/2019, S. 67, spricht von »massiver politischer Einmischung in die Freiheit der Kunst, angelehnt an die völkisch-rassistische Ideologie der Nazis«; *Teissel*, ZfK 2015, S. 15 (24), bezeichnet das Kulturangebot als »Waffe«; *Reckwitz*, Die Gesellschaft der Singularitäten, S. 413f., zum Verhältnis des Rechtspopulismus zum traditionellen Rechtsradikalismus.

185 *Lück*, Kulturpolitik der AfD, S. 6; Ähnlich *Küpper*, Kulturpolitische Mitteilungen II/2020, S. 31 (32); *Pliplat*, Kulturpolitische Mitteilungen II/2020, S. 20 (21); diese Form der nationalistischen Kulturpolitik durch Identitäts- und Symbolpolitik wird als ein weltweiter Trend gesehen, *Freemuse* (Hg.), The State of Artistic Freedom 2020, S. 30, abrufbar unter: https://freemuse.org/news/the-state-of-artistic-freedom-2020/, zuletzt abgerufen am 24. Januar 2021; *Gallé*, Jahrbuch für Kulturpolitik 2019/20, S. 211 (213); *Lätzel*, Jahrbuch für Kulturpolitik 2019/20, S. 95 (103), spricht von der Vereinnahmung des Heimatbegriffs.

186 *Lück*, Kulturpolitik der AfD, S. 8; *Reckwitz*, Die Gesellschaft der Singularitäten, S. 395.

187 *Reckwitz*, Die Gesellschaft der Singularitäten, S. 415, spricht von »Antipluralismus«; ähnlich *Sommer*, Jahrbuch für Kulturpolitik 2019/20, S. 169 (171).

188 *Reckwitz*, Die Gesellschaft der Singularitäten, S. 396.

189 Ähnlich *Baum*, Kulturpolitische Mitteilungen IV/2019, S. 67, nach dessen Auffassung die Rechte sich anmaße Kunst zu definieren.

Identität war bereits im Nationalsozialismus Mittel zur Bildung einer einheitlichen Willensgemeinschaft.[190]

Die Ausgrenzung kritischer Kunst entspricht jedoch gerade keiner staatlichen Neutralität im Sinne einer gleichmäßigen Berücksichtigung aller Inhalte, sondern identifiziert sich mit solchen, die apolitischer Natur sind.[191] Die Instrumentalisierung der Kunst mit »volkspädagogischem« Anspruch dient dem Einfluss auf die kollektive Willensbildung.[192] Beispielhaft ist die Aussage des kulturpolitischen Fraktionssprechers der AfD zu nennen, die sich sprachlich an nationalsozialistischem Hygiene- und Säuberungsvokabular anlehnt: »Es wird mir eine Ehre und Freude sein, dieses Amt auszuüben und die Entsiffung des Kulturbetriebs in Angriff zu nehmen«.[193] Die kulturelle »Reinheit« mittels Säuberung andeutende Sprachwahl hat ihren ideologischen Bezugspunkt in der Vorstellung einer in sich homogenen kulturellen Einheit und stabilen Wertegemeinschaft.[194] Diese Wertegemeinschaft werde von einer anderen Kultur (»Multi-Kulti«) beschmutzt, sodass ein Reinigungsprozess erforderlich sei. Durch Zuschreibung einer »kollektiven Schuld« des »Multi-Kulti« wird die Gruppen-Psychologie in eine abwehrende und aggressive Richtung gedrängt.[195] Auf diese Weise wird durch Zuschreibungen zugleich ein Feindbild stilisiert, das den inneren Gruppenzusammenhalt der Ausgrenzenden stärkt und deshalb politisch opportun ist.[196]

Das Paradoxon des politischen Konflikts liegt in der jeweiligen Berufung auf die Kunstfreiheit. Sowohl rechte Gruppierungen als auch ihr gesellschaftliches Gegenüber nehmen die Verteidigung von Kultur und Kunst für sich in Anspruch. So forderte das Bundestagswahlprogramm der Alternative für Deutschland 2017 »kulturelle Förderprogramme des Bundes und der EU, die an ideologische Zielvorgaben gekoppelt sind, […] durch Förderlinien [zu] ersetzen, die der Bewahrung des kul-

---

190 Vgl. *Dahm*, Reichskulturkammer, S. 53 (75).

191 Siehe ausführlich S. 100.

192 »Das Theater muss ganz einfach wieder zu einem volkspädagogischen Anspruch zurückfinden. Das Theater dient der Nationalbildung.«, Gottfried Backhaus, abrufbar unter: https://www.deutschlandfunk.de/afd-in-sachsen-anhalt-bloss-keine-streitbare.691.de.html?dram:article_id=374230, zuletzt abgerufen am 19. Oktober 2019.

193 Marc Jongens Tweet vom 23. Januar 2018 zu seiner Ernennung zum kulturpolitischen Fraktionssprecher der AfD.

194 *Lück*, Kulturpolitik der AfD, S. 7; *Reckwitz*, Die Gesellschaft der Singularitäten, S. 396.

195 *Reckwitz*, Die Gesellschaft der Singularitäten, S. 396, unterscheidet zwischen »Eigengruppe« und »Fremdgruppe«; *Sumser*, Beziehungsmanagement, S. 63 (83); *Gallé*, Jahrbuch für Kulturpolitik 2019/20, S. 211 (213).

196 *Duhnkrack*, Kulturpolitische Mitteilungen, II/2020, S. 36 (37); *Reckwitz*, Die Gesellschaft der Singularitäten, S. 397.

turellen Erbes oder dessen würdiger Fortschreibung dienen«.[197] Leitgedanke dieser Forderung ist die Abwendung von der Kulturentstehungsförderung bzw. der »Neuen Kulturpolitik«, hin zu einem Kulturerhaltungsschutz, der »die aktuelle Verengung der deutschen Erinnerungskultur auf die Zeit des Nationalsozialismus [...] zugunsten einer erweiterten Geschichtsbetrachtung [aufbricht], die auch die positiv identitätsstiftenden Aspekte deutscher Geschichte mit umfasst«.[198] Die singuläre Narration der eigenen Geschichte durch eine auf die Vergangenheit gerichtete Kulturpolitik bestärkt die kollektive Identität.[199]

Gegen den »Kulturkampf von Rechts« richtet sich etwa die »Erklärung der Vielen«.[200] Dabei handelt es sich um eine Selbstverpflichtung ihrer Unterzeichnenden im Rahmen ihrer kulturellen Angebote und Aktivitäten, einen offenen, aufklärenden, kritischen Dialog über rechte Strategien zu führen. Sie gestalten diesen Dialog mit Mitwirkenden und dem Publikum in der Überzeugung, dass die beteiligten Institutionen den Auftrag haben, die Gesellschaft als eine demokratische fortzuentwickeln. Alle Unterzeichnenden wollen völkisch-nationalistischer Propaganda kein Podium bieten und sind bestrebt, illegitime Versuche der Rechtsnationalen abzuwehren, Kulturveranstaltungen für ihre Zwecke zu instrumentalisieren.[201] Dafür wollen sie sich solidarisch mit Menschen verbinden, die durch eine rechtsextreme Politik immer weiter an den Rand der Gesellschaft gedrängt werden.[202] Das Beispiel der »Brüsseler Erklärung – für die Freiheit der Kunst!« zeigt, dass es sich um eine

197 AfD Wahlprogramm Bundestagswahl 2017, S. 48, abrufbar unter: https://cdn.afd.tools/wp-content/uploads/sites/111/2017/06/2017-06-01_AfD-Bundestagswahlprogramm_Onlinefassung.pdf, zuletzt abgerufen am 2. Oktober 2019.

198 AfD Wahlprogramm Bundestagswahl 2017, S. 48, abrufbar unter: https://cdn.afd.tools/wp-content/uploads/sites/111/2017/06/2017-06-01_AfD-Bundestagswahlprogramm_Onlinefassung.pdf, zuletzt abgerufen am 2. Oktober 2019; In einem gewissen Widerspruch dazu steht die Forderung, dass »identitätspolitische Vorgaben der staatlichen Filmförderung« abzulehnen seien, AFD Wahlprogramm Bundestagswahl 2021, S. 160, abrufbar unter: https://www.afd.de/wp-content/uploads/sites/111/2021/06/20210611_AfD_Programm_2021.pdf, zuletzt abgerufen am 5. Februar 2022.

199 *Reckwitz*, Die Gesellschaft der Singularitäten, S. 397f.; ähnlich plädiert *Lätzel*, Jahrbuch für Kulturpolitik 2019/20, S. 95 (98), für eine Verbindung der Auseinandersetzung mit dem kulturellen Erbe und mit einem Aufbruch in die Zukunft.

200 Weitere Informationen abrufbar unter: https://www.dievielen.de, zuletzt abgerufen am 27. August 2020.

201 Spezifische Handlungsanweisungen zum Umgang mit dem »Kulturkampf von Rechts« in Gedenkstätten und Museen, haben der Verein für Demokratische Kultur in Berlin (VDK) e.V. und Mobile Beratung gegen Rechtsextremismus Berlin (MBR) herausgegeben, abrufbar unter: https://www.mbr-berlin.de/wp-content/uploads/2020/02/200113_MBR_Broschüre_Gedenkstätten_online.pdf, zuletzt abgerufen am 27. August 2020.

202 Berliner Erklärung der Vielen, abrufbar unter: https://dievielen.de/erklaerungen/berlin, zuletzt abgerufen am 2. Oktober 2019.

gesamteuropäische Entwicklung handelt, die insbesondere in Ländern mit rechtspopulistischer Regierungsbeteiligung von Bedeutung ist.[203] Beispielsweise in Ungarn sind unter der Regierung Orban ähnliche kulturpolitische Strategien zu erkennen.[204] Die angesprochene Monopolisierung des künstlerischen Berufs wird dort durch die Konzentration öffentlicher Mittel auf Organisationen wie die Kunstakademie betrieben, für deren Mitgliedschaft das nationale Bekenntnis und die Ideologietreue Voraussetzungen sind.[205]

II. Ökonomische Argumentationslinien öffentlicher Kunstförderung

Es gibt eine Vielzahl ökonomischer Argumentationslinien, die für die kulturpolitische Begründung einer öffentlichen Kunstförderung herangezogen werden.[206]

Zunächst wird der Kunst grundsätzlich unter Hinweis auf ein »Marktversagen« oder der Charakterisierung der Kunst als ein nichtwirtschaftliches Gut abgesprochen, sich überhaupt in die ökonomischen Marktprinzipien einzupassen. Argumentationen im Lichte dieser Paradigmen überzeugen in ihrer Pauschalität zumeist nicht. Schon der kombinatorische Schluss, dass jedes Marktversagen oder nichtwirtschaftliche Gut *a priori* einer staatlichen Intervention bedürfe, ist keineswegs zwingend.[207] Im Gegenteil, eine Pflicht oder Aufgabe des Staates ein Marktversagen durch Intervention abzufedern, bedürfte einer weiteren Begründung.[208] Ähnlich wurde bereits festgestellt, dass keine Pflicht zur wirtschaftlichen Absicherung der Produzierenden besteht, weil ihre Produkte keine Erträge erwirtschaften.[209]

Des Weiteren handelt es sich bei Kunst um kein nicht-wirtschaftliches Gut, das sich jeglicher ökonomischen Betrachtung entzieht und deshalb eines korrigieren-

---

203 Brüsseler Erklärung, abrufbar unter: https://www.change.org/p/brüsseler-erklärung-für-die-freiheit-der-kunst, zuletzt abgerufen am 16. Oktober 2019, Anzahl der Petitionsunterzeichner: > 78.000; zum globalen Trend einer nationalistischen Kulturpolitik ausführlich siehe *Freemuse* (Hg.), The State of Artistic Freedom 2020, S. 30; *Pliplat*, Kulturpolitische Mitteilungen II/2020, S. 20 (21).

204 Angestrebt wird die Fiktion einer völkischen Homogenität durch einen Geschichtsrevisionismus, der im Kulturbetrieb durch das Kulturgesetz und einen zentralisierten Nationalen Kulturrat abgesichert werden soll, *Marsovszky*, Kulturpolitische Mitteilungen II/2020, S. 47 (49).

205 Abrufbar unter: https://www.deutschlandfunk.de/serie-rechte-parteien-und-die-kultur-ungarn-und-die.691.de.html?dram:article_id=377593, zuletzt abgerufen am 16. Oktober 2019.

206 *Grimm*, VVDStRL 42 (1984), S. 46 (66), kritisiert ökonomische Begründungsversuche unter Hinweis darauf, dass diese von einem verkürzten Freiheitsverständnis des Liberalismus ausgingen.

207 *Walter*, Handb. Kulturmanagement, B 2.13, S. 4.

208 Anders *Conrad*, Öffentliche Kulturförderung und Welthandelsrecht, S. 68ff., der eine Staatsaufgabe zur Kunstförderung im Fall des Marktversagens sieht.

209 Siehe ausführlich S. 30.

den staatlichen Tätigwerdens bedürfte. Kunst erfüllt die drei Kriterien eines wirtschaftlichen Gutes und ist grundsätzlich marktfähig:[210] Zum einen verbraucht die Produktion und Bereitstellung der Kunst Ressourcen, angefangen bei »Leinwand und Farbe«. Zum zweiten stiftet Kunst bei vielen Konsumenten Nutzen in Form des Genusses der Betrachtung, des Zuhörens oder sich Hineinbegebens. Drittens ist Kunst auch nicht unbegrenzt, sondern knapp vorhanden, denn sie muss produziert werden, um am Warenverkehr teilzunehmen. Die Kriterien eines wirtschaftlichen Gutes liegen folglich vor, sodass es einer näheren Betrachtung des ökonomischen Zusammenhanges bedarf, um eine Marktintervention durch öffentliche Kunstförderung zu begründen. Zudem kann keineswegs unterstellt werden, dass nicht nur der Markt, sondern auch der Staat bei der Bewältigung bestimmter Aufgaben versagt (Staatsversagen).[211] Ein solches Staatsversagen im Kontext der Kunstförderung könnte etwa in Form einer den Strukturprinzipien der Kunst widersprechenden Auswahl der Förderungsempfänger auftreten, die kunstdirigistische Tendenzen aufweist.

Die ökonomische Begründung einer staatlichen Intervention durch öffentliche Kunstförderung lässt sich überblicksartig in vier Argumentationslinien differenzieren, namentlich produktionstechnische Argumente, die allokativen Argumente der Externalitäten und Kollektivgutmerkmale, die Meritorik und die verteilungspolitischen Distributionsargumente.[212]

Die produktionstechnischen Argumente beziehen sich auf das Modell der in der Kunstproduktion angelegten Kostenkrankheit des Verhältnisses Arbeitslohn zu Produktivitätsfortschritt. Während die Lohnentwicklung für den Arbeitseinsatz entsprechend dem Wirtschaftswachstum steigt, ergeben sich im Kunstsektor – im Gegensatz zu anderen Industrien – keine Produktivitätsfortschritte etwa durch Kosteneinsparung mittels Automatisierung oder Effizienzgewinne durch Skaleneffekte.[213] Durch diese für die Kunst vereinfacht formulierte Gleichung, dass Lohn für Arbeitseinsatz immer überproportional zur Produktivität wächst, ist eine Kostenexplosion angelegt, die zwangsläufig eine Produktivitätslücke nach sich zieht.[214] Durch sinnvoll selektierende Marktkräfte würde – daraus folgend – die Kunst stetig aus dem Markt verdrängt, was eine staatliche Intervention mit

210 *Van der Beek*, Kulturfinanzen, S. 63.

211 *Van der Beek*, Kulturfinanzen, S. 60.

212 *Van der Beek*, Kulturfinanzen, S. 105; *Walter*, Handb. Kulturmanagement, B 2.13, S. 4ff.

213 Gegen produktionstechnische Argumente (*cost disease*) *Ritenour*, RJoLaPP Vol. 3 Iss. 1, 2011, S. 95 (99).

214 *Van der Beek*, Kulturfinanzen, S. 65.

Blick auf den gesellschaftlichen Mehrwert der Kunst plausibel macht, aber aus rein wohlfahrtstheoretisch-allokativer Perspektive nicht sinnvoll ist.[215]

Externalitäten und Kollektivgutmerkmale beschreiben charakteristische Eigenschaften oder Komponenten eines Produkts, die der private Anbieter von Kunst im Wirtschaftsverkehr nicht als Nutzengewinn über den Markt an sich zu ziehen vermag, da sie nicht dem körperlichen Produkt, sondern externen Effekten innewohnen.[216] Für die Kunstentstehungsförderung ist der kaum messbare gesellschaftliche Erziehungs-, Kreativitäts- und Innovationswert von Kunst durch die Vermittlung diskursiver Formate von besonderer Bedeutung, der jeder aber keiner bestimmten Person zugute kommt.[217] Ebenso schafft Kunst einen nach innen gerichteten Identitäts- und nach außen gerichteten Prestigewert, der nicht nur dem unmittelbaren Eigentümer zu Teil wird.[218] Diese positiven Effekte vermag der Anbieter der Kunst nicht an sich zu ziehen, sodass Marktergebnis und gesellschaftliches Optimum auseinanderfallen.[219] Zum Erhalt dieser Externalitäten wird aus ökonomischer Perspektive die öffentliche Kunstförderung angeführt, um Kunstschaffende mit Anreizen zur Fortsetzung ihrer Produktion zu bewegen bzw. es wird eine Bereitstellung des Gutes gefordert.[220]

Die Argumentationslinie, dass Kunst ein meritorisches Gut sei, betrachtet Phänomene verzerrter Präferenzen im Konsumverhalten. Präferenzverzerrungen sind auf vier verschiedene Faktoren zurückzuführen, die das Konsumverhalten dahingehend beeinträchtigen, dass das Individuum nicht die zur Verfügung gestellte Menge nachfragt: erstens, Informationsdefizite hinsichtlich des Nutzens des Konsumgutes für das Individuum; zweitens, Irrationalität des Individuums durch »zufällige« Entscheidungsfindung; drittens, ein Gemeinschaftsbedürfnis nach dem Angebot, das von persönlichen und individuellen Präferenzen verschieden ist; viertens, individuelle Willensschwäche aufgrund mehrerer Präferenzsysteme für die Entschei-

---

215 *Van der Beek*, Kulturfinanzen, S. 67; gegen eine Rechtfertigung staatlicher Intervention aufgrund von Daseinsvorsorge oder staatlicher Versorgungsaufgaben auch *Malaviya*, Verteilungsentscheidungen, S. 66.

216 *Malaviya*, Verteilungsentscheidungen, S. 31; *Van der Beek*, Kulturfinanzen, S. 71; *Walter*, Handb. Kulturmanagement, B 2.13, S. 5.

217 *Bendixen/Weikl*, Kultur- und Kunstökonomie, S. 159; *Huster*, Ethische Neutralität, S. 465 f; *Lenski*, Öffentliches Kulturrecht, S. 312; *Teissel*, ZfK 2015,15 (25); dagegen: *Haversath*, Legitimation des Kulturstaats, S. 146; *Ritenour*, RJoLaPP Vol. 3 Iss. 1, 2011, S. 95 (115), argumentiert, dass die Vielzahl der non-profit Organisationen Indiz dafür sei, dass es keiner staatlichen Intervention bedürfe, um die positiven Externalitäten der Kunst zu produzieren; *Walter*, Handb. Kulturmanagement, B 2.13, S. 9.

218 *Knoblich*, APuZ 2016, S. 7 (13); *Walter*, Handb. Kulturmanagement, B 2.13, S. 7ff.

219 *Ritenour*, RJoLaPP Vol. 3 Iss. 1, 2011, S. 95 (101); *Walter*, Handb. Kulturmanagement, B 2.13, S. 6.

220 *Walter*, Handb. Kulturmanagement, B 2.13, S. 12, charakterisiert etwa Kunst im öffentlichen Raum als ein kollektives Gut, das aufgrund des Marktversagens einer staatlichen Bereitstellung bedürfe; ablehnend *Ritenour*, RJoLaPP Vol. 3 Iss. 1, 2011, S. 95 (107f.).

dungsfindung.[221] Die Theorie der Meritorik wird nicht nur für die Kunst abgelehnt, sondern begegnet überhaupt als Legitimation für staatliches Handeln Vorbehalten einer paternalistischen Bevormundung.[222]

Das vierte Argument für eine staatliche Intervention betrifft schließlich die verteilungspolitischen Zugangsvoraussetzungen der Nachfragenden zu den Märkten für Kunstgüter (Distributionsargument). Dahinter steht der Gedanke einer Subvention zum Abbau von Zugangsschwellen.[223] Wie noch im Rahmen der sozialstaatlichen Legitimation thematisiert wird, tritt der beabsichtigte Effekt eines möglichst breiten Publikums jedoch gerade nicht ein.

In der Zusammenschau sind als ökonomische Begründungsansätze die Kostenkrankheit plausibel, aber nicht zwingend sowie die Externalitäten der Kunst als öffentliches Gut plausibel, aber argumentativ leicht zu entkräften.[224] Während man ökonomischen Überlegungen gemeinhin ein hohes Maß an Eindeutigkeit zuschreibt (»Zahlen lügen nicht«), geht der Wert der Externalitäten im Wesentlichen auf gesellschaftspolitische Überzeugungen zurück, die sich einer Messbarkeit und zweifelsfreien Bewertung entziehen. Der abstrakte Mehrwert einer von »Kunst stimulierten Gesellschaft« ist ebenso unklar wie das Begriffstriptychon selbst, sodass der neutrale Betrachter weder den Schluss einer überzeugenden Legitimation der Kunstförderung, noch den Schluss durchgreifender, der Kunstförderung entgegenstehender Bedenken ziehen dürfte.[225]

III. Soziologische Argumentationslinien öffentlicher Kunstförderung

Das Verhältnis von Staat und Kunst bestimmt sich aus soziologischer Perspektive maßgeblich nach der Systemfunktion der Kunst für die Gesellschaft.[226] Die jeweilige Funktion der Kunst für die Gesellschaft begründet dann auch den Auftrag öffentlicher Kunstförderung.[227] Die historische Entwicklung hat das jeweils zeitgenössi-

---

221 *Ritenour*, RJoLaPP Vol. 3 Iss. 1, 2011, S. 95 (105); *Van der Beek*, Kulturfinanzen, S. 83 f; *Walter*, Handb. Kulturmanagement, B 2.13, S. 15ff., weist darauf hin, dass Informationsmängel aufgrund Nutzenunkenntnis auf Konsumentenseite und in Form von Unsicherheit auf Seite des Unternehmers bestünden.

222 *Haselbach et al.*, Kulturinfarkt, S. 150ff.; *Haversath*, Legitimation des Kulturstaats, S. 142; *Rawls*, Eine Theorie der Gerechtigkeit, S. 368; *Van der Beek*, Kulturfinanzen, S. 93.

223 *Van der Beek*, Kulturfinanzen, S. 97; siehe ausführlich S. 72.

224 *Ritenour*, RJoLaPP Vol. 3 Iss. 1, 2011, S. 95 (101).

225 *Ritenour*, RJoLaPP Vol. 3 Iss. 1, 2011, S. 95 (117), zieht daher das Fazit, dass sich bei genauerer Betrachtung unter dem Deckmantel ökonomischer Argumente ausschließlich ethische Begründungslinien für die Kulturförderung verbergen.

226 Vgl. *Grimm*, VVDStRL 42 (1984), S. 46 (59); *Luhmann*, Schriften zu Kunst und Literatur, S. 416.

227 *Morke*, ZfK 2015, S. 51 (63), sieht die demokratiepolitischen Funktionen von Kunst und Kultur als Legitimation einer öffentlichen Finanzierung.

sche Verständnis hinsichtlich des Verhältnisses von Staat und Kunst aufgezeigt und dabei die volle Bandbreite zwischen Freiheit und Totalitarismus zur Schau gestellt.

Gegenwärtig flankiert der Staat als »Mäzen« den Kunstmarkt.[228] Das beschreibt die Arbeitsweise bzw. das Verhältnis von öffentlicher Kunstförderung und privatem Kunstinteresse. Doch die Entwicklung eines Kunstmarktes und Kunsthandels kommt nicht ohne Risiko: Kunstmarkt und Kunsthandel setzen auf ein spezifisch und marktorientiert ausdifferenziertes Anerkennungssystem, das maßgeblich durch die »Beobachtung der zweiten Ordnung« bestimmt ist.[229] Die Beobachtung zweiter Ordnung beschreibt, dass die handelnden Kunstschaffenden durch die Beobachtung der Reaktion des Publikums auf ihr Werk sich in einer Weise beeinflussen lassen, dass sie ihr weiteres Schaffen nach dem Publikum ausrichten.[230] Durch öffentliche Förderung vermögen Kunstschaffende die Frage zu vermeiden: »Wie kann ich mein Angebot so arrangieren, das[s] festgestellt werden kann, was ich eigentlich gewollt habe?«[231]. Das ist keineswegs eine Entfremdung des Publikums, sondern notwendige Authentizität der Kunst. Die Kunstschaffenden können etwas (authentisches) Eigenes schaffen, ohne darauf Rücksicht zu nehmen, wie es bewertet wird.[232] Damit wird die gegenwärtige gesellschaftliche Funktion der Kunst eines zeichenkodierten (»über Wahrnehmung laufenden«)[233] Kommunikationsprozesses befördert.[234] Durch die Befreiung von der zweiten Ordnung schafft Kunst den »Nullpunkt« oder die »Neuordnung« der Ordnung zu inszenieren. Sie zeigt, dass »jede Ordnung nur eine mögliche Ordnung ist und mit jedem [...] anderen Beobachter, eine andere Ordnung entstehen kann«.[235] Es entsteht die Freiheit, jede Utopie, Meinung, Weltanschauung oder ähnliches als eine denkbare Möglichkeit unter vielen zu erschaffen.

---

228 *Luhmann*, Schriften zu Kunst und Literatur, S. 401 (403); der Staatsverantwortung eines Mäzens zustimmend *Erbel*, Kunstfreiheitsgarantie, S. 173 und *Sommermann*, VVDStRL 65 (2006), S. 7 (45); *Ridder*, Freiheit der Kunst nach dem Grundgesetz, S. 11 bezeichnet die Rolle als »zwielichtiges Mäzenatentum«.

229 *Buckermann*, Vermessung der Kunstwelt, S. 67; *Luhmann*, Schriften zu Kunst und Literatur, S. 401 (414); *Ders.*, Schriften zu Kunst und Literatur, S. 416 (425ff.); die Problematik der »Kunst als Ware« betonend und im Ergebnis zustimmend *Grimm*, VVDStRL 42 (1984), S. 46 (49).

230 *Luhmann*, Schriften zu Kunst und Literatur, S. 426; *Ders.*, Schriften zu Kunst und Literatur, S. 401 (414); zustimmend *Häberle/Kotzur*, ZRP 2022, 24 (27).

231 *Luhmann*, Schriften zu Kunst und Literatur, S. 401 (414).

232 *Luhmann*, Schriften zu Kunst und Literatur, S. 401 (415).

233 *Luhmann*, Schriften zu Kunst und Literatur, S. 416 (420).

234 Ähnlich Dreier/*Wittreck*, Art. 5 Abs. 3 GG, Rn. 34; *Steiner*, HStR IV, § 86, Rn. 4, spricht vom »geistig-kommunikativen Freiheitsraum«; *Grimm*, VVDStRL 42 (1984), S. 46 (60), sieht darin die »ideelle Reproduktion der Gesellschaft«.

235 Krauss, Sebastian zit.n. *Buckermann*, Vermessung der Kunstwelt, S. 70.

Die »Befreiung« der Kunstschaffenden von der »Beobachtung der zweiten Ordnung« ist Aufgabe des Staates, um »Authentizität«[236] in einer Form zuzulassen, dass sich »in der Kunst exemplarisch und in gewisser Weise geschützt durch Folgenlosigkeit vorgestellt« werden kann,[237] was im Übrigen nicht als Mainstream gilt. Die öffentliche Kunstförderung ohne Verwertungsinteresse (und sei es durch Repräsentation) der Kunstschaffenden, agiert neben und nicht anstelle eines Kunstmarktes. Sie vermag im besten Fall die marktbedingte Freiheitsgefährdung der Eigengesetzlichkeit durch die Beobachtung der zweiten Ordnung zu kompensieren oder zumindest zu reduzieren.[238] Das ist der aus soziologischer Sicht bestimmte Inhalt der bundesverfassungsgerichtlichen Formel des freien Lebensbereichs Kunst sein.[239] Durch staatliche Intervention wird ein »Mehr« an Freiheit erschaffen.

236 *Luhmann*, Schriften zu Kunst und Literatur, S. 416 (426).

237 *Luhmann*, Schriften zu Kunst und Literatur, S. 416 (427).

238 Grimm, VVDStRL 42 (1984), S. 46 (68); *Conrad*, Öffentliche Kulturförderung und Welthandelsrecht, S. 56f., sieht in dieser potentiell oppositionellen Größe der Kunst ihre Funktionserfüllung.

239 »Der Lebensbereich »Kunst« ist durch die vom Wesen der Kunst geprägten, ihr allein eigenen Strukturmerkmale zu bestimmen.«, BVerfGE 30, 173 (188).

Zweiter Teil: Der verfassungsrechtliche Rahmen der öffentlichen Kunstförderung

Das Meinungsbild zur verfassungsrechtlichen Legitimation der öffentlichen Kunstförderung umfasst das gesamte denkbare Spektrum von einer staatlichen Kunstförderpflicht (»Müssen«) bis zu einem staatlichen Kunstförderverbot (»nicht Dürfen«). Beide Pole des Spektrums hätten ganz erhebliche Konsequenzen für die verwaltungsrechtliche Ausgestaltung der Kunstförderung. Die »Suche« nach Direktiven für die öffentliche Kunstförderung der freien Szene zum Zweck eines sachgerechten Organisationsrechts beginnt folglich mit der Klärung, inwieweit eine Kunstförderpflicht oder ein Kunstförderverbot besteht.[1]

Das Ergebnis vorwegnehmend, ist es dem Staat erlaubt, die freie Kunst zu fördern. Bevor das bereits angesprochene Vakuum einer Organisation der öffentlichen Förderung mit Leben bzw. Regeln gefüllt werden kann, sind die freiheitsrechtlichen und gleichheitsrechtlichen Direktiven zu untersuchen, um der verwaltungsrechtlichen Umsetzung im nächsten Teil einen Rahmen vorzugeben.

---

1 Den Zusammenhang von verfassungsrechtlichen Direktiven und verwaltungsrechtlicher Umsetzung beschreibt *Erbel*, Kunstfreiheitsgarantie, S. 179, wie folgt: Die Verfassung lege der Verwaltung angesichts des breiten kulturpolitischen Gestaltungsspielraums zwar keine einzelnen Rechtspflichten auf, sie erzeuge aber für den Staat die allgemeine »Verbindlichkeit«, seine kulturpolitische Aufgabe stets im Geiste der Kunstfreiheit zu erfüllen.

Erster Abschnitt: Kulturverfassungsrechtliche Direktiven für die öffentliche Kunstförderung

Die verfassungsrechtliche Legitimation der öffentlichen Kunstförderung ist umstritten.[1] Es wird auch von einer Krise der kulturpolitischen Begründung öffentlicher Kulturfinanzierung gesprochen.[2] Die grundlegende Haltung gegenüber der Kunstförderung ist klärungsbedürftig, um die Direktiven für die Umsetzung der Verwaltungsorganisation abzustecken.

Begründungsversuche einer staatlichen Pflicht bzw. eines Auftrags zur Kulturförderung fußen auf der objektiven Werteentscheidung des Grundgesetzes, namentlich Art. 5 Abs. 3 GG oder vereinzelt auf sozialstaatlichen Erwägungen.[3] Die Argumente für ein staatliches »Müssen« sind wenig überzeugend. Überhaupt schließt sich die Frage an, ob die Wahrnehmung des Aufgabenbereichs öffentliche Kunstförderung »erlaubt« ist.[4] Daran bestehen vereinzelt Zweifel, die argumentativ auf einen Konflikt mit dem Demokratieprinzip gestützt werden. Ein »Kunstförderverbot« wird jedoch verbreitet abgelehnt.

Die »Praxis« hat sich an dieser Debatte bislang nicht gestört. Seit Gründung der Bundesrepublik (und schon zuvor) ist die Kunstförderung mit der bereits dargestellten unterschiedlichen kulturpolitischen Schwerpunktsetzung »an der Tagesordnung«. Einigkeit besteht dahingehend, dass kein originäres Leistungsrecht des

1 *Mihatsch*, Öffentliche Kunstsubventionierung, S. 41, spricht 1989 von »Bedenken« gegenüber der Zulässigkeit der Kunstförderung; 10 Jahre später konstatiert *Palm*, Öffentliche Kunstförderung, S. 34, dass die grundrechtsdogmatische Begründung der Kunstförderung weiterhin »ungesichertes Gebiet« sei; im Jahr 2011 besteht aus Sicht von *Hufen*, Handb. der Grundrechte Bd. IV, § 101, Rn. 142, hingegen eine objektive Förderpflicht.

2 *Mandel*, Jahrbuch Kulturmanagement 2011, S. 23 (25).

3 Die verschiedenen Argumentationslinien zur Kulturförderung lassen sich – sofern nicht anders dargestellt – auf die (speziellere) Kunstförderung übertragen; siehe ausführlich S. 20.

4 Einer solchen bedarf es nach Auffassung von *Steiner*, VVDStRL 42 (1984), S. 7 (17), nicht, denn es handle sich um eine Staatsaufgabe, die keinem allgemeinen Verfassungsvorbehalt unterstehe.

Einzelnen auf fördernde Leistungen durch Bund oder Länder besteht.[5] Ein solches wäre in der Praxis schon gar nicht (sinnvoll) finanzierbar. Die Pflicht für die Verwaltung, veranschlagte Haushaltsmittel auch tatsächlich zu verausgaben, beschränkt sich auf eine »Soll-Bestimmung«.[6]

A. Kulturverfassungsrechtliche Legitimation öffentlicher Kunstförderung

Historisch hat das geschriebene Kulturverfassungsrecht[7] seine Tradition in der Weimarer Republik, die die Kulturförderung als legitime Aktivität des modernen Staates anerkannte.[8] Art. 142 Weimarer Reichsverfassung (WRV) regelte, dass »die Kunst, die Wissenschaft und ihre Lehre [...] frei [sind]. Der Staat gewährt ihren Schutz und nimmt an ihrer Pflege teil«. Seither haben Bundes- und Landesverfassungen an vielfältigen Aussagen zur Kultur dazugewonnen, die als Kulturver-

---

5 BeckOK GG/*Kischel*, Art. 3 GG, Rn. 88; *Hufen*, Handb. der Grundrechte Bd. IV, § 101, Rn. 137; v. Mangoldt/Klein/*Starck/Paulus*, Art. 5 GG, Rn. 418; *Steiner*, HStR IV, § 86, Rn. 3; *Stern*, Staatsrecht Bd. IV/2, S. 649; v. Münch/Kunig/*Wendt*, Art. 5 GG, Rn. 94; Schmidt-Bleibtreu/Hofmann/Henneke/*von der Decken*, Art. 5 GG, Rn. 43; Dreier/*Wittreck*, Art. 5 Abs. 3 GG, Rn. 72; Kahl et al./v. *Arnauld*, Art. 5 Abs. 3, Rn. 210; VGH Mannheim, NJW 2004, S. 624; das wurde unter anderem auch in § 7 Abs. 5 Satz 2 des Sächsischen Kulturraumgesetzes zutreffend umgesetzt, der feststellt: »Ein Rechtsanspruch auf Förderung besteht nicht.«; zur freiheitsgefährdenden Umdeutung von Freiheitsrechten in Leistungsrechte siehe *Rüfner*, Handb. der Grundrechte, § 40, Rn. 52; eine ausführliche Darstellung der argumentativen Ansatzpunkte für ein originäres Leistungsrecht findet sich bei *Palm*, Öffentliche Kunstförderung, S. 171ff.; im Kontext der institutionellen Förderung siehe VGH Mannheim, NJW 2004, S. 549.

6 Heuer/Scheller/*Dommach*, § 23 BHO, Rn. 8; *Kluckert*, Zuwendung und Gesetz, S. 17; *Pünder*, Haushaltsrecht im Umbruch, S. 105.

7 In Anlehnung an v. Mangoldt/Klein/*Starck/Paulus*, Art. 5 GG, Rn. 417, wird »Kulturverfassungsrecht« als die zusammenfassende Beschreibung der sich für die Kunstfreiheit bzw. Kunstförderung aus den landes- und bundesverfassungsrechtlich ergebenden Bestimmungen verstanden; zur historischen Entwicklung siehe insbesondere *Grimm*, VVDStRL 42 (1984), S. 46 (53ff.); *Steiner*, FS-Starck, S. 449 (452), formuliert pointiert Kulturverfassung sei in Deutschland primär eine Kulturförderungsverfassung.

8 Ausführlich *Knies*, Schranken der Kunstfreiheit, S. 211, der das Fehlen einer ausdrücklichen »Schutz- und Pflegekompetenz« auf die gegenüber der WRV bewusst textlich gekürzte Fassung des GG zurückführt; *Palm*, Öffentliche Kunstsubventionierung, S. 126, sieht im GG eine wohl aufgrund der nationalsozialistischen Indienstnahme der Kultur bewusste Abkehr von einer Förderungsklausel; *Hufen*, Handb. der Grundrechte Bd. IV, § 101, Rn. 9, weist darauf hin, dass es sich bei Freiheit und Pflege lediglich um einen Programmsatz gehandelt habe, der überwiegend leerlief; zu den ersten verfassungsrechtlichen Garantien der Freiheit der Kunst ab dem Ersten Weltkrieg siehe Kahl et al./*v. Arnauld*, Art. 5 Abs. 3, Rn. 27ff.

fassungsrecht zusammengefasst werden.[9] Ergänzend tritt das ungeschriebene Kulturverfassungsrecht sowie die verfassungsrechtliche Rechtsprechung hinzu.

Das Verhältnis von Landes- und Bundesverfassungsrecht bestimmt sich in Fällen des inhaltlichen Widerspruchs (Normenkollision) gemäß dem Geltungsvorrang von Bundesrecht vor Landesrecht, Art. 31 GG.[10] Indes kommt Art. 31 GG nicht zur Anwendung, soweit es sich lediglich um einen Zielkonflikt oder um ein Spannungsverhältnis von Recht gewordenen Werteentscheidungen handelt, die jeweils kumulativ zu bewahren sind und dem Rechtsunterworfenen kein Verhaltensdilemma aufzwingen.[11] Dazu gehören sowohl objektive Staatsziele als auch objektive in der Verfassung verbürgte Werteentscheidungen, da ein jeweils eigener, sich nicht gegenseitig ausschließender Anwendungsbereich besteht.[12] Das trifft insbesondere auf den Fall der noch darzulegenden zurückhaltenden Aussagen des Grundgesetzes zur Kultur zu. Des Weiteren können unabhängig von der Normenhierarchie Landes- und Bundesverfassung jeweils als Auslegungsanregung herangezogen werden.

I. Öffentliche Kunstförderung in den Landesverfassungen

Die Vielfalt der sechzehn Landesverfassungen ist hinsichtlich der jeweiligen Aussagen zur Kultur groß.[13] Die Bandbreite reicht von allgemeinen »Kulturklauseln«, die Ähnlichkeiten mit der für das Grundgesetz diskutierten »Kulturstaatsklausel« haben, über Bekenntnisse zum Kulturerhaltungsschutz, bis hin zu Klauseln, die dem Wortlaut zufolge eine Förderpflicht nahelegen, sich bei näherer Betrachtung jedoch als »Programmnorm« entpuppen. Die Landesverfassungen lassen sich in vier Typen unterscheiden.[14] Der Typus der Staatsfundamentalnorm nimmt die Kultur als besonders gewichtig in der jeweiligen Verfassung auf. Der zweite Typus beinhaltet einen Förderauftrag, flankiert von konkreten Maßgaben für einzelne Sachgebiete. Der dritte Typus beschränkt sich auf einzelne Sachgebiete wie beispielsweise Denkmalpflege ohne ergänzende Aufträge. Der vierte Typus verzichtet auf explizite kulturrelevante Vorgaben.

Stellvertretend für den ersten genannten Typus (Staatsfundamentalnorm) ist beispielsweise die Verfassung des Freistaates Bayern (VdFB) zu nennen. In Art. 3

---

9 Zur Begriffsgeschichte des Kulturstaats ausführlich *Bauer*, Kultur und Sport, S. 150ff.; zur Genese der grundgesetzlichen Kunstfreiheit Kahl et al./*v. Arnauld*, Art. 5 Abs. 3, Rn. 33ff.

10 BVerfGE 96, 345 (364); kritisch Maunz/Dürig/*Korioth*, Art. 31 GG, Rn. 9.

11 Maunz/Dürig/*Korioth*, Art. 31 GG, Rn. 13.

12 *Germelmann*, Kultur und staatliches Handeln, S. 111f.

13 Eine übersichtliche Darstellung findet sich im Schlussbericht der Enquete-Kommission »Kultur in Deutschland«, Drs. 16/7000, S. 80ff.; überblicksartig Dreier/*Wittreck*, Art. 5 Abs. 3 GG, Rn. 31.

14 *Germelmann*, Kultur und staatliches Handeln, S. 39.

Abs. 1 S. 1 VdFB wird der Freistaat Bayern als »Kulturstaat« bezeichnet. Die Kulturstaatsklausel steht in der Systematik der bayerischen Verfassung auf einer Rangstufe mit der Rechts- und Sozialstaatlichkeit und dient damit über die symbolische Kraft hinaus als Auslegungs- und Anwendungsmaßstab.[15] Art. 140 VdFB lautet: »(1) Kunst und Wissenschaft sind von Staat und Gemeinde zu fördern. (2) Sie haben insbesonders Mittel zur Unterstützung schöpferischer Künstler, Gelehrter und Schriftsteller bereitzustellen, die den Nachweis ernster künstlerischer oder kultureller Tätigkeit erbringen.« Während Abs. 1 die Arten der möglichen Förderinstrumente offen lässt, knüpft Abs. 2 an der Bedürftigkeit der Kunstschaffenden an, läuft aufgrund der vorhandenen öffentlichen Leistungen durch den Ausbau des Sozialstaats jedoch leer.[16]

Beispielhaft für den zweiten genannten Typus (Förderauftrag flankiert von konkreten Maßgaben) kann die Verfassung des Freistaats Sachsen (VdFS) herangezogen werden. Art. 11 Abs. 1 VdFS beschreibt detailliert die Förderung des kulturellen und künstlerischen Schaffens sowie den Austausch auf diesen Gebieten. Ergänzend zur Verpflichtung zum Schutz der Kultur (Art. 1 S. 2 VdFS) wird in Art. 11 VdFS ausdrücklich Bezug auf den Zweck der Kulturförderung zugunsten einer Teilhabe für alle (»gesamtes Volk) genommen.[17] Gem. Art. 11 Abs. 2 VdFS ist die Teilnahme an der Kultur in ihrer Vielfalt dem gesamten Volk zu ermöglichen und zu diesem Zweck werden öffentlich zugängliche Museen, Bibliotheken, Archive, Gedenkstätten, Theater, musikalische und weitere kulturelle Einrichtungen unterhalten. Denkmale und andere Kulturgüter stehen unter dem Schutz und der Pflege des Landes. Für ihr Verbleiben in Sachsen setzt sich das Land ein (Art. 11 Abs. 3 VdFS). Im Zentrum der Regelung steht dementsprechend die Teilhabe der Bevölkerung und ein Mindestmaß an Förderung, die zur Neuentstehung beiträgt.

Die vorgenannten Landesverfassungen konturieren den Kulturauftrag vergleichsweise konkret, stellt man ihnen die sehr allgemeinen Formulierungen des dritten Typus (einzelnes Sachgebiet) wie beispielsweise die Verfassung von Berlin (VvB) gegenüber. Gem. Art. 20 Abs. 2 VvB gibt diese das Staatsziel vor: »Das Land schützt und fördert das kulturelle Leben«.[18] Ein Beispiel für die Aktualität der Kultur in der Verfassung ist die jüngste Landesverfassungsgeschichte Hessens. Mit der gem. Art. 123 Abs. 2 der Hessischen Verfassung (HessVerf) erforderlichen absoluten Mehrheit des Landtags wurde eine Verfassungsänderung unter Zustimmung einer

---

15 *Beissel*, Kulturföderalismus, S. 65; *Germelmann*, Kultur und staatliches Handeln, S. 47.

16 *Holzner*, PdK Bayern, Art. 140 BV, Rn. 9.

17 Zur Differenzierung von »Schutz« und »Förderung« der Kultur s. *Germelmann*, Kultur und staatliches Handeln, S. 62; *Steiner*, FS-Starck, S. 449 (450), sieht darin eine kulturspezifische Ausformung des Sozialstaatsprinzips.

18 Eine überblicksartige Darstellung aller Landesverfassungen findet sich bei *Beissel*, Kulturföderalismus, S. 64ff.

Mehrheit der Abstimmenden des Volkes, beschlossen. Durch Art. 26e HessVerf wurde ein Staatsziel zum Schutz und zur Förderung der Kultur neu eingefügt.[19]

Zum vierten Typus gehört beispielsweise die Verfassung der Freien und Hansestadt Hamburg, die keinerlei Aussage zur Kultur trifft. Der Begriff »Kultur« taucht in der Verfassung nicht auf.

Eine Verpflichtung zur Kulturförderung legt zwar der Wortlaut der Landesverfassungen insbesondere des ersten Typus nahe, doch handelt es sich im Ergebnis um Programmnormen.[20] Die Aussagen der Landesverfassungen entsprechen teilweise im Wortlaut, teilweise sinngemäß der Tradition der Weimarer Reichsverfassung, die keine Bindungswirkung hatte.[21] Die Unbestimmtheit der konkreten Ausgestaltung der Kulturförderung lässt auch Zweifel aufkommen, ob die Verfassungsgeber eine Pflicht zur Kulturförderung etablieren wollten, lässt die Konturlosigkeit des Verfassungstextes doch eine kaum eingrenzbare Uferlosigkeit der Instrumentarien und Förderbereiche erwarten. Das bayerische Beispiel zeigt, dass es sich zwar auf der einen Seite um ein Staatsziel handelt, auf der anderen Seite besteht in Ermangelung einer Aussage über die Mittel zur Erreichung des Zieles ein sowohl quantitativ als auch qualitativ weiter Gestaltungsspielraum.[22] Diesen von der Verfassung gesetzten Rahmen wird, wenn er völlig untätig bliebe oder die Ziele mit evident unzulänglichen Mitteln zu erreichen versuchte.[23] Für die Frage des »Dürfens« legen derart ausdrückliche Vorgaben jedenfalls den Schluss nahe, dass aktive staatliche Kulturförderung prinzipiell zulässig und ein legitimes Ziel ist und keinesfalls ein »Förderverbot« besteht.

II. Öffentliche Kunstförderung im Grundgesetz

Auch mit Blick auf das Grundgesetz werden verschiedene Versuche unternommen, eine öffentliche Kunstförderung dogmatisch zu begründen. Die Landesverfassungen werden im Bereich der Grundrechte vom Grundgesetz fast vollständig überlagert.[24] Es ist nicht zu übersehen, dass die meisten Begründungsversuche die Hypothese unterstellen, dass die Kunstförderung eine Selbstverständlichkeit im allgemeinen Interesse sei. Mitunter beschränkt sich die positive Begründung der öffentlichen Kunstförderung auf den Hinweis, dass die historische Entwicklung der

---

19 *Wettlaufer*, NVwZ 2019, S. 355 (358).

20 *Mihatsch*, Öffentliche Kunstsubventionierung, S. 50; a. A. *Schäfer*, Kulturfördergesetz NRW, S. 2; *Stern*, Staatsrecht Bd. IV/2, S. 654.

21 Zur Entstehungsgeschichte der Kunstfreiheitsgarantie: *Stern*, Staatsrecht Bd. IV/2, S. 617ff.

22 *Holzner*, PdK Bayern, Art. 140 BV, Rn. 3; ähnlich *Grimm*, VVDStRL 42 (1984), S. 46 (67).

23 *Holzner*, PdK Bayern, Art. 140 BV, Rn. 3.

24 *Grimm*, VVDStRL 42 (1984), S. 46 (68).

Kunstfreiheit zeige, dass staatliche Förderung immer auch ein Ermöglichungsfaktor gewesen sei.[25] Kunstförderung als Teil des »Kulturstaates« stehe in der Tradition der Aufklärung und damit für ein aufstrebendes Bürgertum, die Zuwendung zur Vernunft und den gesellschaftlichen Fortschritt.[26] Aus dieser gewachsenen Tradition habe sich eine Abhängigkeit des kulturellen Schaffens von öffentlicher Förderung ergeben, deren Rücknahme ihrerseits einem Eingriff in die Kunstfreiheit nahe käme.[27] Im Kern wird mit einem historisch geschaffenen Vertrauenstatbestand argumentiert, der in die Zukunft fortwirkt. Der gegenwärtige Legitimationsdruck auf die öffentliche Kunstförderung mag in Teilen der geringen Überzeugungskraft dieser Haltung geschuldet sein.

1. Sozialstaatsprinzip

Vereinzelt wird eine sozialstaatliche Verpflichtung zur Kunstförderung unter Hinweis auf die Gewährleistung kultureller Selbstentfaltung, die Befriedigung kultureller Bedürfnisse oder zur Absicherung des Künstlerprekariats proklamiert.[28] Ausgangspunkt sind zwei verschiedene soziale Leistungsbedürfnisse: zum ersten der Zugang und die Versorgung der Gesellschaft mit Kunst, zum zweiten die soziale Absicherung der Kunstschaffenden.

Der erste Gedanke geht historisch auf die wohlfahrtsstaatliche Erweiterung der Kulturpolitik in den 1970er Jahren zurück, die ein »Bürgerrecht Kultur« bzw. die »Kultur für alle« forderte:[29] Kunstförderung durch Bereitstellung von Ressourcen

---

25 *Hufen*, Handb. der Grundrechte Bd. IV, § 101, Rn. 12; *Erbel*, Kunstfreiheitsgarantie, S. 175, sieht eine verfassungsrechtliche Legitimation schon dadurch gegeben, dass der Staat in der Vergangenheit *de facto* Kunst gefördert habe und ein Unterlassen zu »einem Zusammenbruch in der kulturellen Entwicklung« führe. Die fehlende ausdrückliche Benennung der Kunstpflege durch das GG im Vergleich zur Weimarer Reichsverfassung unterstreiche die Selbstverständlichkeit der Legitimation; ausführlich zu diesem Legitimationsansatz *Weck*, Legitimationsprobleme öffentlicher Kunstförderung, S. 106ff.; a. A. *Kluckert*, Zuwendung und Gesetz, S. 14.

26 *Sommermann*, Staatsziele und Staatszielbestimmungen, S. 235.

27 *Germelmann*, Kultur und staatliches Handeln, S. 54; a. A. *Haversath*, Legitimation des Kulturstaats, S. 98, der die Historie der staatlichen Kunstförderung als überwiegend freiheitsbeschränkend einordnet, was einer für die Grundrechtsauslegung relevanten Tradition entgegenstehe.

28 *Evers*, NJW 1983, S. 2161 (2162); *Bull*, Staatsaufgaben, S. 309; *Kadelbach*, NJW 1997, S. 1114 (1118); *Palm*, Öffentliche Kunstförderung, S. 124, sieht teilweise Schnittmengen von Kunstförderung und Sozialstaatsauftrag; *Häberle*, Kulturstaatlichkeit und Kulturverfassungsrecht, S. 1 (38), argumentiert, Sozial- und Kulturstaat ergänzten die Kunstförderung; eine Kunstförderung, die der sozialen Absicherung dient, fordern auch Teile der freien Kunstszene, abrufbar unter: https://kunsthaushamburg.de/i-too-have-been-seduced-by-the-promise-of-exposure/, zuletzt abgerufen am 12. April 2019.

29 *Knoblich*, APuZ 2016, S. 7 (10).

sollte im Interesse des Gemeinwohls für jedermann zugänglich sein und so durch Mitgestaltung die soziale Dimension der Kunst stärken. Der sozialstaatlich motivierte Abbau von Eintrittsschwellen schaffe einen sozialverträglichen Zugang des Publikums, der durch Marktmechanismen andernfalls verwehrt bliebe.[30] Ein Staat, der diese Ungleichheit der Zugangschancen zur Kunst unter Wohlhabenden und der Masse der Bürger nicht ausgleiche, agiere unsozial.[31]

Der zweite Gedanke einer sozialen Absicherung der Berufsgruppe kann in der Umsetzung beispielsweise durch Arbeits- und Produktionsstipendien sowie langfristige Unterstützung verwirklicht werden.[32] Dadurch sollen die materiellen Freiheitsvoraussetzungen zugunsten Kunstschaffender gesichert werden und damit eine im weiteren Sinne sozialstaatliche Maßnahme umgesetzt werden.[33]

Dogmatisch wird jeweils das Sozialstaatsprinzip gem. Art. 20 Abs. 1 GG als Staatszielbestimmung in Verbindung mit der Kunstfreiheit gem. Art. 5 Abs. 3 GG zur Begründung herangezogen. Im Ergebnis vermag diese Legitimation der öffentlichen Kunstförderung jedoch nicht zu überzeugen.[34] Gegen den sozialstaatlichen Charakter einer Förderung der Teilhabe im Sinne der »Kunst für alle« spricht der *de facto*-Empfängerkreis dieser Leistung. So wird ein breiter Zugang faktisch zum Preis einer Umverteilung »von unten nach oben« vorgenommen.[35] Während im Steuerstaat alle Steuerzahler kunstkonsumunabhängig die Förderung finanzieren, wird der Konsumgenuss an der Kultur (Distinktionsgewinn) vornehmlich von einer gebildeten und gutsituierten Mittel- und Oberschicht wahrgenommen.[36] Zudem können sich Rezipierende – anders als Kunstschaffende – nicht auf den persönlichen Schutzbereich der Kunstfreiheit berufen, der das Sozialstaatprinzip für diesen Bereich konkretisieren müsste, um eine dogmatisch überzeugende Verbindung von Sozialstaatsprinzip und Kunstfreiheit herzustellen.[37] Der persönliche Schutzbereich der Kunstförderung umfasst lediglich Kunstschaffende und den

30 *Evers*, NJW 1983, S. 2161 (2162); zustimmend auch *Mihatsch*, Öffentliche Kunstsubventionierung, S. 38.

31 *Bull*, Staatsaufgaben, S. 309; *Kadelbach*, NJW 1997, S. 1114 (1118); *Häberle/Kotzur*, ZRP 2022, 24 (27), schreiben dem Publikum gar eine »eigene künstlerische Leistung« zu.

32 Einer sozialstaatlichen Hilfe neben einer Qualitätsförderung zugewandt ist dagegen *Steiner*, HStR IV, § 86, Rn. 7.

33 *Huster*, VVDStRL 65 (2006), S. 59; *Huster*, Ethische Neutralität, S. 449.

34 Für eine sozialmotivierte Künstlerförderung dagegen *Steiner*, HStR IV, § 86, Rn. 7; *Karpen*, Wertedebatte, S. 118 (121), schlägt eine Kulturstaatsklausel mit sozialstaatlichem Einschlag vor, die auszugsweise lautet: »Jedermann ist die Teilhabe an Kulturgütern zu ermöglichen.«

35 *Van der Beek*, Kulturfinanzen, S. 97.

36 *Huster*, VVDStRL 65 (2006), S. 59f., m. w. Nw. zur Empirie.

37 *Huster*, Ethische Neutralität, S. 447.

unentbehrlichen Mittler zwischen Kunstschaffenden und Publikum, nicht jedoch das Publikum selbst.[38]

Gegen eine sozialstaatlich begründete individuelle Kunstförderung spricht, dass das Sozialstaatsprinzip die Gesellschaft als Ganzes und nicht die individualistische Freiheitsposition des Einzelnen schützt bzw. diesem i. V. m. Art. 1 GG subjektive Rechte vermittelt.[39] Es besteht keine sozialstaatliche Verpflichtung, dass jedem, der den Beruf des Künstlers oder der Künstlerin auszuüben gedenkt, ein wirtschaftliches Auskommen garantiert wird.[40] Andernfalls bestünde ein individueller Leistungsanspruch, der ein »Haushaltsfass ohne Boden« zur Folge hätte.[41] Daraus leitet sich die kulturpolitische Zielsetzung ab, die Förderung ästhetisch ambitionierter Kunst in den Blick zu nehmen, anstatt die soziale Absicherung der freien Szene.[42]

2. Staatsziel Kulturstaat

Staatliche Kunstförderung wird als eine sich aus dem Grundgesetz vorgegebene öffentliche Aufgabe diskutiert, auf die der Staat nach Maßgabe und in den Grenzen der Verfassung zugreifen darf und muss.[43] Der verfassungskonforme Zugriff wird mit dem Verweis auf das (ungeschriebene) Staatsziel des Kulturstaats begründet.[44] Grundsätzlich setzen Staatsziele, die die Verwirklichung von Staatsaufgaben

---

38 BeckOK GG/*Kempen*, Art. 5 GG, Rn. 172.

39 *Lenski*, Öffentliches Kulturrecht, S. 66; Maunz/Dürig/*Grzeszick*, Art. 20 GG, Rn. 19.

40 *Huster*, Ethische Neutralität, S. 449; *Rüfner*, Handb. der Grundrechte Band II, § 40, Rn. 50, bezeichnet eine solche Argumentation als leistungsstaatliche Uminterpretation von Freiheitsrechten; zustimmend auch mit Blick auf Art. 3 Abs. 1 GG *Murswiek*, HStR IX, § 192, Rn. 1.

41 *Haversath*, Legitimation des Kulturstaats, S. 123.

42 Eine Ausnahme stellt der Ehrensold der Deutschen Künstlerhilfe dar, der unverschuldet in Not geratene Künstlerinnen und Künstler zur Sicherung ihres Lebensunterhalts unterstützt. Dabei steht die soziale Unterstützung gegenüber einer Kunstentstehungsförderung im Vordergrund. Zu nennen ist außerdem der Auftrag der Verwertungsgesellschaften gem. § 32 Abs. 2 VGG Vorsorge- und Unterstützungseinrichtungen zum Zweck der Altersvorsorge ihrer Mitglieder und für deren Unterstützung in Notfällen einzurichten. Siehe dazu im Einzelnen BeckOK UrhR/*Freudenberg*, § 32 VGG, Rn. 8ff.

43 *Classen*, DVBl 2016, S. 406 (407); *Isensee*, HStR IV, § 73, Rn. 13; *Stern*, FS-Schneider, S. 111 (119); *Steiner*, HStR IV, § 86, Rn. 1; vereinzelt wird auch Art. 35 Abs. 1 bzw. Abs. 3 Einigungsvertrag als dogmatischer Anknüpfungspunkt eines Staatsziels angesehen, *Scheytt*, Handb. Kulturmanagement B 1.11, S. 3; kritisch zum Ganzen *Haselbach et al.*, Kulturinfarkt, S. 88ff.

44 Ausführlich *Palm*, Öffentliche Kunstförderung, S. 126ff.; *Germelmann*, Kultur und staatliches Handeln, S. 44ff., 73; *Häberle*, Kulturstaatlichkeit und Kulturverfassungsrecht, S. 1 (36); ähnlich dazu *Weck*, Legitimationsprobleme öffentlicher Kunstförderung, S. 122; *Isensee*, HStR IV, § 73, Rn. 16; *Steiner*, VVDStRL 42 (1984), S. 7 (16), lehnt eine verfassungsrechtliche Begründung des Kulturstaates ab und sieht eine solche nur im Selbstverständnis und der staatlichen Praxis angelegt; kritisch zum staatlichen Selbstverständnis des Kulturstaats *Bauer*, Kultur und Sport, S. 169 ff; ablehnend auch Dreier/*Wittreck*, Art. 5 Abs. 3 GG, Rn. 75; vgl. Haug/*Strohs*,

im Sinne eines Optimierungsgebotes steuern, das Vorliegen einer Staatsaufgabe voraus. Dabei handelt es sich nicht um Rechtsansprüche, sondern Zielbestimmungen.[45] Die Staatsaufgaben finden ihre Grenzen dort, wo der Handlungsraum der Zivilgesellschaft beginnt, den die Grundrechte positiv umgrenzen.[46] Die Abgrenzung von Staatsaufgabe und Grundrechten steht nicht in einem »Entweder-Oder«-Verhältnis. Vielmehr begründen auch Grundrechte Staatsaufgaben (bspw. Schutz- und Garantiepflichten). Dementsprechend wird neben einem ungeschriebenen Staatsziel auch Art. 5 Abs. 3 GG als ausdrückliche verfassungsrechtliche Staatszielbestimmung für einen Kulturstaat herangezogen.

Das Bundesverfassungsgericht sieht in Art. 5 Abs. 3 GG eine »objektive Wertentscheidung für die Freiheit der Kunst«, die »dem modernen Staat, der sich i. S. einer Staatszielbestimmung auch als Kulturstaat versteht«, zugleich die Aufgabe stellt, »ein freiheitliches Kunstleben zu erhalten und zu fördern«.[47] Das Urteil dient als Ausgangspunkt zweier verschiedener dogmatischer Argumentationslinien. Zum einen dient es der Begründung einer Kunstförderpflicht als Staatsaufgabe, zum anderen der Begründung einer Gewährleistung eines »freiheitlichen [Lebensbereichs] Kunst«[48] aus der objektiv-rechtlichen Dimension der Kunstfreiheit.[49] Die Grenzen zwischen diesen Argumentationslinien verwischen, zumal das Begründungsziel pointiert verkürzt dasselbe ist: Der Staat ist ein Kulturstaat, ergo darf er Kunst fördern.

Kritisiert wird die Reibung zwischen der Freiheit der Kunst vom Staat auf der einen Seite und einer staatlich gesteuerten Förderung auf der anderen Seite. Bei-

---

BWVerf, Art 3c, Rn. 13; a. A. *Lenski*, Öffentliches Kulturrecht, S. 67; Bedenken, Art. 5 Abs. 3 ein Staatsziel Kulturstaat zu entnehmen, äußert auch Kahl et al./*v. Arnauld*, Art. 5 Abs. 3, Rn. 194; *Haversath*, Legitimation des Kulturstaats, S. 125, lehnt die dogmatische Begründung eines Staatsziels Kultur, ebenso wie die Legitimation der Kunstförderung grundsätzlich ab, beschränkt seine Argumentation allerdings auf den Begründungsansatz aus der Kunstfreiheit gem. Art. 5 Abs. 3 GG anstatt auf Staatsstrukturnormen; Maunz/Dürig/*Gärditz*, Art. 5 Abs. 3 GG, Rn. 33, zufolge ist das Staatsziel Kulturstaat schlicht Rhetorik, eine Leerformel, die nichts dazu beitrage, die entscheidenden Rechtsfragen zu klären: wer was wie regeln dürfe und ggf. müsse.

45 Zur Begründung von Leistungspflichten durch Freiheitsrechte siehe *Rüfner*, Handb. der Grundrechte, § 40, Rn. 54.

46 *Isensee*, HStR IV, § 73, Rn. 14.

47 BVerfGE 36, 321 (331).

48 Im Wortlaut lautet die maßgebliche Formulierung in BVerfGE 30, 173 (188): »Der Lebensbereich »Kunst« ist durch die vom Wesen der Kunst geprägten, ihr allein eigenen Strukturmerkmale zu bestimmen«. Diese Formulierung wird nachfolgend als »freiheitlicher Lebensbereich« zusammengefasst.

49 *Lenski*, Öffentliches Kulturrecht, S. 92; *Steiner*, HStR IV, § 86, Rn. 3; *Germelmann*, Kultur und staatliches Handeln, S. 52; *Hufen*, Handb. der Grundrechte Bd. IV, § 101, Rn. 136, beschreibt diesen Freiheitsanspruch als »Schutz des Gewachsenen« sowie »Schutz des Wachsens«.

des stünde in einem inneren Widerspruch zueinander.[50] Die Frage des Maßes an Förderung und Enthaltsamkeit des Staates zieht sich als roter Faden unter anderem noch durch die späteren Fragen der Grundrechtswesentlichkeit und der Organisation von Auswahlentscheidungen. Für die Analyse der Begründungslinien der Kunstförderung reicht zunächst der Befund aus, dass weder das eine noch das andere zwangsläufig vorzugswürdig ist. Es ist nicht gesetzt, dass staatliche Förderung zu einem weniger freiheitlichen Gesamtzustand führt, soweit sich Freiheit in der Befähigung ausdrückt »zu tun und zu lassen, was man will«.[51] Lässt man die häufig als unbefriedigend charakterisierte dogmatische Begründung der Kunstförderung einen Moment außer Acht,[52] kann sich der argwöhnische Blick auf staatliche Kunstförderung im Grunde nur auf Fördermaßnahmen beschränken, die das freiheitssichernde staatliche Neutralitätsprinzip (und weitere Prinzipien, siehe dazu unten) nicht beachten. Denn einer Kunstförderung, die »nach den Regeln der Kunst« Freiheit befördert, dürfte *a priori* ein »Mehr« an Freiheit zu unterstellen sein. Der Kunstförderung ist folglich auf Ebene des Verfahrens (»wie«) besondere Aufmerksamkeit zu schenken, anstatt den Zugriff (»ob«) von vornherein zu verwehren.[53] Art. 5 Abs. 3 GG gibt Leitplanken vor, die den Weg und die Mittel des Staates bei der Zielverwirklichung eines »freiheitlichen Lebensbereichs Kunst« begrenzen und schränkt damit die sonst offenen Zielverwirklichungsmodalitäten einer Staatszielbestimmung ein (qualifizierte Staatszielbestimmung).[54] Die Qualifikation bezieht sich dabei vornehmlich auf die prozedurale Ebene, die vorgibt, welche Handlungsweisen für die Zielverwirklichung (un)zulässig sind, damit kunstfreiheitspezifische Prinzipien gewahrt werden.[55]

3. Objektive Dimension des Art. 5 Abs. 3 GG

Die Auffassung, die objektive Werteentscheidung des Art. 5 Abs. 3 GG konstituiere eine Pflicht des Staates zur Kunstförderung, hat das Bundesverfassungsgericht

---

50 Kahl et al./*v. Arnauld*, Art. 5 Abs. 3 GG, Rn. 194.

51 *Alexy*, Theorie der Grundrechte, S. 155.

52 Eine Vielzahl kritischer Stimmen, die sich gegen die Erhebung des Art. 5 Abs. 3 zu einer Staatsziel- oder Aufgabenbestimmung wenden, haben nicht die Kunstförderung im Blick, sondern die Kultur bzw. den Kulturstaat insgesamt, sodass sich Bedenken schon hinsichtlich des Wortlauts (Kultur vs. Kunst) sowie hinsichtlich der Ausdehnung verschiedener »Kulturbegriffe« ergeben, siehe dazu *Lenski*, Öffentliches Kulturrecht, S. 64; *Steiner*, HStR IV, § 86, Rn. 3.

53 Im Ergebnis ähnliche Argumentation bei Kahl et al./*v. Arnauld*, Art. 5 Abs. 3, Rn. 194; *Braun*, Prinzipien öffentlicher Kunstförderung, S. 32; *Germelmann*, Kultur und staatliches Handeln, S. 216; *Lenski*, Öffentliches Kulturrecht, S. 93; *Steiner*, HStR IV, § 86, Rn. 11.

54 *Sommermann*, Staatsziele und Staatszielbestimmungen, S. 379.

55 *Sommermann*, Staatsziele und Staatszielbestimmungen, S. 382; a. A. v. Mangoldt/Klein/*Starck*, Art. 5 Abs. 3 GG, Rn. 320, der die Auffassung vertritt Art. 5 Abs. 3 GG beinhalte keinerlei verfahrensrechtliche Maßstäbe.

geprägt.[56] Der in erster Linie individuell bestimmte Schutzgehalt eines Freiheitsrechts wird durch den objektiven Gehalt in seiner Geltungskraft verstärkt.[57] Das im rechtswissenschaftlichen Diskurs zur Kunstförderung – ebenso in dieser Arbeit – am häufigsten zitierte Bundesverfassungsgerichtsurteil zur Kultur- bzw. Kunstförderung ist das »Schallplattenurteil«.[58] Darin hatte das Bundesverfassungsgericht über die Verfassungsmäßigkeit der umsatzsteuerlichen Mehrbelastung der Schallplatte gegenüber anderen Medien des Kulturlebens zu entscheiden. Im Zuge dessen entschied das Bundesverfassungsgericht, die Freiheit der Kunst stelle »dem modernen Staat, der sich im Sinne einer Staatszielbestimmung auch als Kulturstaat versteht, zugleich die Aufgabe, ein freiheitliches Kunstleben zu erhalten und zu fördern«.[59] Der Gewährleistungsumfang soll dem Staat einen legitimen Handlungsraum der Kunstförderung im Sinne eines »Dürfens« eröffnen.[60] Die objektiv-rechtliche Dimension betrifft einen über den individuellen abwehrrechtlichen Charakter des Freiheitsrechts hinausgehenden Schutzumfang, der das freiheitliche Kunstleben als solches sichert.[61] Damit folgt die objektive Dimension der Kunstfreiheit dogmatisch aus dem Primärziel individuelle Freiheit zu schützen,[62] indem ein Kunstleben gesichert wird, das kunstbezogene Phänomene durch eine freiheitliche Le-

---

56 BVerfGE 30, 173 (188); BVerfGE 36, 321 (331); BVerfGE 67, 213 (224); BVerfGE 81, 108 (116); zustimmend *Beissel*, Kulturföderalismus, S. 73.; vgl. *Britz*, EuR 2004, S. 1 (12); *Germelmann*, Kultur und staatliches Handeln, S. 60ff.; *Pabel*, Kompetenzordnung im Bereich der Kunst, S. 164; zustimmend auch *Graul*, Künstlerische Urteile, S. 52.

57 BVerfGE 50, 290 (337); vgl. BVerfGE 35, 79 (112f.); BVerfGE 88, 129 (136); BVerfGE 90, 1 (11); BVerfGE 93, 85 (95); *Stern*, Staatsrecht Bd. IV/2, S. 647, spricht hinsichtlich des Verhältnisses der individuellen und objektiven Dimension aufgrund der dogmatischen Inkonsequenz des BVerfG anstatt von einer primären Bedeutung der individuellen Rechte (BVerfGE 50, 290 (337) von einer »Verzahnung« beider Dimensionen; mitunter wird die objektive Dimension auch als »Institutsgarantie« verstanden, aus der sich eine Verpflichtung des Staates zur Förderung der Kunst ergebe, Schmidt-Bleibtreu/Hofmann/Henneke/*von der Decken*, Art. 5 GG, Rn. 43.

58 BVerfGE 36, 321.

59 BVerfGE 36, 321 (331); zustimmend bereits *Erbel*, DVBl 1969, S. 863 (864).

60 *Hufen*, NVwZ 1983, S. 516 (519); *Lenski*, Öffentliches Kulturrecht, S. 93; Kahl et al./*v. Arnauld*, Art. 5 Abs. 3, Rn. 199; *Steiner*, VVDStRL 42 (1984), S. 7 (15); dem Staat wird auch die Rolle eines »Mäzens« zugeschrieben, v. Mangoldt/Klein/*Starck*, Art. 5 Abs. 3 Rn. 319; demgegenüber eine Pflicht ausdrücklich befürwortend: *Germelmann*, Kultur und staatliches Handeln, S. 52.

61 Sachs/*Bethge*, Art. 5 GG, Rn. 199a; *Stern*, Staatsrecht Bd. IV/2, S. 646; v. Mangoldt/Klein/*Starck*/*Paulus*, Art. 5 GG, Rn. 418; zustimmend v. Münch/Kunig/*Wendt*, Art. 5 GG, Rn. 93; Dreier/*Wittreck*, Art. 5 Abs. 3 GG, Rn. 72.

62 »Nach ihrer Geschichte und ihrem heutigen Inhalt sind sie in erster Linie individuelle Rechte, Menschen- und Bürgerrechte, die den Schutz konkreter, besonders gefährdeter Bereiche menschlicher Freiheit zum Gegenstand haben. Die Funktion der Grundrechte als objektiver Prinzipien besteht in der prinzipiellen Verstärkung ihrer Geltungskraft, hat jedoch ihre Wurzel in dieser primären Bedeutung«, BVerfGE 50, 290 (337). Eine solche objektive Dimension besteht auch in Form eines wissenschaftlichen Freiheitsraums im Rahmen der Wissen-

bens- und Entfaltungssphäre umfasst.[63] Ausgehend von der soziologischen Funktionsanalyse ist der Lebensbereich Kunst als »freiheitlich« anzusehen, wenn er in seinem autopoietischen System der Selbsterschaffung und Selbsterhaltung geschützt wird.[64]

Auch das Kulturstaatsverständnis *Hubers* beschreibt letztlich die objektive Dimension der Kunstfreiheit.[65] *Huber* geht davon aus, dass eine absolute Enthaltsamkeit des Staates von der Kultur die Kulturlosigkeit des Staates zur Folge habe.[66] Der Balanceakt zwischen Eigengesetzlichkeit der Kultur und staatlicher Intervention sei jedenfalls dann zugunsten einer Intervention aufzulösen, wenn gefährdende Tendenzen für die zivilgesellschaftliche Freiheitsausübung etwa durch Monopole, Machtkonzentrationen, gesellschaftliche Diktatur einzelner Stile oder Ästhetiken, zu erkennen seien.[67] Eine staatliche Intervention habe gegenüber einer gesellschaftlichen Diktion den Vorteil, direkt und offen, verfassungsrechtlich normiert und kontrollierbar zu sein, während zivilgesellschaftliche Mächte häufig unsichtbar, unkontrolliert und ohne rechtliche Verantwortlichkeiten wirken.[68] Dem ist mit berechtigter Kritik entgegenzuhalten, dass es systematisch widersprüchlich ist, auf der einen Seite staatliche Neutralität im Bereich der abwehrrechtlichen Dimension des Grundrechts einzufordern, andererseits im Bereich der auf der objektiven Dimension beruhenden Leistungsverwaltung durch Auswahlverfahren davon abzurücken.[69]

Für die Legitimation der öffentlichen Kunstförderung aufgrund der objektiven Dimension der Kunstfreiheit spricht auch ein Blick auf das systematisch naheliegende Grundrecht der Wissenschaftsfreiheit. Für die Wissenschaftsfreiheit gem. Art. 5 Abs. 3 S. 1 Var. 2 GG hat das BVerfG unter ausdrücklichem Bezug auf das »Schallplattenurteil« die verfassungsrechtliche Werteentscheidung zugunsten einer Förderung ebenfalls anerkannt: »Zur Sicherung dieses Bereichs gewährleistet

---

schaftsfreiheit, BVerfGE 35, 79 (112f.), BVerfGE 88, 129 (136), BVerfGE 90, 1 (11), BVerfGE 93, 85 (95).

63 *Stern*, Staatsrecht Bd. IV/2, S. 652;

64 Siehe ausführlich S. 104 und S. 151; autopoietisch ist etwa auch das Recht selbst, denn ähnlich der Kunst gehorcht das Recht seinem eigenen geschlossenen System, das die Schaffung und den Erhalt von Recht regelt, *Luhmann*, Schriften zu Kunst und Literatur, S. 401 (410).

65 Gegen die Verwendung des Begriffs »Kulturstaat« aufgrund seiner historisch sinnvariierenden Verwendung spricht sich *Bauer*, Kultur und Sport, S. 190ff., aus.

66 *E. Huber*, Kulturstaat, S. 8.

67 *E. Huber*, Kulturstaat, S. 9f.; die Kehrseite eines exzessiven Kulturstaats bestehen in der Staatsidealisierung durch die Kulturgestaltungsmacht des Staates, die Freiheit und Vielfalt gefährden kann, *Hufen*, Handb. der Grundrechte Bd. IV, § 101, Rn. 14.

68 *E. Huber*, Kulturstaat, S. 10.

69 *Haversath*, Legitimation des Kulturstaats, S. 103 m. w. Nw.

Art. 5 Abs. 3 GG nicht nur die Freiheit von staatlichen Geboten und Verboten, sondern verpflichtet den Staat auch zu Schutz und Förderung und gewährt den in der Wissenschaft Tätigen Teilhabe an öffentlichen Ressourcen und an der Organisation des Wissenschaftsbetriebs«.[70] Das Näheverhältnis von Kunst und Wissenschaft,[71] in welchem die Kunst der Wissenschaft verfassungsgeschichtlich immer einen Schritt hinterherhinkt, spricht dafür, die Rechtsprechung auch auf die Kunstförderung wertungsmäßig zu übertragen.[72] Zudem betont das BVerfG die Bedeutung der Teilhabe an einer Leistungsgewähr, denn »staatliches Handeln, durch das dem Einzelnen Leistungen und Chancen gewährt und angeboten werden, ist für eine Existenz in Freiheit oft nicht weniger bedeutungsvoll als das Unterbleiben eines ›Eingriffs‹«.[73]

III. Öffentliche Kunstförderung im Konflikt mit dem Demokratieprinzip

Ob überhaupt die Möglichkeit für den Staat besteht, erlaubterweise auf dem Gebiet der Kunstförderung tätig zu werden, wird vereinzelt in Frage gestellt.[74] Die Staatsaufgabe umfasse nicht auch zugleich die Befugnis des Eingriffs in den durch die Grundrechte geschützten Raum. Der Handlungsraum der Staatsaufgabe endet – bzw. es bedarf einer Eingriffsrechtfertigung im Sinne des Vorbehalts des Gesetzes – wo der Schutz und die Abwehrfunktion anderer Grundrechte tangiert sind.[75] Nach vereinzelter Auffassung bedarf es einer solchen ausdrücklichen Befugnis der Fördertätigkeit jedoch, da die Kunstförderung zugleich in das Demokratieprinzip eingreife.[76]

70 BVerfGE 111, 333 (354).

71 *Stern*, Staatsrecht Bd. IV/2, S. 860; *Ridder*, Freiheit der Kunst nach dem Grundgesetz, S. 20, charakterisiert Kunst und Wissenschaft gleichermaßen als »Kollektivprozess«; der Wortlaut des Art. 5 Abs. 3 »sind frei« stellt für die Wissenschaftsfreiheit eine »objektive Grundsatznorm« auf, die sich aus dem identischen Wortlaut ebenso für die Kunstfreiheit ergibt, BVerfGE 90, 1 (11).

72 Zu Wissenschaft und Kunst als Kulturstaatskonzept in der Verfassungsgeschichte ausführlich: *Stern*, Staatsrecht Bd. IV/2, S. 606ff.; zur Vergleichbarkeit der Handlungsabläufe von Wissenschaft und Kunst *Hufen*, Freiheit der Kunst, S. 111; eine objektive Grundsatzentscheidung zugunsten beider Freiheitsrechte in Art. 5 Abs. 3 GG sieht auch BVerfGE 81, 108 (116f.).

73 BVerfGE 40, 237 (249); zustimmend u.a. v. Mangoldt/Klein/*Starck*/*Paulus*, Art. 5 GG, Rn. 418; *Hufen*, Handb. der Grundrechte Bd. IV, § 101, Rn. 137.

74 Maßgeblich *Haversath*, Legitimation des Kulturstaats, S. 29ff.; kritisch *Steiner*, DVBl 2019, S. 1321.

75 *Isensee*, HStR IV, § 73, Rn. 22.

76 *Haversath*, Legitimation des Kulturstaats, S. 194; zuvor schon *Rawls*, Eine Theorie der Gerechtigkeit, S. 367, zur öffentlichen Institutionsförderung von Theatern, Museen etc.; a. A. *Huster*, Ethische Neutralität, S. 441ff.; vgl. *Weck*, Legitimationsprobleme öffentlicher Kunstförderung, S. 121.

Das Demokratieprinzip umfasse die öffentliche Willensbildung, die nicht auf den politischen Diskurs verkürzt werden könne, sondern ein weites Verständnis jeglicher öffentlichen Willensbildung erfordere.[77] Kunst sei im Wesentlichen Kommunikation und folglich Gegenstand des Meinungsbildungsprozesses.[78] Der Eingriff durch fördernde Tätigkeit bestehe in dreierlei Hinsicht: (1) Der Staat integriere die freie Szene durch Zuwendungen in die organisierte Staatlichkeit, (2) das zahlende Publikum werde durch Zuwendungen ersetzt und dadurch der kommunikative Austausch zwischen Kunstschaffenden und Rezipienten entfremdet, (3) es bestehe die Gefahr der bewussten Lenkung der Meinungsbildung.

Das Verhältnis Kunstschaffender zum Publikum sei durch die finanzielle Unabhängigkeit vom Markt aufgrund öffentlicher Förderung gestört, was zu einer selbstreflexiven Diskursorientierung und einer Beeinflussung der künstlerischen Themenwahl führe.[79] Kunstschaffende und Publikum kommen nicht ins Gespräch. Zudem übernehme der Staat die organisatorischen Aufgaben der Zivilgesellschaft, was den für die Demokratie so wichtigen kollektiven Zusammenschluss in der Zivilgesellschaft verhindere.[80] Im Verhältnis Kunstschaffender zum Staat komme die Kunstförderung mangels nachvollziehbarer Kriterien und Justiziabilität der Förderentscheidungen einem Geschenk gleich. Ein Geschenk schüre eine an Kunstschaffende gerichtete Gegenleistungserwartung.[81] Diese Gegenleistungserwartung drücke sich in geringerer Bereitschaft zur Machtkritik und höherer Staatsloyalität aus. Kunstförderung wird zu einem Instrument staatlicher Interessenverfolgung. Aus den genannten Gründen stehe die Kunstförderung im Widerspruch zum grundgesetzlichen Demokratieprinzip.[82]

An diesen Hypothesen sind Zweifel angebracht. In Abkehr von der Autonomieästhetik liegt dem ein ausschließlich funktionales Kunstverständnis zugrunde, das Kunst mit (öffentlichem) Protest gleichsetzt.[83] Des Weiteren ist der finanzielle Um-

77 *Haversath*, Legitimation des Kulturstaats, S. 46.

78 *Haversath*, Legitimation des Kulturstaats, S. 62.

79 *Haversath*, Legitimation des Kulturstaats, S. 64; Ähnlich *Haselbach et al.*, Kulturinfarkt, S. 135ff.; a. A. Sachs/*Bethge*, Art. 5 GG, Rn. 185.

80 *Haversath*, Legitimation des Kulturstaats, S. 66; zustimmend *Heskia*, ZfK 2015, S. 13 (32); demgegenüber sind trotz (oder wegen?) der staatlichen Förderung beispielsweise in Hamburg die Anzahl der selbstverwalteten Kunstorte und der ausgebildeten Kunstschaffenden in den vergangenen 40 Jahren erheblich gewachsen. Inzwischen gibt es drei von Kunstschaffenden gegründete Genossenschaften sowie mehr als 20 nicht-kommerziellen Kunsträume und Initiativen.

81 *Haversath*, Legitimation des Kulturstaats, S. 67; kritisch zur Subventionsmentalität in der Filmförderung siehe auch *Knorr/Schulz*, Medienökonomik, S. 247 (266).

82 *Haversath*, Legitimation des Kulturstaats, S. 82.

83 Ausführlich *Collenberg-Plotnikov*, Handb. Kunstphilosophie, S. 537 (547ff.), die in einem autonomiebefreiten funktionelen Kunstverständnis die Gefahr einer Degradierung der Kunst zu folkloristischem Kunstgewerbe sieht.

fang der Kunstförderung ist längst nicht ausreichend, um die freie Szene marktunabhängig zu machen.[84] Davon zeugt die wirtschaftliche und soziale Lage der freien Szene bzw. die geringe Haushaltsausstattung der Kulturverwaltung.[85] Auch ist die staatliche Förderung in der Regel – Ausnahmen sind insbesondere Stipendienprogramme – nicht als Vollfinanzierung ausgestaltet, sondern finanziert Kosten subsidiär. Mangels sozialstaatlicher Grundlage knüpft die öffentliche Kunstentstehungsförderung richtigerweise auch nicht an der Künstlerbiographie, sondern an der Qualität des Vorhabens an, sodass die Sorge einer »Subventionsmentalität« unbegründet ist. Angesichts der zeitlich stets begrenzten Projektförderung der freien Szene können sich Kunstschaffende keineswegs auf eine fortgesetzte Förderung verlassen.

Die Auffassung, dass der Staat die organisatorische Aufgabe der kollektiven Zusammenschlusskultur im künstlerischen Bereich übernehme, überzeugt nicht. Die zahlreichen Beispiele der freien Szene sowie Interessenverbände sprechen eine andere Sprache. Insbesondere mit Blick auf die verschiedenen künstlerischen Sparten ist der Befund einer staatlichen Organisation des Lebensbereichs pauschalisierend. Mit Blick auf die bildende Kunst ist etwa die Entstehungsförderung (anders in Teilen der Bühnenkunst) in kaum nennenswertem Umfang vorhanden.[86]

Soweit eine Entfremdung von Kunst und Rezipienten befürchtet wird, ist dies keine Folge der Kunstförderung, denn die positive Hinwendung und Aktivierung durch Kunstförderung widerspricht nicht der gegenüber der Kunst bestehenden staatlichen Neutralität, wenn nicht der Kunstgenuss prämiert wird, sondern der Erhalt kultureller Strukturen (freiheitlicher Lebensbereich) gefördert wird.[87] Trotz der Privilegienfeindlichkeit der Demokratie kann Kunst extrem elitär und minoritär sein,[88] es kommt nicht darauf an, ob sie dem Publikumsgeschmack entspricht oder diesem dient. Andernfalls käme keine grenzüberschreitende Avantgarde zustande.[89] Denn die Kunst dient keiner Mainstream-Unterhaltung oder ist von einem

---

84 Siehe nur beispielhaft den Spielzeitkalender der Freien Szene Hamburg der abgelehnten Projektanträge, abrufbar unter: http://spielzeitkalender-freieszene-hamburg.de/Komplettiert_Plakatseite_WEB.pdf zuletzt abgerufen am 17. August 2018.

85 *Sievers/Wagner/Wiesand*, Objektive und transparente Förderkriterien staatlicher Kulturfinanzierung, S. 126.

86 Staatliche Einrichtungen der bildenden Kunst wie Museen oder kommunale Galerien stellen in der Regel bereits bestehende Kunstwerke aus (Kulturnutzungsschutz), selten werden für Ausstellungen Werke neu geschaffen. Insoweit wird lediglich Zugang gesichert, *Lenski*, Öffentliches Kulturrecht, S. 259; *Heuer*, NJW 1985, S. 232 (234), unterscheidet in Bezug auf Kunstgattungen zwischen dem Staat als Freiheitsspender (Oper, Ballett) und Freiheitswächter (Literatur).

87 *Huster*, Ethische Neutralität, S. 473; *Braun*, Prinzipien öffentlicher Kunstförderung, S. 129.

88 Sachs/*Bethge*, Art. 5 GG, Rn. 185.

89 BVerfGE 67, 213 (225).

Mehrheitszuspruch abhängig, schließlich ist Kunstfreiheit wie jede echte Freiheit immer auch Minderheitenfreiheit (Außenseiter-Kunst).[90] Im Übrigen entsteht eine Distanzierung von Publikum und Kunstschaffenden ebenso durch den Zwischenhandel bzw. die Vermittler des Kunstmarktes, denen eine Entfremdungswirkung zugeschrieben wird.[91] Der liberale Ansatz, die Kunst dem Markt zu überlassen, würde folglich die vermeintliche Entfremdungstendenz nur verschieben. Zudem drohen die Marktmechanismen Gleichförmigkeit und anspruchslose Verflachung nach sich zu ziehen, wenn erfolgreiche Muster kopiert werden, um sich ökonomisch erfolgreicher Formate zu bedienen.[92]

Der Schluss, dass der Mangel an festen Kriterien für die Kunstförderung und die einhergehende fehlende Justiziabilität einen Geschenkcharakter staatlicher Förderung herbeiführe, geht fehl.[93] Ein mangelhaftes Verwaltungsverfahren vermag dies nicht zu begründen, denn eine verfassungsrechtskonforme Ausgestaltung dieses Verfahrens ist erst ein nachgelagertes verwaltungsrechtliches Versäumnis.[94] Angesichts der wettbewerbsintensiven Konkurrenzsituation zwischen Kunstschaffenden kann von Geschenken kaum die Rede sein, vielmehr empfinden sich Antragstellende als Bittstellende, keinesfalls jedoch auf partnerschaftlicher Augenhöhe.[95]

Die Hypothesen zur Begründung eines Legitimationsbedürfnisses hinsichtlich eines gestörten Verhältnisses der freien Szene zum Staat lassen sich aber auch mit Blick auf den grundrechtlich relevanten Eingriff anzweifeln. Unter Zugrundelegung des modernen Eingriffsbegriffs bedarf es einer wertenden Betrachtung der betreffenden Zielsetzung der staatlichen Maßnahme, ihrer Auswirkung und ihres Zusammenhangs.[96] Ein Eingriff bedarf im Fall verteilender Staatstätigkeit einer Qualifikation, eines lenkenden Verhaltens oder eines besonders intensiven Grundrechtseingriffes. Liegt keine Verhaltenssteuerung vor, handelt es sich lediglich um einen nicht-influenzierenden Reflex, welcher sich aus der Sachgesetzlichkeit der Materie

90 Sachs/*Bethge*, Art. 5 GG, Rn. 185.

91 Es handelt sich vielmehr um einen »Austausch der Abhängigkeiten«, vgl. *Grimm*, VVDStRL 42 (1984), S. 46 (49).

92 Vgl. *Grimm*, VVDStRL 42 (1984), S. 46 (75); *Oppermann*, Kulturverwaltungsrecht, S. 442f., bezeichnet die private Förderung der Kunst unter dem Eindruck des wirtschaftlichen Niedergangs aufgrund zweier Weltkriege als »undenkbar«.

93 Davon zeugt auch das Beispiel des Zentrums für politische Schönheit, das mit den Aktionen »Holocaust Mahnmal Bornhagen« (2017) oder »Erster Europäischer Mauerfall« (2014) im Rahmen staatlich geförderter Projekte staatskritische Aktionen durchführte. Weitere Informationen abrufbar unter: https://www.politicalbeauty.de/, zuletzt abgerufen am 16. August 2018. Siehe auch die kleine Anfrage der Fraktion der AfD zur »Bewilligung öffentlicher Fördermittel für ein Kunstprojekt des Künstlerkollektives Zentrum für Politische Schönheit« BT-Drs. 19/1426.

94 Ähnlich auch schon *Mihatsch*, Öffentliche Kunstsubventionierung, S. 39.

95 *Teissel*, ZfK 2015, S. 15 (23).

96 *Wollenschläger*, Verteilungsverfahren, S. 53.

ergibt. So verhält es sich in der Kunstförderung der freien Szene. Die direkte Förderung in Form von Projektförderung ist in der Regel eine »one shot«-Konstellation, bei der sich Kunstschaffende mit einem einzelnen Projektvorhaben bewerben, sie aber zu keinem Folgeverhalten veranlassen. Förderprogramme der Projektförderung weisen – anders als institutionelle Förderung – keinen Dauercharakter auf. Klarstellungshalber ist darauf hinzuweisen, dass die Frage, ob ein Eingriff in das Demokratieprinzip vorliegt, nicht zu verwechseln ist mit der grundrechtsrelevanten Bedeutung der Kunstförderung für die tatsächliche Verwirklichung der Kunstfreiheit, wie sie noch im Kontext des Vorbehalts des Gesetzes zu diskutieren sein wird.

B. Kunstförderung als Gegenstand der Aufgabenverantwortung zwischen Bund, Ländern und Kommunen

Das Vorliegen einer Staatsaufgabe zieht die Frage der Aufgabenverantwortung nach sich. Der Rückschluss von einer Kompetenzvorschrift auf das Vorliegen einer Aufgabe ist zulässig; er begründet allerdings noch keine Eingriffsbefugnis in die grundrechtlich geschützte Sphäre des Privaten.[97] Folglich kann für die grundsätzliche Begründung von Maßnahmen der Kunstförderung auch die jeweilige Kompetenznorm dienlich sein. Zudem ergibt sich daraus die jeweilige Zuständigkeit.

Der fortwährende und insbesondere durch die Föderalismusreform neu entfachte Streit um Kompetenzen auf dem Gebiet der Kultur und das Misstrauen gegenüber einer Stärkung der Bundeskompetenzen hat seine historische Wurzel in der Gleichschaltung und Zentralisierung der Kultur im nationalsozialistischen Unrechtsregime.[98] Es stehen sich Dezentralität und Trägerpluralismus als politische Ziele auf der einen Seite und der Wunsch nach einer gesamtstaatlichen Kulturpolitik mit größerer Hebelwirkung durch eine einheitliche Aufgabenverantwortung auf der anderen Seite gegenüber. Um den kulturpolitischen Streit um Kompetenzen näher einzugrenzen, ist zunächst die unstrittige Systematik zu betrachten.

Die jeweilige Handlungsverantwortung unterteilt sich nach der jeweils einschlägigen verfassungsrechtlichen Kompetenzzuweisung.[99] Die häufig missver-

97 *Isensee*, HStR IV, § 73, Rn. 21.

98 *Pfeiffer-Poensgen*, 20 Jahre neue Kulturpolitik des Bundes, S. 440f.; zusammen mit der Zuständigkeit für das Schul- und Hochschulwesen wird die Kompetenz im Bereich der Kultur auch als »Herzstück der föderalen Eigenstaatlichkeit« bezeichnet *Michalik*, 20 Jahre neue Kulturpolitik, S. 428.

99 Gem. Art. 30, 70, 83 GG sind die Länder zuständig für Gesetzgebungskompetenzen, die nicht ausdrücklich dem Bund zugeordnet sind. Wird »Kultur« so weit definiert wie nach der vorliegend vertretenen weit verbreiteten Auffassung, fällt in den Bereich kulturförderungsrele-

standene »Kulturhoheit der Länder«[100] ist lediglich eine verkürzte Beschreibung von Teilzuständigkeiten und kein grundsätzliches Hierarchieprinzip. Die Aufgabenverantwortung des Bundes und der Länder ergibt sich teilweise aus ausdrücklichen und teilweise aus ungeschriebenen Kompetenzen. Grundsätzlich findet auch für die Kunstförderung die Systematik Anwendung, dass gem. Art. 30 GG die Ausübung der staatlichen Befugnisse und die Erfüllung der staatlichen Aufgaben Sache der Länder ist, soweit das Grundgesetz keine andere Regelung trifft oder zulässt. Eine von Art. 70 GG abweichende Gesetzgebung zugunsten des Bundes besteht nicht ausdrücklich, sodass grundsätzlich die Länder für die kulturellen Belange zuständig sind. Das umfasst auch den entsprechenden Verwaltungsvollzug gem. Art. 83ff. GG. Aufgrund dessen wird dem Gesamtsystem der Aufgabenverteilung eine begrüßenswerte Flexibilität attestiert.[101]

Davon abweichend können vereinzelt Maßnahmen der Kunstförderung auch Gegenstand der Aufgabenverantwortung des Bundes sein. Ausdrückliche Kompetenzen des Bundes bestehen beispielsweise hinsichtlich der indirekten Kunstförderung durch das Steuerrecht gem. Art. 105 Abs. 1 und 2 GG.[102] Direkte Kunstförderung kann beispielsweise Bestandteil der auswärtigen Kulturpolitik gem. Art. 73 Nr. 1 GG i. V. m. Art. 32 Abs. 1 GG sein. Gem. 87 Abs. 1 GG nimmt die Aufgaben der Pflege der internationalen Kulturbeziehungen die bundeseigene Verwaltung durch den Auswärtigen Dienst wahr.[103] Für die direkte Kunstförderung ist insbesondere die Repräsentation des Gesamtstaates in der Hauptstadt auf Grundlage des Art. 22 GG durch den Bund von Belang. Nähere Regelungen trifft der Hauptstadtkul-

---

vanter Rechtsgebiete beispielsweise auch das Urheberrecht, das gem. Art. 73 Abs. 1 Nr. 9 ausdrücklich dem Bund zugeordnet ist, *Lenski*, Öffentliches Kulturrecht, S. 95; *Oppermann*, Kulturverwaltungsrecht, S. 556.

100 Erstmals verwendet in BVerfGE 6, 309 (346f.), gemeint ist aber eine »Teilcharakterisierung« der verfassungsrechtlichen Kompetenzzuweisung, *Lenski*, Öffentliches Kulturrecht, S. 95; *Stern*, Staatsrecht Bd. IV/2, S. 479, sieht in dem Begriff »Hoheit« eine »nicht so unpassende« Beschreibung eines Kompetenzbündels.

101 *Steiner*, HStR IV, § 86, Rn. 15.

102 Weitere Beispiele der indirekten Kunstförderung ist die Künstlersozialkasse auf Grundlage der Sozialversicherung, Art. 74 Abs. 1 Nr. 12 GG.

103 Direkte Kulturförderung kann zudem auch Bestandteil der Verlagsförderung (Art. 73 Nr. 9 GG), Gegenstand der Ausbildungshilfen und Forschungsförderung durch individuelle Förderungen wie Atelierstipendien (Art. 74 Abs. 1 Nr. 13 GG), soweit sie nicht die Strukturen des Hochschulwesens gestalten, oder der Filmförderung sein. Die Filmförderung ist der Wirtschaftsförderung gem. Art. 74 Abs. 1 Nr. 11 GG zuzurechnen. Der Inanspruchnahme der Gesetzgebungskompetenz des Bundes aus Art. 74 Abs. 1 Nr. 11 GG (Recht der Wirtschaft) steht es nicht entgegen, wenn der Gesetzgeber mit wirtschaftsbezogenen Regelungen zugleich kulturelle Zwecke verfolgt, BVerfGE 135, 155 (198ff.); *Becker*, ZUM 2010, S. 752 (754); *Pres*, DÖV 2009, S. 155 (157), stellt auf den Primärzweck der Filmförderung ab.

turvertrag. Teil dessen ist auch der Vollzug des Einigungsvertrages zur Förderung kultureller Einheit (Art. 35 Abs. 7 Einigungsvertrag).[104]

Die über die gesamtstaatliche Repräsentation der Hauptstadt hinausgehende Repräsentation des Bundes ergibt sich aus einer Kompetenz kraft Natur der Sache.[105] Die gesamtstaatliche Repräsentation umfasst Sachverhalte, die die Bundesrepublik Deutschland nach innen wie nach außen darstellen oder die nationale Identifikation wiederum nach innen wie nach außen betreffen.[106] Es handelt sich um einen unbestimmten Rechtsbegriff mit hohem gestaltungspolitischen Spielraum, an dem sich der Streit um die Kompetenzen zwischen Bund und Ländern maßgeblich entzündet.

Der Rechtfertigungsmaßstab für die Ausübung einer ungeschriebenen Kompetenz ist hoch. Ungeschriebene Kompetenzen können nach der Rechtsprechung des Bundesverfassungsgerichts allenfalls einen sehr eng umgrenzten Anwendungsbereich entfalten.[107] Die Feststellung einer überregionalen Bedeutung reicht gerade nicht aus. Keineswegs kann die ungeschriebene Kompetenz als »Auffangkompetenz« fungieren, die zur Anwendung kommt, wenn die Länder im Rahmen ihrer Auftragsverantwortung andere kulturpolitische Schwerpunkte setzen, als dem Bund opportun erscheinen mögen. Bei der Kompetenz der Länder in kulturellen Angelegenheiten handelt es sich laut Bundesverfassungsgericht um eine Grundentscheidung der Verfassung, die nicht zuletzt eine Entscheidung zugunsten des föderalistischen Staatsaufbaus im Interesse einer wirksamen Teilung der Gewalten ist.[108] Gegenüber einer dogmatischen Begründung der Bundeskulturförderung mit ungeschriebenen Kompetenzen ist Skepsis angebracht, steht ihr doch eine bisher

---

104 Der Bundesanteil an der öffentlichen Kulturförderung hat sich im Zuge der deutschen Einigung vervierfacht, da es Auftrag des Einigungsvertrages war, die kulturelle Substanz in den neuen Ländern zu erhalten und große nachholende Investitionen zu finanzieren sowie finanzschwache Kommunen der früheren DDR zu unterstützen, Schlussbericht der Enquete-Kommission »Kultur in Deutschland«, Drs. 16/7000, S. 54; *Häberle*, AöR 1999, S. 549 (575), hebt die Bedeutung des Einigungsvertrages als Kulturstaatsklausel hervor.

105 *Steiner*, HStR IV, § 86, Rn. 16; kritisch Sachs/*Degenhart*, Art. 70 GG, Rn. 31.

106 Maunz/Dürig/*Scholz*, Art. 22 GG, Rn. 35. Ein Beispiel für die Aufgabenwahrnehmung des Bundes, die nicht in die Kompetenz der Länder fällt, ist etwa die Netzwerkförderung »Verbindungen stärken«. Das Förderprogramm dient dem Ausbau der überregionalen und internationalen Kooperationsfähigkeit der beteiligten Partnerorganisationen und trägt damit dazu bei, die strukturellen Unterschiede zwischen den alten und neuen Bundesländern, aber auch zwischen Ballungszentren und den sogenannten ländlichen Räumen zu überwinden.

107 *Scheytt*, Kulturstaat Deutschland, S. 118; *Sommermann*, VVDStRL 65 (2006), S. 7 (36).

108 BVerfGE 12, 205 (229); a. A. *Steiner*, HStR IV, § 86, Rn. 19.

fehlende Systematisierung zum Zweck der Transparenz und Steuerbarkeit entgegen.[109] Die bundesstaatliche Kompetenzordnung ist nicht disponibel.[110]

Die positive Begründung der Ausweitung der Bundeskompetenzen in den Kompetenzbereich der Länder ist überwiegend leicht zu entkräften. Die Kompetenz kraft Natur der Sache wird mit der der Bundesrepublik – in Abgrenzung zu den Ländern – dezidiert eigenen Kultur begründet. Die dem Bundesstaat eigene Kultur wird mit der pauschalisierenden Leerformel bekräftigt, es werde doch wohl auch heute von niemandem bestritten, dass die nationale deutsche Kultur mehr sei als die Summe der Kultur der Länder.[111] Historisch dürfte die Ausweitung der Aufgabenverantwortung bundesstaatlicher Kulturförderung wohl auf den kulturpolitischen Wettstreit mit der DDR zurückgehen. Der erste Koalitionsvertrag, der bundesstaatliche Kulturförderung in den Vordergrund rückte, datiert auf 1983, als eine weltanschauliche Inanspruchnahme wichtiger Teile der deutschen Kulturgeschichte durch die DDR befürchtet wurde.[112] Sofern jedoch die Stärkung einzelner Kunstformen wie die Tanz-Sparte beispielhaft für die positive Wirkung der bundesstaatlichen Förderung im Rahmen einer ungeschriebenen Kompetenz angeführt wird,[113] äußert sich darin nur ein kulturpolitischer Wunsch, aber keine nur durch den Staatenverbund zu verantwortende Aufgabe. Dass daran anknüpfend konstatiert wird, der Erfolg, dass sich die Länder den durch den Bund gesetzten Anreizen anschlössen, rechtfertige diese Kompetenzausweitung, vertieft die Kompetenzüberschreitung.

Es überzeugt auch nicht, dass eine ungeschriebene Bundeskompetenz aufzufangen habe, was Landesförderung nicht berücksichtige, weil Kunstschaffende im Interesse der jeweiligen Länder nach ortsbezogenen Kriterien ausgewählt würden, so dass Entwicklung und Strahlkraft der Kunstschaffenden nicht hinreichend berücksichtigt werde.[114] Bei näherer Betrachtung ist es keineswegs zwingend, auch nicht üblich (und nicht empfehlenswert), dass Länder aufgrund der örtlichen Herkunft als Förderkriterium eine Auswahlentscheidung treffen. Vielmehr geht es gerade um die Strahlkraft »vor Ort«, die genutzt werden soll.[115] Die dem Bund spezifisch eigene Kultur, die die Länder nicht teilen und deren Förderung dem Bund ob-

---

109 *Beissel*, Kulturföderalismus, S. 137; *Mahrenholz*, DVBl 2002, S. 857 (864); dagegen einer bundesstaatlichen Förderung und einer umfassenden ungeschriebenen Kompetenz zugewandt, *Steiner*, HStR IV, § 86, Rn. 16.

110 *Stern*, Staatsrecht Bd. IV/2, S. 658.

111 *Wanka*, Kulturpolitische Mitteilungen IV/2006, S. 6 (7).

112 *Steiner*, VVDStRL 42 (1984), S. 7 (20).

113 *Völckers*, Jahrbuch für Kulturpolitik 2014, S. 125 (127f.); *Steiner*, HStR IV, § 86, Rn. 15; *Wanka*, Kulturpolitische Mitteilungen IV/2006, S. 6.

114 *Wanka*, Kulturpolitische Mitteilungen IV/2006, S. 6 (7).

115 Siehe ausführlich S. 169ff.

liegen soll, kann folglich keine allgemeingültige Rechtfertigung für kulturpolitische Bestrebungen einer Bundesförderung sein.

Zusammenfassend dürfte die praktizierte Kunstförderung durch den Bund in Teilen kompetenzwidrig sein, soweit sie nicht den ausdrücklichen Kompetenzen zuzuordnen ist.[116] Gleichzeitig ist allerdings ein Bedeutungszuwachs der Kulturpolitik des Bundes zu verzeichnen.[117] Kritisch ist auch die häufig auftretende Co-Finanzierung von Bund und Ländern zu sehen, die die Länder zwar unter Verweis auf ihre Kulturhoheit, aber mit Blick auf weitere Finanzierung dankend annehmen.[118] Diese führt zu einer kompetenzrechtlich nicht vorgesehenen Vermischung und Abhängigkeit von Bund und Ländern, die einen *de facto* Kompetenzzuwachs des Bundes erwarten lässt. Die kulturpolitisch mitunter offenbar unerwünschte Kompetenzverteilung zwischen Bund, Ländern und Kommunen wird – entgegen dem verfassungsrechtlichen Verbot der Mischverwaltung – im Wege der »Flucht ins Privatrecht« zu umgehen versucht, die sich der Sache nach als eine Flucht aus der grundgesetzlichen Kompetenz darstellt.[119] Durch die Gründung von Intermediären in privatrechtlicher Organisationsform, an denen Bund, Länder und Kommunen an der Entscheidungsfindung beteiligt sind, wird die verfassungsrechtliche Kompetenzordnung mittelbar ausgehebelt. So besteht das Kuratorium der Kunst- und Ausstellungshalle der Bundesrepublik Deutschland in Bonn aus Vertretern des Bundes und der Länder.[120] Im Stiftungsrat der Kulturstiftung des Bundes, der die inhalt-

---

116 Vgl. *Bauer*, Kultur und Sport, S. 192; *P. Huber*, NVwZ 2019, S. 665 (670); in Teilen bestätigt das auch *Steiner*, HStR IV, § 86, Rn. 19.

117 *Gallep*, Kulturpolitische Mitteilungen, II/2021, S. 62; *v. Beyme*, Kulturpolitik in Deutschland, S. 133; siehe bereits die Entwicklung zum Umfang des finanziellen Engagements des Bundes im Verhältnis zu Ländern und Kommunen. Dazu äußert sich u.a. der Bundesrechnungshof in seinem Bericht nach § 88 Abs. 2 BHO an den Haushaltsausschuss des Bundestages kritisch: »Es wird darauf zu achten sein, dass mit den Förderprogrammen der BKM keine dauerhafte Übernahme von originär den Ländern zugewiesenen Aufgaben bei der Kulturförderung verstetigt wird.« (S. 31), abrufbar unter: https://www.bundesrechnungshof.de/SharedDocs/Downloads/DE/Berichte/2022/entwicklung-einzelplan-04-bundeshaushalt-2023.pdf?__blob=publicationFile&v=3, zuletzt abgerufen am 20. November, 2022.

118 *Beissel*, Kulturföderalismus, S. 143; Fälle der »Parallelförderung«, in denen Bund und Länder jeweils die ihren Kompetenzen entsprechenden Teile eines Projektes fördern, sind hingegen unbedenklich *Germelmann*, Kultur und staatliches Handeln, S. 332; schon anlässlich des Einigungsvertrages zwischen BRD und DDR wurden ähnliche verfassungsrechtliche Bedenken am übergangsweisen finanziellen Engagement des Bundes – seinerzeit zum Ausgleich der Auswirkungen der Teilung – geübt, *Schulze-Fieliz*, NJW 1991, S. 2456 (2459).

119 *Lenski*, Öffentliches Kulturrecht, S. 417; kritisch zur Verantwortungsübertragung von künstlerischen Auswahlentscheidungen durch Verwaltungsprivatisierung grundsätzlich *Hufen*, NJW 1997, S. 1112.

120 Abrufbar unter: https://www.bundeskunsthalle.de/ueber-uns/die-organisation.html, zuletzt abgerufen am 11. September 2019.

lichen Leitlinien der Stiftungsarbeit festlegt und die Schwerpunkte der Förderung bestimmt, befinden sich Vertreter der Bundesregierung, des Auswärtigen Amtes, des Bundestags, Vertreter der Länder sowie Vertreter der Kommunen.[121]

Die kommunale Selbstverwaltungsgarantie, Art. 28 Abs. 2 GG, sichert den örtlichen Gemeinschaften zu, alle Angelegenheiten im Rahmen der Gesetze in eigener Verantwortung zu regeln. Angelegenheiten der örtlichen Gemeinschaft sind diejenigen Bedürfnisse und Interessen, die in der örtlichen Gemeinschaft wurzeln oder auf sie einen spezifischen Bezug haben.[122] Teil dessen ist auch die Kulturförderung und damit Belange der Kunstförderung.[123] Die kommunale Selbstverwaltung– unter Einschluss der »Organisation der Kunstfreiheit« durch Kunstförderung und eines Initiativrechts der eigenen Aufgabendefinition – sichert einen Trägerpluralismus und schützt vor einer zentralisierten Verwaltung.[124] Bund und Länder können nur unter sehr eingeschränkten Bedingungen in die Selbstverwaltung eingreifen, wobei es zulässig ist, kulturelle Aufgaben wahrzunehmen und zu erweitern.[125] An ihre Grenze stößt die Selbstverwaltung, wenn örtliche Selbstverwaltungsaufgaben anderer Gemeinden oder überörtliche, staatliche Aufgaben betroffen sind.[126]

C. Notwendigkeit gesetzlicher Regelungen?

I. Kulturstaatsklausel in der Verfassung

Die Frage einer nachträglichen Einfügung einer »Kulturstaatsklausel« in das Grundgesetz etwa in Form eines Art. 20b GG, ist mit Blick auf Funktion und Wirkung immer wieder Gegenstand kontroverser Diskussion.[127] Anlässlich der 1981 eingesetzten Sachverständigenkommission »Staatszielbestimmungen/ Gesetzgebungsaufträge« nahm die Debatte Fahrt auf und wurde insbesondere im Zuge der Enquete-Kommission »Kultur in Deutschland und Fragen der Leitkultur« nochmals intensiv aufgegriffen.[128] Einigkeit besteht dahingehend, dass

---

121 Abrufbar unter: https://www.kulturstiftung-des-bundes.de/de/stiftung/gremien/stiftungsrat.html, zuletzt abgerufen am 11. September 2019.

122 BVerfGE 79, 127 (152); BVerfGE 8, 122 (134).

123 *Claasen*, DVBl 2016, S. 406 (407); *Gern/Brüning*, Deutsches Kommunalrecht, Rn. 117.

124 BeckOK GG/*Hellermann*, Art. 28 GG Rn. 30; Sachs/*Nierhaus/Engels*, Art. 28 GG, Rn. 34; *Hufen*, NVwZ 1983, S. 516 (520).

125 *Hufen*, NVwZ 1983, S. 516 (520); ausführlich: Maunz/Dürig/*Mehde*, Art. 28 GG Abs. 2, Rn. 99ff.

126 BeckOK GG/*Hellermann*, Art. 28 GG Rn. 41.

127 Erst jüngst *Brosda*, Kulturpolitische Mitteilungen II/2021, S. 40 (41); *Knoblich*, Kulturpolitische Mitteilungen I/2021, S. 6 (7); siehe auch die Petition »Kultur ins Grundgesetz«, abrufbar unter: https://www.kulturinsgrundgesetz.de, zuletzt abgerufen am 17. September 2021.

128 *Oppermann*, FS-Bachof, S. 3 (14ff.); *Bundesministerium d. Innern u. Bundesminister d. Justiz*, Staatszielbestimmung, Rn. 169ff.; Schlussbericht der Enquete-Kommission, Drs. 16/7000,

eine Kulturstaatsklausel nicht Grundlage konkreter subjektiver Ansprüche sein kann. Vielmehr käme ihr lediglich verstärkende und appellative Wirkung zu, um so der Durchsetzungsschwäche von kulturellen Zielsetzungen entgegenzuwirken.[129] Eine Kulturstaatsklausel stelle ähnlich den Landesverfassungen zudem klar, dass sich staatliche Verantwortung nicht auf das Unterlassen von Eingriffen beschränke, sondern eine darüberhinausgehende Gewährleistung durch Kunstförderung enthalte.[130]

An der auf die Symbol- und Appellkraft beschränkten Wirkung einer solchen Verfassungsänderung knüpft das Überflüssigkeitsargument der Gegensprecher an, die die Kultur bereits durch die ständige Rechtsprechung des Bundesverfassungsgerichts[131] und die grundrechtlich verbürgte Kunstfreiheit in hinreichendem Maße abgesichert sehen. Zudem wird vor dem Hintergrund einer schleichenden Verlagerung der kulturpolitischen Kompetenzen von föderaler Ebene auf die Bundesebene gewarnt.[132] Obwohl eine Staatszielbestimmung keine Kompetenznorm darstellt,[133] verleihe ein Bekenntnis des Grundgesetzes zur Kultur insbesondere in Haushaltsdebatten einer kulturaffinen Position stärkeren Nachdruck.[134] Es lassen sich insoweit Parallelen zur Debatte um die Auslegung der Kompetenzordnung erkennen. Vor diesem Hintergrund wird gegen eine Kulturstaatsklausel eingewendet, dass sie das bestehende dezentrale Kompetenzgefüge zugunsten des Bundes und zuungunsten der Ländern beeinflussen könnte.[135]

Gegen eine Kulturstaatsklausel wird zudem eingewendet, dass der weite Einschätzungsspielraum des Gesetzgebers bei der Umsetzung eines Staatsziels keine wesentlichen positiven Effekte für die Kultur garantiere. Insbesondere der unscharfe Begriff der »Kultur« lasse eine geringe Kontrollmöglichkeit durch die Judikative erwarten (Justiziabilitätsargument). Gleichwohl muss das nicht zwingend gegen ein Staatsziel sprechen, verhält es sich doch mit einer Kulturstaatsklausel nicht anders

---

S. 79f., mit Formulierungsvorschlägen S. 82ff.; zustimmend auch *Beissel*, Kulturföderalismus, S. 78; *Beaucamp*, NordÖR 2009, S. 492; gegen eine Kulturstaatsklausel spricht sich die überwiegende Auffassung der Literatur aus u.a. *Bauer*, Kultur und Sport, S. 193;

129 Schlussbericht der Enquete-Kommission »Kultur in Deutschland«, Drs. 16/7000, S. 77.

130 *Huster*, VVDStRL 65 (2006), S. 64; vgl. beispielsweise die bayerische Landesverfassung, siehe ausführlich S. 69.

131 BVerfGE 35, 79 (114); BVerfGE 36, 321 (331); BVerfGE 81, 108 (116); BVerfGE 111, 333 (353); BVerfGE 127, 87 (114).

132 *Häberle*, AöR 1999, S. 549 (576).

133 Vor dem Auseinanderfallen von Staatsziel, das den Bund adressiert, und der Kompetenz für die Sache, die den Ländern zufällt, warnt insbesondere *Beaucamp*, NordÖR 2009, S. 492 (496).

134 *Stern*, Wertedebatte, S. 122 (123); *Germelmann*, Kultur und staatliches Handeln, S. 65, beschreibt den Kulturetat auch als »Verfügungsmasse«.

135 *Bauer*, Kultur und Sport, S. 193.

als beispielsweise mit dem Sozialstaatsprinzip, dessen Geltung und Bindungswirkung für die Judikative nicht in Zweifel gezogen wird.[136] Schließlich ist ein solches Staatsziel als Auslegungs- und Anwendungsmaßstab für das einfache Recht von Bedeutung und kann auch vor dem Bundesverfassungsgericht in Form einer Verfassungsbeschwerde, aber auch durch die abstrakte und konkrete Normenkontrolle, zur Überprüfung herangezogen werden.[137]

Einigkeit besteht, dass eine Kulturstaatsklausel jedenfalls weder eine Pflicht des Staates zur Kunstförderung statuiert noch der Judikative ein scharfes Schwert gegenüber dem Gesetzgeber verleiht, die Berücksichtigung kultureller oder künstlerischer Belange zu kontrollieren.[138] Im Ergebnis bleibt mangels einer verfassungsändernden Zweidrittelmehrheit der Status quo bestehen, sodass die Bestrebungen einer Einführung der Kulturstaatsklausel mindestens aufgeschoben, vielleicht aufgehoben sind.

II. Vorbehalt des Gesetzes in der Kunstförderung

Die Frage, ob es einer formell-gesetzlichen Grundlage für die öffentliche Kunstförderung bedarf, ist Gegenstand der kulturpolitischen Diskussion. Immer wieder werden Stimmen laut, die ein Tätigwerden des Gesetzgebers fordern und sich davon Verstetigung und Transparenz der Kunstförderung erhoffen. Nicht ausreichend wären dann die in der Praxis vorhandenen Rechtsverordnungen, Satzungen oder Richtlinien, denn »Gesetz« im Sinne des Art. 20 Abs. 3 GG ist das Parlamentsgesetz.[139]

Grundsätzlich ist die vollziehende Gewalt gem. Art. 20 Abs. 3 GG an Recht und Gesetz gebunden. Der rechtsstaatliche Vorbehalt des Gesetzes verbietet der vollziehenden Gewalt, ohne wirksam gewordene gesetzliche Grundlage tätig zu werden. Zugleich darf der Gesetzgeber sich nicht seiner Aufgabe entziehen, die grundlegenden Entscheidungen für das Gemeinwesen zu regeln.[140] Die Grundrechtsbindung

---

136 *Pieroth*, Wertedebatte, S. 105.

137 A. A. Dreier/*Wittreck*, Art. 5 Abs. 3 GG, Rn. 11, der davor warnt, die Verfassung ohne Not mit ideellen Garantien anzureichern, die keine Steuerungswirkung entfalten; ebenfalls ablehnend *Steiner*, HStR IV, § 86, Rn. 28.

138 *Grimm*, VVDStRL 42 (1984), S. 46 (67), spricht daher treffend von der Schließung einer »Textlücke« aber keiner »Rechtslücke«.

139 V. Mangoldt/Klein/Starck/*Sommermann*, Art. 20 Abs. 3 GG, Rn. 264; eine weitere Auffassung vertreten Sachs/*ders.*, Art. 20 GG, Rn. 118 sowie *Kluckert*, Zuwendung und Gesetz, S. 78.

140 BeckOK GG/*Huster*/*Rux*, Art. 20 GG, Rn. 173; Sachs/*ders.*, Art. 20 GG, Rn. 113; v. Mangoldt/Klein/Starck/*Sommermann*, Art. 20 Abs. 3 GG, Rn. 227.

besteht nicht nur für die eingreifende, sondern auch für die begünstigende Verwaltung.[141]

Ein Vorbehalt des Gesetzes wird mit dem Argument abgelehnt, dass durch die Zuwendungsgewährung als solche der Zuwendungsempfänger lediglich begünstigt werde und insofern kein Eingriff vorliege.[142] Die Erforderlichkeit eines Gesetzes kann es dem Bürger potentiell erschweren, Leistungen zu erlangen und zudem die Parlamentsarbeit überfordern.[143] Die Gegenauffassung begründet den Vorbehalt des Gesetzes in der Leistungsverwaltung mit Verweis auf eine nachteilige Betroffenheit des Konkurrenten.[144] Die Rechtsprechung differenziert und hält einen Vorbehalt des Gesetzes in Fällen der Grundrechtswesentlichkeit für erforderlich. In grundlegenden normativen Bereichen, zumal im Bereich der Grundrechtsausübung, hat der Gesetzgeber alle wesentlichen Entscheidungen selbst zu treffen (Wesentlichkeitstheorie).[145] Demgegenüber ist im Interesse einer funktionsfähigen parlamentarischen Arbeit und der Gewaltenteilung auch anerkannt, dass substantielle Zuständigkeiten bei der Exekutive verbleiben können.[146]

Die grundrechtswesentliche Bedeutung der öffentlichen Kunstförderung durch Gewähr einer Zuwendung könnte darin bestehen, dass die positive Entscheidung zugunsten des der Begünstigten, zugleich eine negative Entscheidung zulasten der Konkurrierenden ist, denen die Zuwendung vorenthalten wird. Gegen die Zugrundelegung der Wesentlichkeitstheorie unter Hinweis auf den Gleichheitssatz sprechen jedoch gewichtige dogmatische Argumente: Zwar lässt sich ein Eingriff in den

141 *Schlarmann/Krappel*, FS-Battis, S. 257 (262); ausführlich bei Dreier/*Schulze-Fielitz*, Art. 20 GG, Rn. 105ff.; *Müller/Richter/Ziekow*, Handb. Zuwendungsrecht, Teil F, Rn. 12, erkennen eine Tendenz, dass das rechtsstaatliche Defizit bei den Subventionsrichtlinien nicht mehr als so schwerwiegend eingestuft wird, wie dies früher geschah.

142 *V. Lewinski/Burbat*, § 44 BHO, Rn. 3; *Mihatsch*, Öffentliche Kunstsubventionierung, S. 76; *Müller/Richter/Ziekow*, Handb. Zuwendungsrecht, Teil A, Rn. 132; Gröpl/*Rossi*, § 44 BHO, Rn. 7; *Stern*, Staatsrecht Bd. IV/2, S. 658; Kahl et al./*v. Arnauld*, BK GG, Art. 5 Abs. 3, Rn. 216; v. Mangoldt/Klein/*Wollenschläger*, Art. 3 Abs. 1 GG, Rn. 163; für eine gesetzliche Regelung der Kunstverwaltung zu Gunsten der Transparenz plädiert *Korinek*, Staat und Kunst, S. 63; ebenso *Knoblich*, Kulturpolitische Mitteilungen II/2021, S. 35 (37).

143 *Kluckert*, Zuwendung und Gesetz, S. 105.

144 Ehlers/Pünder/*Ehlers*, Allg VerwR, § 2, Rn. 4; Für eine gesetzliche Regelung der Kunstförderung sprechen sich Dreier/*Wittreck*, Art. 5 Abs. 3 GG, Rn. 73, und *Palm*, Öffentliche Kunstförderung, S. 180ff., aus.

145 BVerfGE 88, 103 (116); BVerfGE 61, 260 (275); BVerfGE 49, 89 (126); zustimmend BeckOK GG/*Huster/Rux*, Art. 20 GG, Rn. 176; *Dittrich*, § 44 BHO, Rn. 2.2; *Ehlers* sieht in der Unbestimmtheit des Wesentlichkeits-Kriteriums eine »Gleitformel«, die zugleich Vor- wie auch Nachteil der Auffassung der Rechtsprechung sei, Ehlers/Pünder/*Ehlers*, Allg VerwR, § 2, Rn. 44; ausführlich *Kluckert*, Zuwendung und Gesetz, S. 110ff.

146 V. Mangoldt/Klein/Starck/*Sommermann*, Art. 20 Abs. 3 GG, Rn. 274.

Gleichheitssatz durch eine Differenzierung zwischen den Antragstellenden begründen, doch führt die fast universelle Einschlägigkeit des Gleichheitssatzes zu einem Totalvorbehalt und einer fast vollständigen »Versubjektivierung« objektiven Verfassungsrechts.[147]

Die Problematik wird für die Leistungsverwaltung teilweise dahingehend aufgelöst, dass die Rechtsprechung neben einem förmlichen Gesetz auch jede andere parlamentarische Willensäußerung insbesondere die Bereitstellung der Mittel auf (formell-)gesetzlicher Grundlage des Haushaltsgesetzes als eine hinreichende Legitimation verwaltungsmäßigen Handelns ansieht (Etatlegitimierung).[148] Die öffentliche Kunstentstehungsförderung in Form der direkten Förderung gewährt Zuwendungen, die in den Haushaltsplänen der jeweiligen öffentlichen Akteure berücksichtigt sind. Die für die Verteilung durch die Exekutive aufgestellten Verwaltungsrichtlinien bedürfen dann keines weiteren parlamentarischen Rechtssetzungsaktes.[149] Weitere Argumentationslinien greifen die Freiwilligkeit seitens der Kunstschaffenden auf, die Zuwendung zu empfangen (Grundrechtsverzicht).[150]

Die Etatlegitimierung wird aufgrund der in den letzten 40 Jahren komplexer gewordenen Wirtschaftsordnung, die die Drittwirkungsproblematik (Konkurrentenschutz) intensiviere, als kaum mehr zeitgemäß kritisiert.[151] Zudem bestehe aufgrund der Allgemeinheit und Unbestimmtheit des Haushaltsplans ein demokratisches Legitimationsdefizit. Des Weiteren wird auf die Lenkungswirkung für die Freiheitsausübung durch Anreize der Zuwendungsgewähr hingewiesen.[152] Selten wird auch ein Totalvorbehalt in Bezug auf Subventionierung mit dem Hinweis darauf gefordert, dass das Vorenthalten einer Leistung für die Freiheitsausübung gleichermaßen oder gar schwerer wiege als ein Eingriff. Das nimmt der Verwaltung jedoch Flexibilität in ihrem Handlungsspielraum und schafft erhebliche zeitliche sowie formelle Hürden für eine Subventionierung jeglicher Art.[153] Darin kommen

---

147 BeckOK GG/*Kischel* Art. 3 GG, Rn. 14.2; v. Mangoldt/Klein/*Wollenschläger*, Art. 3 Abs. 1 GG, Rn. 163 ff; vgl. Maunz/Dürig/*Kirchhof*, Art. 3 Abs. 1 GG, Rn. 383.

148 BVerwG, NJW 1977, S. 1838 (1839); BVerwG, NJW 1979, S. 2059; Heuer/Scheller/*Dommach*, § 23 BHO, Rn. 8; Gröpl/*Rossi*, § 44 BHO, Rn. 8; Dreier/*Schulze-Fielitz*, Art. 20 GG, Rn. 108; *Stern*, Staatsrecht Bd. IV/2, S. 655; *Weck*, Legitimationsprobleme öffentlicher Kunstförderung, S. 172.

149 *Ossenbühl*, HStR IX, § 104, Rn. 77; das gilt jedoch nicht für die mittelbare Staatsverwaltung *Kluckert*, Zuwendung und Gesetz, S. 108f.

150 *Kluckert*, Zuwendung und Gesetz, S. 223ff.

151 Ehlers/Fehling/Pünder/*Kühling*, Bes VerwR Bd. 1, § 30, Rn. 11.

152 Gröpl/*Rossi*, § 44 BHO, Rn. 8.

153 Gröpl/*Rossi*, § 44 BHO, Rn. 8, sieht daher vor allem Aspekte der Praktikabilität, die im Bereich des Zuwendungsrechts für eine Lockerung des Gesetzesvorbehalts sprechen.

die »Gefahren einer zu weitgehenden Vergesetzlichung«[154] zum Ausdruck.[155] Der Konflikt zwischen parlamentarischem Gesetz und exekutiver Entscheidungsfindung entbehrt mit Blick auf die Proportionalität von Aufwand und Bedeutung nicht einem gewissen Maß an Pragmatismus, schließlich sollen »staatliche Entscheidungen möglichst richtig, das heißt von Organen getroffen werden, die dafür nach ihrer Organisation, Zusammensetzung, Funktion und Verfahrensweise über die besten Voraussetzungen verfügen«.[156]

III. Die wesentliche Bedeutung der öffentlichen Kunstförderung

Für die Grundrechtswesentlichkeit der Kunstförderung ist zunächst nach dem Maßstab zu fragen. Dafür kommt es nicht etwa auf die politische Umstrittenheit des Themas an, sondern Ausgangspunkt kann nur das Grundgesetz selbst sein, insbesondere die Vorgaben des Demokratie- und Rechtsstaatsgebotes.[157] Eine Konkretisierung der »Wesentlichkeitstheorie« durch die Rechtsprechung ist bislang nicht erfolgt.[158] Eine parlamentarische Regelung ist jedenfalls nicht schon deshalb erforderlich, weil unter den Kunstschaffenden Fragen der Verteilungsgerechtigkeit aufgeworfen werden.[159] Ein Indikator für die Wesentlichkeit der Kunstförderung könnte die diskutierte Kulturstaatsklausel sein. Ein treffender, nicht an einer absoluten Bedeutung orientierter Maßstab, ist die »je-desto-Formel«: Je wesentlicher eine Angelegenheit für die Bürger oder die Allgemeinheit ist, desto stärker ist der parlamentarische Gesetzgeber gefordert und desto detaillierter und genauer muss die gesetzliche Regelung sein.[160] Mit ähnlicher Bedeutung wird mitunter auf die »erhebliche Bedeutung für das Staat-Bürger-Verhältnis«, die »Bedeutung einer Rechtsmaterie für das Gemeinwesen« oder die »Ordnüng grundlegender Lebensbereiche« abgestellt.[161] Die Frage eines gesetzgeberischen Tätigwerdens im Bereich

---

154 BVerfGE 47, 46 (79); zustimmend *Palm*, Öffentliche Kunstförderung, S. 180.

155 *Hufen/Siegel*, Fehler im Verwaltungsverfahren, Teil 3 Rn. 785f., sehen dagegen einen Paradigmenwechsel in der Außenwirkung und einer der bisherigen Rechtsprechung entgegenlaufenden Tendenz zur Verrechtlichung; Bedenken hinsichtlich ungelegener Folgen bzw. den Rückschluss davon auf den Vorbehaltsbereich teilt *Kluckert*, Zuwendung und Gesetz, S. 106, nicht.

156 BVerfGE 98, 218 (252).

157 BVerfGE 139, 19 (45f.); Ehlers/Pünder/*Ehlers*, Allg. VerwR, § 2, Rn. 45; *Kluckert*, Zuwendung und Gesetz, S. 114; v. Mangoldt/Klein/Starck/*Sommermann*, Art. 20 Abs. 3 GG, Rn. 275; Sachs/*Sachs*, Art. 20 GG, Rn. 117; vgl. BVerfGE 47, 46, 79.

158 Dazu äußern sich u.a. kritisch: *Kluckert*, Zuwendung und Gesetz, S. 118 m. w. Nw.; Sachs/*ders.*, Art. 20 GG, Rn. 116 (»vages Abgrenzungskriterium«).

159 OVG Brandenburg, LKV 2006, S. 39 (41).

160 Ehlers/Pünder/*Ehlers*, Allg. VerwR, § 2, Rn. 45; Maunz/Dürig/*Grabenwarter*, Art. 5 Abs. 2 GG, Rn. 132.

161 *Kluckert*, Zuwendung und Gesetz, S. 114 m. w. Nw.

der Kunstförderung ist dementsprechend eng verbunden mit der Bedeutung, die ihr beigemessen wird.

In Anlehnung an die Rechtsprechung des Bundesverfassungsgerichts zum Kommunikationsrecht der Pressefreiheit, könnte eine wesentliche Bedeutung der Kunstförderung gegeben sein, wenn mit der staatlichen Leistung entweder eine erhebliche Gefahr für die Staatsfreiheit und Kritikbereitschaft der Kunst einhergeht oder wenn ohne eine solche Leistung die Aufrechterhaltung eines freiheitlichen Kunstlebens nicht mehr gewährleistet ist.[162] Angesichts der bereits dargestellten hohen Bedeutung der öffentlichen Kunstförderung für den Erhalt eines freiheitlichen Lebensbereichs Kunst, spricht eine »eingriffsorientierte Betrachtung«,[163] die auf die Bedeutung der Differenzierung für den jeweiligen Lebenssachverhalt abstellt, dafür, dass ein Vorbehalt des Gesetzes entgegen der überwiegenden Meinung erforderlich sein könnte.[164] Die existenzielle Angewiesenheit auf öffentliche Kunstförderung könnte so groß sein, dass Freiwilligkeit in Zwang umschlägt.[165] Der Rechtsprechung reicht ein lediglich finanzielles Unvermögen des Grundrechtsträgers jedoch gerade nicht aus, um eine beträchtliche Erschwerung des Grundrechtsausübung anzunehmen. Andernfalls werde der Gesetzesvorbehalt zu einem Totalvorbehalt ausgedehnt.[166]

Für einen Vorbehalt des Gesetzes plädiert hingegen ausdrücklich *Sommermann*, der strukturelle Entscheidungen über staatliche Leistungen der Förderung künstlerischer Betätigung dem Vorbehalt des Gesetzes unterwerfen möchte.[167] Es seien sowohl die Grundrechtsverwirklichung des Leistungsempfängers als auch Grundrechte oder jedenfalls Interessen von Konkurrenten betroffen. Wesentlich seien daher solche Regelungen, die strukturelle Entscheidungen über staatliche Leistungen beträfen. Keine strukturellen Entscheidungen seien hingegen kurzfristige Maßnahmen, die in Notfällen wie der Corona-Pandemie etatmäßig bereitgestellt würden.[168] Dann sei es zulässig, dass die Verwaltung die Voraussetzungen der Verteilung auch

162 Vgl. BVerfGE 80, 124 (132).

163 Zur »eingriffsorientierten Betrachtung« vgl. BVerfGE 139, 19 (45): »Als wesentlich sind also Regelungen zu verstehen, die für die Verwirklichung von Grundrechten erhebliche Bedeutung haben [...] und sie besonders intensiv betreffen«.

164 Im Ergebnis zustimmend *Weck*, Legitimationsprobleme öffentlicher Kunstförderung, S. 175.

165 *Wollenschläger*, Verteilungsverfahren, S. 2010.

166 Vgl. OVG Brandenburg, NVwZ-RR 2012, S. 577 (581f.); im Ergebnis zustimmend *Germelmann*, Kultur und staatliches Handeln, S. 386.

167 V. Mangoldt/Klein/Starck/*Sommermann*, Art. 20 Abs. 3 GG, Rn. 281; zustimmend Dreier/*Wittreck*, Art. 5 Abs. 3 GG, Rn. 73; im Ergebnis ebenso *Palm*, Öffentliche Kunstförderung, S. 183.

168 So verbleibt eine gewisse Flexibilität, die beispielsweise auch *Germelmann*, Kultur und staatliches Handeln, S. 388, einfordert.

ohne Mittelausweisung im Haushaltsplan selbst bestimmt.[169] Es verbliebe der Verwaltung insofern der geforderte Handlungsspielraum.

Für diese Ansicht spricht, dass die Ausgestaltung der objektiv-rechtlichen Dimension der Grundrechte grundsätzlich auf Handlungspflichten für den Gesetzgeber angelegt ist.[170] Die objektive Dimension der Kunstfreiheit legitimiert den Staat, durch öffentliche Förderung ordnend in die Erhaltung eines freiheitlichen Lebensbereichs Kunst einzugreifen. Das umfasst neben einer Förderung auch materielle Entscheidungskriterien und prozedurale Maßstäbe.[171] Die Regelung des Verteilungsverfahrens nach Maßgabe der aufgrund des Haushaltsgesetzes festgelegten Haushaltspläne vermag dem Verteilungsverfahren nicht gerecht zu werden, bildet es doch nur eine allgemeine Zweckbestimmung ab und keine konkreten Vorgaben.[172] Dass die politische Bedeutung der Kunstförderung unterschätzt wird, zeigen die gegenwärtige »Kulturkampf«-Debatte und Instrumentalisierungsversuche der Kultur. Die grundsätzlichen Werte der Kunst weisen einen hohen Bezug zur demokratischen Staatsverfassung auf. Kunstförderung zur Verbreitung pluralistischer Werte könnte insoweit als eine »Investition in den Rechtsstaat« und damit auch eine »Investition in die Demokratie«[173] zu sehen sein.[174]

Entschiede sich der Gesetzgeber aktiv zu werden, wäre eine Regulierung vor allem eine Frage des Detaillierungsgrades. Während die Regelung einer ausdrücklichen »allgemeinen Erlaubnis« zwar dem Vorbehalt des Gesetzes genügt, füllt sie kaum das vorhandene Regelungsvakuum des Verteilungskonflikts. Damit tatsächlich eine qualitative Verbesserung der Kunstförderung durch ein sachgerechtes Organisationsrecht eintreten könnte, bedürfte es einer Ausdifferenzierung, wie und unter welchen Voraussetzungen Förderungen gewährt werden. Dazu macht der Vorbehalt des Gesetzes jedoch keine näheren Vorgaben. Die Diskussion um den Vorbehalt des Gesetzes vermag daher nur geringfügig praxisrelevante Antworten zu Tage zu fördern. Die Diskussion gibt Aufschluss über die Bedeutung, die der Kunstförderung beigemessen wird. Vielversprechend ist zudem im Weiteren der Frage nachzugehen, inwieweit eine spezialgesetzliche Ausgestaltung sich gewinnbringend in das System der öffentlichen Kunstförderung einfügen kann.

---

169 V. Mangoldt/Klein/Starck/*Sommermann*, Art. 20 Abs. 3 GG, Rn. 281; *Kluckert*, Zuwendung und Gesetz, S. 106.

170 Dreier/*Schulze-Fielitz*, Art. 20 GG, Rn. 111.

171 Sachs/*Sachs*, Art. 20 GG, Rn. 117.

172 V. Mangoldt/Klein/Starck/*Sommermann*, Art. 20 Abs. 3 GG, Rn. 282; im Ergebnis ähnlich *Detterbeck*, Jura 2002, S. 235 (239).

173 *Voßkuhle*, NJW 2018, S. 3154 (3159).

174 *Landmann*, Jahrbuch für Kulturpolitik 2014, S. 47 (49), räumt ein, dass das KFG-NRW mit Blick auf den Vorbehalt des Gesetzes nicht erforderlich sei.

IV. Spezialgesetzliche Ausgestaltung

Unabhängig von der Frage eines Vorbehalts des Gesetzes im Bereich der Kunstförderung, die ein Tätigwerden des Gesetzgebers zwingend nach sich zöge, stellt sich die Frage, welche Vorteile eine spezialgesetzliche Ausgestaltung der Kunstförderung hätte. Ein parlamentarisches Verfahren gewährleistet ein höheres Maß an Öffentlichkeit bei der Auseinandersetzung mit der Materie, als es exekutive Rechtssetzung durch Förderrichtlinien etc. vermag.[175] Die staatliche Aufgabenerfüllung im Bereich der Kunstförderung zu regulieren, verspricht zudem Freiheitspotentiale, denn »staatliches Handeln, durch das dem Einzelnen Leistungen und Chancen gewährt und angeboten werden, ist für eine Existenz in Freiheit oft nicht weniger bedeutungsvoll als das Unterbleiben eines ›Eingriffs‹«.[176] Der qualifizierte Zusammenhang zwischen staatlicher Bereitstellung der Kunstförderung und des tatsächlichen Tätigwerdens im Schutzbereich des Freiheitsrechts der Kunst dürften den Gesetzgeber besonders fordern, zwar nicht alle Details aber wohl die Konturen der Leistungsverwaltung festzulegen.[177] Das betrifft jedenfalls in Grundzügen Art und Gewichtung oder auch das Rangverhältnis der heranzuziehenden Verteilungskriterien sowie das prozedurale Auswahlverfahren.[178] Zugleich können Einzelheiten, unbestimmte Rechtsbegriffe und Beurteilungsspielräume grundsätzlich der Verwaltung bzw. dem Verordnungsgeber überlassen werden. Gleichwohl würde der Gesetzgeber durch einen legislativen Rahmen einen Steuerungseinfluss auf die Verwaltung ausüben.[179] Letztlich darf sich der Gesetzgeber nicht durch mangelnde inhaltliche Bestimmtheit seiner Regelungsverantwortung entziehen.[180]

Vereinzelt bestehen spezialgesetzliche Normierungen auf Länderebene. Grundsätzlich kritisch wird zur Regulierung angemerkt, dass diese einen Numerus Clausus von Ideen und Institutionen festschrieben, die aufgrund der sehr unterschiedlichen Sachlagen der einzelnen Sparten entweder substanzlos seien oder sachwidrige Vereinfachungen darstellten.[181] Außerdem vernachlässige eine eingehende gesetzliche Regelung die notwendige Flexibilität auf künstlerische Bedürfnisse zu reagieren, weil Gesetze mit ihrem auf Dauer angelegten Geltungsanspruch ein statisches

---

175 *Zembylas*, Jahrbuch Kulturmanagement 2011, S. 129 (141), unterstreicht die Legitimationskraft des Förderverfahrens durch gesetzlich normierte Verfahrensstandards.

176 BVerfGE 40, 237 (249).

177 Für eine Regulierung des Verfahrens durch den Gesetzgeber spricht sich Dreier/*Wittreck*, Art. 5 Abs. 3 GG, Rn. 73, aus; *Lenski*, Öffentliches Kulturrecht, S. 438; a. A. *Germelmann*, Kultur und staatliches Handeln, S. 384ff.; *Steiner*, DVBl 2014, S. 1585.

178 *Wollenschläger*, Verteilungsverfahren, S. 98; für den Bereich der Hochschulzulassung siehe BVerfGE 73, 280.

179 Ehlers/Fehling/Pünder/*Kühling*, Bes VerwR Bd. 1, § 30, Rn. 10.

180 BeckOK GG/*Huster*/*Rux*, Art. 20 GG, Rn. 179.

181 *Steiner*, VVDStRL 42 (1984), S. 7 (18).

Moment enthielten, das der Vielschichtigkeit des Phänomens Kunst nicht vollauf gerecht werden könne.[182] In dieser Pauschalität ist eine gesetzliche Ausgestaltung jedoch nicht abzulehnen. Der Gesetzgeber kann seiner Verantwortung auch nachkommen, indem dynamische Regelungen gefunden werden, die der Verwaltung ein Ermessen einräumen, aber jedenfalls vorgeben, wer und auf welche Weise die Maßstäbe der Förderung entwickelt werden.[183] Beispielgebend sind das Kulturgesetzbuch Nordrhein-Westfalen (KulturGB-NRW)[184] und das sächsische Kulturraumgesetz.[185] Staatliche Pflichtaufgaben oder subjektive Rechte begründen auch diese indes nicht.[186] Die landesrechtliche Gesetzgebung wird im Weiteren als Anregung in die Entwicklung eines Verteilungsverfahrens einbezogen und dabei kritisch überprüft.

D. Zwischenergebnis

Wie gezeigt, ist die Legitimationsgrundlage der Kunstförderung dogmatisch nicht abschließend überzeugend. Einigkeit besteht, dass keine verfassungsrechtliche Pflicht zur Kunstförderung im Sinne eines »Müssens« besteht. Die dogmatischen Begründungen eines legitimen »Dürfens« auf Grundlage von Staatszielbestimmung oder objektiver Werteentscheidung sehen sich dem Vorwurf ausgesetzt, vom Ergebnis her zu denken – der Wunsch sei Vater des Gedankens.

Gleichwohl greifen auch die Argumente für ein Kunstförderverbot nicht durch. Im Ergebnis dürfte es die ganz überwiegende und vorzugswürdige Meinung sein, dass der Staat sich aufgrund der objektiven Dimension des Art. 5 Abs. 3 GG der Kunst zulässigerweise fördernd zuwendet. Die dogmatisch unbefriedigende Antwort auf die Frage der Legitimation öffentlicher Kunstförderung ist symptomatisch für das zwiespältige Verhältnis von Kunst und Staat. Die Förderung der Kunst bezweckt nicht die Staatsfreiheit oder die Marktunabhängigkeit, sondern die Unabhängigkeit von jeder Form der fremden Steuerung, ohne die Kunst sich selbst zu überlassen.[187]

---

182 VGH Kassel, NJW 1987, S. 1436 (1437).

183 BeckOK GG/*Huster*/*Rux*, Art. 20 GG, Rn. 180; Sachs/*Sachs*, Art. 20 GG, Rn. 115.

184 *Landmann*, Jahrbuch für Kulturpolitik 2014, S. 47, konstatiert eine überwiegend positive Resonanz auf die Einführung des Vorläuferst des Kulturfördergesetzes; kritisch dagegen *Sternberg*, Kulturpolitische Mitteilungen III/2014, S. 32 (34).

185 Auch Österreich hat materielle Ziele und verfahrensrechtliche Vorgaben im Gesetz über die Förderung der Kultur (Kulturförderungsgesetz) im Jahr 2009 erlassen.

186 *Landmann*, Jahrbuch für Kulturpolitik 2014, S. 47 (48), weist darauf hin, dass einzelne Fachgesetze, die unter Umständen staatliche Pflichten oder subjektive Ansprüche begründen, mit dem politischen Willen einer erheblichen Aufstockung entsprechender Haushaltsmittel zur Finanzierung einhergehen müssten.

187 Vgl. *Grimm*, VVDStRL 42 (1984), S. 46 (72).

Der Staat ist nicht zur Förderung verpflichtet, sodass er kein »Diener« der Kunst ist, vielmehr tritt er als »Mäzen«[188] auf, der die freiheitliche Ausübung der Kunst befördert, indem er Weiterentwicklung unterstützt.

Auch an dieser Stelle sollte noch einmal betont werden, dass die Betätigung auf diesem Gebiet in der Regel den Ländern zusteht.[189] Nur ausnahmsweise kommt in engen Grenzen eine Förderung durch den Bund in Betracht und wird nicht selten über die Grenzen des Zulässigen hinaus überdehnt.[190]

Die Rechtsprechung sieht einen Vorbehalt des Gesetzes durch die haushaltsrechtliche Etatlegitimierung für ausreichend an. Es dürfte aber überzeugender sein, einen strengeren Maßstab anzulegen. Angesichts der Bedeutung der öffentlichen Förderung für die Eigengesetzlichkeit des Lebensbereichs Kunst ist die Übergabe der Verantwortung an die Verwaltung wenig nachvollziehbar. Es spricht viel dafür, dass materielle und prozedurale Maßstäbe jedenfalls in groben Zügen der Verwaltung durch parlamentarische Steuerung vorgegeben werden müssen, um das diffizile Verhältnis von Kunst und Staat keiner Gefährdung von innen und außen auszusetzen.[191]

Anstelle einer spezialgesetzlichen Regelung bleibt es vorerst bei der eingeübten Verwaltungspraxis einer unüberschaubaren Anzahl äußerst verschiedener Förderrichtlinien. Die Förderrichtlinien bestimmen das Konzept und lenken das Ermessen, sie stehen im Fokus des *dritten Teils*.

---

188 V. Mangoldt/Klein/*Starck*/*Paulus*, Art. 5 GG, Rn. 446; *Sommermann*, VVDStRL 65 (2006), S. 7 (45); zustimmend *Erbel*, Kunstfreiheitsgarantie, S. 173.

189 So auch *Hufen*, Handb. der Grundrechte Bd. IV, § 101, Rn. 142, der in Anbetracht der Einhaltung der bundesstaatlichen Kompetenzordnung vor der Erlangung einer faktischen Kulturgestaltungsmacht warnt; *Lenski*, Öffentliches Kulturrecht, S. 425, bezeichnet die Aufgabenwahrnehmung durch den Bund in vielen Fällen als »Verschleierung von Kompetenzüberschreitungen«.

190 *Steiner*, HStR IV, § 86, Rn. 15, beschreibt solche Kompetenzüberschreitungen im Rahmen der Projektförderung damit, dass der schöne Zweck der Kultur in der Praxis nicht selten die staatsrechtlichen Zuständigkeiten überlagere und plädiert im Ergebnis für eine »pragmatische Sicht« in Zuständigkeitsfragen. Damit reihen sich die Länder als Mäzene ohne eigenes (insbesondere repräsentatives) Interesse in die historische Weiterentwicklung des Freiheitsraums der Kunst ein. Dem ist die Kunstförderung durch den Bund zu repräsentativen Zwecken bis heute nicht ganz entwachsen. Zu all dem ausführlich: *Luhmann*, Schriften zu Kunst und Literatur, S. 401 (402ff.); der historischen Entwicklung der Staatsverantwortung vergleichbar einem Mäzen grundsätzlich zustimmend *Sommermann*, VVDStRL 65 (2006), S. 7 (45).

191 Im Ergebnis anders *Kluckert*, Zuwendung und Gesetz, S. 502, der durch die Exekutive erlassene Förderrichtlinien als ausreichenden Ordnungsrahmen sieht und dem Gleichbehandlungsgrundsatz als Maßstab eine rechtsstaatlichen Mindestanforderungen genügende Ersatzfunktion beimisst.

Zweiter Abschnitt: Verfassungsrechtliche Direktiven der Kunstfreiheit für die öffentliche Kunstförderung

Nachdem die Fragen einer Förderpflicht und der Förderlegitimation hinsichtlich des »Ob« der Kunstförderung dargestellt wurden, folgt die Frage nach dem »Wie« der öffentlichen Kunstförderung. Welche der bereits dargestellten vielfältigen Maßnahmen staatlicherseits für geeignet gehalten werden, das kulturelle Gesamtniveau zu erhalten (Schutz) und fortzuentwickeln (Förderung), unterliegt einer entsprechend weiten Einschätzungsprärogative.[1] Hinzu tritt der Vorbehalt des Möglichen, der Raum bietet, wirtschafts- und finanzpolitische Erwägungen in Betracht zu ziehen.[2] Betrachtet man die Kunstförderung – entgegen der hier vertretenen Auffassung – als verfassungsrechtliche Pflicht, erwächst daraus eine Untermaßgrenze: weder der völlige Verzicht auf eine Förderung noch evident unzureichende Maßnahmen sind ausreichend.[3]

Soweit der Staat Auswahlentscheidungen in Verteilungsverfahren der Kunstförderung trifft oder Verwaltungsvorschriften und Richtlinien auf diesem Gebiet erlässt, handelt es sich um organisatorische Maßnahmen, die der Kunstfreiheit zuzurechnen sind. Die verfassungsrechtlichen Direktiven werden für den Bereich der direkten öffentlichen Kunstförderung dementsprechend inhaltlich durch die Kunstfreiheit gem. Art. 5 Abs. 3 GG bestimmt.[4] Aus dem knappen Verfassungstext zur Kunst allein lassen sich freilich noch keine handhabbaren Direktiven für Aufgabenerfüllung der Kunstfreiheit entnehmen, so dass eine Konkretisierung durch »die

1 *Germelmann*, Kultur und staatliches Handeln, S. 63.

2 Maunz/Dürig/*Kirchhof*, Art. 3 Abs. 1 GG, Rn. 293; kritisch *Classen*, DVBl 2016, S. 406 (407).

3 *Germelmann*, Kultur und staatliches Handeln, S. 65.

4 *Mihatsch*, Öffentliche Kunstsubventionierung, S. 78.

vom Wesen der Kunst geprägten, ihr allein eigenen Strukturmerkmale«[5] – nachfolgend als »Prinzipien« bezeichnet – erforderlich ist.

A. Die Prinzipien der Kunstförderung

Die Prinzipien der Neutralität, des Pluralismus und der Eigengesetzlichkeit knüpfen an den unterschiedlichen Schutzdimensionen der Kunstfreiheit an.[6] Daneben treten das Gemeinwohl und die Subsidiarität, die sich aus allgemeinen Verfassungsgrundsätzen ableiten. Gemeinsam bestimmen sie den »freien Lebensbereich Kunst«, den zu erhalten und zu entwickeln Aufgabe der Kunstförderung ist.

I. Neutralität

Der Schutzbereich der Kunst vor Eingriffen durch den Staat ist von der Rechtsprechung des Bundesverfassungsgerichts geprägt. Es sind sowohl der Werk- als auch der Wirkbereich der Kunst geschützt. Im Kontext einer Abwehr staatlicher Eingriffe wurde die Neutralitätspflicht konkretisiert: Der Staat ist nicht befugt, im Sinne einer Niveaukontrolle zu definieren, welcher Inhalt als »höhere« oder »niedere«, »gute« oder »schlechte« Kunst anzuerkennen ist.[7] Zur Umschreibung wird das vielzitierte Schlagwort des Verbots eines »Kunstrichtertums« verwendet.[8] Doch was bedeutet staatliche Neutralität im Bereich der Leistungsverwaltung, wenn der Staat durch Förderung der Kunst ihr zur Entstehung verhilft, um einen freiheitlichen Lebensbereich zu gewährleisten?

Die dogmatische Begründung der Neutralität ebenso wie ihr Anwendungsumfang sind umstritten. Überwiegend wird die Neutralitätspflicht des Staates für die abwehrrechtliche Dimension der Kunstfreiheit, die die staatliche Identifikation mit einer Kunstrichtung oder Schule verbietet, auch für den Bereich der Leistungs-

---

5 Im Wortlaut lautet die maßgebliche Formulierung in BVerfGE 30, 173 (188): »Der Lebensbereich »Kunst« ist durch die vom Wesen der Kunst geprägten, ihr allein eigenen Strukturmerkmale zu bestimmen.«, die nachfolgend als Prinzipien des »freiheitlichen Lebensbereichs Kunst« dargestellt werden.

6 Nach a. A. bilden Neutralität, Pluralität, Subsidiarität, Dezentralität und Toleranz die Grundlage für sachgerechte Maßstäbe *Stern*, Staatsrecht Bd. IV/2, S. 658f.

7 BVerfGE 75, 369 (377); BVerfGE 81, 278 (291); vgl. *Britz*, EuR 2004, S. 1 (19); v. Münch/Kunig/*Wendt*, Art. 5 GG, Rn. 89; *Steiner*, HStR IV, § 86, Rn. 9; Dreier/*Wittreck*, Art. 5 Abs. 3 GG, Rn. 78; *Huster*, Ethische Neutralität, S. 474; *v. Arnauld*, HStR VII, § 167, Rn. 80; *Mihatsch*, Öffentliche Kunstsubventionierung, S. 82; *Steiner*, VVDStRL 42 (1984), S. 7 (29); zum historischen Hintergrund der Neutralität des Staates siehe *Stern*, Staatsrecht Bd. IV/2, S. 612ff.

8 *Grimm*, VVDStRL 42 (1984), S. 46 (58ff.); siehe ausführlich S. 61.

gewähr herangezogen.[9] Bei der Leistungsgewähr kommt das Spannungsverhältnis zum Tragen, auf der einen Seite Zurückhaltung gegenüber der Kunst zu üben und auf der anderen Seite keine »Staatskunst« zu produzieren.[10] Die Notwendigkeit einer Auswahl erfordert ein Werturteil durch den Staat.[11] Das Neutralitätsprinzip wird daher überdehnt, wenn aufgrund völliger Enthaltsamkeit keinerlei Auswahlentscheidung für zulässig gehalten wird. Denn durch staatliche Indifferenz würde eine maßstabslose »Gießkannenförderung« betrieben, die die weiteren Prinzipien der Kunst negiert. Die Betätigung durch den Staat und seine aktive Hinwendung zur Kunst sind noch keine der Neutralität entgegenlaufende »Identifikation« mit der Materie bzw. einem individuellen Künstler oder einer individuellen Künstlerin oder einer spezifischen Aussage.[12] Im Ergebnis widerspricht eine Bewertung der Kunst im Kontext der Förderung nicht der Neutralität, denn das Risiko einer staatlichen Einflussnahme durch eine ästhetische Bewertung der Kunst besteht im Bereich der Leistungsverwaltung nicht in gleichem Maße wie durch eine »Niveaukontrolle« im abwehrrechtlichen Bereich. Angewendet auf die Leistungsverwaltung bedeutet Neutralität eine der gleichmäßigen Berücksichtigung dienende Nicht-Identifikation durch die Vermeidung eines Bekenntnisses zum »Objekt der Bemühung«.[13] Denn wenn sich der künstlerische Schaffensprozess frei entwickeln können soll, darf den Kunstschaffenden die Art und Weise, in der sie der Wirklichkeit begegnen und die Vorgänge gestalten, die sie in dieser Begegnung erfahren, nicht vorgeschrieben werden.[14]

Die Grenze des Zulässigen erreicht eine Bewertung, soweit sie »das Kunstverständnis selbst festzulegen« sucht,[15] was nicht die ästhetische Bewertung einer mehr bzw. weniger ambitionierten Kunst umfasst. Für die Leistungsverwaltung gilt es, eine Förderung nach Zufall oder Willkür zu vermeiden, die entstünde, wenn

---

9 *V. Arnauld*, HStR VII, § 167, Rn. 8; nach anderer Auffassung fehle es für eine über die abwehrrechtliche Dimension hinausgehende Neutralitätspflicht, die sich auch auf Auswahlentscheidungen im Rahmen der Leistungsgewährung erstreckt,– anders etwa als im Fall der kollektiven Religionsfreiheit – an einem (kollektiven) Grundrechtsträger, *Lenski*, Öffentliches Kulturrecht, S. 94.

10 *Braun*, Prinzipien öffentlicher Kunstförderung, S. 98 ff; *Huster*, Ethische Neutralität, S. 442; Kahl et al./*v. Arnauld*, BK GG, Art. 5 Abs. 3, Rn. 211.

11 *Huster*, Ethische Neutralität, S. 441ff.; *Mihatsch*, Öffentliche Kunstsubventionierung, S. 84; Dreier/*Wittreck*, Art. 5 Abs. 3 GG, Rn. 73; *Stern*, Staatsrecht Bd. IV/2, S. 659; *Steiner*, VVDStRL 42 (1984), S. 31.

12 *Mihatsch*, Öffentliche Kunstsubventionierung, S. 83f., bezeichnet das als »neutrale Solidarität« gegenüber der Kunst; *Schlaich*, Neutralität als verfassungsrechtliches Prinzip, S. 243; *Steiner*, HStR IV, § 86, Rn. 11.

13 *Schlaich*, Neutralität als verfassungsrechtliches Prinzip, S. 242.

14 BVerfGE 30, 173 (188).

15 BGH, NJW 1975, S. 1882 (1884).

keine Bewertung nach qualitativen Maßstäben erfolgte.[16] Die Einflussnahme in dieser Form dient der Bereicherung der kulturellen Umwelt durch die Förderung des kollektiven Wertes eines freiheitlichen Lebensbereichs Kunst.[17] *Hufen* fasst dieses Paradoxon aus Neutralität und Entscheidungsfindung dahingehend zusammen, dass der Staat die grundsätzliche Verantwortung für den Rahmen und dessen grundrechtskonforme Ausgestaltung trägt, aber nicht selbst entscheiden kann und darf, was Kunst ist und welche »Richtung« besonders gefördert werden soll.[18] Dem ist grundsätzlich zu folgen, soweit darin der Anspruch zum Ausdruck kommt, dass es kunstgerechter Organisationsstrukturen und Verfahren bedarf, um den Widerspruch aus Neutralität und Auswahlentscheidung grundrechtskonform aufzulösen.[19]

Neutralität dient dem Schutz liberaler Freiheiten, wahrt den sozialen Frieden und sichert damit neben Eigengesetzlichkeit den gesellschaftlichen Pluralismus ab.[20] Andernfalls bestünde die Gefahr der Erzeugung einer Indifferenz, die eine differenzierte Vielfalt erstickt und lediglich das Vorhandene manifestiert, indem Bedürfnis und Nachfrage befriedigt werden.[21] Die im Einzelnen sich aus den zugrundeliegenden Prinzipien ergebenden materiellen und prozeduralen Maßstäbe für die Auswahlentscheidung müssen sich zwar nicht an einer ästhetischen Neutralität messen lassen, aber an einer neutralen Haltung gegenüber dem, was Bestandteil des guten individuellen Lebens ist.[22] Im Ergebnis wirkt die neutrale Haltung des Staates als Wegbereiter und Organisationsprinzip, um Pluralismus und Eigengesetzlichkeit zur Geltung zu verhelfen.

II. Pluralismus

Pluralismus als Prinzip spiegelt die vorhandene künstlerische Vielfalt wider.[23] Pluralismus bedeutet auf inhaltlicher Ebene keine gezielte Ablehnung oder faktische Ausgrenzung gegenüber künstlerischen Richtungen, Stilen, Positionen, Formen

---

16 *Braun*, Prinzipien öffentlicher Kunstförderung, S. 105; *Schlaich*, Neutralität als verfassungsrechtliches Prinzip, S. 243; *Stern*, Staatsrecht Bd. IV/2, S. 662.

17 *van der Burg/Brom*, Angewandte Ethik, S. 53 (72).

18 *Hufen*, NJW 1997, S. 1112 (1113); zur Unterscheidung von »Definitionsverbot« und »beschränktem Definitionsgebot« für eine »praktikable juristische Begriffsbildung« siehe bereits *Erbel*, DVBl 1969, S. 863 (866).

19 *Dittrich*, § 23 BHO, Rn. 2.2, wählt im Kontext der Staatsfreiheit die Formulierung, dass Fördermittel das »freie Spiel der Kräfte« sichern.

20 *van der Burg/Brom*, Angewandte Ethik, S. 53 (80).

21 *Klein*, Kompendium Kulturmanagement, S. 100 (116).

22 *Huster*, Ethische Neutralität, S. 473; *van der Burg/Brom*, Angewandte Ethik, S. 53 (59).

23 *V. Arnauld*, HStR VII, § 167, Rn. 80; andeutungsweise ähnlich: BGH, NJW 1975, S. 1882 (1884).

und Meinungen, und auf personaler Ebene, keine Ablehnung oder faktische Ausgrenzung bestimmter Kunstschaffender, Gruppen oder Vermittler[24] vorzunehmen.[25] Die Nähe zur Neutralität ist unverkennbar,[26] die Prinzipien durchdringen sich: Während die Neutralität – wie dargestellt – Identifikation verbietet, veranlasst der Pluralismus die spiegelbildliche Vielfalt.[27] Neutralität und Pluralismus verhalten sich zueinander entsprechend dem verfassungsrechtlich vorgezeichneten zwiespältigen Verhältnis von Staat und Kunst. Die öffentliche Förderung soll die Entfaltungsmöglichkeiten der Kunst im Interesse des Pluralismus unabhängig von kulturfremder Steuerung machen, zugleich soll die Kunst auch von staatlicher Steuerung frei sein. Die Überlagerung von Neutralität und Pluralismus bestimmen den Kurs der Organisation der Kunstförderung unter Ausbalancierung von gebotener »Zurückhaltung« und »Aktivierung«.

Funktion und Effekt eines liberalen Pluralismus, der sich im Sinne eines Nebeneinanders mehrerer Verschiedenheiten versteht, sind eine integrierende schützende Wirkung, die das Ergebnis des künstlerischen Prozesses offenhält.[28] Auf diese Weise wird die Bereitschaft des Staates zur Öffnung gegenüber gesellschaftlichen Gruppen und Organisationen verwirklicht und verbindlicher Staatsdirigismus abgelehnt.[29] Darüber hinaus leistet Pluralismus als Ausdruck von Freiheit einen Beitrag zur sozialen Gerechtigkeit,[30] indem potentiell die Teilhabe und Auseinandersetzung aller Menschen mit Kunst und Kultur ermöglicht wird. Das trägt zu Offenheit und Verständnis vielfältiger kultureller Ausdrucksformen bei. Kultur und Kunst sind dadurch geeignet, auf die Gesellschaft einzuwirken und in vielfältiger Weise gesellschaftliche Prozesse auszulösen.[31] Als dogmatischer Ansatzpunkt ist die objektive Dimension der Kunstfreiheit heranzuziehen, denn Pluralismus ist (hier) die Ausstrahlung künstlerischer Freiheitsverwirklichung auf das soziale Gefüge.

Das Prinzip der Vielfalt setzt sich zudem in einem organisierten Trägerpluralismus fort. Pluralismus unter den Trägern umfasst das Nebeneinander und die Viel-

---

24 BVerfGE 30, 173 (191).

25 *Braun*, Prinzipien öffentlicher Kunstförderung, S. 177; *Mihatsch*, Öffentliche Kunstsubventionierung, S. 86.

26 Eine ähnliche Dichotomie impliziert das Kunstverständnis in der Rechtsprechung des BGH, NJW 1975, S. 1882 (1884).

27 Dagegen sieht *Hufen*, Freiheit der Kunst, S. 240, im Pluralismus eine besondere Nähe zur Eigengesetzlichkeit.

28 *Braun*, Prinzipien öffentlicher Kunstförderung, S. 158; vgl. *Grimm*, VVDStRL 42 (1984), S. 46 (73); vgl. auch den »Wissenschaftspluralismus«, der das Wesen der Wissenschaft als einen unabgeschlossenen dialogischen Prozess der Suche nach Erkenntnis beschreibt, BVerfGE 35, 79 (157).

29 *Mihatsch*, Öffentliche Kunstsubventionierung, S. 87.

30 *Nothelle-Wildfeuer*, Soziale Gerechtigkeit und Zivilgesellschaft, S. 219.

31 *Landmann*, Kulturfördergesetz NRW, S. 35.

falt sowohl unter den öffentlichen Akteuren, aus auch den zivilgesellschaftlichen Akteuren. Die Mehrzahl und Verschiedenheit der öffentlichen Akteure schützt die Kunstförderung vor einseitiger Kulturpolitik und Fördermonopolen und sichert so die »Freiheit der Kultur«.[32] Auf diese Weise werden wechselseitig sich ergänzende und konkurrierende Angebote geschaffen, die zu einer Ausdifferenzierung und dadurch Ausgleichsfunktion beitragen.[33]

III. Eigengesetzlichkeit

Aus der abwehrrechtlichen Funktion der Kunstfreiheit ergibt sich neben dem Neutralitätsprinzip die Eigengesetzlichkeit der Kunst. Eigengesetzlichkeit der Kunst ist Offenheit gegenüber der permanenten Grenzüberschreitung und kontinuierlichen Abgrenzung zu »Altem« bzw. spiegelbildlich die »Erneuerung«.[34] Es liegt im Wesen der Kunst, permanent auf Grenzsetzungen zu reagieren, sich abzugrenzen und neu zu erfinden.[35] Kunst ist dabei weniger als Sache, als ein »Ereignis der Erneuerung« anzusehen.[36] Kunst macht selbst zur Realität, was sie als Realität gesehen haben will.[37] »Avantgarde« zielt gerade darauf ab, die Grenzen der Kunst zu erweitern.[38] Kunst ist ein fortwährendes Selbstgespräch einzelner Beiträge mit dem Vorhandenen, sodass die Fortsetzung der Kunst auf Kunst angewiesen ist (Autopoiesis) und sie ohne diesen Kontext nicht als Kunst anzusehen wäre.[39]

Übertragen auf die fördernde Tätigkeit erfordert die Eigengesetzlichkeit innerhalb des »System der Kunst«, die Kunst an ihren eigenen immanenten Maßstäben zu messen (Autonomie),[40] anstatt fremddisziplinäre Eingrenzungs- oder Bewer-

---

32 *Korinek*, Staat und Kunst, S. 61; *Mihatsch*, Öffentliche Kunstsubventionierung, S. 87; *Palm*, Öffentliche Kunstförderung, S. 194; *Scheytt*, Kompendium Kulturmanagement, S. 190; *v. Arnauld*, HStR VII, § 167, Rn. 91; *Steiner*, HStR IV, § 86, Rn. 10, sieht den Erhalt des Trägerpluralismus als Gegenstand der Neutralitätspflicht; auf staatlicher Seite ist der Trägerpluralismus durch das dargestellte Kompetenzgefüge staatsorganisationsrechtlich abgesichert, *Beissel*, Kulturföderalismus, S. 113.

33 *Huster*, VVDStRL 65 (2006), S. 51, S. 64; *Mihatsch*, Öffentliche Kunstsubventionierung, S. 87f.

34 *Geis*, FS-Lynen, S. 221 (228); *Mihatsch*, Öffentliche Kunstsubventionierung, S. 79; *E. Huber*, Kulturstaat, S. 12; *Oppermann*, Kulturverwaltungsrecht, S. 437; auch als »dynamischer Charakter des Kunstverständnisses« bezeichnet, Kahl et al./*v. Arnauld*, Art. 5 Abs. 3, Rn. 42; *Weck*, Legitimationsprobleme öffentlicher Kunstförderung, S. 39, verortet die Eigengesetzlichkeit hingegen in der objektiven Dimension der Kunstfreiheit.

35 *Geis*, FS-Lynen, S. 221 (228); *E. Huber*, Kulturstaat, S. 7.

36 *Graul*, Künstlerische Urteile, S. 69.

37 *Luhmann*, Schriften zu Kunst und Literatur, S. 401 (407).

38 BVerfGE 67, 213 (225).

39 *Luhmann*, Schriften zu Kunst und Literatur, S. 401 (409f.); siehe ausführlich S. 151.

40 *Grimm*, VVDStRL 42 (1984), S. 46 (73), bezeichnet die »Autonomie« als das rechtliche Korrelat der Eigengesetzlichkeit.

tungsversuche vorzunehmen.[41] Sie ist von nirgendwo her, außer von sich selbst beeinflusst.[42] Für staatliche Förderung ist um des darin liegenden Freiheitsgewinns willen deshalb gerade die Eigengesetzlichkeit von Bedeutung.[43]

Für den rechtswissenschaftlichen Umgang mit der Kunst bedeutet die Eigengesetzlichkeit die Unmöglichkeit einer definitorischen Grenzziehung über den Einzelfall hinaus.[44] Das, was Kunst ist, ist einer abstrakten staatlichen Regulierung unzugänglich.[45] Bestimmungsversuche der Rechtsprechung können nur für den Einzelfall und für den Zweck der Bestimmung des jeweiligen verfassungsrechtlichen Schutzbereichs Geltung beanspruchen; jegliche Definition ist im Moment ihres Versuchs bereits zeitlich überholt.[46] Die Kunstfreiheit verbietet, auf Methoden, Inhalte und Tendenzen der künstlerischen Tätigkeit einzuwirken oder allgemein verbindliche Regeln für den Schaffensprozess vorzuschreiben.[47]

So liegen Kern der Freiheitsbetätigung und Grund des Freiheitsschutzes nahe beieinander: Kunst ist geschützt, weil sie eigengesetzlich abläuft; der verfassungsrechtliche Schutz bewirkt, dass sie eigengesetzlich ablaufen kann.[48] Aus diesem Postulat der Autonomie ergibt sich der funktionale Auftrag der Kunstförderung, dass der Staat im Verhältnis zur Kunst nicht die künstlerische Betätigung einengt,[49] sondern selbstbestimmtes Handeln der Kunstschaffenden fördert – der freiheitliche Lebensbereich Kunst.[50] Teil dessen ist die Beförderung und Bewahrung der Möglichkeiten zur Grenzüberschreitung und steten Erneuerung der Kunst. Darin kommt die Verbindung von Neutralitätsprinzip und Eigengesetzlichkeit zum Ausdruck, die Direktiven darstellen, an der Auswahlentscheidungen zu messen sind

---

41 *Mihatsch*, Öffentliche Kunstsubventionierung, S. 79; *Luhmann*, Schriften zu Kunst und Literatur, S. 401 (405), verwendet anstatt »eigenspezifisch« den Begriff der »systeminternen Qualifizierung«; eingehend *Buckermann*, Vermessung der Kunstwelt, S. 69f.; siehe beispielsweise die Eigengesetzlichkeit der Straßenfotografie, BVerfG, NJW 2018, S. 1744 (1745).

42 *Luhmann*, Schriften zu Kunst und Literatur, S. 401 (402); vgl. BVerfGE 30, 173 (190); BVerfGE 31, 229 (238f.).

43 *Bertram*, Handb. der Kunstphilosophie, S. 553 (562f.); *Hufen*, NVwZ 1983, S. 516 (519); *Ders.*, Freiheit der Kunst, S. 181f.

44 BVerfGE 67, 213 (225); BVerfGE 75, 369 (377).

45 »Kunst ist dann schon, was die Kunst als Kunst anerkennt«, *Luhmann*, Schriften zu Kunst und Literatur, S. 401 (402).

46 *Erbel*, DVBl 1969, S. 863 (864); *Geis*, FS-Lynen, S. 221 (229).

47 BVerfGE 30, 173 (190); BVerfGE 31, 229 (339).

48 *Hufen*, Freiheit der Kunst, S. 180.

49 BVerfGE 30, 173 (190); BVerfGE 31, 229 (339).

50 *Braun*, Prinzipien öffentlicher Kunstförderung, S. 153; *Mihatsch*, Öffentliche Kunstsubventionierung, S. 81; ähnlich *Luhmann*, Schriften zu Kunst und Literatur, S. 401 (406); vgl. BVerfGE 30, 173 (188).

und die das Verfahren legitimieren.[51] Für den Kontext der Kunstförderung bedeutet das »Staatshilfe zur Staatsfreiheit«.[52]

IV. Gemeinwohl

Da der Staat »nichts zu verschenken« hat, darf eine Förderung nur zur Erfüllung von Gemeinwohlzwecken gewährt werden.[53] Die Verwirklichung des Gemeinwohls ist ungeschriebenes Staatsziel der Verfassung.[54] Es ist die Aufgabe des modernen Staates, die kulturelle Entwicklung der Gemeinschaft zu fördern und die damit einhergehenden Verwaltungsaufgaben zu erfüllen.[55] Das kann der Staat angesichts von Neutralität, Eigengesetzlichkeit und Pluralismus mit Blick auf die gesellschaftliche Funktion der Kunst schlechterdings nicht selber tun,[56] sodass ein erhebliches Interesse an der Erfüllung durch Dritte besteht.[57]

Das Prinzip der Gemeinwohlorientierung bringt zudem die Ausrichtung der quantitativen Gewichtung der verschiedenen Maßnahmen der Kunstförderung an einer kulturell ausgewogenen Struktur des gesamten Kunstlebens zum Ausdruck.[58] Die positive Wirkung ästhetisch ambitionierter Kunst auf die kulturelle Gesamtstruktur lässt sich keinem einzelnen Individuum zuordnen, sondern ist unteilbar und öffentlich.[59] Im Ergebnis profitieren alle Mitglieder des Gemeinwesens von der differenzierten und komplexen Struktur der intellektuellen und ästhetischen Umwelt durch ambitionierte Kunst.[60]

Das Gemeinwohlprinzip greift die Wirkrichtung des Pluralismus auf und erweitert das Prinzipien-Cluster um die Dimension einer quantitativen Verteilungsgerechtigkeit im Sinne einer sachgerechten Bereitstellung öffentlicher Mittel für die verschiedenen Akteure und Sparten der freien Szene. Eine Verengung auf einzelne Gattungen, Szenen oder Sparten ist daher zu vermeiden. Daraus ergibt sich ein weiter Handlungsspielraum für die politische Entscheidung über die Bereitstellung

---

51 *Braun*, Prinzipien öffentlicher Kunstförderung, S. 153; *Geis*, FS-Lynen, S. 221 (229); *Hufen*, Freiheit der Kunst, S. 182.

52 *Mihatsch*, Öffentliche Kunstsubventionierung, S. 82; zur historischen Entwicklung der künstlerischen Autonomie vom »Hof-Künstler« zur auftragsunabhängigen Arbeit, siehe *Grimm*, VVDStRL 42 (1984), S. 46 (49).

53 *Ehlers*, DVBl 2014, S. 1 (7).

54 *Isensee*, HStR IV § 73, Rn. 8.

55 BVerfGE 10, 20 (36); Gröpl/*Rossi*, § 23 BHO, Rn. 29.

56 *Dittrich*, § 23 BHO, Rn. 2.2; *Hufen*, Handb. der Grundrechte Bd. IV, § 101, Rn. 16; *Lenski*, Öffentliches Kulturrecht, S. 449.

57 Heuer/Scheller/*Dommach*, § 23 BHO, Rn. 3; *Isensee*, HStR IV § 73, Rn. 12.

58 *Braun*, Prinzipien öffentlicher Kunstförderung, S. 200.

59 *Huster*, Ethische Neutralität, S. 469.

60 *Huster*, Ethische Neutralität, S. 467.

von Mitteln, die ihre Grenzen in der punktuellen Bevorzugung einzelner Kunstformen unter Vernachlässigung der vorhandenen Vielfalt findet sowie in einer einseitigen Interessen- und Klientelpolitik.[61] In der Schnittmenge von Pluralismus und Gemeinwohl öffnet sich Raum für Fördermaßnahmen, die neben der Qualitätsförderung etwa auch die Breitenförderung betreffen.[62]

Auf diese Weise werden positive Effekte über die gesamte Bandbreite vorhandener künstlerischer Ansätze initiiert. Freilich vermittelt auch das Gemeinwohlprinzip keine konkreten individuellen Ansprüche, sondern stellt ein Ordnungsprinzip für die Förderung der freien Kunst dar.

V. Subsidiarität

Subsidiarität beschreibt das Verhältnis zwischen Staat und Zivilgesellschaft, wer vorrangig oder nachrangig tätig wird oder unter welchen Umständen eine Zusammenarbeit in Betracht kommt, sodass Wirkungsfelder für private Initiativen offengehalten werden.[63] Das Subsidiaritätsprinzip ist im Gemeinwesen von allgemeiner Bedeutung.[64] Die dogmatische Anknüpfung dieses Prinzips soll sich nach anderer Auffassung aus Art. 5 Abs. 3 GG ergeben.[65] Normativer Anknüpfungspunkt im Kontext der Kunstförderung für das Subsidiaritätsprinzip ist § 23 B/LHO. Danach kommt eine öffentliche Förderung nur in Betracht, wenn ohne die Förderung das betreffende Interesse nicht oder nicht im notwendigen Umfang befriedigt werden kann bzw. die Kräfte des Dritten nicht ausreichen.

Aus der Subsidiarität ergibt sich eine Rangordnung unter den zivilen und den staatlichen Finanzierungsakteuren: In dieser Rangordnung stehen die privaten und intermediären Träger an der Spitze, gefolgt von den staatlichen Akteuren, deren Zuständigkeit sich aus der jeweiligen Kompetenz ergibt.[66] Auf diese Weise wird das

61 Kaum damit in Einklang zu bringen sein dürfte das Beispiel der freien Hamburger Kunstorte, deren quantitative Förderung 36 Jahre nicht angestiegen ist, obwohl die Anzahl der selbstverwalteten Kunstorte und der ausgebildeten Künstler in dieser Zeitspanne exponentiell gewachsen ist.

62 *Braun*, Prinzipien öffentlicher Kunstförderung, S. 201.

63 Heuer/Scheller/*Dommach*, § 23 BHO, Rn. 10; *Isensee*, HStR IV, § 71 Rn. 111; *Mihatsch*, Öffentliche Kunstsubventionierung, S. 91; Gröpl/*Rossi*, § 44 BHO, Rn. 56ff.

64 Heuer/Scheller/*Dommach*, § 23 BHO, Rn. 10; *Erbel*, Kunstfreiheitsgarantie, S. 176; anders *Mihatsch*, Öffentliche Kunstsubventionierung, S. 93, der Subsidiarität nicht den von ihm identifizierten fünf verfassungsrechtlichen Prinzipien, sondern den übrigen »Strukturprinzipien« zuordnet.

65 *Sievers/Wagner/Wiesand*, Objektive und transparente Förderkriterien staatlicher Kulturfinanzierung, S. 112; kritisch: *Mihatsch*, Öffentliche Kunstsubventionierung, S. 91.

66 *Mihatsch*, Öffentliche Kunstsubventionierung, S. 92.

Maß der staatlichen Wahrnehmung der Aufgabe, verglichen mit anderen Staatsmonopolen oder Einrichtungen der Daseinsvorsorge, zurückhaltend ausgeübt.[67] Es ist mit der Gewährleistung eines freiheitlichen Lebensbereichs Kunst vereinbar, dass die Kunstförderung vorrangig durch Anregung privater Tätigkeiten erfolgt, um die eigene wirtschaftliche Kraft der Zivilgesellschaft angemessen zu berücksichtigen.[68] In der Praxis übersetzt sich dieses Verhältnis dergestalt, dass in der Regel keine Vollfinanzierung von Vorhaben erfolgt, sondern die Vorhabenträger Eigenmittel, die Akquirierung von Drittmitteln und eigene wirtschaftliche Einnahmen einbringen müssen.[69]

Betrachtet man das Verhältnis von Zivilgesellschaft und staatlichem Tätigwerden näher, ergeben sich zwei denkbare Extrempole. Es stehen sich eine umfassende »Staatsvereinnahmung« aller künstlerischen Strukturen und die »Staatsaskese«, die den völligen Rückzug des Staates aus der Kunstfinanzierung beschreibt, gegenüber.[70] Beide Extrempole sind mit den bereits diskutierten verfassungsrechtlichen Direktiven der Kunstförderung nicht in Einklang zu bringen. Eine Ausgewogenheit beider Extreme herzustellen ist der schwierige Balanceakt der Kulturpolitik. Zieht sich die öffentliche Hand auf den Kunsterhaltungsschutz zurück, indem sich Kulturpolitik auf den Unterhalt von staatlichen Einrichtungen wie Staatstheatern und staatliche Museen beschränkt, reduziert sich damit die direkte öffentliche Kunstentstehungsförderung. In diesem Fall (»Staatsaskese«) ist der Kulturpolitik vorzuwerfen, dass sie die zentralen Strukturen im intermediären Bereich für die Zivilgesellschaft gefährdet, indem Möglichkeiten für Partizipation und Selbstorganisation, die mangels Finanzierung wegfallen, schwinden.[71] Eine solche restaurative Kulturpolitik widmet sich mehr dem Erhalt des Bestehenden als der Entstehung neuer Vorhaben. Auf diese Weise wird der Kern des Subsidiaritätsprinzips ad absurdum geführt.[72]

Auf der anderen Seite bestehen Bedenken hinsichtlich einer »Staatsvereinnahmung« der Kunstförderung. Dem liegt die Sorge zugrunde, dass andernfalls

---

67 *Isensee*, HStR IV, § 73, Rn. 36; *Röbke*, Unternehmen Kultur, S. 135 (138); dagegen sieht *Steiner*, HStR IV, § 86, Rn. 11, in der Subsidiarität lediglich eine selbstgewählte Staatsbeschränkung und kein Leitprinzip.

68 BVerfGE 36, 321 (332).

69 Gröpl/*Rossi*, § 23 BHO, Rn. 32f.; *Müller/Richter/Ziekow*, Handb. Zuwendungsrecht, Teil A, Rn. 110; *v. Lewinski/Burbat*, § 23 BHO, Rn. 22; die Höhe der Eigenmittel ist eine förderpolitische Entscheidung *Dittrich*, § 44 BHO, Rn. 14.4.

70 *Mihatsch*, Öffentliche Kunstsubventionierung, S. 91.

71 *Knoblich*, APuZ 2004, S. 4 (10); dieser Aspekt wird auch als »Hilfe zur Selbsthilfe« bezeichnet, *Mihatsch*, Öffentliche Kunstsubventionierung, S. 93 m.w.Nw.; *Braun*, Prinzipien öffentlicher Kunstförderung, S. 263.

72 *Knoblich*, APuZ 2004, S. 4 (10).

keine Herausforderung für die Eigeninitiative besteht und eine bequem-saturierte Erwartungshaltung entsteht.[73] Außerdem steht eine solche Kulturpolitik mit dem Prinzip des Pluralismus in Konflikt, denn »Anflüge« von Staatsdirigismus reduzieren Vielfalt und Offenheit der Kunst. Ebenfalls würden Autonomie und Eigengesetzlichkeit der Kunst beeinträchtigt.[74]

Die Betonung des Subsidiaritätsprinzips wird mitunter als Schlüssel zur Auflösung des für die Kulturszene insgesamt bestehenden Verteilungskonflikts gesehen.[75] Dieses Verständnis entspricht einem modernisierten Staat-Bürgerverständnis im Sinne einer anspruchsvollen »Citizenship«. Das Verständnis einer »Citizenship« geht davon aus, dass im aktivierenden Staat anstelle eines klassischen Über-Unterordnungsverhältnisses zivile Subjekte als Kunden, Partizipierende und Mitgestalter des staatlichen Handelns gedacht werden, die die öffentlichen Aufgaben teilweise auch selbst erfüllen.[76]

B. Das Verhältnis der Prinzipien der öffentlichen Kunstförderung untereinander

Das Verhältnis der einzelnen Prinzipien und deren jeweilige Differenzierung wird unterschiedlich bewertet. Während vereinzelt die Eigengesetzlichkeit der Kunst als Grundlage aller Prinzipien gesehen wird, auf denen die weiteren Prinzipien aufbauen,[77] wird ebenso vertreten, dass Neutralität der umklammernde Grundsatz aller Förderprinzipien sei.[78] Teilweise werden einzelne der dargestellten Prinzipien als Teilbereich oder notwendige Voraussetzung eines anderen Prinzips eingeordnet.[79] Eine Hierarchie unter den Prinzipien ist jedoch abzulehnen, denn die Prinzipien weisen untereinander inhaltliche Schnittmengen – wie etwa Eigengesetzlichkeit und Pluralismus – auf und durchdringen sich – wie etwa Neutralität und Pluralismus –, sodass Abgrenzungen nicht trennscharf vorzunehmen sind. Soweit die Prinzipien in Fragen der Ausgestaltung materieller und prozeduraler Maßstäbe

---

73 *Mihatsch*, Öffentliche Kunstsubventionierung, S. 92.

74 *Braun*, Prinzipien öffentlicher Kunstförderung, S. 264.

75 *Haselbach et al.*, Kulturinfarkt, S. 280f.

76 *Baer*, »Der Bürger« im Verwaltungsrecht, S. 249f.; *Müller/Richter/Ziekow*, Handb. Zuwendungsrecht, Einl. Rn. 10; *Otto*, FS-Battis, S. 405 (406), spricht von »Beteiligungskultur«.

77 *E. Huber*, Kulturstaat, S. 7; *Mihatsch*, Öffentliche Kunstsubventionierung, S. 79; zustimmend v. Mangoldt/Klein/*Starck*/*Paulus*, Art. 5 GG, Rn. 446.

78 *Braun*, Prinzipien öffentlicher Kunstförderung, S. 46.

79 *Geis*, FS-Lynen, S. 221 (229), sieht Pluralismus als eine notwendige Voraussetzung im leistungsrechtlichen Kontext der Eigengesetzlichkeit an; *Korinek*, Staat und Kunst, S. 61, sieht Transparenz als ein eigenständiges Prinzip der Kunstfreiheit an, die Transparenz der Auswahlentscheidung dürfte jedoch dem Schutzbereich von Art. 3 GG zuzuordnen sein.

untereinander in Konflikt treten, kommt es in der Regel nicht darauf an, einem einzelnen Prinzip den Vorrang einzuräumen, sondern eine Ausbalancierung (praktische Konkordanz) im Sinne eines Nebeneinanders herzustellen. Letztlich kann keines der Prinzipien gänzlich eliminiert werden – ähnlich einem »Wesensgehalt« –, ohne dem freiheitlichen Lebensbereich Kunst zuwiderzulaufen. Neutralität, Pluralismus, Eigengesetzlichkeit, Gemeinwohlorientierung und Subsidiarität bilden ein Cluster an Ordnungsprinzipien: Sie sind die Strukturmerkmale des Lebensbereichs Kunst.

C. Zwischenergebnis

Die Ausgestaltung eines verfassungsrechtlich legitimen Tätigwerdens im Bereich der Kunstförderung unterliegt der Gesetzesbindung. Kunstförderung unterstützt die gesellschaftliche Wirkung von Kunst und Kultur in ihrer ganzen Vielfalt.[80] Aus dem, was Kunst an sich ist[81] sowie aus dem sich daraus ergebenden Verhältnis von Staat und Kunst, die sich in ihrer Freiheitsgarantie manifestiert, leiten sich Prinzipien ab, denen eine öffentliche Förderung verpflichtet ist und denen Vorschub zu leisten, zugleich inhärenter Zweck und Ziel des Tätigwerdens ist. Die untersuchten verfassungsrechtlichen Prinzipien sind metaphorisch betrachtet die Grundpfeiler, auf denen der freiheitliche Lebensbereich Kunst steht, auf dessen Grundlage die freie Szene – staatlich unterstützt – einen Raum der Neuausrichtung baut. Das tatsächliche Handeln-Können in diesem Freiheitsraum ermöglicht eine Betätigung[82] dieser Prinzipien, deren Reflexe sich zu (überwiegend) gewünschten und deshalb als »positiv« beschriebenen Effekten in Form von Erneuerungskraft für den sozialen Organismus, gesellschaftliche Mündigkeit, Solidarität und Freiheit verdichten, die Kernbestand einer sozialen Plastik und ästhetischen Fantasie sind, die Möglichkeitsräume für Utopien und den Umgang mit dem Ungewissen schaffen.[83] Dass dieses Ziel in seiner Binnendifferenzierung verschiedene Prinzipien kombiniert, die sich teilweise überschneiden oder mitunter gar gegenüberstehen, ist aufgrund der Kumulation von Zwecken möglich.[84] Daraus ergibt sich das durch die Rechtspre-

---

80 Vgl. *Landmann*, Kulturfördergesetz NRW, S. 36.

81 »Kunst ist durch die vom Wesen der Kunst geprägten, ihr allein eigenen Strukturmerkmale zu bestimmen«, BVerfGE 30, 173 (188f.).

82 Eine Betätigung erfolgt durch »die freie schöpferische Gestaltung, in der Eindrücke, Erfahrungen, Erlebnisse des Künstlers durch das Medium einer bestimmten Formensprache zu unmittelbarer Anschauung gebracht werden«, BVerfGE 30, 173 (188f.); *Hufen*, Freiheit der Kunst, S. 114, beschreibt diesen Vorgang als Vorbereitung, Umsetzung und Verbreitung.

83 Ähnlich *Grandmontagne*, Kulturpolitische Mitteilungen II/2020, S. 8 (9).

84 *Grimm*, VVDStRL 42 (1984), S. 46 (58).

chung des Bundesverfassungsgerichts geprägte Begriffstriptychon des »freiheitlichen Lebensbereich Kunst«[85].

85 Weitere zusammenfassende Beschreibungen des Zwecks der öffentlichen Kunstförderung in der Literatur lauten etwa »ästhetisch ambitionierte Kunst« (*Huster*, Ethische Neutralität, S. 469); »Sachgesetzlichkeit der Kunst« (*Ridder*, Freiheit der Kunst nach dem Grundgesetz, S. 12.); »Die ›Sache‹ Kunst« (*Knies*, Schranken der Kunstfreiheit, S. 192).

Dritter Abschnitt: Verfassungsrechtliche Direktiven des Gleichheitssatzes für die öffentliche Kunstförderung

In den vorstehenden Abschnitten wurde die Zulässigkeit öffentlicher Kunstförderung hinsichtlich des »Ob«, inwieweit der Staat überhaupt berechtigt ist die freie Kunst zu fördern, untersucht. Die sich daran anschließende Frage nach dem »Wie« der Kunstförderung und der damit einhergehende weite Gestaltungsspielraum wurde durch die der Kunst immanenten Prinzipien konturiert. Dennoch wird schnell deutlich, dass die Maßstäbe für eine sachgerechte Kunstförderung weiterer Konkretisierung bedürfen.

Ein Weg der sachgerechten Auflösung des Verteilungskonflikts zwischen Kunstschaffenden führt über Art. 3 Abs. 1 GG. Der Gleichbehandlungsgrundsatz konstituiert ein derivatives Teilhaberecht eines jeden Kunstschaffenden, an den bereitgestellten Ressourcen zu den gleichen Bedingungen potentiell partizipieren zu können.[1] Staatliche Leistungsverwaltung ist verpflichtet, Güter unter für die gesamte freie Szene gleichermaßen geltenden Bedingungen zur Verfügung zu stellen.[2] Die Zuteilung des Verteilungsgegenstandes hat sich für die Ausübung des Freiheitsrechts als besonders bedeutsam erwiesen, was die Rechtfertigungslast für Differenzierungen bei der Zuteilung einschließlich der verfahrensmäßigen Umsetzung erhöht.[3] Daraus ergeben sich materielle und prozedurale Erkenntnisse für die öffentliche Fördertätigkeit. Ziel ist es, durch die Berücksichtigung des Verteilungsverfahrens, des Vergaberechts und weiterer Anregungen einen dogmatischen Orientierungsrahmen zu entwickeln, der die normativen Fragmente der Kulturverfassung in einem Organisationsrecht der öffentlichen Kunstförderung zusammenführt.

1 *Kluckert*, Zuwendung und Gesetz, S. 32ff.; *Murswiek*, HStR IX, § 192, Rn. 74; Sachs/*Nußberger*, Art. 3 GG, Rn. 54; *v. Arnauld*, HStR VII, § 167, Rn. 79; v. Mangoldt/Klein/*Starck*/*Paulus*, Art. 5 GG, Rn. 418.

2 *V. Arnauld*, HStR VII, § 167, Rn. 79; *Hufen*, NJW 1997, S. 1112 (1113); BVerfGE 36, 321 (332).

3 *Wollenschläger*, Verteilungsverfahren, S. 73.

A. Die grundrechtliche Dimension des Verteilungskonflikts

I. Der Gleichheitssatz im Verteilungsverfahren

Aufgrund der Grundrechtsbindung der Verwaltung gem. Art. 1 Abs. 3 GG bilden die Grundrechte auch die Grundlage für die staatliche Verteilungstätigkeit, unabhängig von der Ausgestaltung des konkreten Verwaltungshandelns und kompensieren das normative Regelungsdefizit der Leistungsverwaltung.[4] Die Berücksichtigung des allgemeinen Gleichheitssatzes gem. Art. 3 Abs. 1 GG bei der sachgerechten Bewältigung von Verteilungskonflikten unterstreicht das Bundesverfassungsgericht, indem es formuliert, »jede staatliche Stelle hat bei ihrem Handeln, unabhängig von der Handlungsform und dem betroffenen Lebensbereich, die in dem Gleichheitssatz niedergelegte Gerechtigkeitsvorstellung zu beachten. Dieses Handeln ist anders als die in freiheitlicher Selbstbestimmung erfolgende Tätigkeit eines Privaten stets dem Gemeinwohl verpflichtet«.[5] Daraus ergibt sich ein verallgemeinerungsfähiger Gerechtigkeitsgedanke, der jede staatliche Stelle bindet und auf jeden betroffenen Lebensbereich anwendbar ist.

Aus Art. 3 Abs. 1 GG ergibt sich ein Anspruch auf individuelle Teilhabe an den staatlichen Leistungen (derivatives Teilhaberecht).[6] Eine Leistung an einen Antragstellenden, die anderen Antragstellenden nicht gewährt wird, stellt eine Ungleichbehandlung dar. Diese Ungleichbehandlung muss sachlich gerechtfertigt sein. Daran knüpft der Anspruch auf sachgerechte Ausgestaltung des staatlichen Leistungsangebots an, an dem sich die materiellen Zugangsvoraussetzungen und prozeduralen Verfahrensschritte messen lassen müssen.[7]

Die sachgerechte Auflösung erfolgt jedoch nicht nur im Teilhabeinteresse der Antragstellenden, sondern auch im Interesse der Verwaltung und der Allgemeinheit respektive Dritter an einer – im Kontext der Kunstförderung im weitesten Sinne

---

4 BVerfGE 11, 135 (153); *Kluckert*, Zuwendung und Gesetz, S. 26; *Wollenschläger*, Verteilungsverfahren, S. 32.

5 BVerfGE 11, 135 (153).

6 Dreier/*Heun*, Art. 3 GG, Rn. 86; Maunz/Dürig/*Kirchhof*, Art. 3 Abs. 1 GG, Rn. 293; BeckOK GG/*Kischel* Art. 3 GG, Rn. 88; *Müller/Richter/Ziekow*, Handb. Zuwendungsrecht, Teil A, Rn. 52; Sachs/*Nußberger*, Art. 3 GG, Rn. 53; v. Mangoldt/Klein/*Wollenschläger*, Art. 3 Abs. 1 GG, Rn. 178.

7 V. Mangoldt/Klein/*Wollenschläger*, Art. 3 Abs. 1 GG, Rn. 179; Maunz/Dürig/*Kirchhof*, Art. 3 Abs. 1 GG, Rn. 385ff., fordert neben einer sachgerechten auch eine »einleuchtende« Entscheidung, die »das reine Vernünftigkeitsrecht der bewertenden Einsicht, auch der Individualität und Humanität [öffnet und ...] ein Abweichen von der sachlogischen Regel zu einer abwägenden und gewichtenden Entscheidung [erlaubt].«; kritisch gegenüber einem »justitiablen Optimierungsgebot« Sachs/*Nußberger*, Art. 3 GG, Rn. 56.

freiheitsgewährleistenden – Nutzung des zu verteilenden Gutes.[8] Dieser Anspruch an die Leistungsverwaltung erschwert die Aufgabenerfüllung nicht unerträglich, denn öffentliche Akteure haben einen weiten Ermessensspielraum. Es besteht gerade keine Förderpflicht, doch wenn der Staat freiwillig fördert, dann besteht ein Anspruch auf gleichheitskonforme Ausgestaltung der Organisation und der Entscheidung über die Leistungsgewährung.[9]

Aus Sicht der Kunstschaffenden handelt es sich um ein derivatives Teilhaberecht aus Art. 5 Abs. 3 S. 1 GG i. V. m. Art. 3 Abs. 1 GG, das die Verwaltung zu einer chancengleichen Gestaltung der Förderkriterien und des Verfahrens sowie der darauf beruhende Auswahlentscheidung verpflichtet.[10] Das Freiheitsrecht wird zu einem Teilhaberecht.[11] Äußerte sich das BVerfG im bereits vielfach zitierten »Schallplattenurteil« zur Frage der Kunstförderung noch zurückhaltend, ist dennoch auch hier schon der gleiche Chancenzugang angelegt: »Es mag auch ein allgemeiner Anspruch aller sich im Kunstleben betätigenden Personen und Richtungen bestehen, von positiven staatlichen Fördermaßnahmen nicht von vornherein und schlechthin ausgeschlossen zu werden«;[12] das Gegenteil liefe auf einen Kunstdirigismus hinaus.[13] Der Umstand, dass neben dem Gleichheitssatz zudem noch die Kunstfreiheit betroffen ist, erhöht die Rechtfertigungslast einer Ungleichbehandlung.[14] Das BVerfG sieht besonders hohe Anforderungen für erforderlich an, »je stärker sich die Ungleichbehandlung von Personen oder Sachverhalten auf die Ausübung grundrechtlich geschützter Freiheiten nachteilig auswirken kann«.[15] Obgleich Kunstschaffende also keinen Anspruch auf Leistung haben, geschweige denn eine Erweiterung der zur Verfügung gestellten knappen Ressourcen fordern können, ist doch zumindest der chancengleiche individuelle Zugang zur Auswahl grundrechtlich abgesichert.

In Abgleich mit dem Vergaberechtsschutz als Orientierungsrahmen innerhalb des Verteilungsverfahrens, ist der Teilhabeanspruch darüber hinaus zu konkretisieren, dass jeder »eine faire Chance erhalten [muss], nach Maßgabe der für den spe-

---

8 *Wollenschläger*, Verteilungsverfahren, S. 38; Ähnlich *Stern*, Staatsrecht Bd. IV/2, S. 657; vgl. *Grimm*, VVDStRL 42 (1984), S. 46 (68).

9 *Hufen*, Handb. der Grundrechte Bd. IV, § 101, Rn. 138; Sachs/*Nußberger*, Art. 3 GG, Rn. 53; *Murswiek*, HStR IX, § 192, Rn. 81.

10 V. Mangoldt/Klein/*Starck/Paulus*, Art. 5 GG, Rn. 446; *Stern*, Staatsrecht Bd. IV/2, S. 658; v. Münch/Kunig/*Wendt*, Art. 5 GG, Rn. 94; v. Mangoldt/Klein/*Wollenschläger*, Art. 3 Abs. 1 GG, Rn. 183f.; *Wollenschläger*, Verteilungsverfahren, S. 40. Zur Streitigkeit über die dogmatische Begründung des Teilhabrechts siehe v. Mangoldt/Klein/*Wollenschläger*, Art. 3 Abs. 1 GG, Rn. 182.

11 Maunz/Dürig/*Kirchhof*, Art. 3 Abs. 1 GG, Rn. 293.

12 BVerfGE 36, 321 (332).

13 Vgl. Maunz/Dürig/*Kirchhof*, Art. 3 Abs. 1 GG, Rn. 293.

14 *Wollenschläger*, Verteilungsverfahren, S. 73.

15 BVerfGE 116, 135.

zifischen Auftrag wesentlichen Kriterien und des vorgesehenen Verfahrens berücksichtigt zu werden. Eine Abweichung von solchen Vorgaben kann eine Verletzung von Art. 3 Abs. 1 GG bedeuten. Insofern verfügen Antragstellende über ein subjektives Recht«.[16] Der Teilhabeaspekt betrifft jedoch nicht nur die Freiheit einer Einzelperson, sondern ist zugleich gesamtgesellschaftliches Vehikel für die Verwirklichung der Freiheit im sozialen Ganzen.[17]

II. Die Konkretisierung des Gleichheitssatzes in der autonomen Rechtssetzung der Verwaltung

Mangels spezialgesetzlicher Regelung der Kunstförderung erfolgt das Verteilungsverfahren überwiegend aufgrund autonomer Rechtssetzungen der Verwaltung.[18] Die konkrete Förderrichtlinie stellt als spezielle Verwaltungsvorschrift gewissermaßen die letzte Stufe in der Regelungskaskade aus verfassungsrechtlichen Vorgaben, einfachem Recht, allgemeinen Verwaltungsvorschriften, Nebenbestimmungen und besonderen Verwaltungsvorschriften (Förderrichtlinien) dar.[19] Das macht Förderrichtlinien zugleich zu der für diese Untersuchung bedeutendsten Regelung, denn sie sichert Transparenz, stellt die konkreteren Maßstäbe bereit und – hier kommt Art. 3 Abs. 1 GG zum Zug – gewährleistet eine materiell gleichheitskonforme Differenzierung und ihre verfahrensmäßige Absicherung.[20]

1. Materielle Funktion

Bei den durch die Verwaltung aufgestellten Förderrichtlinien handelt es sich um Regelsetzungen, die der Verwaltung als eine eigenständige Staatsfunktion inhärent sind und eine Vielzahl organisatorischer Formen für die einzelnen Funktionsbereiche annehmen können.[21] Der Teilhabeanspruch besteht auch im Kontext von Verwaltungsvorschriften durch seine »normexterne« Wirkung.[22] In Ermangelung einer einfach-gesetzlichen Regelung für die Kunstförderung ergibt sich aus dem

---

16 BVerfGE 116 (154); BVerwGE 104 (220).

17 *Häberle*, DÖV 1972, S. 729 (731).

18 Ausführlich zu den Vor- und Nachteilen *Zembylàs*, Jahrbuch für Kulturmanagement 2011, S. 129 (138).

19 Siehe ausführlich S. 133ff.; auf die Bezeichnung als »Förderrichtlinie«, »Vollzugshinweise«, »Fördergrundsätze«, »Förderhinweise« oder »Förderleitlinien« kommt es dabei freilich nicht an *Müller/Richter/Ziekow*, Handb. Zuwendungsrecht, Teil B, Rn. 6; Ehlers/Pünder/*Ehlers*, Allg VerwR, § 2, Rn. 68.

20 BVerfGE 116, 135 (154); zur Änderung einer Förderrichtlinie BVerwGE 104 (220); v. Mangoldt/Klein/*Wollenschläger*, Art. 3 Abs. 1 GG, Rn. 183; zur Frage, ob es eines Gesetzesvorbehaltes bedarf, siehe ausführlich S. 88.

21 Ehlers/Pünder/*Ehlers*, Allg VerwR, § 2, Rn. 68; *Ossenbühl*, HStR IX, § 104, Rn. 2.

22 V. Münch/Kunig/*Boysen*, Art. 3 GG, Rn. 77; *Wollenschläger*, Verteilungsverfahren, S. 41.

Rechtsstaatsprinzip das Gebot einer abstrakt-generellen Selbstprogrammierung der Verwaltung durch Erlass von Verwaltungsvorschriften als Voraussetzung der Einzelfallentscheidungen.[23] Kunstförderrichtlinien, die wie andere Subventionsrichtlinien auf keiner gesetzlichen Ermächtigungsgrundlage beruhen, sind den gesetzesersetzenden Verwaltungsvorschriften zuzuordnen.[24] Solche Verwaltungsvorschriften konkretisieren kein Gesetz, sondern ersetzen ein nicht vorhandenes Gesetz, indem sie das aufgrund einer groben Zielweisung im Haushaltsplan vorgegebene Verteilungsprogramm abbilden.[25]

Die Bindungswirkung von Verwaltungsvorschriften ist nicht unumstritten. Es wird zwischen einer ausschließlich verwaltungsinternen Bindungswirkung (Innenwirkung) und einer Außenwirkung unterschieden. Die Frage der Bindungswirkung ist insbesondere für den Rechtsschutz von hoher Bedeutung. Grundsätzlich wird Verwaltungsvorschriften lediglich eine Innenwirkung zugeschrieben.[26] Etwas anderes nimmt die Rechtsprechung für normkonkretisierende Verwaltungsvorschriften an.[27] Dazu gehören gesetzesersetzende Verwaltungsvorschriften jedoch nicht, sodass eine unmittelbare Außenwirkung auch nach dieser bestrittenen Auffassung nicht besteht. Zugleich unterscheiden sich gesetzesersetzende Verwaltungsvorschriften jedoch maßgeblich von gesetzeskonkretisierenden Verwaltungsvorschriften: Die ersetzende Funktion besteht darin, einen Ermessens- und Beurteilungsspielraum überhaupt zu determinieren, der gerade nicht durch ein einfaches Gesetz vorgegeben ist.[28] Mit diesem – verglichen mit einer Gesetzesauslegung (normkonkretisierende Verwaltungsvorschrift) – gesteigerten Steuerungspotential kommt gesetzesersetzenden Verwaltungsvorschriften eine mittelbare

23 Ehlers/Pünder/*Ehlers*, Allg VerwR, § 2, Rn. 68; *Kluckert*, Zuwendung und Gesetz, S. 21; *Müller/Richter/Ziekow*, Handb. Zuwendungsrecht, Teil F, Rn. 10; *Wollenschläger*, Verteilungsverfahren, S. 38ff.

24 Ehlers/Pünder/*Ehlers*, Allg VerwR, § 2, Rn. 68.

25 BVerwG, NJW 1979, S. 2059; *Kluckert*, Zuwendung und Gesetz, S. 20; *Ossenbühl*, HStR IX, § 104, Rn. 34.

26 Ehlers/Pünder/*Ehlers*, Allg VerwR, § 2, Rn. 70; *Dittrich*, § 44 BHO, Rn. 3.4.

27 BVerwGE 72, 300 (315f.); Ehlers/Pünder/*Ehlers*, Allg VerwR, § 2, Rn. 71.

28 Ehlers/Pünder/*Ehlers*, Allg VerwR, § 2, Rn. 70; v. Münch/Kunig/*Boysen*, Art. 3 GG, Rn. 77; die Begriffsverwendung hinsichtlich der Verwaltungsvorschriften ist nicht einheitlich, so wird eine mittelbare Auswirkung teilweise auch für ermessenslenkende Verwaltungsvorschriften angenommen, ausdrücklich aber auch auf Subventionskontexte verwiesen, in denen es sich regelmäßig – nach vorliegendem Begriffsverständnis – mangels gesetzlicher Grundlage um gesetzesersetzende Verwaltungsvorschriften handelt, Huck/Müller/*Müller* § 40 VwVfG, Rn. 18.

Außenwirkung zu.[29] Aus der mittelbare Außenwirkung (»dogmatische Brücke«[30]) des selbst gesetzten Entscheidungsprogramms der Verwaltungsvorschrift folgt eine Selbstbindung der Verwaltung aufgrund des Gleichheitssatzes gem. Art. 3 Abs. 1 GG: Die Entscheidungen auf Grundlage der Verwaltungsvorschriften bilden die Verwaltungspraxis, die den Vergleichsmaßstab für Folgeentscheidungen darstellt und eine Abweichung ohne sachlichen Grund unterbindet.[31] Die Aufstellung eines solchen Entscheidungsprogramms vor der Durchführung des Verteilungsverfahrens, wird auch als Konzeptpflicht bezeichnet.[32]

Bestand in der Vergangenheit keine Verwaltungspraxis, geht von den Verwaltungsvorschriften eine für die gerichtliche Kontrolle zu berücksichtigende, antizipierte Verwaltungspraxis aus.[33] In diesem Fall legt das Gericht die erwartete Verwaltungspraxis aufgrund der in der Förderrichtlinie festgelegten Voraussetzungen aus. Die Selbstbindung beschränkt sich auf rechtmäßige Verwaltungsvorschriften und Verwaltungspraxis.[34] Abweichungen vom Regelfall sind in atypischen Sachverhalten zulässig; dann steht es der Verwaltung frei, eine unter Umständen auch von der jeweiligen Richtlinie abweichende, Ermessensentscheidung für den Einzelfall zu treffen.[35] Die Verwaltung kann sich von ihrer Selbstbindung lösen, indem sie ihre Entscheidungspraxis aufgrund eines sachlich vertretbaren Grundes insgesamt für die Zukunft ändert oder eine Änderung der Verwaltungsvorschriften vornimmt.[36] Kunstschaffende müssen grundsätzlich damit rechnen, dass bei Eintritt grundlegender Änderungen der allgemeinen Rahmenbedingungen Zuwendungen gekürzt oder eingestellt werden.[37]

---

29 BVerfGE 116, 135 (154); Ehlers/Pünder/*Ehlers*, Allg VerwR, § 2, Rn. 70; Stelkens/Bonk/Sachs/*Sachs*, § 40 VwVfG, Rn. 106; v. Münch/Kunig/*Boysen*, Art. 3 GG, Rn. 79; v. Mangoldt/Klein/*Wollenschläger*, Art. 3 Abs. 1 GG, Rn. 193; Gröpl/*Rossi*, § 44 BHO, Rn. 10, spricht von einer »faktischen Außenwirksamkeit« der Verwaltungsvorschriften.

30 *Ossenbühl*, HStR IX, § 104, Rn. 54.

31 »Eine willkürliche Ungleichbehandlung kann dem Gemeinwohl nicht dienen«, BVerfGE 116, 135 (153); *Murswiek*, HStR IX, § 192, Rn. 77; *Ossenbühl*, HStR IX, § 104, Rn. 58; v. Mangoldt/Klein/*Wollenschläger*, Art. 3 Abs. 1 GG, Rn. 192; *Dittrich*, § 44 BHO, Rn. 2.5; ausführlich dazu, was Gegenstand der Verwaltungspraxis ist: *Kluckert*, Zuwendung und Gesetz, S. 26ff.

32 *Wollenschläger*, Verteilungsverfahren, S. 43; zustimmend: *Britz*, EuR 2004, S. 1 (8); v. Mangoldt/Klein/*Starck/Paulus*, Art. 5 GG, Rn. 448; für eine vorherige Festlegung staatlicher Förderung plädiert auch Kahl et al./*v. Arnauld*, Art. 5 Abs. 3, Rn. 216; siehe ausführlich S. 183.

33 BVerwG, NVwZ 2003, S. 1384; Ehlers/Pünder/*Ehlers*, Allg VerwR, § 2, Rn. 70; v. Münch/Kunig/*Boysen*, Art. 3 GG, Rn. 77; v. Mangoldt/Klein/*Wollenschläger*, Art. 3 Abs. 1 GG, Rn. 193; BeckOK VwVfG/*Aschke*, § 40 VwVfG, Rn. 66.

34 *Kluckert*, Zuwendung und Gesetz, S. 30ff.; Stelkens/Bonk/Sachs/*Sachs*, § 40 VwVfG, Rn. 117.

35 *Müller/Richter/Ziekow*, Handb. Zuwendungsrecht, Teil A, Rn. 78.

36 BVerwGE 126, 33 (48); v. Münch/Kunig/*Boysen*, Art. 3 GG, Rn. 79; *Kluckert*, Zuwendung und Gesetz, S. 32ff.

37 BVerwGE 126, 33 (56); BeckOK VwVfG/*Aschke*, § 40 VwVfG, Rn. 67.

In Ergänzung zum Gleichheitssatz gem. Art. 3 Abs. 1 GG sind die durch die Förderrichtlinien festgelegten materiellen Verteilungskriterien auch am Maßstab der bereits dargestellten Prinzipien der Kunstfreiheit gem. Art. 5 Abs. 3 zu messen.[38]

2. Prozedurale Funktion

Die grundrechtliche Gewährleistung des Teilhaberechts weist auch eine verfahrensrechtliche Funktion auf, die dazu dient, Defizite des materiellen Grundrechtsschutzes zu kompensieren.[39] Diese Kompensation determiniert den Maßstab der Verfahrensgestaltung einer angemessenen, nicht aber optimalen Verfahrensgestaltung, die verletzt ist, wenn »das vom Gesetzgeber geschaffene Verfahrensrecht seine Aufgabe nicht erfüllt« oder »die Gefahr einer Entwertung der materiellen Grundrechtsposition entsteht«.[40] Die bereits angesprochene Konzeptpflicht bildet auch den Ausgangspunkt für die Verfahrensgestaltung.[41]

Die grundgesetzliche Garantie eines effektiven Rechtsschutzes, Art. 19 Abs. 4 GG bzw. der Justizgewährungsgrundsatz, verbürgen das Recht auf eine gerichtliche Kontrolle der behördlichen Verteilungsentscheidung. Damit eine effektive Kontrolle möglich ist, kommt der Rechtsschutzgarantie zudem auch eine auf das Verfahren ausstrahlende Implikation zu. Das Verfahren muss dergestalt organisiert sein, dass ein effektiver Rechtsschutz weder vereitelt noch unzumutbar erschwert wird.[42] Damit das Gericht in die Position versetzt wird, den Sachverhalt zu erforschen, umfasst die verfahrensrechtliche Vorwirkung der Rechtsschutzgarantie insbesondere Bekanntgabe-, Begründungs- und Dokumentationspflichten hinsichtlich des Verfahrens und der Auswahlentscheidung.

III. Strukturelemente eines Verteilungsverfahrens

Die Zuwendung öffentlicher Gelder im Wege der direkten Kunstförderung ist in der Verwaltungspraxis ein Beispiel unter vielen, die eine Auswahl unter mehreren Antragstellenden erfordern. Verteilungsentscheidungen sind der Leistungsverwaltung immanent und werden als hoheitliche Handlung (Staat als Verteilungssubjekt), mit der knappheitsbedingte Konkurrenzsituationen entschieden werden, definiert.[43] Die Zuordnung knapper Güter hat auf der Wirksamkeitsebene immer

---

38 Vgl. *Wollenschläger*, Verteilungsverfahren, S. 74.

39 *Wollenschläger*, Verteilungsverfahren, S. 83.

40 BVerfGE 63, 131 (143); *Wollenschläger*, Verteilungsverfahren, S. 84.

41 *Wollenschläger*, Verteilungsverfahren, S. 42; siehe ausführlich S. 183.

42 *Wollenschläger*, Verteilungsverfahren, S. 87; *Ossenbühl*, HStR IX, § 104, Rn. 42, zieht die Grenze für eine effektive Kontrolle dort, wo jegliche Rechtsmaßstäbe fehlen oder unbehebbare Ungewissheitslagen bestehen.

43 *Germelmann*, Kultur und staatliches Handeln, S. 373; *Höfling*, DÖV 1985, S. 387 (392); *Malaviya*, Verteilungsentscheidungen, S. 4.

auch eine Kehrseite. Man könnte auch von einer »doppelten Auswahlentscheidung« sprechen: die negative Drittwirkung zu Lasten derer, die in der Konkurrenz um das knappe Gut leer ausgehen.

1. Verteilungsobjekt

Durch die Güterallokation im Rahmen einer Verteilungsentscheidung übernimmt der Staat eine Aufgabe, die im Wirtschaftsverkehr üblicherweise den privaten Akteuren zukommt.[44] Dementsprechend werden die herrschenden Marktmechanismen aufgehoben und durch das staatliche Verteilungsverfahren (teilweise) ersetzt. Gegenstand einer Verteilungsentscheidung sind wirtschaftliche Güter, deren Verfügbarkeit aufgrund einer mit dem Angebot verglichen höheren Nachfrage knapp ist.[45] Dazu gehören auch Investitionsgüter, die nicht in unbegrenzter Menge (freie Güter) vorhanden sind, durch exklusive Eigentumsallokation Dritte von der Nutzung ausschließen und einen Nutzen als Produktionsmittel aufweisen.[46] Grundsätzlich wären Investitionsgüter durch die Aufstockung des betreffenden Kapitals zwar theoretisch vermehrbar, die Knappheit hat sich in der Praxis der Kunstförderung jedoch als dauerhaft erwiesen.[47] Investitionsgüter werden als Teil der Leistungsverwaltung durch hoheitliche Bereitstellung im Haushalt Gegenstand einer Verteilungsentscheidung – so auch in der Kunstförderung.[48]

Investitionsgüter in Verteilungsverfahren sind negativ von Subventionen im engeren Sinne wie Sozialleistungen abzugrenzen. Unter den Kunstschaffenden, die die abstrakt-generell formulierten Zugangsvoraussetzungen zu einer Subvention im engeren Sinne erfüllen, erfolgt keine weitere Auswahl.[49] Die Kunstförderung ist dagegen nicht sozialstaatlich motiviert und als ein Investitionsgut zu verstehen. Es wird gerade nicht jeder, der als »förderungswürdig« eingeschätzt wird, nach dem »Gießkannenprinzip« gefördert, sondern es werden die »förderungswürdigsten« Kunstschaffenden nach weiteren Kriterien ausgewählt. Daher bestehen in der Regel keine fortlaufenden Antragsmöglichkeiten, die, solange ausreichend Mittel vorhanden sind, beschieden werden. Vielmehr werden begrenzte Antragszeiträume gesetzt, an deren Ende eine Auswahl unter den Kunstschaffenden im Wege einer Verteilungsentscheidung folgt.[50]

---

44 *Malaviya*, Verteilungsentscheidungen, S. 5.

45 *Malaviya*, Verteilungsentscheidungen, S. 45.

46 Zustimmend für den Subventionsbereich Schoch/Schneider/Bier/*Pietzcker*, § 42 VwGO, Rn. 142.

47 *Malaviya*, Verteilungsentscheidungen, S. 58.

48 Ähnlich *Lenski*, Öffentliches Kulturrecht, S. 393.

49 *Malaviya*, Verteilungsentscheidungen, S. 123.

50 Siehe beispielsweise die Projektförderung der Behörde für Kultur und Medien Hamburg 2019 für den Bereich der bildenden Kunst, bei der mit 50.000 Euro 11 Projekte von insgesamt 51 Antragstellenden für eine Förderung ausgewählt wurden, abrufbar un-

2. Verteilungsentscheidung

Kern des Verteilungsverfahrens ist die Verteilungsentscheidung. Im Falle der Kunstförderung ist das die Bewertung darüber, welche Antragstellenden die Kriterien der maßgeblichen Förderrichtlinie erfüllen bzw. im Vergleich zu den weiteren Antragstellenden in besonders hohem Maße erfüllen. Die Auswahl erfolgt zweistufig. Das heißt, es wird erstens die Entscheidung über die Zulassung zum Auswahlverfahren aufgrund der Erfüllung abstrakt-genereller Voraussetzungen sowie zweitens eine davon selbstständige konkret-individuelle Auswahl getroffen, wer in den Genuss des knappen (Investitions-)Gutes kommt.[51]

Teil der abstrakt-generellen Auswahlentscheidung auf der ersten Stufe ist die Prüfung von formalen Kriterien ohne Wertungsmöglichkeit, die den Teilnehmerkreis einschränken sollen (Antragsberechtigung). Beispielsweise zu nennen sind Geschlechterquoten, Hochschulimmatrikulation, KSK-Mitgliedschaft und ähnliche Kriterien. In den maßgeblichen Zugangskriterien der abstrakt-generellen Entscheidung manifestiert sich die politische Dimension der Verteilungsentscheidung, indem der Kreis der Berechtigten festgelegt wird.[52] Die abstrakt-generelle Entscheidung vermag noch keine abschließende Aussage über die Verteilung des knappen Gutes zu treffen, da der Vorbehalt des Möglichen mit Blick auf das knappe Gut keine antragsgemäße Verteilung an alle Antragstellenden zulässt.[53]

Anschließend folgt die konkret-individuelle Entscheidung auf der zweiten Stufe, die über die Auswahl aus den qualifizierten Antragstellern und Antragsteller entscheidet und auch als Verteilungsentscheidung im engeren Sinn bezeichnet werden kann. Der positiven konkret-individuellen Entscheidung zugunsten des einen Antragstellers oder der einen Antragstellerin wohnt auch die negative – ablehnende – Entscheidung gegenüber allen weiteren Antragstellenden (Überhang) inne (doppelte Auswahlentscheidung).[54] Konkurrierende werden auf diese Weise verdrängt. Soweit über Investitionsgüter entschieden wird, handelt es sich um ein teilbares Gut, sodass sich Antragstellende auch einer teilweise günstigen und teilweise ablehnenden Verteilungsentscheidung ausgesetzt sehen können. Beispiele für unteilbare Güter sind etwa die Verteilung von Atelier-, Ausstellungs- oder Bühnenflächen. In diesen Fällen kann die negative Drittbetroffenheit durch einen gänzlichen Ausschluss der Konkurrenz erfolgen.

---

ter: https://www.hamburg.de/contentblob/12727362/794ed344970d89d4621e8960d837c7e4/data/2019-foerderergebnisse-projektfoerderung.pdf, zuletzt abgerufen am 20. November 2019.

51 *Malaviya*, Verteilungsentscheidungen, S. 51.

52 *Malaviya*, Verteilungsentscheidungen, S. 132.

53 Maunz/Dürig/*Kirchhof*, Art. 3 Abs. 1 GG, Rn. 293; *Murswiek*, HStR IX, § 192, Rn. 78, spricht von Verfügungsmasse als Grenze der Leistungsverwaltung.

54 *Malaviya*, Verteilungsentscheidungen, S. 53.

B. Anregungen des Vergaberechts für das Verteilungsverfahren der öffentlichen Kunstförderung

Das Vergaberecht ist auf Maßnahmen der Kunstförderung nicht direkt anwendbar. Obgleich die Grenzen zwischen Zuwendungsrecht und Vergaberecht fließend sein können, wenn etwa ein gewünschter Erfolg gegenüber Dritten bewirkt werden soll,[55] dient die Kunstförderung nicht etwa der Unterhaltung eines Publikums, sondern der Erhaltung eines freiheitlichen Lebensbereichs Kunst. Die tatsächliche Kunstentstehung stellt keine Gegenleistung zur Zuwendung im Sinne eines Austauschverhältnisses dar.[56]

Die Orientierung an einem Verteilungsverfahren wie dem Vergaberecht verspricht für die Auflösung von Verteilungskonflikten angesichts rudimentärer gesetzlicher Ausgestaltung und weiter Gestaltungsspielräume in der Kunstförderung in vielerlei Hinsicht Aufschluss: Zum einen lassen sich Anhaltspunkte für die materiellen und prozeduralen Entscheidungsmaßstäbe ableiten, zum anderen die daran anknüpfenden Kontrollmechanismen.[57] Eine Einordnung kunstfördernder Leistungsverwaltung in das System des Verteilungsverfahrens ist bislang nicht erfolgt.[58] Durch eine Ausdifferenzierung der Verfahrensphasen, die Ergänzung um chancengleichheits- und neutralitätssichernde Pflichten und Maßstäbe anhand des Vergaberechts, wird die Kunstförderung weiterentwickelt, um Verteilungsgerechtigkeit im freiheitlichen Lebensbereich Kunst zu sichern.[59] Auf diese Weise kann der Resignation, dass der Anspruch an die Kunstförderung lediglich darin bestünde »Fehltritte im Großen und Ganzen zu verhindern«,[60] überwunden und ein dem Verteilungskonflikt angemessener Interessenausgleich entwickelt werden.

I. Das Verteilungsverfahren als allgemeiner Teil des Vergaberechts

Aus Sicht des Vergaberechts wird die Grundkonstellation der Verteilung auch als »allgemeiner Teil« eines »Verteilungsverwaltungsrechts« begriffen.[61] Der besondere Bezug des »Verteilungsrechts« zum Vergaberecht besteht insbesondere darin, dass

55 *Müller/Richter/Ziekow*, Handb. Zuwendungsrecht, Teil E, Rn. 54.

56 *Müller/Richter/Ziekow*, Handb. Zuwendungsrecht, Teil E, Rn. 55; EuGH Slg. 2010, I-2673 Rn. 60 ff.

57 V. Mangoldt/Klein/*Wollenschläger*, Art. 3 Abs. 1 GG, Rn. 183; *Wollenschläger*, Verteilungsverfahren, S. 31.

58 *Lenski*, Öffentliches Kulturrecht, S. 365f., widmet sich dieser Fragestellung in Ansätzen.

59 BVerfGE 116, 135 (153); v. Mangoldt/Klein/*Wollenschläger*, Art. 3 Abs. 1 GG, Rn. 306; *Wollenschläger*, Verteilungsverfahren, S. 664; die Verfahrensrelevanz der Grundrechte für die öffentliche Kunstförderung ist bereits von *Höfling*, DÖV 1985, S. 387 (392), beschrieben.

60 *Stern*, Staatsrecht IV/2, S. 662.

61 Ehlers/Fehling/Pünder/*Pünder*, Bes VerwR Bd. 1, § 17, Rn. 16.

es sich um die ausdifferenzierteste Regelung eines Verteilungsverfahrens handelt.[62] Um Anregungen des Vergaberechts auf die Kunstförderung heranzuziehen, sind die Gemeinsamkeiten und Unterschiede zu berücksichtigen.

Die Zielsetzung der Kunstförderung und des Vergaberechts ist keineswegs deckungsgleich. Die Auseinandersetzung mit den verfassungsrechtlichen Grundlagen hat gezeigt, dass die Kunstförderung darauf abzielt, einen Raum der Freiheitsbetätigung zu schaffen. Demgegenüber wird das Vergaberecht als ein bieterschützendes Wirtschafts- und Wettbewerbsrecht charakterisiert.[63] Es bezweckt eine effiziente Beschaffung der öffentlichen Hand angesichts der großen Bedeutung der öffentlichen Aufträge für die Volkswirtschaft bzw. der Öffnung dieser für den Wettbewerb.[64] Mit Blick auf die unterschiedliche Zielsetzung der beiden Verteilungsverfahren können materielle und prozedurale Wertungen des Vergaberechts nicht »eins zu eins« auf die Kunstförderung angewendet werden.

Gemeinsam ist Kunstförderung und Vergabe, dass es einer gleichheitskonformen Differenzierung bedarf. Nach Auffassung des Bundesverfassungsgerichts besteht in der gleichheitskonformen Differenzierung ein allgemeiner Gerechtigkeitssatz, der auf alle Lebensbereiche Anwendung findet.[65] Das Vergaberecht wird als »Musterbeispiel« einer verfahrensrechtlichen Absicherung für eine rechtmäßige Auswahlwahlentscheidung bezeichnet.[66] Warum sollte diese Absicherung nicht auch für die Kunstförderung als Anregung dienen? Es besteht schließlich die bereits dargelegte gemeinsame Schnittmenge: Die gleichheitskonforme Differenzierung erfolgt sowohl in der Kunstförderung als auch im Vergaberecht in ihrem Ausgangspunkt dem Maßstab des Art. 3 Abs. 1 GG. Der Teilhabeanspruch in der Kunstförderung führt bei der Auflösung des Verteilungskonflikts unter den Antragstellenden zu einer ähnlichen Konkurrenzsituation. Deshalb sollten Wertungen des Vergaberechts, die den Wettbewerb als Institution sowie die Wettbewerber selbst (vgl. § 97 Abs. 6 GWB) schützen,[67] unter Berücksichtigung der jeweiligen Spezifika

62 *Wollenschläger*, Verteilungsverfahren, S. 23.

63 Beck VOB/B/*Dörr*, § 97 Abs. 1 GWB, Rn. 5; Pünder/Schellenberg/*Fehling*, Vergaberecht § 97 GWB, Rn. 5; Ziekow/Völlink/*Ziekow*, § 97 GWB, Rn. 22.

64 Pünder/Schellenberg/*Fehling*, Vergaberecht § 97 GWB, Rn. 1; Ziekow/Völlink/*Ziekow*, § 97 GWB, Rn. 2.

65 BVerfGE 116, 135 (153).

66 V. Mangoldt/Klein/*Wollenschläger*, Art. 3 Abs. 1 GG, Rn. 183.

67 Beck VOB/B/*Dörr*, § 97 Abs. 1 GWB, Rn. 9; Pünder/Schellenberg/*Fehling*, Vergaberecht § 97 GWB, Rn. 53; Ziekow/Völlink/*Ziekow*, § 97 GWB, Rn. 22; der Institutionalisierung eines Auswahlverfahrens anhand des Vergaberechts zustimmend: VG Darmstadt, NvWZ 2010, S. 1169 (1171).

der Kunst, Vorbild für die Kunstförderung sein,[68] soweit das im Übrigen zwingende haushaltsrechtliche Zuwendungsrecht nicht zur Disposition gestellt wird.[69]

II. Gleichbehandlung und Transparenz in Vergabeverfahren

Die Gleichbehandlung spielt im Vergaberecht ebenso wie in der Kunstförderung eine grundlegende Rolle. Ein traditionell »gerichtsfreier Raum« der weiten Ermessensentscheidungen wird durch ein Grundrechtsverständnis, das dem Gleichheitssatz gem. Art. 3 Abs. 1 GG Rechnung trägt, ersetzt, indem materielle, prozedurale und prozessuale Vorgaben Berücksichtigung finden.[70] Das Vergaberecht und das für die Kunstförderung überwiegend maßgebliche Zuwendungsrecht wurzeln beide (auch) im öffentlichen Haushaltsrecht.[71]

Das Gesetz gegen Wettbewerbsbeschränkungen formuliert in § 97 Abs. 1 GWB den Anspruch an das Verfahren dahingehend, dass »öffentliche Aufträge [...] im Wege transparenter Verfahren vergeben« werden bzw. in Abs. 2, dass »die Teilnehmer an einem Vergabeverfahren [...] gleich zu behandeln [sind], es sei denn, eine Ungleichbehandlung ist aufgrund dieses Gesetzes ausdrücklich geboten oder gestattet«. Entscheidend für die Verwirklichung dieser Grundsätze ist, nach welchen Kriterien die Aufträge vergeben werden.

Ebenso kann das vergaberechtliche Transparenzgebot, das Vorgaben für die Übersichtlichkeit, Nachvollziehbarkeit und Diskriminierungsfreiheit des Vergabeverfahrens und der -entscheidung sichern soll,[72] in Anbetracht der vielfach bemängelten Intransparenz der Verwaltungsverfahren eine geeignete Erkenntnisquelle für die Kunstförderung darstellen.[73] Die Übertragbarkeit von vergaberechtlichen Wertungen und Anregungen bietet sich mit Blick auf den Konkurrenzschutz in er-

---

68 Für eine Übertragbarkeit einzelner Wertungen des Kartellrechts auf Sachverhalte des Zuwendungsrechts auch Immenga/Mestmäcker/*Dreher*, Vor §§ 97ff. GWB, Rn. 173; Pünder/Schellenberg/*Pünder*, Vergaberecht Einf., Rn. 10; Kahl et al./*v. Arnauld*, Art. 5 Abs. 3, Rn. 216; *Ziekow*, FS-Marx, S. 885 (886).

69 *Ziekow*, FS-Marx, S. 885 (886).

70 *Pünder*, VerwArch 2004, S. 38 (40); Ausgangspunkt ist der gemeinsame Basiszweck der Bewältigung einer Verwaltungsaufgabe, *Burgi*, Vergaberecht, § 6 Rn. 9.

71 Immenga/Mestmäcker/*Dreher*, Vor §§ 97ff. GWB, Rn. 171f.; *Müller/Richter/Ziekow*, Handb. Zuwendungsrecht, Teil E, Rn. 52; zu unterscheiden ist insbesondere die Anwendung von § 44 BHO (Zuwendung) und § 55 BHO (Unterschwellen-Vergabe).

72 Beck VOB/B/*Dörr*, § 97 GWB Abs. 1, Rn. 30; Pünder/Schellenberg/*Fehling*, Vergaberecht § 97 GWB, Rn. 63; Ziekow/Völlink/*Ziekow*, § 97 GWB, Rn. 39.

73 Kritisch zur Übertragung der Verfahrensregeln aufgrund unterschiedlicher Zielsetzungen: *Müller/Richter/Ziekow*, Handb. Zuwendungsrecht, Teil E, Rn. 52; für mehr Transparenz durch gesetzliche Regelungen argumentiert *Zembylas*, Jahrbuch Kulturmanagement 2011, S. 129 (141).

heblichem Maße für prozedurale Maßstäbe und angesichts der unterschiedlichen Zielsetzung weniger für materielle Maßstäbe an.

Anders als im Vergaberecht kommt es bei der Kunstförderung nicht in gleicher Weise auf die für die Wirtschaftlichkeit der Vergabe relevante Eignung hinsichtlich Fachkunde und Leistungsfähigkeit an.[74] Die Kunstförderung hat nicht in gleichem Maße ein Interesse wie das Vergaberecht an der Umsetzung der vorgeschlagenen bzw. gefundenen Lösung, liegt ihr doch kein Beschaffungszweck, sondern das Ziel der Schaffung eines freiheitlichen Lebensbereichs zugrunde. Zudem besteht anders als im Vergaberecht im Rahmen des anwendbaren Zuwendungsrechts die Möglichkeit der Rückforderung im Fall der zweckfremden Verwendung, ohne dass durch die Nicht-Realisierung der Lösung wirtschaftlich nachteilige Folgen aufgrund des Ausbleibens derselben für den Ausschreibenden drohen.

III. Nicht-künstlerische Bewertungskriterien als Analogie zu beschaffungsfremden Kriterien des Vergaberechts

Nicht-künstlerische Bewertungskriterien könnten analog zu den beschaffungsfremden Kriterien im Vergaberecht als zulässige Differenzierungskriterien herangezogen werden. Der Gleichheitssatz gem. Art. 3 Abs. 1 GG wurde hervorgehoben, der i. V. m. Art. 5 Abs. 3 GG gebietet, dass sich die Förderung auf kunstimmanente Differenzierungskriterien beschränkt, um nicht willkürlich zu entscheiden, sondern gleiches gleich zu behandeln. Über die kunstimmanenten Differenzierungskriterien hinaus kommen nicht-künstlerische Differenzierungskriterien in Betracht, nach denen Antragstellende, die »wesentlich gleich« sind, benachteiligt und damit »ungleich behandelt« werden.[75] Diese Ausnahmen sind aus dem Vergaberecht als »beschaffungsfremde«[76], »politikorientierte«[77], »vergabefremde«[78] oder »strategische«[79] Kriterien bekannt, mittels derer soziale und umweltpolitische Ziele verfolgt werden dürfen, die über das Ziel einer möglichst kostengünstigen Beschaffung für die öffentlichen Hand hinausreichen.[80] Beispiele sind dafür etwa Tariftreueerklärungen, die Bekämpfung von Sekten wie Scientology oder – im Kontext der Kunstförderung – die Einhaltung von Honoraruntergrenzen oder die

74 *Haselbach*, ZfK 2018, S. 103 (106) macht sich hingegen dafür stark, Kultur als einen Teil der Wirtschaft zu denken und unterstreicht, dass »Markt und Gemeinwohl« keine sich ausschließenden Prinzipien seien.

75 BeckOK VergabeR/*von Bechtolsheim*, § 127 GWB, Rn. 35; *Pünder*, VerwArch 2004, S. 38 (44).

76 *Pünder*, VerwArch 2004, S. 38 (44).

77 Beck VOB/B/*Opitz*, § 97 Abs. 3 GWB, Rn. 23.

78 Pünder/Schellenberg/*Fehling*, § 97 GWB, Rn. 94; kritisch *Burgi*, Vergaberecht, § 6 Rn. 12.

79 *Burgi*, Vergaberecht, § 7 Rn. 9.

80 Pünder/Schellenberg/*Fehling*, § 97 GWB, Rn. 95; Beck VOB/B/*Opitz*, § 97 Abs. 3 GWB, Rn. 26; kritisch: *Burgi*, NZBau 2011, S. 64 (70), der einen Bezug zur Leistungserbringung fordert.

Förderung zur Herstellung der Geschlechtergerechtigkeit. Für das Vergaberecht wurde die Gemeinwohlverpflichtung der Verteilungsentscheidung ausdrücklich in § 97 Abs. 3 GWB geregelt. Danach werden bei der Vergabe Aspekte der Qualität und der Innovation sowie soziale und umweltbezogene Aspekte berücksichtigt (wobei diese Aufzählung nicht abschließend ist)[81] und in die Ermittlung des wirtschaftlichsten Angebots eingestellt, § 127 Abs. 1 S. 4 GWB.[82]

Gegen eine Differenzierung nach nicht-künstlerischen Kriterien spricht, dass ein verstecktes Diskriminierungspotential besteht, das sich negativ auf den »Primärzweck« eines freiheitlichen Lebensbereichs Kunst auswirkt. Für eine Berücksichtigung nicht-künstlerischer Kriterien spricht hingegen, dass der Staat in allen Fällen einem zu konkretisierenden Gemeinwohl verpflichtet ist,[83] das sich – wie gesehen – auch in einer quantitativen Verteilungsgerechtigkeit ausdrückt. An dieser Stelle bestehen Schnittmengen zwischen der zu Beginn der Untersuchung dargestellten Abgrenzung von qualitätsorientierter Kunst- und sozialer Kunstschaffendenförderung. Eine auf diese Weise entstehende – aber auch zugleich darauf beschränkte – Verschränkung beider Ansätze erscheint jedoch durchaus im Interesse beider Ziele, hält man sich die prekäre Lebenswirklichkeit der freien Szene vor Augen, die zu negativen Effekten für den freiheitlichen Lebensbereich Kunst führen könnte. Die indirekte Steuerung zugunsten politischer Zwecke oder auch »Instrumentalisierung«[84] stellt sich in diesem Kontext keineswegs als Anomalie dar, sondern angesichts der beschränkten Wirkung traditionellen Ordnungsrechts vielfach als eine sachliche Notwendigkeit, um die Gestaltungskraft der Politik in komplexen Gesellschaften zu sichern.[85] Gleichwohl sind Einschränkungen dahingehend vorzunehmen, dass nicht-künstlerische Kriterien nicht auf die allgemeine gesellschaftspolitische Haltung abzielen, sondern nur auf das betreffende Vorhaben als Gegenstand des Verteilungsverfahrens.[86] In der Praxis muss das betreffende Kriterium folglich nicht immer und überall durch geförderte Antragstellende Berücksichtigung finden, sondern lediglich im Rahmen des konkret geförderten Projekts.[87]

---

81 Pünder/Schellenberg/*Fehling*, § 97 GWB, Rn. 101; Ziekow/Völlink/*Ziekow*, § 97 GWB, Rn. 60; a. A. BeckOK VergabeR/*Marx*, § 97 Abs. 3 GWB, Rn. 3.

82 Der Sache nach geht es um eine Verknüpfung mehrerer Zwecke der Verwaltungsaufgabe *Burgi*, Vergaberecht, § 6 Rn. 12f.

83 Vgl. Pünder/Schellenberg/*Fehling*, § 97 GWB, Rn. 97.

84 Ehlers/Fehling/Pünder/*Pünder*, Bes VerwR Bd. 1, § 17, Rn. 84.

85 Pünder/Schellenberg/*Fehling*, § 97 GWB, Rn. 97; im Ergebnis zustimmend: *Mihatsch*, Öffentliche Kunstsubventionierung, S. 122; für eine politische Steuerung und gegen »Kunst-muss-gar-nichts-Haltung« auch *Burstein*, Elfenbeinturm, S. 27ff.

86 BeckOK VergabeR/*von Bechtolsheim*, § 127 GWB, Rn. 28; Ziekow/Völlink/*Ziekow*, § 97 GWB, Rn. 69; Erwägungsgrund 97 zur Richtlinie 2014/24/EU.

87 Vgl. Ziekow/Völlink/*Ziekow*, § 97 GWB, Rn. 69.

Die Zulässigkeit nicht-künstlerischer Bewertungskriterien misst sich am legitimen Zweck der Ungleichbehandlung und einer Prüfung der Verhältnismäßigkeit.[88]

Die Ambivalenz von gemeinwohlfördernder indirekter Steuerung und das Gefährdungspotential zweckwidriger Instrumentalisierung liegen auf der Hand. Aufgrund des Gefährdungspotentials durch verdeckte Diskriminierung bei der materiellen Auswahl bedarf es – wie bereits mehrfach hervorgehoben – einer verfahrensrechtlichen Absicherung, die insbesondere in einem Maximum an Transparenz ihren Niederschlag findet.[89] Dazu gehören etwa eine umfassende Information über die maßgeblichen Kriterien, gleiche Ausgangsbedingungen für alle Antragstellende sowie ein klar definiertes Auswahlkonzept.[90]

IV. Innovations- und Qualitätsförderung in Planungswettbewerben

Eine Anregung für die Kunstförderung Wettbewerb zu schaffen, könnte die Innovations- und Qualitätsförderung in Planungswettbewerben sein. Planungswettbewerbe dienen dem Ziel, aufgrund vergleichender Beurteilung durch ein Preisgericht mit oder ohne Verteilung von Preisen dem Auftraggeber zu einem Plan oder einer Planung zu verhelfen (§ 103 Abs. 6 GWB). Sie sollen insbesondere auf den Gebieten der Raumplanung, des Städtebaus und des Bauwesens durchgeführt werden (§ 69 VgV). Der speziellere »Architekten- und Ingenieurwettbewerb« soll gegenüber dem Planungswettbewerb gem. § 78 Abs. 1 VgV die Wahl der besten Lösung der Planungsaufgabe gewährleisten und ist gleichzeitig ein geeignetes Instrument zur Sicherstellung der Planungsqualität und Förderung der Baukultur. Auf beide Verfahren finden insbesondere die Vergabeverordnung, Teile des Gesetzes gegen wettbewerbsrechtliche Beschränkungen, Vorschriften des Bürgerlichen Gesetzbuches zur Auslobung sowie auf »Architekten- und Ingenieurwettbewerb« die Richtlinie für Planungswettbewerbe Anwendung (RPW 2013).[91]

Indem Planungswettbewerbe die schöpferische Kraft des Wettbewerbs aktivieren, gelten sie als in besonderem Maße geeignet, innovative und qualitätsfördernde Lösungen zu eruieren und das Niveau der Kultur[92] zu heben.[93] Das Charakteristi-

---

88 *Burgi*, Vergaberecht, § 7 Rn. 16; vgl. v. Mangoldt/Klein/*Wollenschläger*, Art. 3 Abs. 1 GG, Rn. 307.

89 *Burgi*, Vergaberecht, § 7 Rn. 6; Pünder/Schellenberg/*Fehling*, § 97 GWB, Rn. 96.

90 Pünder/Schellenberg/*Fehling*, § 97 GWB, Rn. 98; Ziekow/Völlink/*Ziekow*, § 97 GWB, Rn. 43ff.

91 Ausführlich *Burshille*, Planungswettbewerbe, S. 68; Dieckmann/Scharf/Wagner-Cardenal/*Ingerowski*, § 69 VgV, Rn. 1; vgl. Pünder/Schellenberg/*Martini*, Vergaberecht § 78 VgV, Rn. 3.

92 Im Anwendungsbereich des § 78 Abs. 1 VgV ist die »Baukultur« gemeint, Voppel/Osenbrück/Bubert/*Voppel*, § 78 VgV, Rn. 1.

93 Pünder/Schellenberg/*Martini*, Vergaberecht § 78 VgV, Rn. 1; Dieckmann/Scharf/Wagner-Cardenal/*Ingerowski*, § 78 VgV, Rn. 3; es soll »animiert werden, verstärkt von diesem innovativen, qualitätsfördernden und [...] chancengebenden Instrument Gebrauch zu machen«, BR-Drs. 87/16, S. 225.

kum eines Planungswettbewerbs besteht in der vergleichenden Beurteilung durch ein Preisgericht, wie sie durch eine Auswahlentscheidung ähnlich auch in Verteilungsverfahren getroffen wird.[94] Damit unterscheidet er sich maßgeblich von den eigenverantwortlich durchgeführten genannten Vergabeverfahren.[95]

Das Verfahren des Planungswettbewerbs ist unter anderem in einen chronologischen Ablauf, eine Auswahlentscheidung, die in diesen Fällen immer durch ein Preisgericht erfolgt sowie Dokumentations- und Informationspflichten strukturiert, die als Anregung für ein Verteilungsverfahren wie die Kunstförderung dienen können. Das drängt sich auf, da auch hier die vergaberechtlichen Grundsätze Wettbewerb, Transparenz und Gleichbehandlung Anwendung finden,[96] die sich auch im Kontext eines bereichsspezifischen Verteilungsverfahrens der öffentlichen Kunstförderung (in Teilen) wiederfinden. Insbesondere die Bedeutung der Transparenz und Gleichbehandlung für die öffentliche Kunstförderung wurde bereits betont.

Die im Wesen des Planungswettbewerbs angelegte Innovations- und Qualitätsförderung findet sich im Ziel der Kunstförderung wieder, einen »freiheitlichen Entfaltungsraum« zu schaffen.[97] Anders als im Vergaberecht führen Planungswettbewerbe nicht zu einem Auftrag, sondern stellen eine Aufgabe, deren Lösung vorab nicht hinreichend beschreibbar ist. Die Leistung erschöpft sich in der Planung dieser Lösung.[98] Mit diesem »Wettbewerb der Ideen«[99] stehen die Planungswettbewerbe der Kunstförderung besonders nahe. Planungswettbewerbe können insbesondere bei komplexen Vorhaben, für die eine Vielzahl alternativer, gleichwertiger Lösungsvorschläge denkbar ist, ihre Entdeckungsfunktion entfalten.[100] Das entspricht in hohem Maße der Aufgabenerfüllung der Kunstförderung, die die Innovation und Neuentstehung avantgardistischer Ästhetiken fördern soll (Pluralismusprinzip),[101] die in der Spitze kaum zwischen »wahr und unwahr«, »richtig und falsch« oder »förderungswürdig und nicht förderungswürdig« zu unterscheiden sind.[102]

---

94 Ausdrücklich so auch § 1 Abs. 1 RPW 2013; Voppel/Osenbrück/Bubert/*Voppel*, § 78 VgV, Rn. 6.

95 *Burshille*, Planungswettbewerbe, S. 114.

96 *Burshille*, Planungswettbewerbe, S. 68.

97 Das legt auch § 1 Abs. 1 UA 3 RPW 2013 nahe, der die Richtlinie auch für Wettbewerbe auf dem Gebiet von Kunst und Design für anwendbar erklärt sowie § 1 Abs. 2 UA 2 S. 2 RPW 2013, wonach es ein Ziel (von mehreren) ist die »ästhetische [...] Qualität« zu fördern.

98 Beck VOB/B/*Schneider*, § 78 VgV, Rn. 17; Voppel/Osenbrück/Bubert/*Voppel*, § 73 VgV, Rn. 15.

99 Nicht im Sinne der Unterscheidung des Ideenwettbewerbs und Realisierungswettbewerbs zu verstehen. Siehe dazu Beck VOB/B/*Schneider*, § 78 VgV, Rn. 89.

100 Pünder/Schellenberg/*Martini*, Vergaberecht § 78 VgV, Rn. 1; Voppel/Osenbrück/Bubert/*Voppel*, § 69 VgV, Rn. 4; in Bezug auf innovative Zuschlagskriterien wird auch vom Vergaberecht als »Motor der Innovation gesprochen, MüKoVergabeR I/*Pauka*, § 58 VgV, Rn. 29.

101 Vgl. BVerfGE 67, 213 (225).

102 Ein Förderverfahren, das in hohem Maß an Planungswettbewerbe erinnert, hat die Kunststiftung NRW in Reaktion auf die Corona-Pandemie zur Förderung künstlerischer Ideen als

Gleichwohl ist ein signifikanter Unterschied nicht aus den Augen zu verlieren: Während im Planungswettbewerb eine Prämierung für eine Leistung erfolgen soll,[103] soll die Kunstförderung die Durchführung des Vorhabens erst ermöglichen. Pointiert zugespitzt richtet die Preisentscheidung im Planungswettbewerb das Augenmerk auf das im Rahmen des Verfahrens bereits Geleistete, während die Kunstförderung auf das Potential in die Zukunft blickt.

In der Zusammenschau mit den Ausführungen zum Vergaberecht entsteht folglich ein Bild, das sich aus verschiedenen Puzzleteilen beider Verfahren ergibt. Den Rahmen dieses Puzzles bilden folgende Teile: Während die Grundsätze des Vergabeverfahrens für die prozeduralen Maßstäbe von Bedeutung sind, ist für die materielle Entscheidung insbesondere der Planungswettbewerb Vorbild. Während der Verfahrenszweck wiederum dem Vergabeverfahren ähnelt, ist für die prozedurale Entscheidungsfindung das Charakteristikum des Planungswettbewerbs (die Einschränkung der Eigenverantwortung des Ausschreibenden durch ein Preisgericht), besonders zu berücksichtigen. Innerhalb dieses Rahmens ergänzen zahlreiche kleine Teile beider Verfahren das »bunte« Bild des »Kunstförderung-Puzzles«.[104]

C. Anregungen der Filmförderung für das Verteilungsverfahren der öffentlichen Kunstförderung

Weitere Anregungen für die Organisation der Kunstförderung lassen sich der Filmförderung entnehmen, die einige Parallelen mit Blick auf die Bewertung kreativer Leistungen aufweist. Neben der Förderung der »Struktur der Filmwirtschaft« besteht die Aufgabe der Filmförderung auf Grundlage des Gesetzes über Maßnahmen

---

Sonderfonds ins Leben gerufen. Zu Fragestellungen, wie die »neue Normalität« nach der Corona-Pandemie sein wird, fördert die Kunststiftung NRW 150 herausragende künstlerische Ideen oder Entwürfe für Vorhaben mit je 4.000 Euro. Damit soll die »Weiterentwicklung von Ideen für eine Zeitenwende befördert werden«, abrufbar unter: https://www.kunststiftungnrw.de/de/service/aktuelles/sonderfonds_ksnrw_begrenzt_entgrenzt/, zuletzt abgerufen am 15. Juni 2020.

103 Ähnlich *Burshille*, Planungswettbewerbe, S. 126.

104 Da Planungswettbewerbe und Vergabeverfahren in wesentlichen Regelungszielen übereinstimmen, wird bei der Heranziehung als Anregung für die Kunstförderung auf eine Gegenüberstellung der beiden Verfahren überwiegend verzichtet. Ganz außer Betracht bleibt die SektorenVO, die auf die Vergabe von Aufträgen und die Ausrichtung von Wettbewerben zum Zwecke von Tätigkeiten auf dem Gebiet der Trinkwasser- oder Energieversorgung oder des Verkehrs (Sektorentätigkeiten) durch Sektorenauftraggeber ausgerichtet und für diesen Anwendungsbereich nicht disponibel ist, Pünder/Schellenberg/*Winnes*, Vergaberecht § 1 SektVO, Rn. 2. Sie verspricht aufgrund ihres wenig verwandten Anwendungsbereichs keine Anregungen.

zur Förderung des deutschen Films (FFG) auch darin, »kreativ-künstlerische Qualität des deutschen Films als Voraussetzung für seinen Erfolg im Inland und im Ausland« (§ 1 Abs. 1 FFG) zu fördern. Der maßgebliche Unterschied der Filmförderung zur Kunstförderung besteht darin, dass es sich ausweislich der Aufgabenkompetenz um eine (Kreativ)Wirtschaftsförderung – also sowohl Wirtschafts- als auch Kulturförderung –[105] handelt, die auf einer Bundeskompetenz beruht, Art. 74 Abs. 1 Nr. 11 GG. Dementsprechend kommt – wie konkret § 2 FFG Aufgaben der Filmförderungsanstalt zum Ausdruck bringt – der Qualitätsförderung nur eine dienende Funktion zu. Zwischen Wirtschafts- und Kulturförderung besteht in vielen Fällen jedoch eine kaum differenzierbare Wechselwirkung.[106]

Den Verteilungskonflikt löst das FFG im Verfahren der Projektfilmförderung durch eine Kommissionsentscheidung der »ihr am besten erscheinenden Vorhaben im Rahmen einer Gesamtwürdigung« auf, § 61 Abs. 1 FFG. Bei der Entscheidung über die Auswahl der zu fördernden Vorhaben sollen insbesondere die Qualität des Drehbuchs, die zu erwartenden Besucherzahlen, die relative Wirtschaftlichkeit des Vorhabens sowie die Zugangsmöglichkeiten zu anderen Förderhilfen nach dem FFG berücksichtigt werden, § 61 Abs. 2 FFG. Des Weiteren werden die professionelle Arbeitsweise und eine gute wirtschaftliche Basis als Ausgangspunkte für einen qualitativ hochwertigen Film angesehen und finden insoweit Eingang in die Gesamtwürdigung.[107]

Soweit sich die Filmförderung auf Aspekte der Kulturförderung bezieht, bestehen Vergleichbarkeiten von Film- und Kunstförderung, die einen Rückgriff auf einzelne der Kulturförderung verpflichteten Bewertungsmaßstäbe und Verfahrenselemente plausibel machen. So teilen Film- und Kunstförderung den Anspruch der Vielfalt und der Entwicklung kultureller Güter auch für ein Nischenpublikum.[108] Beide Strukturen kennen insofern die qualitative Bewertung einer kreativ-künstlerischen Leistung. Zudem vermag der Film in seiner kulturrelevanten Ausprägung nicht nur Menschen in einem Raum zusammenzuführen, sondern ermöglicht

---

105 *Becker*, ZUM 2010, S. 752 (754); Neben wirtschaftsbezogenen Regelungen werden zugleich kulturelle Zwecke verfolgt, BVerfGE 135, 155 (198ff.); *Neumann*, Recht der Filmförderung, S. 112.

106 *Neumann*, Recht der Filmförderung, S. 114; *Pres*, DÖV 2009, S. 155 (159); Stellungnahme des Verbands der deutschen Filmkritik zur Novellierung des Filmförderungsgesetzes 2022, abrufbar unter: https://www.ffa.de/download.php?f=b4acb8cfd6e2385bf62485be12251033&target=0, zuletzt abgerufen am 12. Februar 2020; *Lenski*, Öffentliches Kulturrecht, S. 436, weist auf die unterschiedliche Finanzierung der Filmförderung durch eine Sonderabgabe hin, die eine Gruppennützigkeit als finanzverfassungsrechtliche Anforderung konstituiere, und mit der Kulturförderung aufgrund von Haushaltsmitteln daher nicht vergleichbar sei.

107 *Neumann*, Recht der Filmförderung, S. 113; *Pres*, DÖV 2009, S. 155 (159).

108 *Neumann*, Recht der Filmförderung, S. 132.

auch als (Kino-)Ort[109] unmittelbare, aktive und kommunikative Auseinandersetzung mit Kunst und Kultur sowie mit geschichtlichen, gesellschaftsrelevanten und politischen Themen und wirkt insbesondere in ländlichen Räumen als ein Kristallisationspunkt des kulturellen Lebens.[110] Insbesondere aber die Verfahrenselemente der Filmförderung sind nicht lediglich einer Wirtschafts-, sondern auch einer Kulturförderung verpflichtet,[111] sodass es sich anbietet, Anregungen der Filmförderung für eine sachgerechte Kunstförderung sowohl für materielle wie auch prozedurale Maßstäbe heranzuziehen.

109 Die Filmförderung richtet sich durch Zuwendungen nicht an Kinos als solche. Hier soll auf den (potentiellen) gesellschaftlichen Mehrwert des Konsums des Kulturgutes Film hingewiesen werden.

110 Bundesverband Regie in einer Stellungnahme zur 9. Novellierung des FFG, abrufbar unter: https://www.bundesregierung.de/resource/blob/973862/1612540/471885c937c8837bf69a457f2d8bdc23/2019-05-17-ffg-bvr-bundesverband-regie-stellungnahme-data.pdf?download=1, zuletzt abgerufen am 12. Februar 2020.

111 *Pres*, DÖV 2009, S. 155 (159).

Dritter Teil: Der verwaltungsrechtliche Rahmen der öffentlichen Kunstförderung

Nach den verfassungsrechtlichen Grundlagen ist die verwaltungsrechtliche Umsetzung näher zu beleuchten. Abgesehen von einzelnen Ausnahmen gibt es keine spezialgesetzliche Normierung der öffentlichen Kunstförderung, sodass sich neben den allgemeinen Regeln ein normatives Vakuum auftut. Die Entscheidung über Kunstförderung wird daher häufig als intransparent beschrieben und nur selten durch die jeweiligen Entscheidungsbefugten begründet.[1] Diese »Black-Box«[2] ist Ausfluss insbesondere des Neutralitäts-Dilemmas zwischen Zurückhaltung und Einflussnahme.[3] Daran zeigt sich das kulturstaatliche Zentralproblem: die Grenze zwischen noch erlaubter kulturpolitischer Akzentsetzung und verbotener hoheitlicher Manipulation.[4]

---

1 Siehe auf Bundesebene beispielsweise den Antrag der Fraktion Bündnis 90/Die Grünen, »Soziale und wirtschaftliche Lage von Künstlerinnen, Künstlern und Kreativen verbessern, Kulturförderung gerecht gestalten«, BT-Drs. 18/12373; Anstatt einer Begründung finden sich gelegentlich Entscheidungskommentierungen durch Auswahlgremien, beispielsweise für die Spielzeit 18/19 in Hamburg, abrufbar unter: https://dfdk.de/images/PDF/jury-kommentar-2018-19.pdf, zuletzt abgerufen am 18. August 2018; eine vergleichbare Kommentierung durch die Jury für die Auswahl im Bundesland Berlin ist ebenfalls verfügbar: https://www.berlin.de/sen/kultur/foerderung/foerderprogramme/foerderergebnisse/darstellende-kunst/, zuletzt abgerufen am 20. November 2018; die anonyme Mittelausschüttung im Rahmen des Projekts »Kunstbeutelträger« hat, ohne an Kriterien gebunden zu sein, eine ausführliche und zuweilen inhaltlich überzeugende Begründung für Förderentscheidungen gegeben: http://kunstbeutel-hamburg.de/index.html, zuletzt abgerufen am 18. August 2018.

2 *Sievers/Wagner/Wiesand*, Objektive und transparente Förderkriterien staatlicher Kulturfinanzierung, S. 89.

3 *Huster*, Ethische Neutralität, S. 442; vgl. *Britz*, EuR 2004, S. 1 (22); *Stern*, Staatsrecht Bd. IV/2, S. 660.

4 *Höfling*, DÖV 1985, S. 387 (392), unterstreicht aufgrund fehlender tragfähiger materieller Maßstäbe die Lösung des Verteilungsproblems auf der Verfahrensebene.

Das Bundesverfassungsgericht wählt eine »pragmatische Lösung«, welche dem Staat »im Rahmen seiner Kulturpolitik weitgehende Freiheit« zubilligt.[5] Das Land Berlin gibt beispielsweise in seinen Förderungsgrundsätzen der Kulturverwaltung an, Grundlage für die Förderentscheidung seien insbesondere Kunstfreiheit, Staatsferne, Transparenz (mit Blick auf Kriterien, Gremienmitglieder, Verfahren), Vergleichbarkeit und Fördergerechtigkeit.[6] Insbesondere der Gedanke der Fördergerechtigkeit legt nahe, dass materielle und prozedurale Maßstäbe entwickelt werden müssen, die die verfassungsrechtlichen Prinzipien der öffentlichen Kunstförderung aus Art. 5 Abs. 3 GG ausdifferenzieren. Ergänzt werden diese Entscheidungsmaßstäbe um den auf dem Gleichheitssatz gem. Art. 3 Abs. 1 GG fußenden Orientierungsrahmen des Verteilungsverfahrens. Daneben werden einzelne Anregungen des Vergaberechts bzw. des Planungswettbewerbs und der Filmförderung aufgegriffen.

---

5 BVerfGE 36, 321 (332); *Huster*, Ethische Neutralität, S. 444; vereinzelt wird auch der Schluss gezogen, es seien keinerlei handhabbare Festlegungen jenseits einer Zuordnung von Gattungen eines Kulturwerks möglich, *Lenski*, Öffentliches Kulturrecht, S. 212.

6 Abrufbar unter: https://www.berlin.de/sen/kultur/foerderung, zuletzt abgerufen am 20. November 2018.

Erster Abschnitt: Überblick Zuwendungsrecht

Bei der Leistungsverwaltung handelt es sich um eine Materie der sogenannten gesetzesfreien Verwaltung,[1] die im Grundsatz nicht an eine bestimmte Form gebunden ist.[2] Auf die Frage der Grundrechtswesentlichkeit und einer damit einhergehenden erforderlichen gesetzlichen Normierung sowie deren Vorzüge und Nachteile wurde bereits eingegangen. Den gesetzlichen Rahmen und die Grenzen der Kunstentstehungsförderung konturieren mangels einfachgesetzlicher Ausgestaltung die Direktiven der verfassungsrechtlichen Leitprinzipien als Grenzen des weiten Ermessensspielraums der Verwaltung.[3] Die hier im Fokus stehenden Maßnahmen der direkten Kunstförderung erfolgen als Zuwendungen. Dementsprechend tritt neben die verfassungsrechtlichen Prinzipien das Regelwerk des Zuwendungsrechts. Das Zuwendungsrecht als Schnittmengenmaterie verschiedener Regelungsebenen gilt als zersplittert.[4]

Zuwendungen können als Beilhilfen dem Unionsrecht unterfallen. National folgen Zuwendungen den Vorgaben der jeweiligen Bundes- bzw. Landeshaushaltsordnungen (B/LHO), die jedoch weder Vorgaben für das Bewilligungsverfahren, noch

---

1 *Germelmann*, Kultur und staatliches Handeln, S. 379; *Lenski*, Öffentliches Kulturrecht, S. 441; zum Begriff »gesetzesfrei«, der das Haushaltsgesetz und den Haushaltsplan ausblendet, *Kluckert*, Zuwendung und Gesetz, S. 75ff.; eine Pflicht, den Förderzweck und das Verfahren aufgrund des Vorbehalts des Gesetzes zu regeln, sieht demgegenüber Dreier/*Wittreck*, Art. 5 Abs. 3 GG, Rn. 73.

2 Ehlers/Pünder/*Pünder*, Allg VerwR, § 14, Rn. 65.

3 *Wollenschläger*, Verteilungsverfahren, S. 31; *Germelmann*, Kultur und staatliches Handeln, S. 379.

4 *Ehlers*, DVBl 2014, S. 1; Gröpl/*Rossi*, § 44 BHO, Rn. 11; Ehlers/Fehling/Pünder/*Kühling*, Bes VerwR Bd. 1, § 30, Rn. 1; *Müller/Richter/Ziekow*, Handb. Zuwendungsrecht, Teil F, Rn. 7; *Dittrich*, § 44 BHO, Rn. 7, wählt die Formulierung der »Gemengelage aus Haushaltsrecht und Verwaltungsverfahrensrecht«; überblicksartig zur Historie des Zuwendungsrechts *Vogt*, Jahrbuch für Kulturpolitik 2014, S. 325 (326); für die Modernisierung der Zuwendungspraxis im dritten Sektor wird die Einbindung der Fachebenen auch auf Ebene der anwendbaren Regulierung gefordert, *Arbeitsgemeinschaft für wirtschaftliche Verwaltung e.V.* (Hg.), Modernisierung der Zuwendungspraxis für den Dritten Sektor, 2018, S. 8f.

materielle oder prozedurale Vorschriften über die Aufhebung von Zuwendungsbescheiden und die Rückforderung von Zuwendungszahlungen enthalten.[5] Die Vorschriften der B/LHO werden daher nicht nur durch ihre jeweiligen detaillierten allgemeinen Verwaltungsvorschriften (VV) komplettiert, sondern insbesondere auch durch die Vorschriften des Verwaltungsverfahrensgesetzes.[6] Die Vorschriften des Verwaltungsverfahrens sind wiederum das Scharnier (§ 36 VwVfG) für die Einbeziehung der jeweils anwendbaren Nebenbestimmungen (ANBest).[7] Schließlich findet auch die autonome Rechtssetzung der Verwaltung in Form der erlassenen »Förderrichtlinien« Anwendung. Dabei handelt es sich um besondere Verwaltungsvorschriften, die die allgemeinen Verwaltungsvorschriften teilweise ergänzen oder modifizieren.[8]

A. Europäisches Beihilfenrecht

Im Rahmen der Darstellung der Begrifflichkeiten haben die Beihilfen gem. Art. 107ff. AEUV bereits Erwähnung gefunden. Auf die ausdrückliche Beschränkung auf Wirtschafts- und Produktionszweige wurde hingewiesen. Beihilfen sind weit auszulegen.[9] Die Normen der Art. 107ff. AEUV tragen dazu bei, den Wettbewerb innerhalb des Binnenmarktes vor Verfälschungen zu schützen.[10] Es ist im Zuge der Abgrenzung der Fördermaßnahmen auch deutlich geworden, inwieweit sich Beihilfen, die auch mittelbare Fördermaßnahmen umfassen, von Zuwendungen, die lediglich unmittelbare Förderung umfassen, unterscheiden.

Direkte Maßnahmen der Kunstförderung sind ihrem Zweck entsprechend nicht Gegenstand der Wirtschafts- oder Produktionsförderung.[11] Gleichwohl fallen Maßnahmen dieser Art nicht schon deshalb von vornherein aus dem Anwendungsbereich von Art. 107 Abs. 1 AEUV heraus. Auch geförderte Kunst etwa durch Zuwendungen für die Erarbeitung eines Theater- oder Performancestücks, erschwert es einem (europäischen) Konkurrenten bei der Bewerbung um begehrte (internationale)

---

5 Gröpl/*Rossi*, § 44 BHO, Rn. 3; *v. Lewinski/Burbat*, § 44 BHO, Rn. 11.

6 *Dittrich*, § 44 BHO, Rn. 7, beschreibt das Haushaltsrecht als »Binnenwirkung« und das Verwaltungsrecht als »Außenwirkung«.

7 Zusätzlich bestehen in Bayern noch die Grundsätze für die Ordnung staatlicher Förderprogramme und in NRW die Grundsätze für Förderrichtlinien, die im Zuge dieser Untersuchung jedoch keine weitere Beachtung finden.

8 *Müller/Richter/Ziekow*, Handb. Zuwendungsrecht, Teil B, Rn. 3; Gröpl/*Rossi*, § 44 BHO, Rn. 18.

9 Calliess/Ruffert/*Cremer*, Art. 107 AEUV, Rn. 10.

10 Calliess/Ruffert/*Cremer*, Art. 107 AEUV, Rn. 1; Grabitz/Hilf/Nettesheim/*von Wallenberg/Schütte*, Art. 107 AEUV, Rn. 10.

11 Ausführlich zum funktionalen Unternehmensbegriff, *Bartosch*, EU-Beihilfenrecht, Einl. Rn. 24 ff; zur weiten Auslegung des Begriffs der Beihilfe, *Dittrich*, § 44 BHO, Rn. 75.2.

Festivalteilnahmen erfolgreich zu sein, indem Belastungen verringert werden, die ein (Konkurrenz-)Vorhaben ohne Förderung zu tragen hätte.[12] Es besteht daher auf Tatbestandsebene keine grundsätzliche Bereichsausnahme für die Kultur und einzelne Maßnahmen können in den Anwendungsbereich fallen,[13] obgleich im Einzelfall ein fehlender wirtschaftlicher Charakter schon den Tatbestand auszuschließen vermag.[14] Ein Ausnahmetatbestand gem. Art. 107 Abs. 2 AEUV, nach dem Beihilfen genehmigt werden müssten, besteht nicht.

Maßnahmen der direkten Kunstförderung dürften in der Regel freigestellten »Kulturbeihilfen« gem. Art. 107 Abs. 3 lit. d) AEUV unterfallen. Beihilfen zur Förderung der Kultur und der Erhaltung des kulturellen Erbes sind mit dem Binnenmarkt vereinbar, soweit sie die Handels- und Wettbewerbsbedingungen in der Union nicht in einem Maß beeinträchtigen, das dem gemeinsamen Interesse zuwiderläuft. Die Vorschrift dient der Umsetzung der Zielbestimmung des Art. 167 Abs. 4 AEUV, namentlich der Wahrung und Förderung der Vielfalt der europäischen Kulturen.[15] Für die Anwendbarkeit der Ausnahmevorschrift muss die Beihilfe geeignet sein, dieses Ziel zu fördern. Der Kommission wird ein weiter Ermessensspielraum eingeräumt.[16] Nachdem Kulturbeihilfen lange Zeit ungeprüft blieben,[17] stehen nunmehr insbesondere filmische und audiovisuelle Werke im Fokus der Kontrollpraxis.[18] Bei der Ausübung des Ermessens wird der Kommission eine zugewandte Haltung gegenüber nationalen Kulturbeihilfen attestiert.[19] Maßnahmen der direkten Kunstförderung dürften in aller Regel zur kulturellen Vielfalt beitragen, da sie Bürger untereinander und mit ihrer Gesellschaft verbinden (Kultur) und zugleich auch das Nebeneinander mehrerer Verschiedenheiten (Pluralismus) fördern. Sie sind daher als mit dem Binnenmarkt vereinbar anzusehen. Zudem besteht, wenn auch nicht auf Legitimationsebene, angesichts der sozialen und wirtschaftlichen Lage der Kunstszene ein plausibles Bedürfnis für Beihilfen. Die Marktkräfte allein vermögen die

---

12 Calliess/Ruffert/*Cremer*, Art. 107 AEUV, Rn. 10; Grabitz/Hilf/Nettesheim/*von Wallenberg/Schütte*, Art. 107 AEUV, Rn. 28; dagegen auf nationaler Ebene OLG Hamburg, NJW-RR 2015, 293ff.

13 EuGH, EUZW 1999, S. 665 (671).

14 *Bartosch*, EU-Beihilfenrecht, Teil D, Rn. 15; es ist jedoch darauf hinzuweisen, dass der Beihilfebegriff kein statischer Begriff ist, sondern Wandlungen unterworfen ist, Grabitz/Hilf/Nettesheim/*von Wallenberg/Schütte*, Art. 107 AEUV, Rn. 26.

15 *Bartosch*, EU-Beihilfenrecht, Teil D, Rn. 15; die Kompetenz im Kultursektor soll den Mitgliedstaaten verbleiben, Grabitz/Hilf/Nettesheim/*von Wallenberg/Schütte*, Art. 107 AEUV, Rn. 394.

16 Grabitz/Hilf/Nettesheim/*von Wallenberg/Schütte*, Art. 107 AEUV, Rn. 149.

17 Streinz/*Kühling/Rüchardt* Art. 107 AEUV, Rn. 147; ausführlich *Koenig/Kühling*, EuZW 2000, S. 197ff.

18 *Bartosch*, EU-Beihilfenrecht, Teil D, Rn. 17ff.

19 Calliess/Ruffert/*Cremer*, Art. 107 AEUV, Rn. 80.

Begünstigten nicht in die Lage zu versetzen, das Ziel einer kulturellen Vielfalt zu verwirklichen.[20]

B. Haushaltsrecht

Direkte Fördermaßnahmen in Form von Geldzahlungen sind Zuwendungen. Es kommen aber auch zweckgebundene Zuschüsse oder etwa zweckgebundene Darlehen und andere rückzahlbare Leistungen in Betracht.[21] Zuwendungen richten sich nach den Vorschriften des Haushaltsgrundsätzegesetzes (HGrG) sowie den anwendbaren (Landes)haushaltsordnungen (B/LHO).[22] Gem. §§ 14 HGrG i.V.m. §§ 23, 44 B/LHO sind Zuwendungen definiert als (freiwillige[23]) Ausgaben und Verpflichtungsermächtigungen für Leistungen an Stellen außerhalb der Bundesverwaltung zur Erfüllung bestimmter Zwecke.[24] Die Voraussetzung einer Zuwendung gem. § 44 B/LHO besteht folglich darin, dass diese im Haushalt veranschlagt wurde, also gem. S. 1 nur aufgrund eines bestimmten Zwecks (§ 23 B/LHO) erfolgt, gem. S. 2 unter einer Bestimmung über den Nachweis einer zweckentsprechenden Verwendung gewährt wird, gem. S. 3 ein behördliches Prüfungsrecht vorgesehen wird und die anwendbaren Verwaltungsvorschriften im Einvernehmen mit dem Landesrechnungshof getroffen sind.

Der bestimmte Zweck gem. § 23 B/LHO, für welchen die Gewährung von Zuwendungen zulässig ist, wird durch die Festlegung des Haushaltsplans umrissen. Das erhebliche Interesse an dem Zweck der Zuwendung – also die Gewährleistung eines freiheitlichen Lebensbereichs Kunst – darf seitens des Zuwendungsgebers nicht oder nicht im notwendigen Umfang befriedigt werden können (§ 23 B/LHO).[25] Das erhebliche Interesse setzt außerdem voraus, dass der Zuwendungsgeber überhaupt ein Interesse an der Zweckerfüllung aufgrund einer verfassungsrechtlichen

20 Grabitz/Hilf/Nettesheim/*von Wallenberg/Schütte*, Art. 107 AEUV, Rn. 151.

21 Zur Unterscheidung unbedingt rückzahlbarer Zuwendungen und bedingt rückzahlbarer Zuwendungen siehe: Gröpl/*Rossi*, § 44 BHO, Rn. 32ff.

22 Im Weiteren wird nicht zwischen den einzelnen LHOs differenziert, sondern zur Vereinfachung auf die übereinstimmenden LHOs abgestellt. Spezielle Landeshaushaltsordnungen bestehen für Bayern (BayHO) und Nordrhein-Westfalen (LHO NRW), die im Folgenden nicht in ihren Einzelheiten dargestellt werden.

23 *V. Lewinski/Burbat*, § 23 BHO, Rn. 8.

24 Im Einzelnen ausführlich bei Heuer/Scheller/*Dommach*, § 23 BHO, Rn. 4; *Müller/Richter/Ziekow*, Handb. Zuwendungsrecht, Teil A, Rn. 162 ff; Gröpl/*Rossi*, § 23 BHO, Rn. 7ff.

25 Die Stadt München z.B. nimmt diesen Grundsatz klarstellend als Förderkriterium auf: Eine Förderung ist danach ausgeschlossen, wenn die Veranstaltungen und Programme auch auf kommerzieller Basis durchgeführt werden können, abrufbar unter: https://www.muenchen.de/rathaus/Stadtverwaltung/Kulturreferat/Kulturfoerderung/Foerderkriterien.html, zuletzt abgerufen am 12. März 2020.

Aufgabenstellung entwickeln darf.[26] Die Finanzierungskompetenz korrespondiert mit der Aufgabenkompetenz,[27] sodass die Zuwendung nach haushaltsrechtlichem Maßstab nur im Interesse des Zuwendungsgebers sein kann, wenn er auch gemäß der bereits dargestellten Aufgabenkompetenz zuständig ist. Der Zweck muss im weitesten Sinne geeignet sein, dazu beizutragen, das allgemeine Wohl zu fördern.[28]

C. Verwaltungsvorschriften

Es bestehen detaillierte Verwaltungsvorschriften, die die haushaltsrechtlichen Bestimmungen ergänzen und die Bewilligungsvoraussetzungen, Finanzierungsarten, Antragsverfahren, Abwicklung, die Verwendung und Kontrolle der Zuwendung regeln. Die Verwaltungsvorschriften entfalten keine Außenwirkung, müssen durch die betreffende Verwaltung als bindend berücksichtigt werden und dienen der Vereinheitlichung der Zuwendungspraxis.[29] Zuwendungen, die ein Volumen von 50.000 Euro nicht überschreiten, werden als Fälle von geringer finanzieller Bedeutung angesehen und können vereinzelt Erleichterungen unterfallen (Nr. 14 VV zu § 44 B/LHO). Eine wesentliche Weichenstellung ist die Frage der Förderung als Projektförderung oder institutionelle Förderung. Die Projektförderung wird für einzelne abgegrenzte Vorhaben gewährt und ist sowohl sachlich als auch zeitlich begrenzt. Sie richtet sich damit insbesondere an die freie Szene.[30] Wird aufgrund eines Mehrbedarfs oder einer längeren Laufzeit des Projekts eine Folgeförderung bewilligt, besteht dennoch kein Anspruch auf eine Fortsetzung der Förderung. Die institutionelle Förderung wird zur Deckung der gesamten oder jedenfalls nicht abgegrenzter Teile der Ausgaben für die Dauer des Haushaltsbeschlusses bewilligt und zielt auf die Förderung der Institution als solche ab, die fortlaufend ihre satzungsmäßigen Aufgaben ausübt.

Die Finanzierungsart (Nr. 2 VV zu § 44 B/LHO) wird durch die entsprechende Förderrichtlinie vorweggenommen und durch den jeweiligen Zuwendungsbescheid festgelegt.[31] Die Ermessensentscheidung hinsichtlich der Finanzierungsart

---

26 *Müller/Richter/Ziekow*, Handb. Zuwendungsrecht, Teil A, Rn. 222.

27 *Dittrich*, § 23 BHO, Rn. 5.1; Gröpl/*Rossi*, § 23 BHO, Rn. 54.

28 *Müller/Richter/Ziekow*, Handb. Zuwendungsrecht, Teil A, Rn. 224; kritisch: Gröpl/*Rossi*, § 23 BHO, Rn. 55.

29 Gröpl/*Rossi*, § 44 BHO, Rn. 13; *v. Lewinski/Burbat*, § 44 BHO, Rn. 13.

30 Zudem sei eine »tendenzielle Verlagerung von einer institutionellen zu einer Projektförderung« feststellbar, *Sievers/Wagner/Wiesand*, Objektive und transparente Förderkriterien staatlicher Kulturfinanzierung, S. 51.

31 Ausführlich zu den Finanzierungsarten: *Müller/Richter/Ziekow*, Handb. Zuwendungsrecht, Teil A, Rn. 250 ff; Gröpl/*Rossi*, § 44 BHO, Rn. 35ff.

folgt dem jeweiligen Interesse des Zuwendungsgebers an der Erfüllung des Zuwendungszwecks.[32] Daneben sind die Grundsätze der Wirtschaftlichkeit und Sparsamkeit zu berücksichtigen (Nr. 2.1 VV zu § 44 B/LHO).[33] In Einzelfällen kommt eine Vollfinanzierung (Nr. 2.4 VV zu § 44 B/LHO) von Projekten in Betracht, wobei in der Regel eine Teilfinanzierung Anwendung findet. Durch eine auf einen Höchstbetrag zu begrenzende Vollfinanzierung können »Nischenprojekte« oder besonders Außergewöhnliches gefördert werden, die nur bei Übernahme sämtlicher zuwendungsfähiger Ausgaben durch den Zuwendungsgeber überhaupt möglich sind. Die Vollfinanzierung ist in der Regel ausgeschlossen, wenn der Empfänger ein eigenes (wirtschaftliches) Interesse an der Zweckerfüllung hat. Das Regel-Ausnahme-Verhältnis wird als »theoretisch« beschrieben, in der Praxis kommt eine Vollfinanzierung recht häufig vor.[34] Durch eine Teilfinanzierung wird die freie Szene incentiviert weitere Mittel einzuwerben bzw. Dritte dazu angehalten, sich angemessen zu beteiligen, wenn diese auch ein Interesse am geförderten Zweck haben (Nr. 2.5 VV zu § 44 B/LHO).

Die Teilfinanzierung wird unterschieden in die sogenannte Festbetragsfinanzierung, die Fehlbedarfsfinanzierung und Anteilfinanzierung. Die Festbetragsfinanzierung bietet der freien Szene Planungssicherheit und Verlässlichkeit sowie den ökonomischen Anreiz zur Sparsamkeit und Akquise zusätzlicher Finanzierungsmittel, weil entsprechende Erfolge nicht dem Zuwendungsgeber (Fehlbedarfsfinanzierung), sondern dem Zuwendungsempfänger selbst zugute kommen.[35] Die Festbetragsfinanzierung soll gewählt werden, wenn die zuwendungsfähigen Ausgaben und Einnahmen des Empfängers so konkret zu ermitteln sind, dass wesentliche Veränderungen nicht zu erwarten sind.

Die Fehlbedarfsfinanzierung fängt demgegenüber eine im Antrag formulierte Deckungslücke zwischen Ausgaben und Einnahmen auf. Eine Einnahmensteigerung führt in diesem Fall zu einer Senkung oder Teilrückzahlung des Zuwendungsbetrages. Eine Erhöhung der Ausgaben kann grundsätzlich auch gedeckt werden, wird jedoch zumeist durch eine Maximalgrenze der Fehlbedarfsfinanzierung ausgeschlossen.[36] Die Fehlbedarfsfinanzierung kann in der freien Szene das Gefühl von Misstrauen seitens des Zuwendungsgebers verbreiten.[37] Zudem spricht gegen eine Fehlbedarfsfinanzierung spiegelbildlich zur Festbetragsfinanzierung, dass

32 *Müller/Richter/Ziekow*, Handb. Zuwendungsrecht, Teil A, Rn. 253; *Präs. d. BRH* (Hg.), Zuwendungen, S. 72.

33 Zu den Kriterien für die Wahl der Finanzierungsart siehe *Dittrich*, § 44 BHO, Rn. 24.7.

34 Gröpl/*Rossi*, § 44 BHO, Rn. 45; Daten inwieweit das auch auf die Förderung der freien Kunstszene zutrifft, liegen nicht vor.

35 *Dittrich*, § 44 BHO, Rn. 24.5; Gröpl/*Rossi*, § 44 BHO, Rn. 43.

36 Gröpl/*Rossi*, § 44 BHO, Rn. 40.

37 *Müller-Schöll et al.*, Potentialanalyse, S. 72.

keine ökonomischen Anreize zur Sparsamkeit und Akquise zusätzlicher Finanzierungsmittel gesetzt werden. Das ähnelt einem »Bestrafungscharakter« anstatt einem »Honorierungscharakter«. Kommen zusätzliche Mittel dem Zuwendungsempfänger zugute, werden diese in der freien Szene zumeist in die Vergrößerung des jeweiligen Projekts investiert und auf diese Weise Kreativität und Innovation gefördert.[38] Zusätzlich kann eine Vereinfachung des administrativen Aufwandes auf beiden Seiten – für Behörde und Geförderten – entstehen, wenn eine Festbetragsfinanzierung gewählt wird.[39]

Im Falle der Anteilfinanzierung reduzieren Minderausgaben die Zuwendung anteilig, nicht absolut. Die Erläuterungen der Verwaltungsvorschriften empfehlen die Anwendung der Anteilfinanzierung, wenn weitere Zuwendungsgeber mit einem festen Prozentsatz an der Finanzierung des Vorhabens beteiligt sind und/oder der Zuwendungsempfänger mit erheblichen Eigenmitteln beteiligt ist.

D. Verwaltungsrechtliche Nebenbestimmungen

Die Zuwendungen werden unter Bezugnahme auf allgemeine Nebenbestimmungen (ANBest) gewährt.[40] In der Projektförderung sind das die ANBest-P (Allgemeine Nebenbestimmungen für Zuwendungen zur Projektförderung).[41] Diese Nebenbestimmungen im Sinne des § 36 VwVfG werden Bestandteil des Zuwendungsbescheides (statischer Verweis), soweit der Verwaltungsakt nicht ausdrücklich etwas anderes bestimmt bzw. besondere Nebenbestimmungen festgelegt sind.[42] Die ANBest-P regeln unter anderem die Verwendung der Zuwendung, Fälle der nachträglichen Ermäßigung der Ausgaben oder Änderung der Finanzierung sowie Mitteilungs- und Nachweispflichten des Zuwendungsempfängers. Die Regelungen der ANBest-P werden auch in privatrechtlich ausgestaltete Förderverträge einbezogen.[43] Bewilligungsgrundlage für eine Projektförderung ist ein Finanzierungsplan

---

38 Zu dieser durch die Behörde für Kultur und Medien Hamburg unterstützten Praxis der »verdeckten Festbetragsfinanzierung« und entsprechender Modifikation der ANBest-P siehe *Müller-Schöll et al.*, Potentialanalyse, S. 71f.

39 *Arbeitsgemeinschaft für wirtschaftliche Verwaltung e.V.* (Hg.), Modernisierung der Zuwendungspraxis für den Dritten Sektor, 2018, S. 22f.

40 Gabriel/Krohn/Neun/*Dietlein/Fandrey*, Handb. d. Vergaberechts, § 9 Rn. 8; teilweise werden die Allgemeinen Nebenbestimmungen als zu komplex kritisiert *Arbeitsgemeinschaft für wirtschaftliche Verwaltung e.V.* (Hg.), Modernisierung der Zuwendungspraxis für den Dritten Sektor, 2018, S. 32.

41 Stand vom 03.07.2019, abrufbar unter: https://www.bva.bund.de/SharedDocs/Downloads/DE/Aufgaben/ZMV/Zuwendungen_national/nebenbestimmungen_anbest_p_2019.html, zuletzt abgerufen am 24. Januar 2021.

42 *Kluckert*, Zuwendung und Gesetz, S. 25; Gröpl/*Rossi*, § 44 BHO, Rn. 17.

43 *Germelmann*, Kultur und staatliches Handeln, S. 363.

bzw. eine Vorkalkulation.[44] Der Zuwendungsbescheid muss zudem schon den Nachweis über die zweckentsprechende Verwendung der Zuwendungen festlegen (§ 44 Abs. 1 S. 2 B/LHO).

Die maßgeblich durch die Nebenbestimmungen geprägte administrative Praxis der Förderung lässt immer wieder Rufe laut werden, die eine bürokratische Entlastung der freien Szene und der Verwaltung fordern, um Ressourcen zu schonen, eine Flexibilisierung der Abläufe und Mediatisierung des Verfahrens herbeizuführen.[45] Aus diesem Grund ist eine Vielzahl an Modernisierungsvorschlägen entwickelt worden, die sich mit Vereinfachungen im Zuwendungsrecht befassen, bislang aber nicht erfolgreich durchgedrungen sind.[46]

Der Verwaltungsakt bietet durch die einseitige hoheitliche Entscheidung Verbindlichkeit und insbesondere nach Ablauf der Widerspruchsfrist durch das Erwachsen in Bestandskraft eine Stabilitätssicherung. Die Bewilligungsbehörde kann gem. 4.3. VV zu § 44 B/LHO ausnahmsweise einen öffentlich-rechtlichen Vertrag (Zuwendungsvertrag) mit der Zuwendungsempfängerin oder dem Zuwendungsempfänger schließen (§§ 54 – 62 VwVfG). Die übrigen Vorschriften für Zuwendungen durch Verwaltungsakt gelten sinngemäß, eine Rechtsbehelfsbelehrung entfällt. Die Bestandskraft tritt mit Unterzeichnung des Vertrages durch beide Parteien ein, ergänzend finden die Regelungen des Bürgerlichen Gesetzbuches entsprechende Anwendung (§ 62 S. 2 VwVfG).

E. Fachbereichsspezifische Förderrichtlinien

Die fachbereichsspezifischen Förderrichtlinien sind »besondere« Verwaltungsvorschriften, die die jeweilige Verwaltung der Entscheidungsfindung zugrunde legt

---

44 Es wird eine Vereinfachung des Finanzierungsplans gefordert, damit Abweichungen um mehr als 20 % je Einzelansatz zulässig sind und Zuwendungsempfänger bei der Projektdurchführung eine höhere Flexibilität haben, *Arbeitsgemeinschaft für wirtschaftliche Verwaltung e.V.* (Hg.), Modernisierung der Zuwendungspraxis für den Dritten Sektor, 2018, S. 33.

45 Beispielsweise der Kulturrat NRW, abrufbar unter: https://www.nrw-lfdk.de/files/modernisierung_zuwendungsrecht_2018_gesamt.pdf, zuletzt abgerufen am 08. Januar 2020; vgl. *Müller/Richter/Ziekow*, Handb. Zuwendungsrecht, Teil F, Rn. 6.

46 *Dittrich*, § 44 BHO, Rn. 3.3; zustimmend *Heskia*, ZfK 2015, S. 13 (45); *Arbeitsgemeinschaft für wirtschaftliche Verwaltung e.V.* (Hg.), Modernisierung der Zuwendungspraxis für den Dritten Sektor, 2018; Vorschläge von *Gürtler* unter dem Titel »Zumutungen des Zuwendungsrechts«, abrufbar unter: https://www.kupoge.de/kumi/pdf/kumi142/Guertler_Zuwendungsrecht.pdf, zuletzt abgerufen am 8. Januar 2020; *Opitz/Steinbrink/Thomas*, Kompendium Kulturmanagement, S. 460 ff; ein entsprechender Gesetzesänderungsantrag zur Erleichterung der Nachweispflichten wurde vom Bundestag abgelehnt, BT-Drs. 16/10690.

und damit ergänzende oder abweichende Regelungen zu den Verwaltungsvorschriften trifft.[47] Sie sind die letzte Stufe der Regelungskaskade der Kunstförderung, hier entscheiden sich die materiellen und verfahrensbezogenen Voraussetzungen, nach denen der Verteilungskonflikt aufgelöst wird.[48] Die Förderrichtlinien prägen folglich die Verteilungskriterien und Verfahrensschritte und dienen damit der Transparenz, dem Wettbewerb, der Gleichbehandlung und nicht zuletzt der Verwaltungsvereinfachung und Erfolgskontrolle. Förderrichtlinien sind »die aufgeschriebene Förderpolitik«[49] der Kunst,[50] ihnen wird daher in dieser Arbeit der umfangreichste Raum gewährt und ausführlich analysiert, wie sie die Förderung der freien Kunstszene ausformen.[51]

Für die Ausgestaltung der Förderrichtlinien bietet sich eine erste Erkenntnis aus dem Bereich des Vergaberechts an, die als Grundsatzprogrammatik für die Kunstförderung berücksichtigt werden sollte: Die sachliche Anwendbarkeit des Vergaberechts richtet sich nach den durch die Schwellenwerte gem. § 106 GWB bzw. den darin vorhandenen Verweisen vorgegebenen formalen Grenzen, die die subjektiven Rechte der Bietenden und die Wirtschaftlichkeit des Beschaffungswesens zu einem Ausgleich bringen.[52] Ausschreibungen, die diese Schwellen nicht überwinden, erfolgen nach der Unterschwellenvergabeordnung (UvgO). Der Gedanke eines weiten Spielraums für die Ausbalancierung der Interessenlage aus effektiver Kontrolle des Vergabeverfahrens, Schutz der Bietenden und wirtschaftlicher Ausgestaltung der Auftragsvergabe bei Verteilungsverfahren von geringer wirtschaftlicher Bedeutung, sollte bei der kritischen Reflexion der Verfahrensmaßstäbe der Kunstförderung Berücksichtigung finden.[53] Jedes Verfahren der Kunstförderung sollte die nachfolgend dargestellten materiellen und prozeduralen Maßstäbe in seinen Grundsätzen abbilden. Es kann im Einzelfall mit Blick auf die wirtschaftliche Bedeutung aber geboten sein, Vereinfachungen anzustreben, um eine Überregulierung zu vermeiden.

---

47 *Dittrich*, § 44 BHO, Rn. 6.1.

48 *Kluckert*, Zuwendung und Gesetz, S. 21; *Vogt*, Jahrbuch für Kulturpolitik 2014, S. 325 (328), sieht in Förderrichtlinien das Potential, das kritisierte Zuwendungsrecht durch Ausnahmen den Bedürfnissen der freien Szene anzupassen und plädiert für Modellversuche.

49 *Müller/Richter/Ziekow*, Handb. Zuwendungsrecht, Teil B, Rn. 14; *Dittrich*, § 44 BHO, Rn. 6.2.

50 Zur »Innenrechtsgeprägtheit« und der damit einhergehenden Bedeutung der Förderrichtlinien für die Leistungsverwaltung *Müller/Richter/Ziekow*, Handb. Zuwendungsrecht, Teil F, Rn. 8.

51 Die Vereinheitlichung der Förderrichtlinien zur Erleichterung der Zuwendungspraxis aus Sicht der Zuwendungsempfänger im Zuge der Modernisierung des Zuwendungsrechts, fordert die *Arbeitsgemeinschaft für wirtschaftliche Verwaltung e.V.* (Hg.), Modernisierung der Zuwendungspraxis für den Dritten Sektor, 2018, S. 12f.

52 Pünder/Schellenberg/*Alexander*, Vergaberecht § 106 GWB, Rn. 6f.; Ziekow/Völlink/*Ziekow*, § 97 GWB, Rn. 22; BVerfGE 116, 135 (162).

53 BVerfGE 116, 135 (139).

Zweiter Abschnitt: Materielle Maßstäbe

A. Bewertungskompetenz

Nach fast einhelliger Meinung erlaubt das Neutralitätsprinzip eine erforderliche Auswahlentscheidung auf dem Gebiet der Kunstförderung.[1] Obgleich dem Staat ein »Kunstrichtertum« untersagt ist, ist eine Auswahlentscheidung mit der Kunstfreiheit nicht von vornherein unvereinbar.[2] Das Neutralitätsprinzip ist in seiner abwehrrechtlichen Dimension und im Bereich der Leistungsverwaltung zu unterscheiden.[3] Dem Vorwurf der Widersprüchlichkeit, dass eine Bewertung mit Blick auf das Neutralitätsprinzip in abwehrrechtlichen Konstellationen untersagt, im Bereich der Leistungsverwaltung eine Bewertung jedoch zuzulassen sei,[4] muss sich eine Ausdifferenzierung des Neutralitätsprinzips nicht ausgesetzt sehen, da es sich um unterschiedliche Anknüpfungspunkte handelt: Während im Bereich des *Status negativus* (unzulässig) das »Produkt« bewertet wird, steht bei der Förderung (zulässig) der »Produktionsprozess« im Vordergrund. Die vereinzelte Kritik an der staatlichen Bewertungskompetenz äußert keine überzeugenden Alternativen, die eine Auswahlentscheidung ersetzen könnten. Der weite kulturpolitische Handlungsspielraum bei der Kunstförderung impliziert das verfassungsrechtliche Einverständnis mit den zu ihrer Ausführung notwendigen Auswahlentscheidungen.[5]

---

1 *Erbel*, DVBl 1969, S. 863 (867); *Erbel*, Kunstfreiheitsgarantie, S. 177; *Huster*, Ethische Neutralität, S. 472ff.; *Korinek*, Staat und Kunst, S. 60; *Mihatsch*, Öffentliche Kunstsubventionierung, S. 111; *Murswiek*, HStR IV, § 192 Rn. 81; Palm, Öffentliche Kunstförderung, S. 188ff.; *Thiel*, Die verwaltete Kunst, S. 174; *Lenski*, Öffentliches Kulturrecht, S. 442; v. Mangoldt/Klein/*Starck*/*Paulus*, Art. 5 GG, Rn. 446; *Steiner*, HStR IV, § 86, Rn. 12; Dreier/*Wittreck*, Art. 5 Abs. 3 GG, Rn. 44; Kahl et al./*v. Arnauld*, Art. 5 Abs. 3, Rn. 210; *Weck*, Legitimationsprobleme öffentlicher Kunstförderung, S. 165; a. A. *Ott*, JuS 1968, S. 459 (464).

2 *V. Arnauld*, HStR VII, § 167, Rn. 80; Maunz/Dürig/*Scholz*, Art. 5 GG, Rn. 8; Dreier/*Wittreck*, Art. 5 Abs. 3 GG, Rn. 73.

3 *Stern*, Staatsrecht Bd. IV/2, S. 660.

4 *Geis*, Kulturstaat und kulturelle Freiheit, S. 256.

5 *Steiner*, HStR IV, § 86, Rn. 12.

Die nachfolgende Erarbeitung materieller Kriterien für die Auswahlentscheidung verfolgt das Ziel, sich einer objektivierbaren Entscheidung so weit wie möglich anzunähern.[6] Da sich eine materielle Bewertung nicht aufgrund der Neutralitätspflicht verbietet und eine Auswahlentscheidung rationalen Kriterien zugänglich ist, kann nicht lediglich auf formale Kriterien wie etwa ein Rotationsprinzip, Losentscheid oder die *pro-rata* Gießkannenförderung abgestellt werden.[7]

Eine Entscheidung auf Basis irrationaler, rein subjektiver Kriterien leistet keine Legitimationswirkung. Kunst ist keine Geschmackssache. Durch die Heranziehung subjektiver Kriterien des »guten« oder »schlechten« Geschmacks verlöre die Begründungsqualität, denn sie tendiert dazu auszugrenzen, was sich innerhalb des mit Kunst befassten Gesellschaftskreises nicht als gefällig erweist. Negatives auszugrenzen und dies inhaltlich überzeugend zu begründen, fällt dabei leichter als Positives hervorzuheben, das zunächst intuitiv überzeugt.[8]

Zur weiteren Objektivierung werden Anregungen anderer Verteilungskonflikte aufgenommen. Während das Vergaberecht ausschließlich auf die Wirtschaftlichkeit (Preis-Leistungs-Verhältnis) abstellt und insoweit wenig Gemeinsamkeit mit der Kunstförderung hat, können für die Ermittlung des Zuschlags in Planungswettbewerben weitere relevante Kriterien berücksichtigt werden (§ 58 Abs. 2 VgV). Neben dem Preis oder den Kosten gehören dazu im Planungswettbewerb auch qualitative Zuschlagskriterien (§ 58 Abs. 2 Nr. 1 VgV), die unter entsprechender Anwendung in Ansehung der Prinzipien der Kunstförderung zur Bestimmbarkeit der Auswahlkriterien beitragen können. Die weiteren umweltbezogenen oder sozialen Kriterien, die im Planungswettbewerb Berücksichtigung finden können, sind im Bereich der nicht-künstlerischen Kriterien anzusiedeln.

Die zahlreichen Förderrichtlinien der öffentlichen Akteure umfassen eine kaum überschaubare Bandbreite an verschiedenen, mehr oder weniger konkretisierten Förderungsvoraussetzungen. Diese werden nachfolgend untersucht und auf ihre Vereinbarkeit mit den Prinzipien der öffentlichen Kunstförderung überprüft. Zur Analyse einzelner Bewertungskriterien bietet sich eine Systematisierung an, die die jeweiligen Kriterienkataloge der Praxis aufgreift. Eine Grobgliederung ist die Unterscheidung zwischen künstlerischen Bewertungskriterien und nicht-künstlerischen Bewertungskriterien.

---

6 Ähnlich betont *Erbel*, DVBl 1969, S. 863 (864), der Bedeutung einer verfassungsrechtlichen Begriffsdefinition der Kunst möglichst nahe zu kommen, um die Kunstfreiheit praktisch realisierbar zu machen; a. A. *Geis*, Kulturstaat und kulturelle Freiheit, 256.

7 V. Mangoldt/Klein/*Wollenschläger*, Art. 3 Abs. 1 GG, Rn. 308; a. A. *Geis*, Kulturstaat und kulturelle Freiheit, S. 256.

8 Im Ergebnis zustimmend: *Luhmann*, Schriften zu Kunst und Literatur, S. 406.

B. Künstlerische Bewertungskriterien

Künstlerische Bewertungskriterien knüpfen an dem zu schaffenden Werk an. Im Ergebnis ist Kunst als nicht abschließend definierbar zu charakterisieren.[9] Aufgrund der Eigengesetzlichkeit der Kunst vermag kein definitorischer Ansatz Kunst befriedigend abzugrenzen, ohne problematische Ausgrenzungen vorzunehmen. Da der verfassungsrechtliche Begriff der Kunst gleichwohl definiert werden muss, ist Kunst »topisch« zu bestimmen.[10] Die topische Begriffsbestimmung ist nicht durch ein einziges notwendiges Kriterium begrenzt, sondern definiert Kunst durch einen Satz von Kriterien, die einander ergänzen oder ersetzen können.[11] Das einzelne Kriterium ist nicht notwendig, sondern hinreichend. Allerdings ist nicht alles zu fördern, was sich nach einem topischen Verständnis als Kunst darstellt. Umgekehrt aber gilt gewissermaßen als »Untergrenze« der Förderung: Es ist nur das zu fördern, was als Kunst anzuerkennen ist.[12] Dem steht nicht das Neutralitätsprinzip entgegen, soweit sich eine Niveaukontrolle zwischen »höherer« oder »niederer« Kunst verbietet. Diese Unterscheidung ist lediglich im Abwehrbereich der Kunstfreiheit unzulässig,[13] nicht aber als Differenzierung hinsichtlich der Förderungswürdigkeit.

Die Charakterisierung der Kunst auf Grundlage eines topischen Begriffsverständnisses legt einen weiteren Schluss für die Bewertung förderungswürdiger Kunst nahe: Soweit die Näherungsversuche einer Definition von Kunst auf Grundlage einer Kriterien-Mehrzahl erfolgt, sollte auch das Konzept der Förderrichtlinie sich nicht auf singuläre Bewertungskriterien verengen. Zugleich ist ein kumulatives Vorliegen mehrerer der nachfolgend dargestellten künstlerischen Bewertungskriterien für die positive Feststellung einer Förderungswürdigkeit nicht zwingend erforderlich.

Wie die Darstellung der Aufgabenverantwortung gezeigt hat, knüpft die Förderung durch den Bund in erster Linie an repräsentativen Zwecken an. Daraus ergeben

---

9 *V. Arnauld*, HStR VII, § 167, Rn. 26; *Hufen*, Grundrechte, S. 548; v. Münch/Kunig/*Wendt*, Art. 5 GG, Rn. 90, weist darauf hin, dass damit die Gefahr einhergeht, dass die Freiheit der Kunst in Zweifelsfällen am Ende zur weitgehend freien Disposition der Gerichte stehen könnte; *Luhmann*, Schriften zu Kunst und Literatur, S. 428 (432), beschreibt das Problem dahingehend, dass »was als Kunst zugelassen wird, muss dann im Kunstsystem selbst entschieden werden«; für ein umfassendes Definitionsverbot *Knies*, Schranken der Kunstfreiheit, S. 217ff.; einer Definition bedient sich aber beispielsweise das pragmatisch orientierte Kulturmanagement: »Kunst ist definiert als das kreative, schöpferische Gestalten von Werken, welches auf Wissen, Übung, Wahrnehmung, Vorstellung und Intuition gegründet ist«, *Bergmann et al.*, Handb. Kulturmanagement F 2.10., S. 10.

10 Zum Spannungsfeld von Definitionsverbot und Definitionsgebot Kahl et al./*v. Arnauld*, Art. 5 Abs. 3, Rn. 41.

11 BVerfGE 67, 213 (225); *v. Arnauld*, HStR VII, § 167, Rn. 27; Kahl et al./*ders.*, Art. 5 Abs. 3 GG, Rn. 45.

12 *Lenski*, Öffentliches Kulturrecht, S. 210.

13 *Lenski*, Öffentliches Kulturrecht, S. 444.

sich sodann andere bzw. weitere Bewertungsmaßstäbe, die die Repräsentation des Gesamtstaates betreffen.[14]

I. Ästhetische Qualität

Eine qualitätsorientierte Auswahlentscheidung ist mit Blick auf das Neutralitätsprinzip zulässig.[15] Die Neutralität bezieht sich nicht auf ästhetische Bewertungen, sondern verbietet im Sinne der Identifikation eine Entscheidung darüber, ob der Umgang oder die Beschäftigung mit Kunst (und welcher Kunst) ein Bestandteil eines guten individuellen Lebens ist.[16]

Ästhetik bezieht sich auf die sinnlich-wahrnehmbare Materialität der Kunst und eine sich daraus ergebende Spannung zwischen Material und Verständnis.[17] Ästhetische Qualität ist in dem Abgrenzungs- und Ausstrahlungspotential der jeweiligen Kunst zu suchen: Inwieweit unterscheidet sich die betreffende Kunst als »neue« – avantgardistische – Kunst von vorhandenen sinnlich-wahrnehmbaren Ausdrucksformen (Abgrenzung) und inwieweit verspricht die materiale Schöpfung ästhetische Orientierung, Appropriation und Inspiration zu bieten (Ausstrahlung).[18] Im Fall der

14 Die Entscheidung über die Förderung des internationalen Renommees und Darstellung des deutschen Kulturlebens im In- und Ausland bedarf keiner der grundrechtlichen Spannungslage der Kunstförderung vergleichbaren Entscheidungsfindung. Allenfalls können künstlerische Bewertungskriterien als Indikatoren dafür dienen, was zugleich als repräsentativ zu betrachten ist. *Lenski*, Öffentliches Kulturrecht, S. 434; *Germelmann*, Kultur und staatliches Handeln, S. 378, bezeichnet die Bundesförderung insoweit als »Sonderfall« und sieht hier schon das für die Kunstfreiheit grundlegende staatliche Neutralitätsdilemma nicht als gegeben.

15 Dreier/*Wittreck*, Art. 5 Abs. 3 GG, Rn. 73; v. Mangoldt/Klein/*Starck/Paulus*, Art. 5 GG, Rn. 447; *Steiner*, HStR IV, § 86, Rn. 12; ausführlich zu verschiedenen (untauglichen) Bestimmungsversuchen dieses Kriteriums *Geis*, Kulturstaat und kulturelle Freiheit, S. 247ff.

16 *Huster*, Ethische Neutralität, S. 473; anders differenziert Kahl et al./*v. Arnauld*, Art. 5 Abs. 3, Rn. 41, das Neutralitätsprinzip aus: danach sei der Staat »nicht (wissend) neutral, sondern der Staat habe »– im höheren Sinn – keinen Geschmack«; a. A. *Lenski*, Öffentliches Kulturrecht, S. 445f., die mit Blick auf die Kunstfreiheit als Kommunikationsgrundrecht Neutralität als Untersagung einer staatlichen Lenkung definiert und die Schranke der allgemeinen Gesetze aus Art. 5 Abs. 2 GG als Maßstab heranzieht (»zeichenbezogenes Verständnis des Neutralitätsgebots«).

17 *Bertram*, Kunst, S. 226; *Huster*, Ethische Neutralität, S. 463; *Alloa/Hafter*, Handb. Kunstphilosophie, S. 357 (368), betonen den empathischen Erfahrungsgehalt der Ästhetik.

18 *Huster*, Ethische Neutralität, S. 467, ähnlich *Germelmann*, Kultur und öffentliches Handeln, S. 377; *Zembylas*, Handb. Kunstphilosophie, S. 343 (354), betont den Lern- und Wissensprozess im »Überschreiten ins Unbekannte«; anders *Haversath*, Zur Legitimation des Kulturstaats, S. 164, der die Auffassung vertritt die »Vorbildfunktion« ästhetisch anspruchsvoller Kunst habe einen eigenen Marktwert und bedürfe folglich keiner öffentlichen Förderung; ebenfalls ablehnend *Ritenour*, RJoLaPP Vol. 3 Iss. 1, 2011, S. 95 (112); *Haselbach et al.*, Kulturinfarkt, S. 33ff.

Kunstentstehung ist Teil einer Bewertung des sinnlich-wahrnehmbaren Ausdrucks auch und gerade der Produktionsprozess.[19]

Bedenken gegen das Bewertungskriterium der künstlerischen Qualität werden dahingehend vorgebracht, dass die prognostische Bewertung von Kunst als »qualitativ wertvoll« oder »innovativ« jedenfalls *ex ante* unmöglich sei.[20] Diese Auffassung ignoriert jedoch, dass Innovation auf dem Gebiet der ästhetischen Qualität kein schlechthin neues, nie dagewesenes Wesensmerkmal ist, sondern sich in Trends und gradueller Entwicklung vollzieht und sich von einem vorhandenen Konsens abgrenzt.[21] Gleichsam liegt in der Anfälligkeit für Fehler und Irrtümer auch eine prozedurale Sicherung des Pluralismus: Wie noch zu zeigen sein wird, kann nur die Inkaufnahme von »fehlerhaften« Entscheidungen – im Sinne einer sich nicht durchsetzenden Innovation – dem Pluralismus den nötigen Raum sichern und die Entscheidungsfindung vor demokratischen Kompromissen bewahren.[22] Die Bewertung ästhetischer Qualität ist folglich nicht aufgrund der problematischen Bestimmbarkeit des Kriteriums abzulehnen.[23] Vielmehr verwirklicht sich darin die Eigengesetzlichkeit der Kunst, deren Bewertung keiner objektiven Exaktheit zugänglich ist.[24] Die Bedenken einer mangelnden Bestimmbarkeit greifen auch nicht mit Blick auf das Willkürverbot durch. Gegen dieses verstößt eine Auswahl nicht schon dann, wenn sie im Ergebnis rechts- oder sachwidrig ist.[25] Willkür ist erst gegeben, wenn ein sachlich einleuchtender Grund schlechthin unauffindbar ist.[26] Das ist jedoch nicht der Fall, soweit die qualitative Bewertung auf zumindest nachvollziehbaren Gründen fußt.

Das Kriterium der Qualität findet in den Kunstförderrichtlinien öffentlicher Akteure unterschiedliche Ausprägung. So werden beispielsweise Kriterien wie »Inno-

---

19 Ähnlich beschreibt Dreier/*Wittreck*, Art. 5 Abs. 3 GG, Rn. 34, den Anknüpfungspunkt der Bewertung als die »individuelle schöpferische Kraft des Künstlers« und seiner »Selbstentfaltung«, womit auf den Schaffensprozess anstatt auf ein abgeschlossenes Werk abgestellt wird.

20 *Haversath*, Zur Legitimation des Kulturstaats, S. 160; ähnlich für Architekten- und Ingenieursleistungen: BeckOK VergabeR/*von Bechtolsheim*, § 58 VgV, Rn. 25.

21 *Huster*, Ethische Neutralität, S. 461, spricht von einer »unzulässigen Verallgemeinerung«, dass manches in seinem künstlerischen Wert umstritten sei, bedeute nicht, dass es gar nicht möglich sei, sinnvolle Bewertungskriterien zu finden; *Bertram*, Kunst, S. 221.

22 Siehe ausführlich S. 216.

23 Zustimmend: *Heuer*, NJW 2008, S. 689 (695); *Geis*, Kulturstaat und kulturelle Freiheit, S. 247; *Palm*, Öffentliche Kunstförderung, S. 193.

24 *Hufen*, Grundrechte, S. 548; *Mihatsch*, Öffentliche Kunstsubventionierung, S. 114; vgl. *Fallert*, GRUR 2014, S. 719.

25 *Mihatsch*, Öffentliche Kunstsubventionierung, S. 115.

26 Maunz/Dürig/*Kirchhof*, Art. 3 Abs. 1 GG, Rn. 265.

vationskraft«[27], »innovativ und experimentell«[28], »Innovation, künstlerische Eigenständigkeit, Kreativität, Originalität und Authentizität«[29] oder etwas weniger eindeutig »Beitrag zur Entwicklung und Pflege der Kunst und Kultur«[30] verwendet.

Soweit »Innovation« die Qualität begrifflich ausfüllt, bietet sich eine Anlehnung an die Legaldefinition von »Innovation« nach Art. 2 Nr. 22 RL 2014/24/EU für das Vergaberecht an.[31] Diese könnte in freier Weiterentwicklung für die Kunst mit Blick auf die autonomen Maßstäbe wie folgt lauten: »Innovation ist die Realisierung von neuen oder deutlich verbesserten Werken oder Verfahren, einschließlich – aber nicht beschränkt auf – Produktion, Konstruktionsverfahren, Diskursmethoden oder Organisationsformen in Bezug auf die Herstellung oder Vermittlung künstlerischer Auseinandersetzung, u. a. mit dem Ziel, einen Beitrag zu einer ästhetischen und gesellschaftlichen Weiterentwicklung zu leisten«. Es kommt für die innovative Eigenschaft darauf an, dass das Vorhaben über bekannte, allgemein verbreitete Konzepte hinaus zukunftsweisende Aspekte aufweist.[32] Den Innovations-Begriff auf diese Weise auszufüllen, wird den verfassungsrechtlich determinierten Prinzipien der Kunst mit Blick auf Eigengesetzlichkeit, Pluralismus und Gemeinwohlorientierung in hohem Maße gerecht.[33]

---

27 Richtlinie der Region Hannover für die Gewährung von Zuwendungen für Projekte der regionalen Kulturförderung aus landes- und regionseigenen Mitteln, abrufbar unter: https://www.hannover.de/content/download/673479/16247605/file/projektfoerderung_-_richtlinie.pdf, zuletzt abgerufen am 8. Januar 2019.

28 Richtlinien für die Förderung der Kulturarbeit außerhalb städtischer Einrichtungen der Stadt Aachen, abrufbar unter: www.aachen.de/bis/fo/kulturfoerderung_richtlinien.pdf, zuletzt abgerufen am 8. Januar 2019.

29 Richtlinie zur Förderung von Kultur und Kunst Thüringen, abrufbar unter: https://www.staatskanzlei-thueringen.de/fileadmin/user_upload/TSK/Kultur/Foerderungen/richtlinien_zur_foerderung_von_kultur_und_kunst_2015-11-06.doc, zuletzt abgerufen am 9. Januar 2019.

30 Richtlinie der Landeshauptstadt Dresden zur kommunalen Kulturförderung, abrufbar unter: https://www.dresden.de/media/pdf/satzungen/richtlinie_kulturfoerderung.pdf, zuletzt abgerufen am 9. Januar 2019.

31 Diese lautet im Wortlaut: Der Ausdruck »Innovation« [bezeichnet] die Realisierung von neuen oder deutlich verbesserten Waren, Dienstleistungen oder Verfahren, einschließlich – aber nicht beschränkt auf – Produktions-, Bau- oder Konstruktionsverfahren, eine neue Vermarktungsmethode oder ein neues Organisationsverfahren in Bezug auf Geschäftspraxis, Abläufe am Arbeitsplatz oder externe Beziehungen u.a. mit dem Ziel, zur Bewältigung gesellschaftlicher Herausforderungen beizutragen oder die Strategie Europa 2020 für intelligentes, nachhaltiges und integratives Wachstum zu unterstützen. Der durch die Richtlinie eingeführte Innovations-Begriff hat im Vergaberecht unter anderem Niederschlag in § 58 VgV und § 97 Abs. 3 GWB gefunden.

32 Vgl. Voppel/Osenbrück/Bubert/*Voppel* § 58 VgV, Rn. 44.

33 Die künstlerische Qualität durch »Innovation« zu definieren, nähert sich damit erheblich den kommunikationsbezogenen Kriterien an, knüpft der Bezugspunkt der Innovation im autopoietischen System doch maßgeblich an dem bereits vorhandenen Diskurs durch »re-

Förderung ästhetisch ambitionierter Kunst steht im Zeichen des Gemeinwohls, denn sie verspricht die genannte positive Wirkung (Abgrenzungs- und Ausstrahlungspotential) für den freiheitlichen Lebensbereich Kunst.[34] Die Kehrseite der gemeinwohlorientierten Förderung durch das Merkmal der künstlerischen Qualität, ist die Abgrenzung zu solcher Kunst, die eine positive Wirkung von vornherein nicht erwarten lässt.[35] Kunst, die keine positive Wirkung erwarten lässt, kann nicht als förderungswürdig bewertet werden.[36]

II. Kommunikationsbezug

Bewertungskriterien, die im weiteren Sinne von kommunikativen Ansätzen geprägt sind, knüpfen an der gesellschaftlichen Funktion der Kunst an. Kunst ist auch ein intersubjektiver Kommunikationsprozess, dessen Sozialbezug es ihr erlaubt, gesellschaftlich relevante Fragen in ihrem »Zeichensystem« zu erörtern (zeichentheoretisch fundiertes Kunstverständnis).[37] Kunst ist danach jeder chiffrierte Kommunikationsvorgang,[38] der in sinnlich-ästhetischer Weise erfahrbar ist.[39] Es kommt nicht darauf an, dass eine Dechiffrierung (»Übersetzung in Alltagssprache«) durch den Rezipienten möglich oder die kommunizierte Botschaft eindeutig identifizierbar ist. Der »Erfolg« der intersubjektiven Verständigung ist von vornherein kein notwendiger Anspruch dieser Kommunikation. Vielmehr ist die angelegte Interpretationsoffenheit – das »Wie« der Kommunikation – das ein-

description« an. Siehe dazu *Luhmann*, Schriften zu Kunst und Literatur, S. 428 (433). Diese Überschneidung wird zugunsten einer Differenzierung der materiellen künstlerischen Bewertungskriterien in Kauf genommen.

34 *Huster*, Ethische Neutralität, S. 467 (481); zustimmend *Stern*, Staatsrecht Bd. IV/2, S. 663; ähnlich *Lenski*, Öffentliches Kulturrecht, S. 447.

35 *Huster*, Ethische Neutralität, S. 474; *Mihatsch*, Öffentliche Kunstsubventionierung, S. 115f.

36 Eine pauschale Förderung ohne irgendeine Bewertung künstlerischer Qualität dürfte abzulehnen sein. So etwa die Stadt Paderborn, die »Pauschalzuschüsse« an alle Amateurtheater, Chöre etc. ohne Finanzierungs- und Verwendungsnachweis vergibt. Das Auswahlermessen (»können«) dürfte eher einem Prioritätsgrundsatz als einer künstlerischen Qualitätsbewertung folgen. Kulturförderrichtlinie für die Stadt Paderborn, abrufbar unter: https://www.paderborn.de/rathaus-se-vice/stadtverwaltung/satzungen/kultur.php.media/90333/Kulturfoerderrichtlinien_ab_01.01.13.pdf, zuletzt abgerufen am 01. Februar 2019.

37 Dreier/*Wittreck*, Art. 5 Abs. 3 GG, Rn. 34; ähnlich v. Mangoldt/Klein/*Starck*/*Paulus*, Art. 5 GG, Rn. 427; *Hufen*, Freiheit der Kunst, S. 237f.; zum Begriff der »operativen Schließung« siehe *Luhmann*, Schriften zu Kunst und Literatur, S. 401 (409f.).

38 Anstelle einer »Chiffrierung« oder »Codierung« wird im Diskurs der zeichenbezogenen Kunsttheorie auch der Begriff eines »Ideolekts« (Umberto Eco) als eine »Sprache des Einzelnen« verwendet. Siehe dazu auch *Bertram*, Kunst, S. 218.

39 *V. Arnauld*, HStR VII, § 167, Rn. 21.

zig entscheidende Bewertungskriterium, nicht etwa das auf den Inhalt bezogene »Was«. Eine »Niveaukontrolle« der Aussage unterbleibt.

Die Interpretationsoffenheit ist ausschließlich durch den physischen Ausdruck des Kunstwerks begrenzt.[40] Erhebt ein Kommunikationsvorgang den Anspruch in seiner Deutungsmöglichkeit abgeschlossen zu sein, handelt es sich nicht um ein Kunstwerk.[41] Diese Interpretationsoffenheit mündet in einem diskontinuierlichen Diskurs, den ein Verweisungszusammenhang umklammert.[42] Kunstwerke sind an diesem kommunikativen Diskurs teilnehmende Beiträge (Gestus) des »Zu-verstehen-Gebens« oder »Zu-verstehen-Suchens«[43], die eine »positive oder negative Einstellung zur Vorgängerkunst« im Sinne eines »Selbstgesprächs der Kunst« verkörpern.[44] Darin kommt das Prinzip der Eigengesetzlichkeit der Kunst zum Ausdruck, das die permanente Erneuerung und Abgrenzung zum Vorhandenen beschreibt. Die »Kunstkritik« oder Fremdbeschreibung ist dazu da, das Kunstwerk bzw. dessen Diskurs aufzugreifen, zu übersetzen und zu beenden.[45]

Der zeichenbezogene Gestus wird von Förderrichtlinien aufgegriffen und in »kommunikationsbezogene« Bewertungsmaßstäbe übersetzt. Mitunter ist die Verknüpfung dieses Kunstverständnisses und der darauf zurückgehenden Bewertungskriterien nur unscharf erkennbar. Im Kern liegt immer eine Verklammerung künstlerischer Sparten, unterschiedlicher Kulturen oder diversifizierter Zielgruppen[46] vor, die auf einen diskursiven Austausch hinweist. Insoweit ist die Nähe zum Qualitäts-Kriterium unverkennbar. Kommunikationsbezogene Kriterien und Kriterien der ästhetischen Qualität sind kaum trennscharf abgrenzbar.[47] In der erheblichen Überschneidung beider Bewertungsansätze zeigt sich der sich gegenseitig ergänzende, den Pluralismus sichernde Charakter: Während ästhetische

---

40 Die (ästhetische) Wahrnehmbarkeit ist in Anlehnung an die Philosophie der Phänomenologie offener als in dem »physischen Ausdruck« sichtbar, sogenannte »Doppelstruktur des Werks«, *Schalk*, Umberto Eco und das Problem der Interpretation, S. 51.

41 *Luhmann*, Schriften zu Kunst und Literatur, S. 401 (408); *Schalk*, Umberto Eco und das Problem der Interpretation, S. 51.

42 *Luhmann* bezeichnet diesen Weisungszusammenhang auch als »Zitierbeziehung«, *Luhmann*, Schriften zu Kunst und Literatur, S. 401 (410).

43 *V. Arnauld*, HStR VII, § 167, Rn. 22; *Bertram*, Kunst, S. 204; *Leisner*, Der schöne Staat, S. 22, kritisiert, dass sich daraus keine spezifische Abgrenzung ergebe, letztlich treffe ein Kommunikationsbezug auf nahezu jede menschliche Äußerung zu.

44 *Luhmann*, Schriften zu Kunst und Literatur, S. 401 (410); zustimmend *Buckermann*, Vermessung der Kunstwelt, S. 290.

45 *Luhmann*, Schriften zu Kunst und Literatur, S. 401 (408).

46 Davon zu unterscheiden ist der Publikumserfolg, der auf eine möglichst breite Masse angesprochener Rezipienten abzielt, siehe ausführlich S. 158.

47 Die an die individuelle schöpferische Kraft des Künstlers anknüpfende Qualität sowie der spezifische Kommunikationsprozess bilden gemeinsam die »doppelte Schutzdimension der Kunstfreiheit«, Dreier/*Wittreck*, Art. 5 Abs. 3 GG, Rn. 34.

Qualität vielfach an Innovation anknüpft und auf diese Weise neuartige Spielarten der Kunst im Fokus stehen, erfolgt nach dem kommunikationsbezogenen Maßstab eine Bewertung, die dazu tendiert, Kunst an der Einordnung mit dem bereits Etablierten zu messen. Beides sind unterschiedliche Perspektiven auf die Avantgarde.

Im Sinne eines »topischen« Verständnisses stehen diese Kriterien nebeneinander und sind nicht kumulativ erforderlich.[48] Im Gegenteil: In einigen Fällen mögen sie sich sogar ausschließen. So wird beispielsweise die Benachteiligung von Frauen auf eine eigene, von der Zeichenchiffrierung der Männer abgrenzbare chiffrierte Kommunikation zurückgeführt. Diese »weibliche« Chiffrierung werde durch die Brille der hergebrachten Bewertung einer männlich-dominierten Kultur als außerhalb des anerkannten zeichenbezogenen Weisungszusammenhangs wahrgenommen und deshalb nicht gefördert.[49] Die Bewertung der Förderungswürdigkeit kann unter einem Maßstab der Ästhetik in diesem Fall eine pluralismus- und funktionswahrende Entscheidung herbeiführen, die unter Umständen bei Beschränkung auf den Kommunikationsbezug ausbliebe.

Beispiele in einzelnen Förderrichtlinien sind etwa die Förderung von »sparten- und genreübergreifende(n) Aktivitäten« oder die Einbindung »verschiedener Kulturen, ihre(r) interkulturelle(n) Identifizierung, Kontrastierung und Verflechtung«,[50] Vorhaben, die »besondere Bedeutung für den aktuellen künstlerischen oder gesellschaftlichen Diskurs besitzen«[51] oder denen ein »Integrations- oder inklusionsfördernder Ansatz«[52] zugrunde liegt. Auch § 13 Abs. 1 Nr. 3 KulturGB-NRW greift den kommunikationsbezogenen Ansatz auf und rückt die Eigengesetzlichkeit der Kunst in den Vordergrund. Ziel der Förderung ist, in der Gesellschaft zu Offenheit und Verständnis für künstlerische Ausdrucksformen und kulturelle Vielfalt auch im Sinne von Diversität beizutragen und die Menschen zur kritischen Auseinandersetzung

---

48 *Braun*, Prinzipien öffentlicher Kunstförderung, S. 177; *Mihatsch*, Öffentliche Kunstsubventionierung, S. 125.

49 *Künzel*, APuZ 2004, S. 34 (36); zugleich verweist dieser Aspekt auf die prozedurale Gestaltung des Verfahrens, um Diskriminierungstendenzen, die den Pluralismus begrenzen, entgegenzuwirken.

50 Kulturförderrichtlinie der Stadt Jena, abrufbar unter: www.kulturberatunginjena.de/wp-content/uploads/2017/06/Kulturförderrichtlinie-Jena.pdf, zuletzt abgerufen am 15. Januar 2019.

51 Förderungsgrundsätze der Berliner Senatsverwaltung für Kultur und Europa, abrufbar unter: https://www.berlin.de/sen/kultur/foerderung/, zuletzt abgerufen am 15. Januar 2019; kritisch: *Mihatsch*, Öffentliche Kunstsubventionierung, S. 125.

52 Richtlinie der Region Hannover für die Gewährung von Zuwendungen für Projekte der regionalen Kulturförderung aus Landes- und regionseigenen Mitteln, abrufbar unter: https://www.hannover.de/content/download/673479/16247605/file/projektfoerderung_-_richtlinie.pdf, zuletzt abgerufen am 15. Januar 2019.

mit Kultur und Kunst zu befähigen. Durch die Kommunikation »von Mensch zu Mensch« erlangt die Kunst ihre gesellschaftliche Relevanz.[53]

III. Stil und Inhalt

Unzulässig sind Bewertungskriterien, die an Stil und Inhalt der Kunst anknüpfen. Diese Kriterien widersprechen dem staatlichen Neutralitätsgebot und münden in ihrer Anwendung in einem staatlichen »Kunstrichtertum«.[54] Die künstlerische Bewertungskompetenz der Förderungswürdigkeit beschränkt sich auf den in dem künstlerischen Vorhaben zum Ausdruck kommenden Grad der künstlerischen Qualität bzw. das Maß des Kommunikationsbezugs. Im Gegensatz dazu betrifft die Zugehörigkeit zu einer Stilrichtung über-individuelle Umstände, also solche, die außerhalb des jeweiligen Vorhabens begründet liegen. Die Begrenzung auf einen bevorzugten Stil bzw. der Ausschluss unliebsamer Stile beschränkt den Pluralismus und die Offenheit der Kunstförderung.[55] Ebenso ist die Bewertung nach inhaltlichen Maßstäben unzulässig, die einzelne Aussagen oder Meinungen ausschließt. Eine solche liefe dem Neutralitätsprinzip zuwider.

Bedenken bestehen dementsprechend, wenn Auswahlkriterien, die »an regionale kulturelle und künstlerische Traditionen anknüpfen, zu deren Erhalt beitragen und deren Weiterentwicklung befördern«.[56] Die Anknüpfung an der jeweiligen künstlerischen Tradition ist eng mit einer Stilprägung verknüpft. Durch den Zusatz des »Erhalts […] und der Weiterentwicklung« dürfte dieses Bewertungskriterium jedoch die erforderliche Offenheit für eine pluralistische Förderung noch aufweisen, denn sowohl ein Bezug wie auch eine Abgrenzung zu der betreffenden Stilrichtung sind damit vereinbar. Ein Kriterium, das ein »selbstbewusstes Bekenntnis zur deutschen Identität«[57] vorgibt, ist hingegen eine unzulässige inhaltliche Vorgabe, sofern man unterstellt, dass »selbstbewusst« als »positiv« auszulegen ist.

---

53 Ähnlich: *Landmann*, Kulturfördergesetz NRW, S. 37.

54 *Mihatsch*, Öffentliche Kunstsubventionierung, S. 124; *Conrad*, Öffentliche Kulturförderung und Welthandelsrecht, S. 66; die Auffassung, dass Inhalt und Stil zulässige Auswahlkriterien seien, deutet *Erbel*, Kunstfreiheitsgarantie, S. 178, an.

55 So urteilte das Bundesverfassungsgericht unter anderem: »Die Kunstfreiheit umfaßt auch die Wahl eines jugendgefährdenden, insbesondere Gewalt und Sexualität thematisierenden Sujets sowie dessen Be- und Verarbeitung nach der vom Künstler selbst gewählten Darstellungsart.«, BVerfGE 83, 130 (147).

56 Grundsätze und Richtlinien für die Kulturförderung der Stadt Rendsburg, abrufbar unter: https://www.rendsburg.de/fileadmin/ortsrecht/dokument/i313kulturfoerderrichtlinie.pdf, zuletzt abgerufen am 15. Januar 2019.

57 Der Sprecher der AfD im Landtag Sachsen-Anhalt Dr. Tillschneider fordert ein »selbstbewusstes Bekenntnis zur deutschen Identität« als Ausgangspunkt einer jeden Kulturförderung, abrufbar unter: https://www.afdfraktion-lsa.de/dr-tillschneider-ein-starkes-theater-braucht-eine-starke-nationalidentitaet, zuletzt abgerufen am 19. September 2019.

Die Grenze des Zulässigen ist ebenso aufgrund einer inhaltlichen Steuerung überschritten, wenn sich Kriterien an einem sittlichen Maßstab orientieren.[58] Beispiele können Kriterien sein, die an erotischen, politischen, religionskritischen oder ähnlichen inhaltlichen Tendenzen Anstoß nehmen.[59] Soweit Vorhaben jedoch aufgrund kollidierender Grundrechte Dritter und andere mit Verfassungsrang ausgestattete Rechtsgüter (Schranken) gar nicht in den Schutzbereich der Kunstfreiheit fallen,[60] sind diese *a priori* nicht förderungswürdig. Neben einem Ausschluss ist spiegelbildlich ebenso die Privilegierung aufgrund inhaltlicher Kriterien mit dem Neutralitätsprinzip unvereinbar.[61] Eine Auswahl nach dem dargestellten Qualitätskriterium bedarf demzufolge keiner »Korrektur« oder »Rechtfertigung« auf inhaltlicher Ebene dahingehend, ob die Mehrheitsmeinung Gefallen an der Kunst findet.[62]

Förderprogramme, die sich einem durch die Verwaltung vorgegebenen Thema zuwenden, sind hingegen zulässig. Die kulturpolitische Entscheidung, ein Förderprogramm einer spezifischen Thematik zu widmen, beinhaltet keine Vorgabe über die inhaltliche Positionierung der jeweiligen Kunstschaffenden.[63] Die Auswahl der Antragstellenden hat auf Grundlage der vorstehend und im Folgenden ausgeführten zulässigen Bewertungskriterien zu erfolgen. Die Auswahl muss neutralitätswahrend mit der Qualität oder dem Kommunikationsbezug begründet sein und nicht aufgrund einer inhaltlichen Überzeugung.[64] Gleichwohl geht von zu engen inhaltlichen Themenvorgaben eine Gefährdung für die Eigengesetzlichkeit der Kunst aus, denn die eigene kreative Themenfindung wird eingeschränkt bzw. deren Umsetzung begrenzt.[65] Auf diese Weise wird ein Stück Selbstbestimmung durch Fremdbestimmung ersetzt.

58 *Huster*, Ethische Neutralität, S. 482.

59 *Mihatsch*, Öffentliche Kunstsubventionierung, S. 125; *Stern*, Staatsrecht Bd. IV/2, S. 107; BVerfGE 83, 130 (139).

60 Für das Beispiel antisemitischer Kunst vertritt etwa *Ludyga*, NJW 2023, S. 713ff., eine historische und historisch-teleologische Betrachtung, dass solche Werke nicht in den Schutzbereich fielen.

61 *Huster*, Ethische Neutralität, S. 482.

62 Beispielsweise das »Goldene Haus«, von Bojan Burchardt auf der Elbinsel Veddel in Hamburg, abrufbar unter: https://www.zeit.de/2017/10/boran-burchhardt-veddel-kunst-fassade-vergoldet, zuletzt abgerufen am 31. Januar 2019.

63 *Steiner*, VVDStRL 42 (1984), S. 7 (35); *Ders*, HStR IV, § 86, Rn. 9.

64 *Huster*, Ethische Neutralität, S. 481; ein spezielles Beispiel ist die Förderung von »Vorhaben, die sich mit dem namensgebenden Fluss der Stadt Chemnitz« befassen, Richtlinie der Stadt Chemnitz zur Gewährung von Zuwendungen im Bereich Kunst und Kultur, abrufbar unter: https://www.chemnitz.de/chemnitz/media/kultur/kulturfoerderung/kulturfoerderrichtlinie.pdf, zuletzt abgerufen am 9. Januar 2019.

65 *Braun*, Kulturpolitische Mitteilungen II/2019, S. 42 (44).

Dem Neutralitätsgebot werden im Ergebnis folglich nur Kriterien gerecht, die von einer inhaltlichen Lenkung absehen.[66] Diese Begrenzung der zulässigen Kriterien trifft keine Aussage über den durch die Verfassung gesteckten Rahmen dessen, was von vornherein nicht förderungsfähig sein kann (sog. Negativschranken).[67] Dort wo der Staat ordnungsrechtlich in die Kunstfreiheit eingreifen darf, kann zulässigerweise eine Grenze der Förderung gezogen werden.[68] Grundsätzlich ist die Kunstfreiheit vorbehaltlos gewährleistet.[69] Die Schranken des Art. 5 Abs. 2 GG sind nicht auf die Kunst übertragbar.[70] Die verfassungsimmanenten Schranken, die eine inhaltliche Begrenzung für die Kunstförderung nach sich ziehen, sind sowohl diejenigen, die den Werkbereich betreffen, wie auch diejenigen, die den Wirkbereich betreffen. Hierzu zählen insbesondere gleichrangige (Grund-)Rechte Dritter (Grundrechtskollision) und andere oberste Verfassungswerte wie namentlich der Bestand der Bundesrepublik Deutschland und die freiheitlich-demokratische Grundordnung.[71] Dementsprechend dürften keine Bedenken gegen ein Bewertungskriterium bestehen, das eine »der Demokratieerziehung dienen[de]«[72] Funktion fordert.

Das Verbot sittlicher Bewertungskriterien geht nicht so weit, dass es verfassungsfeindliche Inhalte zuließe. Solche sind von vornherein keiner Förderung zugänglich.[73] Zwar schützt der Staat die Kunstfreiheit angesichts des Neutralitätsprinzips grundsätzlich ungeachtet der geistigen Überzeugungen, in deren Dienst sich ein Künstler oder eine Künstlerin stellt.[74] Das schließt indes verfassungsfeindliche Inhalte nicht ein, die von vornherein nicht schutzfähig sind.[75] Zur gedanklichen Absicherung dieser Auffassung bietet sich ein Blick in den Bereich der Filmförderung an. Gem. § 46 S. 1 FFG dürfen Förderhilfen nicht gewährt werden, wenn das Filmvorhaben verfassungsfeindliche oder gesetzwidrige Inhalte enthält. Die Wertung des S. 3, dass zudem Filmvorhaben, die einen pornographischen oder

66 *Huster*, Ethische Neutralität, S. 483; v. Münch/Kunig/*Wendt*, Art. 5 GG, Rn. 94.

67 *Mihatsch*, Öffentliche Kunstsubventionierung, S. 126.

68 *Steiner*, VVDStRL 42 (1984), S. 7 (32).

69 Die frühere Diskussion über die Anwendung der Schranken gem. Art. 5 Abs. 2 GG auf die Kunstfreiheit wurde durch das Bundesverfassungsgericht dahingehend entschieden, dass die systematische Trennung den Abs. 3 als *lex specialis* zu Abs. 2 ausweise, BVerfGE 30, 173 (191f.); BVerfGE 67, 213 (228); BVerfGE 83, 130 (139).

70 BeckOK GG/*Kempen*, Art. 5 GG, Rn. 176; *Henschel*, NJW 1990, S. 1937 (1940).

71 Maunz/Dürig/*Scholz*, Art. 5 GG, Rn. 64.

72 Für thematische Schwerpunktsetzung siehe die Förderung der »Demokratieerziehung« durch das Land Mecklenburg-Vorpommern, https://www.regierung-mv.de/Landesregierung/bm/Kultur/Kulturfoerderung/?racr=a, zuletzt abgerufen am 10. Januar 2019.

73 *Germelmann*, Kultur und staatliches Handeln, S. 376f.

74 V. Mangoldt/Klein/*Starck/Paulus*, Art. 5 GG, Rn. 430.

75 Zur künstlerischen Auseinandersetzung mit verfassungsfeindlichen Symbolen siehe etwa AG Kassel, NJW 2014, S. 801.

gewaltverherrlichenden Schwerpunkt haben oder offenkundig religiöse Gefühle tiefgreifend und unangemessen verletzen, nicht zu fördern sind, dürfte im Bereich der Kunstförderung zwecks praktischer Konkordanz ebenfalls vertretbar sein.[76]

IV. Formale Kriterien

Die Unterscheidung in Förderrichtlinien zwischen künstlerischen »Sparten« oder »Gattungen«, steht in der Tradition eines formalen Kunstverständnisses. Als Sparten werden etwa bildende Kunst, darstellende Kunst und Tanz, Literatur sowie Musik unterschieden. Gelegentlich wird die künstlerische Ausdrucksform durch die Art des Förderkonzepts begrenzt, wenn etwa Förderungen sich ausdrücklich auf Ausstellungen oder den öffentlichen Raum beschränken.[77] Trotz der geringen Komplexität dieses Kriteriums weist es Schwächen auf, denn es können sich Abgrenzungsprobleme (Tanz oder Performance?) ergeben und neue Formen und Formate werden unterdrückt.[78] Die Aufnahme solcher Kriterien in den jeweiligen Förderrichtlinien ist zulässig, aber nur ausnahmsweise empfehlenswert.

Auch kann an einer starren Unterscheidung von Sparten (oder »Unter-Sparten«) berechtigte Kritik vor dem Hintergrund einer erheblichen programmatischen Beeinflussung des Fördererergebnisses durch die Allokation der Mittel geäußert werden. Die unterschiedliche Ausstattung mit Mitteln, etwa für die jeweilige Szene der bildenden Kunst im Vergleich zur darstellenden Kunst, ist häufig nicht Ergebnis einer nachvollziehbaren kulturpolitischen Entscheidung, sondern der Lobbyarbeit und des Organisationsgrades der betreffenden Akteure geschuldet.[79]

C. Nicht-künstlerische Bewertungskriterien

Die nicht-künstlerischen Bewertungskriterien befassen sich mit dem »Design« des Projekts sowie Merkmalen der Antragstellenden. Auf diese Weise wird die Entschei-

76 *Germelmann*, Kultur und staatliches Handeln, S. 376f.

77 »Mischveranstaltungen« aus bildender Kunst und Literatur werden etwa von den Grundsätzen für die Vergabe von Zuwendungen zur Durchführung von Ausstellungen und Symposien der Bayerischen Staatskanzlei ausdrücklich untersagt, abrufbar unter: https://www.stmwk.bayern.de/download/19169_frdergrundstze_ausstellungen_und_symposien.pdf, zuletzt abgerufen am 9. Januar 2019.

78 *V. Arnauld*, HStR VII, § 167, Rn. 19.

79 Siehe beispielsweise den Hamburger Jurykommentar der darstellenden Künste für die Spielzeit 2018/19, abrufbar unter: https://dfdk.de/images/PDF/jury-kommentar-2018-19.pdf, zuletzt abgerufen am 9. Januar 2019, der zeigt, dass in der Sparte Sprechtheater, Musiktheater, Performance nur ca. 7,5 % der beantragten Summe zur Verfügung stand, wohingegen im Tanztheater immerhin ca. 25 % der beantragten Fördersumme bewilligt werden konnte.

dungsfindung bestimmbarer, denn anders als bei den künstlerischen Bewertungskriterien ist bei den nicht-künstlerischen Kriterien typischerweise ein geringerer Bewertungsspielraum angelegt. Nicht-künstlerische Bewertungskriterien bieten Raum für (kultur)politische Erwägungen, vergleichbar den »beschaffungsfremden« Kriterien im Vergaberecht.[80] Die Präzisierung und Ausgestaltung der nicht-künstlerischen Bewertungskriterien unterliegt dem großzügigen kulturpolitischen Ermessensspielraum der Verwaltung.[81]

I. Publikumserfolg

Bewertungskriterien, die den Publikumserfolg des jeweiligen Vorhabens berücksichtigen, gehen auf die »institutionalistische« Kunsttheorie zurück.[82] Anstatt auf das Kunstwerk selbst (inwendig), bezieht sich dieses Kunstverständnis auf die faktische gesellschaftliche Anerkennung.[83] Es wird die Erwartung oder der Nachweis eines Markt- oder Publikumserfolgs bzw. eine entsprechende Erfolgsaussicht bzgl. der öffentlichen Anerkennung für die Bewertung zugrunde gelegt.[84]

Kulturpolitisch hat dieses Kriterium eine Wandlung vollzogen. Während der Publikumserfolg in den 70er Jahren dem Paradigma »Kultur für alle« folgte und auf Versorgung und Teilhabe einer breiten Masse abzielte, liegt der »Neuen Kulturpolitik« der 2000er Jahre der Gedanke einer kooperativen Vernetzung von unterschiedlichen Handlungsfeldern zugrunde, die neue Felder der Kulturförderung erschließen soll.[85] Dazu zählen beispielsweise Tourismus und Kultur, Wirtschaft und Kultur oder Bildung und Kultur, die sich insbesondere auf den Prestigewert des geförderten Vorhabens beziehen. Kooperation ist in beide Richtungen – sowohl von der Kultur ausgehend, wie auch an die Kultur gerichtet – notwendig, um Potentiale der Vernetzung zu nutzen. Die Kultur sieht sich der Gefahr ausgesetzt, dass sie sich von den eigentlichen Werten entfernt und auf einen Marketing- und Eventcharakter reduziert wird.[86] Es wird eine »Schere« zwischen »innenorientierten« (lokales Publikum) und »außenorientierten« (Tourismus) Projekten befürchtet. Zudem verlieren

80 Siehe ausführlich S. 181.

81 V. Mangoldt/Klein/*Starck/Paulus*, Art. 5 GG, Rn. 446; *Stern*, Staatsrecht Bd. IV/2, S. 661f.; v. Münch/Kunig/*Wendt*, Art. 5 GG, Rn. 94.

82 *Huster*, VVDStRL 65 (2006), S. 51 (61).

83 *V. Arnauld*, HStR VII, § 167, Rn. 25.

84 Ablehnend *Steiner*, HStR IV, § 86, Rn. 5; *Stern*, Staatsrecht Bd. IV/2, S. 663; ein Beispiel für den »Publikumserfolg durch die Hintertür« ist etwa die Finanzierung der Kunst durch die Kultur- und Tourismustaxe in Hamburg, die es im Sinne der Tourismusförderung erforderlich macht, den Publikumserfolg nachzuweisen.

85 *Pröbstle*, Jahrbuch für Kulturpolitik 2014, S. 115 (118f.); *Sievers/Föhl*, Jahrbuch für Kulturpolitik 2014, S. 17 (26).

86 *Sievers/Föhl*, Jahrbuch für Kulturpolitik 2014, S. 17 (27).

die publikumsfernen »verdeckten Prozesse« einer lebendigen freien Szene weiter an Wahrnehmung.[87]

Innerhalb des Kriteriums des Publikumserfolgs bestehen verschiedene Anknüpfungspunkte. Zu unterscheiden sind zum einen der Erfolg in der Vergangenheit, zum anderen der erwartete Erfolg in der Zukunft.

1. Anknüpfungspunkte »Erfolg in der Vergangenheit«

Der erste Anknüpfungspunkt – Erfolg in der Vergangenheit – stößt als Bewertungsmaßstab auf Bedenken.[88] Ein Beispiel ist die Grundförderung für freie Theater Hannover, die *expressis verbis* der »Festigung einer in der Vergangenheit erfolgreichen Theaterarbeit« dient.[89] Voraussetzung für eine Förderung ist deshalb unter anderem eine »erkennbare öffentliche« und auch »überregionale Resonanz«. Die in diesem Bewertungskriterium angelegte Logik, dass zukünftig erfolgreich sein wird, wer bereits in der Vergangenheit erfolgreich war, manifestiert den vorhandenen Status quo und lässt keine der Eigengesetzlichkeit immanente Selbsterneuerung zu. Das wirkt innovationshemmend, indem die Möglichkeiten neuer Vorhaben zum Zuge zu kommen, beschnitten werden und damit das Pluralismusprinzip eingeschränkt wird.[90] Gegenteilig lässt sich argumentieren, dass die Prämierung durch eine »Belohnungssubvention« für vergangene Leistungen auch Anreiz und Anregung für Kunstschaffende sein mag, auf eine solche hinzuarbeiten, sodass sich der Subventionszweck schon vor Prämierung verwirklicht.[91] Derartige

---

87 *Pröbstle*, Jahrbuch für Kulturpolitik 2014, S. 115 (119).

88 »Ein Abwägen zwischen der Möglichkeit, einem Nachwuchskünstler eine Chance der Etablierung zu geben und einem gestandenen Künstler*In eine weitreichende Basis zu schaffen, um seine Arbeit über Jahre weiterzuentwickeln, sollte in der Wahl der Einzelprojekte keine entscheidende Rolle spielen.« – Auszug aus dem Hamburger Jurykommentar der darstellenden Künste für die Spielzeit 2018/19, abrufbar unter: https://dfdk.de/images/PDF/jury-kommentar-2018-19.pdf, zuletzt abgerufen am 9. Januar 2019; befürwortend Kahl et al./*v. Arnauld*, Art. 5 Abs. 3, Rn. 199, mit der Einschränkung, dass der Staat den Pluralismus nicht aus den Augen verlieren dürfe; ablehnend: Sachs/*Bethge*, Art. 5 GG, Rn. 185.

89 Richtlinie zur Förderung des Freien Theater Hannover, abrufbar unter: https://www.hannover.de/Leben-in-der-Region-Hannover/Verwaltungen-Kommunen/Die-Verwaltung-der-Landeshauptstadt-Hannover/Dezernate-und-Fachbereiche-der-LHH/Kulturdezernat/Fachbereich-Kultur/Kulturbüro/Kulturförderung/Darstellende-Künste, zuletzt abgerufen am 24. März 2020.

90 V. Mangoldt/Klein/*Wollenschläger*, Art. 3 GG, Rn. 183; *Wollenschläger*, Verteilungsverfahren, S. 556; *Mihatsch*, Öffentliche Kunstsubventionierung, S. 119; beispielsweise können sich im Rahmen der Programmförderung der Stadt Hamburg nur Künstlerhäuser und Kunstorte bewerben, die »seit mindestens einem Jahr existieren und in diesem Zeitraum ein Jahresprogramm veranstaltet haben und belegen können«, abrufbar unter: https://www.hamburg.de/bkm/programmfoerderung/, zuletzt abgerufen am 10. März 2020.

91 *Mihatsch*, Öffentliche Kunstsubventionierung, S. 118.

Förderung gliche aber einer Preisvergabe für bereits Entstandenes und verfolgte nur sekundär den Anreiz einer Entstehungsförderung.

Die Anknüpfung am Erfolg in der Vergangenheit ist daher kein Kriterium der Kunstentstehungsförderung, das einen legitimen Zweck verfolgt.[92] Der Zweck des Kriteriums gleicht einem Bestandsschutz (»bekannt und bewährt«), der auf die Entfaltung des freiheitlichen Lebensbereichs Kunst keine positive Auswirkung hat.

2. Anknüpfungspunkt »Erfolg in der Zukunft«

Der zweite Anknüpfungspunkt – Erfolg in der Zukunft – orientiert sich vornehmlich am erwarteten Erfolg,[93] der keineswegs mit einem Nachweis einer künstlerischen Qualität verwechselt werden sollte. Zulässig ist die Berücksichtigung nur, soweit einem durch ein größeres Publikum veranlasste wirtschaftliche Kosten gegenüberstehen, deren Deckung für das Vorhaben erforderlich ist.[94] Die Grenze des zulässigen Gestaltungsspielraums der Verwaltung beim Bewertungskriterium des Publikumserfolgs ist erreicht, wenn breitenwirksame Projekte oder Einrichtungen gegenüber weniger populären Ausdrucksformen systematisch bevorzugt werden.[95] Extreme Ausschläge in beide Richtungen, sowohl der Popularität wie auch der Publikumsferne, zeitigen wenig sachgerechte Ergebnisse. Publikumsferne Ergebnisse tragen mit Blick auf den kommunikativen Charakter der Kunst wenig zu einer freiheitsorientierten Kunstförderung bei.[96] Auf der anderen Seite dürfte dem Bewertungskriterium des Publikumserfolgs kein hohes Gewicht zukommen: Betrachtet man die staatliche Belohnung einer kreativen Arbeit durch Verwertungsrechte nach dem Urheberrecht als Kehrseite – oder zivilrechtliches Komplementär – der öffentlichen Kulturförderung, dann bedarf es von vornherein nur einer geringen Förderung des Populären.[97]

Als Beispiel für verfehlte Akzeptanzförderung wird die Bezuschussung angeführt, die sich ausschließlich nach der jeweiligen Teilnehmerzahl richtet.[98] Dem

---

92 Eine hohe Wahrnehmung verspricht unter anderem die Prämierung mit dem Preis der Nationalgalerie, der nicht mehr mit einem Geldpreis verbunden ist, sondern der Gewinner erhält eine kuratierte und durch eine Publikation begleitete Einzelausstellung in einem der Häuser der Nationalgalerie, abrufbar unter: http://preisdernationalgalerie.de/geschichte/, zuletzt abgerufen am 10. März 2020.

93 *Germelmann*, Kultur und staatliches Handeln, S. 378.

94 *Germelmann*, Kultur und staatliches Handeln, S. 378.

95 *Germelmann*, Kultur und staatliches Handeln, S. 378.

96 *Mihatsch*, Öffentliche Kunstsubventionierung, S. 119.

97 *Lenski*, Öffentliches Kulturrecht, S. 203.

98 So können Kulturvereine in der Gemeinde Burgwald und der Stadt Naumburg eine Förderung je Mitglied beantragen. Naumburg fördert i.H.v. 12,50 Euro je eingetragenes Mitglied unter 18 Jahre und 2,50 Euro je eingetragenes Mitglied über 18 Jahre, Richtlinie über die Förderung der Kultur in Naumburg (Saale), abrufbar unter: https://www.naumburg.de/de/foerderrichtlinie-/richtlinie-kulturfoerderung.html, zuletzt abgerufen am 09. Januar 2019.

liegt die Prämisse zugrunde, dass der bestbesuchte Akteur die höchste Akzeptanz genießt und demzufolge besonders förderungswürdig ist, ohne an weiteren (künstlerischen) Bewertungskriterien anzuknüpfen.[99] Das führt zu einer nicht gerechtfertigten Einschränkung der Eigengesetzlichkeit der Kunst. Ebenfalls nicht sachgerecht ist eine Bewertung, die ausschließlich auf die Erhöhung der öffentlichen Wirkung durch die »Verbesserung der touristischen Vermarktung (z.B. Einbindung in touristisches Gesamtkonzept, herausragende Einzelvermarktung)«[100] abzielt, die durch Besucherzahlen, Presseresonanz, und Übernachtungszahlen indiziert wird.

Die Argumentation, ein Bestandsschutz (»bekannt und bewährt«) auf Grundlage des Publikumserfolgs habe demgegenüber positive Effekte für die Kontinuität von Projekten, überzeugt aus kulturpolitischer Perspektive nicht. Der Sache nach wird auf den Grad der Professionalisierung abgestellt.[101] Soweit man sich von Kontinuität künstlerisch wertvollere Ergebnisse verspricht, sollte anstelle eines sich wiederholenden, kurzfristigen Förderungszeitraums, der auch Kunstschaffenden keine Planungssicherheit gibt, stattdessen eine längerfristige Konzept- und Entwicklungsförderung bereitgestellt werden. Eine solche wird den Bedürfnissen langfristiger Planung und Entwicklung gerecht. Das gilt insbesondere auch für Künstlerhäuser oder andere Infrastruktur der freien Szene, die von einer gewissen Planungssicherheit abhängig und in kurzfristigen Projektförderungen nicht adäquat aufgehoben sind.[102]

In der Kulturförderpraxis vorhandene Kriterien bilden den Publikumserfolg durch Voraussetzungen wie »unterschiedliche Zielgruppen breitenwirksam ansprechen und einbinden« und »Angebote für neue Publikumsgruppen entwickeln«,[103] »Publikumserschließung«[104] oder durch »alltagsnahe Angebote allen Bevölkerungs-

99 *Mihatsch*, Öffentliche Kunstsubventionierung, S. 119.

100 Richtlinie zur Förderung von Kultur und Kunst Thüringen, abrufbar unter: https://www.staatskanzlei-thueringen.de/fileadmin/user_upload/TSK/Kultur/Foerderungen/richtlinie_zur_foerderung_von_kultur_und_kunst_2015-11-06.doc, zuletzt abgerufen am 9. Januar 2019.

101 Siehe ausführlich S. 166.

102 *Knoblich*, Kulturpolitische Mitteilungen Nr. 173, II/2021, S. 35; In diese Kerbe schlägt auch die Forderung der Initiative »ART-OFF«, die die Interessen der Hamburger Off-Orte vertritt und u.a. fordert: »Es sollte Kunstorten, die schon viele Jahre kontinuierlich gearbeitet haben, ermöglicht werden, auch längerfristige Planungssicherheit zu erhalten.«, http://art-off-hamburg.de, zuletzt abgerufen am 10. Januar 2019.

103 Kulturförderrichtlinie der Stadt Jena, abrufbar unter: www.kulturberatunginjena.de/wp-content/uploads/2017/06/Kulturförderrichtlinie-Jena.pdf, zuletzt abgerufen am 9. Januar 2019.

104 Förderkriterien für die Gewährung von Zuwendungen im Bereich der nichtstaatlichen Theater in Niedersachsen, abrufbar unter: https://www.mwk.niedersachsen.de/startseite/kultur/kultursparten/theater/vergabe_von_fordermitteln/vergabe-von-foerdermitteln-19033.html, zuletzt abgerufen am 10. Januar 2019.

schichten den Zugang zu Kultur und Kunst ermöglichen«[105] ab. Gelegentlich werden auch sachfremde, wirtschaftsfördernde Zielvorgaben als Bewertungskriterium der Förderungswürdigkeit einbezogen, wie etwa die Eignung »neue Arbeitsplätze zu schaffen bzw. zu erhalten«[106].

3. Publikumserfolg als Demokratisierungsfaktor?

Zugunsten eines Kriteriums, das den Anreiz setzt, eine möglichst hohe Breitenwirkung des geförderten Projekts entweder durch eine Bewertung der Vergangenheit oder eine prognostische Betrachtung der Zukunft zu erzielen, spricht der davon ausgehende gesellschaftliche Demokratisierungseffekt. Die Anknüpfung am Publikum soll die Befürchtung ausräumen, dass ansonsten eine Elitenbildung der zeitgenössischen Kunst entsteht, die sich von der breiten Masse der Bevölkerung entfremdet und diese letztlich ausschließt.[107] Ohne Berücksichtigung des Publikumserfolgs blieben die positiven Externalitäten der Kunst für eine demokratische, pluralistische Gesellschaft ungenutzt. Es spiele sogar der politischen Rechten kulturpolitisch in die Karten, da diese die Entfremdung des Publikums von geförderter Kunst für sich nutzen könne, um das Handlungsfeld der Kunstförderung für die eigenen Ziele zu übernehmen.

Im Ergebnis vermag diese Überlegung jedoch nicht zu überzeugen. Der Anspruch, dass von der Kunst demokratisierende gesellschaftliche Effekte ausgehen, ist nachvollziehbar, aber nicht durch ein nicht-künstlerisches Kriterium herbeizuführen. Demokratisierende Effekte kommen materiell schon im Pluralismusprinzip zum Ausdruck, erfordert dieses doch ein Nebeneinander mehrerer Verschiedenheiten und ist damit schon qualitativ, wenngleich auch nicht quantitativ, auf eine gewisse »Wirkung in die Breite« angelegt. Pluralismus kommt beispielsweise in einem Kriterium wie »es [das Projekt] setzt etwas in Bewegung und ist auf eine längerfristige Wirkung angelegt, es beinhaltet ungewohnte Ansätze und Perspektiven«[108] zum Ausdruck. Der überzeugende Vorteil der Anknüpfung an

105 Fachförderrichtlinie Kultur der Stadt Leipzig, abrufbar unter: https://www.leipzig.de/buergerservice-und-verwaltung/aemterund-behoerdengaenge/formulare/?tx_ewerkformsmanager_pi%5Buid%5D=57&tx_ewerkformsmanager_pi%5Baction%5D=download&tx_ewerkformsmanager_pi%5Bcontroller%5D=Statues, zuletzt abgerufen am 10. Januar 2019.

106 Richtlinie zur Förderung der Kulturarbeit der Stadt Dessau-Roßlau, abrufbar unter: https://verwaltung.dessau-rosslau.de/fileadmin/Verwaltungsportal_Dessau-Rosslau/Kultur_Tourismus/Kulturfoerderung/Kulturfoerderung_Richtlinie_zur_Foerderung_der_Kulturarbeit.pdf, zuletzt abgerufen am 10. Januar 2019.

107 *Haselbach et al.*, Kulturinfarkt, S. 190f.; *Haversath*, Legitimation des Kulturstaats, S. 63ff.; dagegen Sachs/*Bethge*, Art. 5 GG, Rn. 185; siehe ausführlich S. 69.

108 Förderkriterien der Stadt München, abrufbar unter: https://www.muenchen.de/rathaus/Stadtverwaltung/Kulturreferat/Kulturfoerderung/Foerderkriterien.html, zuletzt abgerufen am: 10. März 2020.

einem künstlerischen Bewertungskriterium des Pluralismus liegt im Wertungsspielraum. Denn käme es auf ein nicht-künstlerisches Kriterium mit geringer Wertungsmöglichkeit an, dann bestünde die Gefahr, dass Kunst, die sich Nischen und Minderheiten widmet, der Zugang zu öffentlicher Förderung verwehrt bliebe. Davon ginge eine negative Wirkung sowohl für den Pluralismus als auch für die Eigengesetzlichkeit der Kunst aus.[109] Die Mehrheitsauffassung oder ein »gesundes Volksempfinden« taugen nicht als Richtschnur für die Bewertung von Kunst, denn es kann ihnen keine Aussagekraft über die Qualität der Kunst entnommen werden.[110] Quantitative Kriterien des Publikumserfolgs tragen das zwischenzeitlich überholte kulturpolitische Paradigma einer »Kultur für alle« in sich.[111] Letzteres beruht auf einem Missverständnis, welche Rolle das Publikum für die Kunst spielt: künstlerische Qualität drückt sich nicht in der positiven Zustimmung des Publikums aus, sondern in dem an die Kunst anknüpfenden Diskurs.[112]

II. Wirtschaftskraft

Die Berücksichtigung der Wirtschaftskraft der Kunstschaffenden findet auf Grundlage zwei verschiedener Anknüpfungspunkte Eingang in Förderrichtlinien.

1. Anknüpfungspunkt wirtschaftliche Bedürftigkeit

Eine Bewertung des künstlerischen Vorhabens anhand der wirtschaftlichen Bedürftigkeit der Antragstellenden begegnet ernsthaften Bedenken.[113] Die Förderung der freien Szene ausschließlich anhand von Bedürftigkeitsmaßstäben entspricht einer sozialstaatlichen Kunstschaffendenförderung.[114] Eine Bewertung aufgrund der Sozialverantwortung des Staates ist auch mit dem Prinzip des Pluralismus nicht vereinbar.[115] Es läuft der Sicherung von Vielfalt entgegen, wenn versucht wird, durch soziale Erwägungen das Wertungsdilemma mit Blick auf das Neutralitätsprinzip zu umgehen. Ein solches Kriterium verfolgt unter dem Paradigma eines freiheitlichen Lebensbereichs daher keinen legitimen Zweck. Dementsprechend hat sich bereits das Sozialstaatsprinzip als verfassungsrechtliche Legitimation der öffent-

109 Zustimmend *Buckermann*, Vermessung der Kunstwelt, S. 303f.

110 Sachs/*Bethge*, Art. 5 GG, Rn. 185.

111 Siehe ausführlich S. 49.

112 *Buckermann*, Vermessung der Kunstwelt, S. 304; *Luhmann*, Schriften zu Kunst und Literatur, S. 401 (405).

113 *Steiner*, HStR IV, § 86, Rn. 5; a. A. *Geis*, Kulturstaat und kulturelle Freiheit, S. 257.

114 *Huster*, VVDStRL 65 (2006), S. 51 (59), ausführlich *Mihatsch*, Öffentliche Kunstsubventionierung, S. 120ff.; siehe ausführlich S. 72.

115 *Palm*, Öffentliche Kunstförderung, S. 124; *Steiner*, VVDStRL 42 (1984), S. 7 (34).

lichen Kunstförderung als untauglich erwiesen.[116] Das Abstellen auf die wirtschaftliche Bedürftigkeit als Differenzierungskriterium ist daher unzulässig.

Das ist auch mit der Rechtsprechung des Bundesverfassungsgerichts in Einklang zu bringen. Danach ist die Wirtschaftskraft bei der fördernden Staatstätigkeit als Kriterium zulässig, sofern es sich der Sache nach um eine Qualitätsförderung handelt.[117] Ausdrücklicher Zweck der staatlichen Förderung ist danach, dass keine Vorhaben gefördert werden, die nicht auf eine Förderung angewiesen sind. Damit wird richtigerweise das Prinzip der Subsidiarität aufgegriffen, das nachfolgend unter dem Anknüpfungspunkt der wirtschaftlichen Eigenleistung diskutiert wird. Eine qualitätsunabhängige Bedürftigkeitsförderung ist demgegenüber nicht zielführend.

2. Anknüpfungspunkt Eigenanteil

Vielfach setzen Förderrichtlinien Eigenanteil-Quoten in Bezug auf die Gesamtfinanzierung des jeweiligen Vorhabens voraus; eine Vollfinanzierung ist der Ausnahmefall. Die Eigenanteil-Quote fußt auf dem Prinzip der Subsidiarität, dass sich der Staat bei der Aufgabenerfüllung zurückhält, soweit die Zivilgesellschaft sie ausfüllt.[118] Auf der einen Seite soll kein zivilgesellschaftliches Engagement verdrängt werden, auf der anderen Seite ist ihm ein angemessener Stellenwert beizumessen. Zudem sind weitere Einflussfaktoren wie die verfügbaren Haushaltsmittel, das Eigeninteresse des Zuwendungsempfängers und das jeweilige öffentliche Interesse an der Aufgabenerfüllung zu berücksichtigen.[119] Darin verwirklichen sich die förderpolitische Intention und der legitime Zweck, Anreize zu setzen, dass künstlerische Vorhaben wirtschaftlich arbeiten, weitere (private) finanzielle Geber akquirieren oder andere vorrangige öffentliche Träger in Anspruch nehmen.[120] Auf diese Weise soll einer bequem-saturierten Anspruchshaltung der Kunstschaffenden

---

116 Das »Gegenteil«, eine Grenze nach »oben«, also eine Förderung offensichtlich nicht wirtschaftlich bedürftiger Kunstschaffender, verbietet sich schon aufgrund von § 23 BHO, denn eine Zuwendung ist nur zulässig, wenn das zuwendungsfähige Interesse ohne die Zuwendung nicht oder nicht im notwendigen Umfang befriedigt werden kann.

117 BVerfGE 36, 321 (332f.).

118 Siehe ausführlich S. 107; zugleich wird der Regelfall einer Teilfinanzierung gem. Nr. 2.4 VV zu § 44 B/LHO umgesetzt; *Mihatsch*, Öffentliche Kunstsubventionierung, S. 94, beschreibt dieses Verhältnis im Sinne einer Formel »So viel Eigeninitiative wie möglich, so viel Staat wie nötig«.

119 *Dittrich*, § 44 BHO, Rn. 6.38.

120 Davon zu unterscheiden ist die förderpolitische Entscheidung, in Förderrichtlinien ein Kumulierungsverbot aufzunehmen, das das Zusammentreffen mehrerer öffentlicher Förderungen untersagt, was wiederum nicht zu verwechseln ist mit dem haushaltsrechtlichen Doppelförderungsverbot. Die besseren Argumente sprechen gegen ein generelles Kumulierungsverbot, *Dittrich*, § 44 BHO, Rn. 6.41.

vorgebeugt werden. Es soll nicht gefördert werden, was nicht auch wirtschaftlich förderungsbedürftig wäre, das heißt sich selbst finanzieren könnte.[121]

Aus Sicht der Verwaltung, die sich im angesprochenen Dilemma von Neutralität und Bewertung befindet, ist das Kriterium der wirtschaftlichen Eigenmittel aus einem weiteren Grund dienlich: Die Notwendigkeit, Eigenmittel meist durch weitere Drittmittel anderer Intermediäre zu ersetzen, bietet eine »Filterfunktion« durch Dritte, die sich durch ihre Unterstützung an einem »Kanonisierungsprozess« dessen, was als förderungswürdig erachtet wird, beteiligen.[122] Durch diesen »Filter« sichert sich die staatliche Auswahlentscheidung ab, indem auf zivilgesellschaftliche Zustimmung abgestellt wird. Dem ist mit Skepsis zu begegnen. Die zivilgesellschaftliche Zustimmung ist kein tauglicher Anknüpfungspunkt für eine Ungleichbehandlung hinsichtlich der Leistungsverwaltung im freiheitlichen Lebensbereich Kunst. Schließlich ist zu befürchten, dass ein solcher »Kanonisierungsprozess« die Avantgarde ausschließt, die zu fördern Wesen der Eigengesetzlichkeit der Kunst ist. Dem Wertungsdilemma kann sich die staatliche Förderentscheidung nicht sachgerecht entziehen, indem sie sich schlichtweg der (vermeintlichen) »Mehrheitsmeinung« anschließt.

a) Anknüpfungspunkt finanzielle Eigenmittel

Die durch das Bundesverfassungsgericht etablierte Voraussetzung der Angemessenheit bei der Berücksichtigung der wirtschaftlichen Kraft ist nicht erfüllt,[123] wenn sich die Verwaltung auf zu hohe Quoten festlegt.[124] Angemessen ist die Eigenbeteiligung, wenn die damit einhergehende Zugangshürde nicht außer Verhältnis zu der beabsichtigten Anreizfunktion steht. Die Festlegung der Eigenmittelquote ist eine förderpolitische Entscheidung. In der Praxis bewegt sich diese zwischen 20 % und 50 %.[125] Eine starre Quote lässt weniger Einzelfallbetrachtungen zu, sodass Vorhaben, die aufgrund ihres individuellen Charakters einen atypischen Fall darstellen,

---

121 BVerfGE 36, 321 (332f.).

122 *Mihatsch*, Öffentliche Kunstsubventionierung, S. 93.

123 BVerfGE 36, 321 (328).

124 Beispielsweise die Stadt Soest, die 70 % Eigenanteil fordert, Kulturförderrichtlinie der Stadt Soest abrufbar unter: https://www.soest.de/03leben_wohnen/kultur/Kulturfoerderrichtlinie_als_PDF-Datei__nderung_1.pdf, zuletzt abgerufen am 04. April 2019; ein weiteres Beispiel ist der Landkreis Dahme-Spreewald, der 30 % Eigenanteil voraussetzt, abrufbar unter: https://www.dahme-spreewald.info/sixcms/media.php/134/RL_Foerderung_Kultur_2019-12.pdf, zuletzt abgerufen am 24. August 2020.

125 Teilweise wird diese Spanne auch deutlich über- oder unterschritten, bspw. sieht die Förderrichtlinie Kunst und Kultur des Landes Sachsen lediglich 5 % Eigenmittelquote vor, abrufbar unter: https://www.revosax.sachsen.de/vorschrift/18065-Foerderrichtlinie-Kunst-und-Kultur#roml, zuletzt abgerufen am 13. Januar 2021.

kaum berücksichtigt werden können. Das spricht dafür, entweder eine geringe starre Quote bei der Förderung festzulegen oder alternativ eine variable Quote ausgehend von einer Mindestanforderung zu verlangen. Zudem sollte die Möglichkeit bestehen, die erforderlichen Eigenmittel durch einen Nachweis gesicherter Drittmittel ersetzen zu können.

b) Anknüpfungspunkt nicht-finanzielle Eigenleistung

Anstatt eines finanziellen Eigenanteils ist es angemessen, wie etwa in Hamburg oder Nordrhein-Westfalen praktiziert, (auch) bürgerschaftliches Engagement in Form von freiwilligen, unentgeltlichen Arbeiten, die über das ehrenamtliche Engagement hinausgehen (»Eigenleistungen«), als »fiktive« (nicht-finanzielle) Einnahmen in die Bewertung einzubeziehen.[126] Das würdigt die ehrenamtliche Arbeit der Beteiligten und verringert den Druck der Drittmittelakquise. Vor allem vermeidet dieser Ansatz aber eine die Eigengesetzlichkeit einschränkende Verengung der Auswahlentscheidung anhand von Meinungen Dritter. Wenn es zur Voraussetzung gemacht wird, Drittmittel eingeworben zu haben, besteht die Gefahr, dass das »Neue« außerhalb des Mainstreams nicht zum Zuge kommt. Dieses Risiko ist durch das Einbringen einer wirtschaftlichen Eigenleistung durch ehrenamtliche Arbeit verringert und insbesondere für die freie Szene vorzugswürdig. Eine ähnliche Wertung trifft KulturGB-NRW: Die Förderung soll das bürgerschaftliche und ehrenamtliche Engagement unterstützen (§ 9 S. 2) sowie sich der Arbeit von Vereinen und Verbänden, die sich der Kultur und der Begegnung in ländlichen Räumen widmen, fördern (§ 8 Abs. 2).[127]

III. Organisation

Gem. Nr. 1.2 Satz 1 VV zu § 44 B/LHO dürfen Zuwendungen nur solchen Antragstellenden bewilligt werden, bei denen eine ordnungsgemäße Geschäftsführung gesichert erscheint und die in der Lage sind, die Verwendung der Mittel bestimmungsgemäß nachzuweisen.[128]

---

126 Nr. 4.3. Allgemeine Richtlinie zur Förderung von Projekten und Einrichtungen auf dem Gebiet der Kultur, der Kunst und der kulturellen Bildung in Nordrhein-Westfalen; ein weiteres Beispiel ist 3.2. der allgemeinen Kulturförderrichtlinie Rheinland-Pfalz, die eine Berechnungsgrundlage von ehrenamtlicher und besonders qualifizierter ehrenamtlicher Arbeit festlegt; das entspricht der Forderung bürgerschaftliches Engagement zur Vereinfachung der Zuwendungspraxis zu honorieren, *Arbeitsgemeinschaft für wirtschaftliche Verwaltung e.V.* (Hg.), Modernisierung der Zuwendungspraxis für den Dritten Sektor, 2018, S. 43f.

127 Eine ähnliche Wertung kennt beispielsweise das Kunstfördergesetz Österreich, das gem. § 4 Abs. 2 S. 2 von einer Eigenmittelquote absieht, wenn diese wirtschaftlich unzumutbar ist.

128 Ausführlich zur Bonitätsprüfung im Zuwendungsrecht *Dittrich*, § 44 BHO, Rn. 12.

Mit Erfordernissen wie »Professionalität in der Projektausführung«[129] oder »die Professionalität und Verlässlichkeit des Veranstalters sind gewährleistet«[130] versuchen Förderrichtlinien ein Bewertungskriterium zu schaffen, das eine in organisatorischer Hinsicht erfolgreiche Projektdurchführung erwarten lässt. Diese Maßgabe verfolgt einen legitimen Zweck, denn von einer erfolglosen Projektdurchführung (Anknüpfungspunkt ist der Produktionsprozess)[131] ist keine positive Wirkung für einen freiheitlichen Lebensbereich zu erwarten, weil Ressourcen nicht zweckentsprechend eingesetzt werden. Dieser Maßstab darf nicht unangemessen hoch gesetzt werden. Gem. Nr. 1.2 VV zu § 44 BHO ist bei der Prüfung der ordnungsgemäßen Geschäftsführung durch die Bewilligungsbehörde ein staatsanwaltschaftliches Ermittlungsverfahren wegen eines gegen öffentliche Haushalte gerichteten Vermögensdeliktes besonders zu berücksichtigen. Die anwendbaren Nebenbestimmungen beinhalten ausführliche Regelungen für die Rückforderung von Zuwendungen, die nicht in der bezweckten Weise verwendet werden. Es stellt sich daher die Frage, ob bzw. inwieweit ein Verteilungskonzept der Kunstförderung über diese Voraussetzung hinausgehen sollte.

Eine Bewertung des Professionalisierungsgrades schafft einen »doppelten Boden«, erhöht gleichsam aber auch die Zugangsschwellen für die jeweiligen Antragstellenden und kann so den Pluralismus gefährden. Insbesondere Varianten dieses Kriteriums, die den Nachweis der Professionalität für die Vergangenheit erfordern, beinhalten die Gefahr, dass ein innovationshemmender Effekt eintritt.[132] Dazu gehören auch solche formalen Voraussetzungen, die potentielle Antragstellende von vornherein ausschließen, die nicht auf eine erfolgreiche einschlägige Vergangenheit verweisen können. Dementsprechend bestehen Bedenken gegenüber Kriterien, die von Antragstellenden beispielsweise fordern, »seit mindestens einem Jahr [zu] existieren und in diesem Zeitraum ein Jahresprogramm veranstaltet [zu] haben und belegen« zu müssen.[133] Daraus kann ein Teufelskreis für Kunstschaffende entstehen, die vormals nicht gefördert wurden: Aufgrund fehlender Referenzen finden sie

---

129 Richtlinie der Region Hannover für die Gewährung von Zuwendungen für Projekte der regionalen Kulturförderung aus Landes- und regionseigenen Mitteln, abrufbar unter: https://www.hannover.de/content/download/673479/16247605/file/projektfoerderung_-_richtlinie.pdf, zuletzt abgerufen am 08. Januar 2019.

130 Förderkriterien der Stadt München, abrufbar unter: https://www.muenchen.de/rathaus/Stadtverwaltung/Kulturreferat/Kulturfoerderung/Foerderkriterien.html, zuletzt abgerufen am 12. März 2020.

131 Siehe ausführlich S. 148.

132 Ähnlich *Burshille*, Planungswettbewerbe, S. 160; *Wendt* merkt an, dass Jeder Künstler sein könne, auf ein Qualifikationsmerkmal komme es nicht an v. Münch/Kunig/*Wendt*, Art. 5 GG, Rn. 91.

133 Programmförderung der Freien und Hansestadt Hamburg, abrufbar unter: https://www.hamburg.de/bkm/programmfoerderung/, zuletzt abgerufen am 1. Februar 2019.

in den so wichtigen öffentlichen Förderverfahren keine Berücksichtigung. Gleichzeitig können Vorhaben ohne öffentliche Förderung häufig nicht realisiert werden, sodass keine Referenzen für diese geschaffen werden können. Das betrifft insbesondere auch Migranten- und Laienkultur.[134] Die Bedenken hinsichtlich des Kriteriums der Organisation im Sinne einer Professionalität stützt auch die grundsätzliche Wertung des Art. 5 Abs. 3 GG, der jegliche subjektive oder objektive Zulassungsvoraussetzung für den Beruf des Künstlers ausschließt.[135]

Mit einer vergleichbaren Argumentation wird auch in Planungswettbewerben Kritik an Eignungskriterien geübt, die »identische« Referenzen zur Voraussetzung für eine Auswahl machen, obgleich solche Kriterien im Ergebnis – sofern angemessen – für zulässig gehalten werden.[136] Es ergebe sich auch hier der bereits dargestellte Teufelskreis und etablierte Teilnehmende verfestigten eine »marktbeherrschende Stellung«.[137] Es kommt daher auf die Angemessenheit der spezifischen Anforderung an die Referenz bzw. Vorerfahrung an, wobei in Planungswettbewerben auch zu berücksichtigen ist, dass die berufliche Qualifikation als zusätzlicher Nachweis einer zu erwartenden Eignung beiträgt.[138]

Für die Kunstförderung ist dem hinzuzufügen, dass es angesichts des Schutzes des Zuwendungsgebers durch die zuwendungsrechtlichen Kontroll- und Rückforderungsmöglichkeiten sachgerechter erscheint, die Bewertung der Organisation der Antragstellenden auf ein den Wettbewerb schützendes Maß zu beschränken. Dafür bietet sich die Wertung der fakultativen Ausschlussgründe gem. § 124 GWB an, die auf einen Mangel an Zuverlässigkeit abstellen, zum Beispiel dadurch, dass der oder die Antragstellende »im Rahmen der beruflichen Tätigkeit nachweislich eine schwere Verfehlung begangen hat, durch die die Integrität des Unternehmens infrage gestellt wird« (Nr. 3) oder »in Bezug auf Ausschlussgründe oder Eignungskriterien eine schwerwiegende Täuschung begangen oder Auskünfte zurückgehalten hat oder nicht in der Lage ist, die erforderlichen Nachweise zu übermitteln« (Nr. 8).[139] Auf diese Weise wird das Regel-Ausnahmeverhältnis dahingehend ausgestaltet, dass in der Regel Antragstellende für zuverlässig erachtet werden und nur ausnahmsweise, wenn Tatsachen auf einen gegenteiligen Fall hindeuten, Antragstellende ausgeschlossen werden. Auf diese Weise wird das Pluralismusprinzip angemessen gewahrt.

---

134 *Knüsel*, Jahrbuch für Kulturpolitik 2014, S. 133 (139).

135 V. Mangoldt/Klein/*Starck*/*Paulus*, Art. 5 GG, Rn. 435.

136 *Burshille*, Planungswettbewerbe, S. 157.

137 *Burshille*, Planungswettbewerbe, S. 158.

138 *Burshille*, Planungswettbewerbe, S. 159; vgl. zur technischen und beruflichen Leistungsfähigkeit gem. § 122 Abs. 2 Nr. 3 GWB, Ziekow/Völlink/*Ziekow*, § 122 GWB, Rn. 32.

139 Vgl. Beck VOB/B/*Opitz*, § 124 GWB, Rn. 9ff.

Eine Beschränkung auf nur natürliche oder nur juristische Personen ist unzulässig, denn die Rechtsform der Kunstschaffenden bzw. des Kollektivs hat für die Zulassung zum Verfahren keine Bedeutung und zieht eine zweckfremde Beschränkung nach sich.[140]

IV. Ortsbezug

Eine häufig aufzufindende Antragsvoraussetzung ist ein unterschiedlich ausgestalteter Ortsbezug.

1. Anknüpfungspunkt Wohnsitz oder Arbeitsschwerpunkt

Teilweise wird verlangt, dass Kunstschaffende ihren »Sitz im Landkreis [...] haben oder deren Aktivitäten auf Standorte im Kreisgebiet gerichtet sind«[141], mit ihren Vorhaben »im Landkreis und für den Landkreis wirksam«[142] sind oder einen »Wohn/-Geschäftssitz oder Tätigkeitsschwerpunkt«[143] vor Ort haben. Der Anknüpfung an Wohnsitz, Arbeitsschwerpunkt oder ähnlichen Ortsbezügen liegt die Hoffnung positiver Effekte für den jeweiligen Standort bzw. die Region zugrunde. Fraglich ist, ob eine regionale Begrenzung der Antragsberechtigung einen legitimen Zweck bei der Auswahlentscheidung verfolgt. Ein Seitenblick in das Recht des Planungswettbewerbs trifft dazu eine eindeutige Aussage: Gem. § 71 Abs. 2 Nr. 1 VgV ist die Beschränkung unter Bezugnahme auf das Gebiet eines Mitgliedstaates der Europäischen Union oder einen (auch innerstaatlichen) Teil davon unzulässig.[144] Damit wird das Ziel eines europäischen Binnenmarktes umgesetzt.[145] Da es sich bei der Kunstförderung um keine Wirtschaftsförderung handelt, ist die Zielsetzung

---

140 Vgl. § 71 Abs. 2 Nr. 2 VgV.

141 Richtlinie des Landkreises Potsdam-Mittelmark zur Förderung von Kunst und Kultur, abrufbar unter: https://www.potsdam-mittelmark.de/fileadmin/Redakteure/PDF/Formulare_Fachbereiche/FB_Soziales_Jugend_Schule_und_Gesundheit/FD_Schuuelerbefoerderung__Kultur_und_Sport/Richtlinie_zur_Foerderung_von_Kunst_und_Kultur.pdf, zuletzt abgerufen am 23. Juni 2020.

142 Richtlinie des Landkreises Barnim zur Förderung und Unterstützung des kulturellen Lebens im Landkreis, abrufbar unter: https://www.barnim.de/fileadmin/barnim_upload/Bereich_Landrat/Kreisrecht/4_Schulverwaltung_und_Kultur/41-30.pdf, zuletzt abgerufen am 22. Juni 2020.

143 Förderrichtlinie zur Projektförderung in der Stadtgemeinde Bremen, abrufbar unter: https://www.kultur.bremen.de/service/projektfoerderung-13709, zuletzt abgerufen am 23. Juni 2020.

144 Vgl. auch im Rückschluss zu § 3 Abs. 3 S. 3 RPW 2013; Ortsnähe, die eine gewisse Kontinuität oder Ortsansässigkeit verlangt ist als vergabefremdes Kriterium einem strengen Maßstab zu unterwerfen Dieckmann/Scharf/Wagner-Cardenal/*Scharf*, § 58 VgV, Rn. 34ff.

145 Pünder/Schellenberg/*Martini*, Vergaberecht § 71 VgV, Rn. 11; Voppel/Osenbrück/Bubert/*Voppel* § 71 VgV, Rn. 11.

eines europäischen Binnenmarktes allerdings nicht unmittelbar auf die Kunstförderung übertragbar. Gleichwohl ist es grundsätzlich im Sinne der Kunstförderung eine möglichst hohe Vielfalt der Antragstellenden zu erreichen, um bei der Auswahl den Prinzipien des Pluralismus und der Eigengesetzlichkeit der Kunst gerecht zu werden. Dem steht eine geographische Beschränkung jedoch entgegen und ist daher wenig zielführend.

2. Anknüpfungspunkt Strukturentwicklung

Etwas anderes gilt, wenn Anknüpfungspunkt des Ortsbezuges nicht die »Herkunft« der Kunstschaffenden im Sinne einer geographischen Beschränkung, sondern die Wirkung des Vorhabens ist. So kann ein Ortsbezug auch funktional für die städtische- oder regionale Strukturentwicklung und -erschließung eingesetzt werden, indem Vorhaben gefördert werden, die »neue Kulturorte ausfindig machen«.[146] Entsprechend den wenig ortsgebundenen bzw. translokalen Lebens- und Arbeitsweisen der freien Szene sollte dabei nicht auf formale Kriterien wie z.B. den Erstwohnsitz abgestellt werden, sondern eine wertende Betrachtung der Wirkung des jeweiligen Projektvorhabens erfolgen.[147] Teilweise wird eine Standortentwicklung nicht nur durch Förderung lokaler Projekte, sondern auch durch Repräsentation andernorts in den Blick genommen. So wird gem. § 16 Abs. 2 KulturGB-NRW die Präsentation künstlerischer Werke von nordrhein-westfälischen Kunstschaffenden im Ausland gefördert. Hinsichtlich der Strukturentwicklung bestehen insofern keine grundsätzlichen Bedenken.

3. Anknüpfungspunkt lokale Kooperation

Einen überwiegend kreativwirtschaftlichen Schwerpunkt hat die Bewertung nach Kooperationsvorhaben von Kunstprojekten. Häufig wird die »Kooperation mit mehreren Kulturträgern«[148] als Bewertungsmaßstab angelegt. Auch § 13 Abs. 3 KulturGB-NRW greift die Zielsetzung auf, die Zusammenarbeit verschiedener Träger der Kulturarbeit zu unterstützen, wenn diese Synergien erzeugt oder die Qualität der Kulturarbeit steigert. Obgleich die Kooperation unter kulturellen Projekten und Institutionen fraglos auch einen kommunikativen Austausch anstößt und damit auch den inhaltlichen Produktionsprozess fördert, dürften Kooperationen vor

---

146 Kulturförderrichtlinie der Stadt Bergisch-Gladbach, abrufbar unter: https://www.bergischgladbach.de/richtlinien-zur-kulturfoerderung-in-der-stadt-bergisch-gladbach.pdf, zuletzt abgerufen am 10. Januar 2019; für die Zulässigkeit von struktur- und regionalpolitischen Erwägungen: Heuer/Scheller/*Dommach*, § 23 BHO, Rn. 5.

147 *Landmann*, Kulturfördergesetz NRW, S. 36.

148 U.a. die Richtlinie zur Förderung der freien Kulturarbeit in der Stadt Essen, abrufbar unter: https://media.essen.de/media/wwwessende/aemter/41/Institutionelle_und_Projektfoerderung_Richtlinien_Aenderungsfassung_incl_Inklusion_04032016.pdf, zuletzt abgerufen am 10. Januar 2019.

allem Netzwerkeffekte und Synergien verfolgen, indem Anstrengungen für Öffentlichkeitsarbeit, Infrastrukturorganisation, Administration usw. zusammengefasst werden und ein Erfahrungsaustausch erfolgt.[149] Schwerpunktmäßig handelt es sich daher nicht um ein künstlerisches Kriterium, das einen Bezug zu einem kommunikativen Kunstverständnis aufweist. Vielmehr wird bezweckt, die Attraktivität des fördernden öffentlichen Akteurs zu verbessern und nach innen und außen sichtbar zu machen, wie etwa § 13 Abs. 1 S. 3 KulturGB-NRW ausdrücklich festlegt.

Es ist zu erwarten, dass Zugangshürden für kleine Vorhaben entstehen, die keine erhebliche Strahlkraft versprechen und daher keine Förderung erhalten. Kleine Vorhaben gehen zwischen den Prestigeprojekten, die dem öffentlichen Akteur dienlich sind, unter, sodass negative Auswirkungen auf das Pluralismusprinzip die Folge sein können. Derartige Vernetzung zu anderen Themen folgt der kulturpolitischen Motivation, neue Begründungsansätze und Möglichkeiten der Förderung für die Kultur zu erschließen, sieht sich aber gleichzeitig der Gefahr einer Entwertung der Kunst ausgesetzt.[150] Es wird gerade nicht die Erzeugung immer neuer Stile oder Werkideen innerhalb des Kunstsystems befördert.[151] Vielmehr wird schwerpunktmäßig auf die dem Kunstwerk extern zugeschriebenen Identitäts- und Prestigewerte abgehoben.[152] Ein solches Kriterium verfolgt daher keinen legitimen Zweck bei der Auswahlentscheidung zwischen mehreren Kunstschaffenden.

4. Anknüpfungspunkt »Identitätsbekenntnis«

Die Darstellung des »Kulturkampf von Rechts« hat gezeigt, dass politische Interessenvertreter ein »selbstbewusstes Bekenntnis zur deutschen Identität« oder eine »würdige Fortschreibung« des »kulturellen Erbes« als Voraussetzung öffentlicher Förderung verlangen (zusammenfassend »Identitätsbekenntnis«).[153] Soweit ein Förderprogramm die Auseinandersetzung mit Identität, Herkunft oder Nationalität zu einem thematischen Gegenstand erklärt, bestehen keine Zweifel an der Zulässigkeit. Die entsprechende Themenwahl ist Ausfluss des breiten kulturpolitischen Entscheidungsspielraums der Kulturverwaltung.

Darum handelt es sich bei dem Identitätsbekenntnis der AfD jedoch nicht, das im Kontext nationalistischer Gesinnung nur als »positives Bekenntnis« verstanden werden kann. Wird eine Positionierung gefordert, deren Inhalt die Verwaltung nicht neutral gegenübersteht, ginge damit eine Vorgabe für die inhaltliche Auseinander-

149 *Landmann*, Jahrbuch für Kulturpolitik 2014, S. 199 (203f.).

150 Ähnlich skeptisch gegenüber der mittelbaren wirtschaftlichen Bedeutung von Kultur *Conrad*, Öffentliche Kulturförderung und Welthandelsrecht, S. 62f.

151 *Luhmann*, Schriften zu Kunst und Literatur, S. 389 (396).

152 Siehe ausführlich S. 61.

153 Siehe ausführlich S. 54.

setzung einher. Inhaltliche Kriterien dieser Art sind mit dem Neutralitätsprinzip nicht vereinbar und als unzulässig zu verwerfen.

V. Personenbezogene Kriterien

Personenbezogene Kriterien knüpfen an Merkmalen der Person der Kunstschaffenden an. Je nachdem, ob eine individuelle Förderung oder die Förderung eines Zusammenschlusses von Kunstschaffenden angestrebt wird, wird das Vorliegen dieser Kriterien mitunter nicht für alle Mitglieder des Zusammenschlusses verlangt, sondern eine Mindestanzahl oder Quote verlangt.

1. Anknüpfungspunkt Geschlecht

Für die Verteilungspraxis ist insbesondere das Geschlecht als personenbezogenes Kriterium bedeutsam. Klarstellend machen manche Förderrichtlinien die gleichberechtigte Teilhabe von Männern und Frauen zu einer Zielsetzung des jeweiligen Förderprogramms.[154] Andere Förderprogramme richten sich teilweise ausschließlich an Künstlerinnen und machen damit das Nicht-Vorliegen des weiblichen Geschlechts zu einer Ausschlussvoraussetzung.[155] Diese vorübergehende Ungleichbehandlung kann helfen, die *de facto* vorhandene Frauen-Diskriminierung abzubauen,[156] so dass das legitime Ziel in der tatsächlichen Möglichkeit der Betätigung des freiheitlichen Lebensbereichs für beide Geschlechter liegt. In Berlin bestehen seit 1989 durch die Senatsverwaltung eingerichtete Förderprogramme zur spezifischen Förderung von Künstlerinnen, um der Unterrepräsentanz von Frauen entgegenzusteuern. In diesem Zusammenhang wird auch auf mangelnde Datenerhebung und -auswertung hingewiesen.[157] Insbesondere für die freie Szene sind keine Daten vorhanden, sodass sich Anhaltspunkte zur bestehenden Benachteiligung nur aus der Kulturförderung insgesamt ergeben: Eine Studie der Hertie School of Governance aus Oktober 2017 stellt eine Ungleichbehandlung fest, differenziert jedoch nicht

---

154 Kulturförderrichtlinie des Landes Mecklenburg-Vorpommern, abrufbar unter: https://www.regierung-mv.de/Landesregierung/bm/Kultur/Kulturförderung/?racr=a, zuletzt abgerufen am 10. Januar 2019.

155 Künstlerinnenförderung der Stadt Berlin, abrufbar unter: https://www.berlin.de/sen/kultur/foerderung/foerderprogramme/kuenstlerinnenfoerderung/, zuletzt abgerufen am 1. Februar 2019.

156 *Künzel*, APuZ 2004, S. 37; vgl. die Schlussfolgerungen des Rates der EU zum Arbeitsplan für Kultur 2019–2022 (2018/C 460/14) verwenden den Begriff des »Geschlechtergefälles«; vgl. zur Popmusikförderung *Meissner*, Kulturpolitische Mitteilungen I/2020, S. 38.

157 *Meissner*, Kulturpolitische Mitteilungen I/2020, S. 38; *Stöver*, Kulturpolitische Mitteilungen I/2020, S. 31; vgl. Schlussfolgerungen des Rates der EU zum Arbeitsplan für Kultur 2019–2022 (2018/C 460/14).

zwischen den Bereichen Aufstieg in Führungspositionen, Lohnunterschiede, Zugang zu Arbeitsplätzen im Kulturbetrieb sowie dem hier untersuchten Zugang zu »Prämiensystemen«.[158]

Die Frage der Geschlechtergleichbehandlung hat eine über soziale Aspekte hinausgehende Dimension, denn sie betrifft auch das Pluralismusprinzip. Eine einseitige Förderung zugunsten einer sozialen Gruppe führt zu einer Singularität der Perspektiven. Eine diversitäts- und gendersensible Kunstförderung wirkt sich insofern auf die Bekämpfung von Stereotypen und den gesellschaftlichen Wandel förderlich aus, indem eine breitere und gesellschaftsrepräsentative Vielfalt an Perspektiven, Diskursen und Erzählformen entsteht.[159] Beispiele von Förderprogrammen, die der Ungleichbehandlung entgegenwirken, sind in Berlin vorhanden; so etwa der Berlin-Rheinsberger-Kompositionspreis[160], das Film/Video Künstlerinnenprogramm[161], der Hannah-Höch-Förderpreis[162] sowie das Jazz Künstlerinnenprogramm[163], die sich gezielt auf künstlerische Felder konzentrieren, in denen Frauen unterrepräsentiert sind. Um auf eine paritätische Verteilung in der gesamten kreativen Branche hinzuwirken, hat die Kulturstaatsministerin 2016 den »Runder Tisch Frauen in Kultur und Medien« begründet. Daraus ist 2017 das Projektbüro »Frauen in Kultur und Medien« als eine Anlauf- und Beratungsstelle beim Deutschen Kulturrat hervorgegangen, das Mentoring-Programme und seit 2018 eine Vertrauensstelle gegen sexuellen Missbrauch und Gewalt betreibt.

---

158 Die Studie ist abrufbar unter: https://www.hertie-school.org/fileadmin/2_Research/2_Research_directory/Research_projects/Women_in_media_culture/Frauen_in_Kultur_und_Medien-Europa_Final.pdf, zuletzt abgerufen am 07. Februar 2020; zum Gender Pay Gap siehe *Schulz/Zimmermann*, Frauen und Männer im Kulturmarkt, S. 342ff. Eine ausführliche Aufarbeitung des Themas bietet ein Beitrag von Anne Peter, abrufbar unter: https://nachtkritik.de/index.php?option=com_content&view=article&id=15381:frauen-im-theater-ueber-geschlechterungerechtigkeit-im-theaterbetrieb&catid=101&Itemid=84, zuletzt abgerufen am 26. August 2020.

159 Vgl. Schlussfolgerungen des Rates der EU zum Arbeitsplan für Kultur 2019–2022 (2018/C 460/14); ähnlich auch Bundesverband Regie in einer Stellungnahme zur 9. Novellierung des FFG, abrufbar unter: https://www.bundesregierung.de/resource/blob/973862/1612540/471885c937c8837bf69a457f2d8bdc23/2019-05-17-ffg-bvr-bundesverband-regie-stellungnahme-data.pdf?download=1; zuletzt abgerufen am 12. Februar 2020.

160 Weitere Informationen abrufbar unter: https://musikakademie-rheinsberg.de/projekte/berlin-rheinsberger-kompositionspreis/, zuletzt abgerufen am 26. August 2020.

161 Weitere Informationen abrufbar unter: https://www.berlin.de/sen/kultur/foerderung/foerderprogramme/kuenstlerinnenfoerderung/artikel.82093.php, zuletzt abgerufen am 26. August 2020.

162 Weitere Informationen abrufbar unter: https://www.berlin.de/sen/kultur/foerderung/foerderprogramme/bildende-kunst/artikel.60220.php, zuletzt abgerufen am 26. August 2020.

163 Weitere Informationen abrufbar unter: https://www.berlin.de/sen/kultur/foerderung/foerderprogramme/kuenstlerinnenfoerderung/jazz-kuenstlerinnenprogramm-524383.php, zuletzt abgerufen am 26. August 2020.

Zurückzuführen ist der Unterschied zwischen den Geschlechtern auf ein vom »männlichen Schöpfer-Genius« geprägtes Künstlerbild, während Frauen lediglich eine reproduzierende Kompetenz zugeschrieben wird.[164] Für den Theater-Bereich fordert der Verband Pro Quote Bühne e.V., eine Gruppe von Bühnen-Regisseurinnen und anderen Theaterschaffenden in Deutschland, eine 50 %ige Frauenquote in allen künstlerischen Theater-Ressorts.[165] Diese Forderung dürfte sich grundsätzlich neben Arbeitsplätzen auch auf Förderprogramme beziehen. Zu erwägen wäre daher, eine Geschlechter-Quote bei der Auswahlentscheidung einzuführen.[166] Praktisch stößt das freilich an Grenzen, wenn die Förderung sich nicht an Einzelne, sondern auch an Gruppen und Kollektive richtet. Ggf. wäre eine »Schwerpunktbetrachtung«, ob der Zusammenschluss überwiegend mit Frauen besetzt ist, zielführend. Für individuelle Förderungen könnte eine Quote in der Praxis unproblematisch umsetzbar sein.

Soweit es sich um Auswahlprozesse handelt, scheint es indes sachgerechter, eine Lösung auf Ebene des Verfahrens anstatt auf Ebene der materiellen Entscheidungsmaßstäbe zu finden, wie es auch das Aktionsbündnis Darstellende Künste fordert.[167] Das dürfte zu dem geforderten Bewusstseinswandel beitragen, in dessen Verlauf geschlechtstypische Klischees abgebaut werden.[168] Insofern ist es für Förderungen, die sich nicht programmatisch mit dem Abbau diskriminierender Strukturen befassen, vorzugswürdig, eine Geschlechterquote für Auswahlgremien einzuführen, um anstatt einer erzwungenen Geschlechtergerechtigkeit eine gelebte Geschlechtergerechtigkeit durchzusetzen.[169] Flankierend sollten Coachings

---

164 *Künzel*, APuZ 2004, S. 34 (36).

165 Siehe dazu unter https://www.proquote-buehne.de/wollen/, zuletzt abgerufen am 07. Februar 2020; zahlreiche weitere Beispiele sind etwa das Frauen Kulturbüro NRW, die Autorinnenvereinigung, die GEDOK, der Verband Music Industry Women.

166 *Burgi* plädiert für die Entwicklung eines Frauenförderkonzepts, anstatt einer starren Frauenquote vgl. *Burgi*, Vergaberecht, § 7 Rn. 27.

167 Das Aktionsbündnis Darstellende Künste ist ein Zusammenschluss, dem der Bund der Szenografen, der Bundesverband Freie Darstellende Künste, das ensemble-netzwerk, das regienetzwerk, art but fair, die Dramaturgische Gesellschaft, die GDBA, Pro Quote Bühne sowie die Ständige Konferenz Schauspielausbildung und das Netzwerk flausen+ angehören. Das gesamte Forderungspapier findet sich unter: https://darstellende-kuenste.de/images/Positionspapier_Geschlechtergerechtigkeit_erganzt_Aktionsbundnis.pdf, zuletzt abgerufen am 07. Februar 2020; a. A. *Stöver*, Kulturpolitische Mitteilungen I/2020, S. 31; siehe ausführlich S. 209.

168 *Künzel*, APuZ 2004, S. 34 (37).

169 So lautet eine Forderung des Deutschen Kulturrats zur Herstellung von Geschlechtergerechtigkeit in Kultur und Medien, abrufbar unter: https://www.kulturrat.de/positionen/forderungskatalog-zur-herstellung-von-geschlechtergerechtigkeit-in-kultur-und-medien/, zuletzt abgerufen am 26. August 2020; a. A.: *Gross/Kaempffe/Rottler*, Kulturpolitische Mitteilungen I/2021, S. 50 (52).

und spezielle Beratungsangebote für Frauen bereitgestellt werden, wie es das Leitbild für Geschlechtergerechtigkeit des Bundesverbandes Darstellender Künste fordert.[170] Zudem wird vorgeschlagen, Extra-Budgets für Kinderbetreuung als Teil von Fördermitteln zur Verfügung zu stellen bzw. solche als zuwendungsfähige Ausgaben bei der Förderung anzuerkennen.[171]

2. Anknüpfungspunkt Alter

Nur sehr vereinzelt finden sich Förderkriterien, die am Alter der Kunstschaffenden anknüpfen. Was vor dem Hintergrund des Gleichbehandlungsgrundsatzes auf den ersten Blick fragwürdig wirkt, kann ausnahmsweise einen legitimen Zweck verfolgen. Beispielsweise richtet sich der bereits erwähnte Hannah-Höch-Förderpreis an Künstlerinnen, deren künstlerische Entwicklung sich »in der Mitte ihrer Karriere« befindet. Damit wird zwar nicht ausdrücklich an einem spezifischen Alter angeknüpft, aber gewisse Altersgruppen wie »sehr junge« und »sehr fortgeschrittene« Künstlerinnen ausgeschlossen. Ebenso kann es sich um einen legitimen Zweck handeln, denn gerade für einen gendergerechten Zugang zu Ressourcen bedarf es auch Förderungen, die, entsprechend der Lebenswirklichkeit vieler Frauen, den beruflichen Wiedereinstieg nach einer Familienphase fördern.[172] Auch Nachwuchsförderung kommt in Betracht, um wiederum den Karrierestart junger Kunstschaffender zu fördern. So vergibt beispielsweise die Stadt Köln Förderstipendien an Kunstschaffende, die im Verleihungsjahr nicht älter als 35 Jahre sind.[173]

VI. Formelle Kriterien

Durch formelle Bewertungskriterien wird der Zugang zum Verfahren geregelt. Dabei handelt es sich um zweifelsfrei feststellbare Voraussetzungen. Diese können sowohl beschränkender wie auch befördernder Natur sein. Durch die Voraussetzung, dass Kunstschaffende nach einem erfolglosen Antrag erst mit zeitlichem

---

170 Abrufbar unter: https://darstellende-kuenste.de/images/Geschlechtergerechtigkeit_in_den_Darstellenden_Künsten.pdf, zuletzt abgerufen am 07. Februar 2020.

171 *Stöver*, Kulturpolitische Mitteilungen I/2020, S. 31; dies setzt beispielsweise auch die Filmförderungsanstalt um, die nach einer Richtlinienänderung Kosten für familienfreundliches Drehen im Finanzierungsplan berücksichtigt. Demnach können die Kosten für Kinderbetreuung am Set in die Kalkulation für förderfähige Budgets mit einbezogen werden. Abrufbar unter: https://www.ffa.de/fokus-gender.html, zuletzt abgerufen am 4. Juni 2020.

172 So lautet eine Forderung des Deutschen Kulturrats zur Herstellung von Geschlechtergerechtigkeit in Kultur und Medien, abrufbar unter: https://www.kulturrat.de/positionen/forderungskatalog-zur-herstellung-von-geschlechtergerechtigkeit-in-kultur-und-medien/, zuletzt abgerufen am: 26. August 2020.

173 Abrufbar unter: https://www.stadt-koeln.de/artikel/04451/index.html, zuletzt abgerufen am 26. August 2020.

Abstand erneut zugelassen werden, kann die Anzahl der Antragstellenden reduziert werden. Dies mag der Qualität der Ausarbeitung und Präzision des Antrags unter Umständen dienlich sein. Zugleich wirkt diese Voraussetzung beschränkend, da einzelne Vorhaben ausgeschlossen werden.[174] Förderrichtlinien, die eine bevorzugte Behandlung von erstmaligen Antragstellenden vorsehen, können den gegenteiligen Effekt haben.[175]

Gelegentlich beinhalten die Förderrichtlinien auch Bagatellgrenzen bzw. Schwellenwerte. Dabei handelt es sich um Mindestsummen der Förderung, deren Unterschreitung zum Ausschluss im Verfahren führt. Die Höhe der Bagatelluntergrenze variiert regional; beispielsweise liegt diese bei 200 Euro im Landkreis Rostock[176] oder bei 8000 Euro in der emsländischen Landschaft.[177] Durch Bagatellgrenzen werden »Klein-Projekte« von der Förderung ausgeschlossen. Im Interesse der Verfahrensökonomisierung ist dieser Ansatz nachvollziehbar. Zur Bewahrung eines maximalen Pluralismus dürfte eine Verfahrensvereinfachung für »Klein-Projekte«, die unterhalb eines Schwellenwertes liegen, anstelle einer ausschließenden Bagatellgrenze, der zielführendere Weg sein.[178] Derartige Verfahrensvereinfachungen sind – wie erwähnt – auch aus dem Vergaberecht bekannt und als Anregung für die Kunstförderung heranzuziehen.

---

174 Die Bewerbung auf das Arbeitsstipendium des Land Berlin ist grundsätzlich nur im Zwei-Jahres-Rhythmus möglich, abrufbar unter: https://www.berlin.de/sen/kultur/foerderung/foerderprogramme/bildende-kunst/artikel.59934.php, zuletzt abgerufen am 10. Januar 2019.

175 Beispielsweise die Richtlinie zur Förderung der freien Kulturarbeit in der Stadt Essen, abrufbar unter: https://media.essen.de/media/wwwessende/aemter/41/Institutionelle_und_Projektfoerderung_Richtlinien_Aenderungsfassung_incl_Inklusion_04032016.pdf, zuletzt abgerufen am 10. Januar 2019.

176 Richtlinie des Landkreises Rostock zur Förderung von Projekten der Kultur und Kunst, abrufbar unter: https://www.landkreis-rostock.de/bekanntmachungen/satzungen/satzungen_rostock/09_foerderrichtlinien/spezielle-foerrichtlinien/001-Foerderrichtlinie_Kultur.pdf, zuletzt abgerufen am: 1. Februar 2019.

177 Abrufbar unter: https://www.emslaendische-landschaft.de/aktuelles/425-niedersachsen-dreht-auf, zuletzt abgerufen am 13. Januar 2021.

178 So entscheiden etwa in Dresden für Summen unter 2.500 Euro nicht die spartenspezifischen Facharbeitsgruppen, sondern das Amt für Kultur und Denkmalschutz in eigener Zuständigkeit, https://www.dresden.de/media/pdf/satzungen/richtlinie_kulturfoerderung.pdf, zuletzt abgerufen 15. Dezember 2018. Weitere Verfahrensvereinfachungen könnten Nachweise und Antragsumfang betreffen. Eine Verfahrensvereinfachung für geringfügige Verfahren fordert auch die *Arbeitsgemeinschaft für wirtschaftliche Verwaltung e.V.* (Hg.), Modernisierung der Zuwendungspraxis für den Dritten Sektor, 2018, S. 13f.

VII. Externe Faktoren

Teilweise wird, auf das Pluralismusprinzip rekurrierend, ein weiteres Kriterium gefordert, das zugunsten einer sachgerechten Entscheidung einen externen Faktor berücksichtigt. Im Fokus steht dabei die vorhandene bzw. gewachsene lokale Kulturszene als Kriterium für die Bewertung.[179] Durch die Einbeziehung »anderer Hintergründe und Rahmenbedingungen«, die außerhalb der »Antragslyrik« des jeweiligen Antrags lägen, werde die Akzeptanz innerhalb der jeweiligen Szene befördert.[180] Auch diese Erwägungen liegen nicht im Einflussbereich der betreffenden Antragstellenden. Beispielsweise dürfte wohl keine dem Stadtmarketing förderliche auswärtige (gleichwohl unter künstlerischen Gesichtspunkten förderungswürdige) Musik anstelle einer vorhandenen, ortsansässigen freien Theaterszene gefördert werden. Das kulturpolitische Steuerungsvorhaben ist ähnlich dem Kriterium des Ortsbezugs zu bewerten sein. Schließlich würde die Schwerpunktsetzung auf eine vorhandene Szene auch zum Ausschluss potentiell dem Pluralismus dienender neuer oder weiterer künstlerischer Entwicklungen führen.

Unter »externen Faktoren« können folglich solche Kriterien zusammengefasst werden, die den Blick auf im Umfeld des Vorhabens begründete Umstände richten und damit nur peripher an dem betreffenden Vorhaben anknüpfen. Diese sind maßgeblich förderpolitisch motiviert. Externe Faktoren sind mangels Bezugs zu den Prinzipien der Kunstförderung keine legitimen Bewertungskriterien.

VIII. Nachhaltigkeit

Der viel diskutierte Begriff der Nachhaltigkeit wird in seiner inhaltlichen Bestimmung maßgeblich mit der Agenda 21 der Konferenz der Vereinten Nationen für Umwelt und Entwicklung (1992, Rio de Janeiro) in Verbindung gebracht.[181] Nachhaltigkeit umfasst die drei Dimensionen Ökologie, Ökonomie und Soziales.[182] Innerhalb der materiellen Maßstäbe finden sich diese Dimensionen auch in Schnittmengen mit anderen nicht-künstlerischen Kriterien wieder. So könnte die soziale Nachhaltigkeit als Teil des nicht-künstlerischen Organisationskriteriums Berücksichtigung finden, indem faire Arbeitsbedingungen Eingang in die

---

179 *Braun*, Prinzipien öffentlicher Kulturförderung, S. 181; Ähnlich *Haselbach*, ZfK 2018, S. 103 (106), der sich für eine gegenüber ihrer Wirkung auf die Szene Rücksicht nehmende Kunstförderung ausspricht.

180 *Bergmann et al.*, Handb. Kulturmanagement, F 2.10. S. 13; Ähnlich *Germelmann*, Kultur und staatliches Handeln, S. 377, der die besondere Bedeutung des künstlerischen Sektors für die gesamte Kulturlandschaft als Kriterium anführt.

181 Abrufbar unter: https://www.un.org/depts/german/conf/agenda21/agenda_21.pdf, zuletzt abgerufen am 26. Dezember 2020.

182 Die drei Dimensionen der Nachhaltigkeit greift auch § 11 Abs. 1 KulturGB auf.

Auswahlentscheidung finden.[183] Initiativen aus dem Kulturbetrieb, die maßgeblich die ökologische Dimension betreffen, sind etwa der Grüne Filmpass der Filmförderung Hamburg Schleswig-Holstein, der verschiedene Verpflichtungen wie Flugreisen ab 500 km, CO_2-reduzierte Transporte und regionales Catering zu einer Voraussetzung eines erfolgreichen Förderantrags macht.[184] In der Filmförderung ist ökologische Nachhaltigkeit als eine zwingende Voraussetzung für Projektfilmförderung aufgenommen worden. Gem. § 59a Abs. 1 FFG werden Förderhilfen nur gewährt werden, wenn bei der Herstellung des Films wirksame Maßnahmen zur Förderung der ökologischen Nachhaltigkeit getroffen werden. Daneben wird gem. § 67 Abs. 12 FFG die Bewilligung der Förderhilfen mit der Verpflichtung der Erstellung einer Klimabilanz verbunden. Die Filmbranche hat damit eine Vorreiterrolle übernommen.[185]

Grundsätzlich weichen die für eine nachhaltige Organisation im Kulturbetrieb erforderlichen Maßnahmen nicht von den bereits für die Privatwirtschaft entwickelten Strategien und Konzepten ab, so dass es in erster Linie einer konsequenten Anwendung bedarf.[186] Leitfäden spezifisch für die Kultur wurden bereits von verschiedenen Akteuren entwickelt.[187] Die Verwaltung kann zudem beratend unterstützen und insbesondere klarstellen, dass Maßnahmen der Nachhaltigkeit im Rahmen einer Förderung dem Förderzweck entsprechen und mithin zuwendungsfähig sind,[188] so dass den Antragstellenden der finanzielle Handlungsspielraum gegeben wird, zugunsten der Nachhaltigkeit nicht auf Inhalte verzichten zu müssen. Ein erhöhtes Engagement im Kontext betriebsökologischer Aspekte verspricht gegenüber einer künstlerischen Auseinandersetzung mit der Klimakrise, eine neue Dynamik

---

183 Eine Forderung der Fairstage Initiative, abrufbar unter: https://www.fairstage.berlin/media/fairstage-massnahmenkatalog-september-2021.pdf, zuletzt abgerufen am 17. September 2021.

184 Abrufbar unter: https://www.ffhsh.de/download/92_Merkblaetter/DER_GRUeNE_FILMPASS_produktion_2020.pdf, zuletzt abgerufen am 26. Dezember 2020.

185 *Weiß*, Kulturpolitische Mitteilungen II/2020, S. 12 (13).

186 *Baumast*, Handb. Kulturmanagement, D 1.44., S. 53; überblicksartig zu den Lenkungsmaßnahmen der Verwaltung *Brünger/Duhnkrack*, Jahrbuch für Kulturpolitik 2021/22, S. 291ff.; *Könneke*, Kulturpolitische Mitteilungen II/2021, S. 46 (47); *Rauterberg*, Kulturpolitisches Jahrbuch 2019/20, S. 153 (155), wirft zahlreichen Institutionen »Greenwashing« vor.

187 Beispiele sind: »Inspirador 1.3« des Goethe-Instituts, abrufbar unter: https://www.goethe.de/resources/files/pdf155/inspirador_1.3_de4.pdf, zuletzt abgerufen am 26. Dezember 2020; »Einfach! Machen« der Kulturstiftung des Bundes, abrufbar unter: https://www.kulturstiftung-des-bundes.de/fileadmin/user_upload/content_stage/emas/Kompass-fuer-nachhaltiges-Produzieren-im-Kulturbereich-2020-KSB.pdf, zuletzt abgerufen am 26. Dezember 2020.

188 Ähnlich *Baumast*, Handb. Kulturmanagement, D 1.44., S. 57; *Weiß*, Kulturpolitische Mitteilungen II/2020, S. 12 (13); Beispiele für eine Umsetzung finden sich bei *Charles*, Jahrbuch für Kulturpolitik 2021/22, S. 179 (186).

zu entfalten.[189] Die Bewertung der Nachhaltigkeit erreicht die Grenze des Zulässigen, wenn eine Bewertung sich nicht auf das für die Projektförderung relevante Vorhaben beschränkt, sondern auf den Antragsteller oder die Antragstellerin insgesamt ausgedehnt wird. Im Kontext der freien Szene hieße das beispielsweise, die jährliche CO_2-Gesamtbilanz eines Atelierhauses für die Antragsbewertung zugrunde zu legen, anstatt sich auf die CO_2-Bilanz das beantragten Projektes zu beschränken.

IX. Mitgliedschaft in politischen Organisationen

Als Ausschlusskriterium ohne Wertungsmöglichkeit kommt die Mitgliedschaft in politischen Organisationen in Betracht. Dabei ist zunächst an verfassungsfeindliche Organisationen zu denken. Die kulturpolitische Debatte knüpft jedoch an der Kontroverse hinsichtlich des »BDS-Beschlusses« (*Boycott Divestment Sanctions*) des Bundestages an.[190] Darin beschloss der Bundestag unter anderem, keine Projekte finanziell zu fördern, die das Existenzrecht Israels in Frage stellen bzw. die zum Boykott Israels aufrufen oder die die BDS-Bewegung aktiv unterstützen.[191] Aus diesem Grund wird der Beschluss gelegentlich auch als »Anti-BDS-Beschluss« bezeichnet. Der Beschluss wird dahingehend verstanden, dass auch Maßnahmen der direkten Kunstentstehungsförderung dem Anwendungsbereich des Beschlusses unterfallen. Darauf reagiert aus dem Kulturbereich etwa die »Initiative GG 5.3 Weltoffenheit«, ein Zusammenschluss zahlreicher namhafter Repräsentanten und Repräsentantinnen öffentlicher Kultur- und Wissenschaftsinstitutionen, die in der Sache – dem Kampf gegen Antisemitismus und Rassismus – dem Bundestagbeschluss inhaltlich verbunden sind, in dem Beschluss selbst jedoch eine Gefährdung des öffentlichen Diskursraums sehen. Gegenstand der Kontroverse ist die implizite Vermutung, dass ein Gegner des Bundestagsbeschlusses zugleich ein Gegner des Staates Israels sei, bis hin zum Verdachtsmoment des Antisemitismus. Nach Auffassung der Initiative setzt Weltoffenheit »eine politische Ästhetik der Differenz voraus, die Anderssein als

189 Zum Spannungsverhältnis Kunst und Betriebsökologie mit Beispielen aus der Praxis: *Bramkamp/Rietschel*, Jahrbuch für Kulturpolitik 2021/22, S. 283 (285f.).

190 »Der BDS-Bewegung entschlossen entgegentreten – Antisemitismus bekämpfen«, BT-Drs. 19/10191. Für den Antrag stimmten die CDU/CSU, SPD, FDP, große Teile von Bündnis 90/Die Grünen und der fraktionslose Abgeordnete Mario Mieruch. Dagegen stimmten große Teile der Linksfraktion und Teile der Grünen-Fraktion. Enthalten haben sich Teile der Linksfraktion und Teile der Grünen-Fraktion sowie die AfD, die mit einem eigenen Antrag das Verbot der BDS-Bewegung forderte, vgl. BT-Dr 19/9757, der mit überwältigender Mehrheit in namentlicher Abstimmung abgelehnt wurde.

191 Siehe insbesondere III.4 und III.5 des Beschlusses BT-Drs. 19/10191.

demokratische Qualität versteht und Kunst und Bildung als Räume, in denen es darum geht, Ambivalenzen zu ertragen und abweichende Positionen zuzulassen«.[192]

Die Berücksichtigung einer BDS-Mitgliedschaft als Kriterium bei der Auswahlentscheidung überschreitet die Grenze zulässiger nicht-künstlerischer Kriterien, denn es wird an der allgemeinen Grundhaltung Antragstellender angeknüpft und nicht an dem konkret beantragten Vorhaben.[193] Ein maßgebliches Problem ist zudem, dass »der« BDS weder organisatorisch noch inhaltlich verfestigt ist. Es handelt sich um ein loses, wenngleich auch mächtiges und weit verbreitetes Netzwerk. Deshalb wird – überspitzt formuliert – jeder und jede dem BDS »zugerechnet«, der oder die sich kritisch zu Sachveralten im Zusammenhang mit Israel äußert und dadurch den BDS im Sinne des Beschlusses nur auf den ersten Blick »aktiv unterstützt«. Das zeigt die Problematik, wie der Anwendungsbereich zu bestimmen ist bzw. wie »aktiv zu unterstützen« abzugrenzen ist. Kritikwürdig ist insbesondere der Rückschluss, dass »wer nicht Freund ist, ein Feind ist«, der keineswegs logisch zwingend ist und das Meinungsspektrum auf ein »Entweder-oder« verengt.[194]

Der Ausschluss eines Vorhabens im Antragsverfahren unter Verweis auf den Bundestagsbeschluss kommt schon mangels Bindungskraft des Beschlusses für die Verwaltung nicht in Betracht. Es handelt sich beim BDS-Beschluss um einen einfachen Parlamentsbeschluss ohne Verbindlichkeit, der sich auf eine (erhebliche) politische Wirkung beschränkt.[195] Die Überprüfung einer solchen »Mitgliedschaft« ist keine administrative Entscheidung, sondern eine komplexe Wertungsentscheidung. In der Sache verbirgt sich hinter der Frage, ob eine »Mitgliedschaft« besteht, eine Bewertung der inhaltlichen Ausrichtung, die konsequenterweise über das konkrete Vorhaben der Antragstellenden hinausgehen, das gesamte künstlerische Schaffen der Antragstellenden betrachten müsste und in ein komplexes politisches Themenfeld einzuordnen wäre. Im Ergebnis handelt es sich um eine »Gesinnungsprüfung«, die einzelne Meinungen ausschließt. Das Kriterium muss – ob an der

---

192 Plädoyer der »Initiative GG 5.3 Weltoffenheit«, abrufbar unter https://www.hebbel-am-ufer.de/fileadmin/Hau/website_material/pdfs/201210_PlaedoyerFuerWeltoffenheit.pdf, zuletzt abgerufen am 27. Dezember 2020.

193 Vgl. BVerwG, NVwZ 2023, 169 (170); zustimmend *Möllers* in seinem Rechtsgutachten »Grundrechtliche Grenzen und grundrechtliche Schutzgebote staatlicher Kulturförderung« im Auftrag der Beauftragten der Bundesregierung für Kultur und Medien, abrufbar unter: https://www.bundesregierung.de/resource/blob/992814/2160112/3c7061aff87c616c9bfe6a878e2c75b0/2023-01-24-bkm-gutachten-moellers-data.pdf?download=1 zuletzt abgerufen am 12. November 2022.

194 Im Ergebnis ähnlich VGH München, Urteil vom 17.11.2020-4 B 19.1358, danach kann Teilhabe nicht schon unter Verweis auf die antisemitische Grundtendenz der BDS-Kampagne untersagt werden, sondern erst dann, wenn durch die Aktivitäten der Befürworter dieser Kampagne die Friedlichkeit der öffentlichen Auseinandersetzung gefährdet würde.

195 Vgl. *Schulz*, KommJur 2020, S. 245 (247f.).

Mitgliedschaft oder der schwerlich prüfbaren jeweiligen politischen Einstellung anknüpfend – verfassungsrechtlich unzulässig sein, denn die Prinzipien der Neutralität und des Pluralismus werden unangemessen eingeschränkt.[196]

D. Verhältnis und Gewichtung von künstlerischen und nicht-künstlerischen Bewertungskriterien

Dass eine Auswahlentscheidung aufgrund von künstlerischen Bewertungskriterien grundsätzlich zulässig ist, wurde eingangs dargestellt. Die ergänzende Heranziehung von nicht-künstlerischen Bewertungskriterien ist angesichts des weiten Ermessensspielraums der Verwaltung ebenfalls zulässig und mit Blick auf die externe soziale Funktion der Kunst auch sinnvoll.[197] Dieses Ergebnis wird auch durch die Heranziehung des Vergaberechts als Orientierungsrahmen bestätigt.[198] Wie gesehen, ist das Verhältnis von künstlerischen und nicht-künstlerischen Kriterien der Thematik beschaffungsfremder Kriterien im Vergaberecht vergleichbar. Dementsprechend wurde als Einschränkung herausgearbeitet, dass nicht-künstlerische Kriterien einem legitimen Zweck folgen und einer Verhältnismäßigkeitsprüfung am Maßstab der Intensität der Ungleichbehandlung standhalten sollten. Dadurch wird sichergestellt, dass die Kriterien mit dem Verteilungsverfahren in sachlichem Zusammenhang stehen.[199] Spiegelbildlich sind nicht-künstlerische Kriterien unzulässig, wenn diese die verfassungsrechtlichen Prinzipien der Kunstförderung unangemessen einschränken oder in keinem sachlichen Zusammenhang mit dem Verteilungsverfahren stehen. Dieser Maßstab ist zu lockern, wenn das Verteilungskonzept ausdrücklich bestimmt, dass nicht-künstlerische Kriterien nur dann zur Anwendung kommen, wenn lediglich eine Differenzierung künstlerisch gleichermaßen geeigneter Vorhaben erfolgt, denn dann kann nur noch die Gleichbehandlung Maßstab der Entscheidung sein.

Nicht-künstlerische Kriterien sind mit Ausnahmen folglich zulässig, doch stellt sich die Frage, in welchem Umfang diese berücksichtigt werden sollten. Im Interesse einer sachgerechten Verteilungsentscheidung sollten nicht-künstlerische Kriterien keinesfalls künstlerische Kriterien ersetzen bzw. überwiegen können. Auch in dieser Hinsicht kann das Vergaberecht als Anregung dienen: § 58 Abs. 3 VgV ergänzt die Regelung des § 127 Abs. 5 GWB und ermöglicht, die Zuschlagskriterien zu gewichten. Bei der Ermittlung des besten »Preis-Leistungsverhältnisses« für eine Zu-

---

196 Im Ergebnis ähnlich VG Köln, Beschluss vom 12.09.2019-14 L 1765/19; *Schulz*, KommJur 2020, S. 245 (248).

197 *V. Arnauld*, HStR VII, § 167, Rn. 83; *Lenski*, Öffentliches Kulturrecht, S. 441.

198 Siehe ausführlich S. 125.

199 Vgl. Pünder/Schellenberg/*Renner*, § 127 GWB, Rn. 33.

schlagserteilung gem. § 58 Abs. 2 VgV besteht keine zwingende Mindestgewichtung des Preises. Jedoch darf der Preis nicht völlig in den Hintergrund treten.[200] Analog zum Preis im Kontext der Wirtschaftlichkeit, darf die künstlerische Bewertung in der Kunstförderung keine völlig untergeordnete Rolle bei der Verteilungsentscheidung spielen. Vielmehr wird richtigerweise für eine nachrangige Berücksichtigung nicht-künstlerischer Kriterien plädiert.[201] Insofern sollten die künstlerischen Kriterien mindestens überwiegen (> 50 %).

Nur als *ultima ratio* einer Entscheidungsfindung, wenn eine materiell-vergleichende Unterscheidung aufgrund fehlender künstlerischer- und nicht-künstlerischer Kriterien unmöglich ist, kommen formale Kriterien als ergänzende Hilfskriterien für eine an sich wertende Entscheidung in Betracht.[202] In diesen Fällen kann subsidiär auf Kriterien wie den Prioritätsgrundsatz, das Anciennitätsprinzip, eine formale Quotenbildung, den Losentscheid oder das Rotationsprinzip zurückgegriffen werden.[203]

200 Ziekow/Völlink/*Steck*, § 58 VgV, Rn. 3; vgl. OLG Düsseldorf, BeckRS 2012, 15472

201 *Mihatsch*, Öffentliche Kunstsubventionierung, S. 123; vgl. v. Mangoldt/Klein/*Wollenschläger*, Art. 3 Abs. 1 GG, Rn. 308; zustimmend v. Münch/Kunig/*Wendt*, Art. 5 GG, Rn. 90; anders *Geis*, Kulturstaat und kulturelle Freiheit, S. 257, der nicht-künstlerische Kriterien für sachgerecht und geradezu vorzugswürdig hält.

202 *Wollenschläger*, Verteilungsverfahren, S. 559.

203 Vgl. v. Mangoldt/Klein/*Wollenschläger*, Art. 3 Abs. 1 GG, Rn. 308.

Dritter Abschnitt: Prozedurale Maßstäbe

Dem Verfahren kommt durch seine Komplementärfunktion für die Durchsetzung der materiellen Rechte eine besondere Bedeutung zur Wahrung der Neutralität und Chancengleichheit zu.[1] Das Grundgesetz dient nicht nur als Maßstab, sondern auch als Ersatz für eine nicht ausdrücklich normierte Verteilungsregelung. Der Grundrechtsschutz durch organisatorische und verfahrensrechtliche Standards ist Ausfluss der objektiven Dimension der Kunstfreiheit.[2] Staatlichem Kunstrichtertum wird am ehesten durch Verfahrensregeln begegnet.[3] Das Verfahren der Entscheidungsfindung trägt die Suche nach einer wahren und gerechten Entscheidung in sich (materielle Legitimation).[4] Zugleich trägt es zur demokratischen Legitimation der Verwaltungsentscheidung bei und hat eine akzeptanzfördernde Wirkung.[5]

Verteilungsverfahren wie die Kunstförderung umfassen insgesamt fünf Verfahrensphasen, die sich in die Konzept-, Ausschreibungs-, Antrags-, Entscheidungsfindungs- und die Entscheidungsformungsphase gliedern.[6] Anschließend wird die Entscheidung umgesetzt. Die Ausdifferenzierung der Verfahrens- und Prüfschritte macht eine Verteilungsentscheidung nachvollziehbar und damit auch im Rahmen des Rechtsschutzes überprüfbar.[7]

---

1 *Wollenschläger*, Verteilungsverfahren, S. 14; VGH Kassel, NJW 1987, S. 1436 (1437); vgl. Pünder/Schellenberg/*Fehling*, Vergaberecht § 97 GWB, Rn. 67; vgl. *Britz*, EuR 2004, S. 1 (8).

2 Maunz/Dürig/*Herdegen*, Art. 1 Abs. 3 GG, Rn. 21; die Grundrechte »stellen zugleich objektivrechtliche Wertentscheidungen der Verfassung dar, die für alle Bereiche der Rechtsordnung gelten und Richtlinien für Gesetzgebung, Verwaltung und Rechtsprechung geben, BVerfGE 49, 89 (142); vgl. BVerfGE 7, 198 (205); BVerfGE 35, 79 (114); ähnlich *Höfling*, DÖV 1985, S. 387 (390).

3 VGH Kassel, NJW 1987, S. 1436 (1437); zustimmend: *Britz*, EuR 2004, S. 1 (8).

4 *Braun*, Prinzipien öffentlicher Kunstförderung, S. 280.

5 Zur Legitimation durch Verfahren siehe ausführlich Ehlers/Pünder/*Pünder*, Allg VerwR, § 13, Rn. 17.

6 *Wollenschläger*, Verteilungsverfahren, S. 536.

7 Vgl. Pünder/Schellenberg/*Fehling*, Vergaberecht § 97 GWB, Rn. 67.

A. Konzeptphase

In der Konzeptphase definiert die Verwaltung das Verteilungsobjekt, die Verteilungskriterien sowie die Verteilungsmodalitäten, in der Praxis auch gerne als »Förderprogramm« bezeichnet, die ihren Niederschlag in der Förderrichtlinie finden.[8] Das Konzept dient der Verteilungsgerechtigkeit sowie dem öffentlichen Interesse der optimalen Ressourcenallokation im Wettbewerb.[9] Die Bedeutung für die Zielerreichung des Verteilungsverfahrens hebt die Konzepterstellung zu einer Verpflichtung.[10] Das Konzept sollte zudem regelmäßig evaluiert werden.[11]

Voraussetzung für die Konzeption ist zunächst, den Verteilungskonflikt zu erkennen mit dem Anspruch, diesen sachgerecht aufzulösen.[12] Durch ein Konzept festgelegte Entscheidungskriterien und -modalitäten reduzieren die Gefahr willkürlicher und sachwidriger Einflüsse auf die Entscheidung. Das Konzept ist zudem Grundlage für die gerichtliche Kontrolle der individuellen Auswahlentscheidung. Zugleich dient die Festlegung der Entscheidungsmodalitäten und Veröffentlichung einer entsprechenden Richtlinie dazu, dass potentielle Antragstellende informiert werden (Doppelfunktion).[13]

---

8 *V. Lewinski/Burbat*, § 44 BHO, Rn. 16; v. Mangoldt/Klein/*Wollenschläger*, Art. 3 Abs. 1 GG, Rn. 309; *Wollenschläger*, Verteilungsverfahren, S. 536; für den Planungswettbewerb ausführlich: Beck VOB/B/*Schneider*, § 79 VgV, Rn. 15ff.; zu unterscheiden sind ergänzende Förderrichtlinien, die inhaltlich nicht von den Verwaltungsvorschriften zur Haushaltsordnung abweichen (Regelfall) und abweichende Förderrichtlinien (Ausnahmefall), die unter Beteiligung des BMF und BRH entwickelt werden müssen, *Dittrich*, § 44 BHO, Rn. 6.4.

9 *Dittrich*, § 44 BHO, Rn. 6.23; *Wollenschläger*, Verteilungsverfahren, S. 539; dieser Konzeptpflicht kommen längst nicht alle öffentlichen Akteure nach. So liegen beispielsweise im Bereich der darstellenden Künste bei einem Viertel der kommunalen Förderprogramme keine schriftlich fixierten Richtlinien vor, *Blumenreich*, Förderstrukturen, S. 93. Die Studie sieht sich daher aufgefordert, die Schaffung von schriftlich fixierten Förderkriterien für alle Instrumente der Förderung ausdrücklich zu empfehlen.

10 *Braun*, Prinzipien öffentlicher Kulturförderung, S. 291; *Wollenschläger*, Verteilungsverfahren, S. 538; *v. Arnauld*, HStR VII, § 167, Rn. 83; a. A. *Dittrich*, § 44 BHO, Rn. 6.20, der außer in den Fällen ausdrücklicher Verwaltungsvorschriften den Erlass von Förderrichtlinien in das Ermessen der Verwaltung stellt. Das Ermessen sollte jedoch immer dann zugunsten einer Förderrichtlinie ausfallen, wenn die Zuwendung – wie im Fall der öffentlichen Kunstförderung – im Wettbewerb vergeben wird; *Scheytt*, Kommunales Kulturrecht, Rn. 621, sieht in der Anwendung nachvollziehbarer und transparenter Förderrichtlinien eine »Soll-Vorschrift«; mitunter hat die Konzeptpflicht ausdrücklich Niederschlag in den betreffenden Verwaltungsvorschriften gefunden, wie es beispielsweise in Nr. 1.4 VV zu § 44 LHO Schleswig-Holstein der Fall ist.

11 Siehe dazu Nr. 11a.2 VV zu § 44 BHO sowie ausführlich *Dittrich*, § 44 BHO, Rn. 57.5.

12 *Burgi*, Vergaberecht, § 6 Rn. 9; vgl. Voppel/Osenbrück/Bubert/*Voppel*, § 58 VgV, Rn. 6; *Wollenschläger*, Verteilungsverfahren, S. 539.

13 *Dittrich*, § 44 BHO, Rn. 6.8; die Informationsfunktion einer Förderrichtlinie vermag in der Praxis jedoch nicht immer hinreichend Informationsdefizite abzubauen, sodass auch Beratun-

Förderrichtlinien als Verteilungskonzept sollten eine Aussage zu den folgenden acht Punkten treffen: zum Zweck und der Rechtsgrundlage der Zuwendung, zum Gegenstand der Förderung, zu den adressierten Antragstellenden, zu den Zuwendungsvoraussetzungen, zu Art, Umfang und Höhe der Zuwendungen, zu sonstigen Zuwendungsbestimmungen, zum Verfahren und schließlich zum Inkrafttreten.[14] Je höher die inhaltliche und sprachliche Qualität bzw. Präzision von Förderrichtlinien ist, je verständlicher und folgerichtiger sie verfasst und mit den Verwaltungsvorschriften zu § 44 B/LHO verzahnt sind, desto besser erfüllen sie ihre Funktion als (unmissverständliche) Dienstanweisung für eine sachgerechte Auflösung des Verteilungsverfahrens.[15] In der Praxis werden die einzelnen vorhandenen Förderrichtlinien diesem Anspruch indes in höchst unterschiedlichem Maße gerecht.[16]

Die Konzeptpflicht wäre konturlos, wenn nicht ein Mindestmaß der Bestimmtheit erforderlich wäre. Die Bestimmtheit bezieht sich auf eine Konkretisierung und erschöpfende Festlegung des Konzeptinhalts.[17] Besondere Bedeutung kommt der Definition der Entscheidungskriterien zu, die anhand einer sorgfältigen Analyse der konkreten Verteilungssituation erfolgt.[18] Ein solches Vorgehen dient der Rationalität und Transparenz des Auswahlvorgangs im Interesse der Verwaltung und der Verfahrensbeteiligten.[19]

Einen ähnlichen Anspruch haben die Regelungen des Vergaberechts zu bewältigen, die als Anregungen für die Konzeptphase dienen können. Für eine Vergabe müssen die Zuschlagskriterien so festgelegt und bestimmt sein, dass die Möglichkeit eines wirksamen Wettbewerbs gewährleistet wird, der Zuschlag nicht willkürlich erteilt werden kann und eine wirksame Überprüfung möglich ist, ob und inwieweit die Angebote die Zuschlagskriterien objektiv erfüllen.[20] Die Antragstellenden

---

gen und Coachings in Betracht gezogen werden sollten, *Müller/Richter/Ziekow*, Handb. Zuwendungsrecht, Teil A, Rn. 360.

14 Siehe auch Anlage zu Nr. 15.7 VV zu § 44 BHO; Gröpl/*Rossi*, § 44 BHO, Rn. 20; ausführlich: *Müller/Richter/Ziekow*, Handb. Zuwendungsrecht, Teil B, Rn. 125ff.

15 *Müller/Richter/Ziekow*, Handb. Zuwendungsrecht, Teil B, Rn. 16.

16 Ein ausführlicher Leitfaden zur Entwicklung einer Förderkonstruktion findet sich bei *Müller/Richter/Ziekow*, Handb. Zuwendungsrecht, Teil B, Rn. 23 ebenso in der Anlage zu Nr. 15.7 VV zu § 44 BHO; zu zeitlichem und organisatorischem Vorlauf beim Erlass einer Förderrichtlinie siehe *Dittrich*, § 44 BHO, Rn. 6.10ff.

17 Vgl. Pünder/Schellenberg/*Fehling*, Vergaberecht § 97 GWB, Rn. 68; vgl. Beck VOB/B/*Schneider*, § 79 VgV, Rn. 19.

18 *Dittrich*, § 44 BHO, Rn. 6.27.

19 *Dittrich*, § 44 BHO, Rn. 6.21; Beck VOB/B/*Opitz*, § 127 GWB, Rn. 146; *Wollenschläger*, Verteilungsverfahren, S. 537.

20 Eine Orientierung über Informationen, die zur Bestimmtheit des Verfahrens beitragen, gibt auch Anlage I RPW 2013; daraus dürften insbesondere die Nummern 1, 2, 4, 6–15, 17, 18, 20–22 von Bedeutung sein.

müssen bei Antragstellung absehen können, inwieweit sie die Voraussetzungen erfüllen.[21] Der Maßstab für die Bestimmtheit der Kriterien könnte dahingehend konkretisiert werden, dass alle durchschnittlich fachkundigen Kunstschaffenden bei Anwendung der üblichen Sorgfalt die genaue Bedeutung der Kriterien verstehen und sie in gleicher Weise auslegen können.[22] In der Praxis kann diese Regelung sicherstellen, dass nicht nur Antragstellende mit Vorerfahrung in der Lage sind einen aussichtsreichen Antrag vorzulegen, so dass durch ein breites Teilnehmendenfeld mit Erfolgsaussichten dem Pluralismus Rechnung getragen wird.

Dieser vergaberechtliche Bestimmtheitsmaßstab muss in der Anwendung auf den Bereich der Verteilung öffentlicher Kunstförderung wiederum Einschränkungen erfahren: Zwar ist eine gewisse Konkretisierung aufgrund der vorstehenden Gründe erforderlich, zugleich sollte die Bestimmtheit sich jedoch mit dem Bedürfnis nach Freiraum für kreative und innovative Leistungen im Bereich der Kunstförderung die Waage halten und daher die Anforderungen nicht bis ins letzte Detail regeln.[23] Andernfalls bestünde die Gefahr, dass durch ein enges Korsett des Entscheidungsprogramms die prozedurale Absicherung des Pluralismusprinzips konterkariert würde. So ist beispielsweise ein Kriterium wie »Qualität« ohne weitere Erläuterung aus sich heraus nicht ausreichend bestimmt. Angesichts der Offenheit der künstlerischen Leistung sind zugleich jedoch keine allzu strengen Voraussetzungen an die Bestimmtheit anzulegen,[24] so dass schon geringfügige Erläuterungen ausreichen.

Mit der Konzepterstellung wird der Ermessensspielraum konkretisiert. Damit geht eine entsprechende Selbstbindung einher.[25] In Anbetracht der Selbstbindung ist bei den einzelnen materiellen Voraussetzungen abzuwägen, ob diese als zwingend oder zwecks Flexibilisierung des Förderprogramms als »Soll«-Vorschriften ausgestaltet werden. Schließlich sind die Entscheidungsbefugten an diese Vorgabe gebunden.[26] Selbiges gilt für die Abwägung, wie detailliert oder teilweise vage

---

21 Vgl. MüKoVergabeR I/*Hölzl*, § 127 GWB, Rn. 78; vgl. Pünder/Schellenberg/*Renner*, Vergaberecht § 127 GWB, Rn. 19; vgl. Ziekow/Völlink/*Ziekow*, § 127 GWB, Rn. 25;

22 Vgl. Beck VOB/B/*Opitz*, § 127 GWB, Rn. 147; vgl. MüKoVergabeR I/*Hölzl*, § 127 GWB, Rn. 80; vgl. Pünder/Schellenberg/*Martini*, Vergaberecht § 79 VgV, Rn. 34; Ziekow/Völlink/*Ziekow*, § 127 GWB, Rn. 44; unzulässig sind jedenfalls solche Kriterien, die überhaupt nur von einem Antragsteller oder Antragstellerin erfüllt werden können, denn der Wettbewerb unter den konkurrierenden Antragstellenden darf nicht durch das Konzept vorentschieden werden Vgl. BeckOK VergabeR/*von Bechtolsheim*, § 127 GWB, Rn. 32.

23 Vgl. *Burshille*, Planungswettbewerb, S. 107.

24 Vgl. Dieckmann/Scharf/Wagner-Cardenal/*Scharf*, § 58 VgV, Rn. 132; vgl. Voppel/Osenbrück/Bubert/*Voppel*, § 58 VgV, Rn. 27.

25 Ausführlich: *Wollenschläger*, Verteilungsverfahren, S. 544 ff; *Ossenbühl*, HStR IX, § 104, Rn. 68; *Dittrich*, § 44 BHO, Rn. 6.7.; BVerwGE 104 (220).

26 Vgl. Pünder/Schellenberg/*Martini*, Vergaberecht § 79 VgV, Rn. 35.

ein materielles Kriterium gefasst wird und somit der Bewertungsspielraum den Entscheidungsbefugten vorgegeben wird.[27]

Grundsätzlich ist eine zeitliche Befristung von Förderrichtlinien erforderlich, eine Förderrichtlinie ohne Befristung ist die Ausnahme.[28] Wie lange eine Förderrichtlinie Geltung beansprucht, ist eine Entscheidung aufgrund des dahinterstehenden förderpolitischen Interesses. Eine Änderung oder Aufhebung der Förderrichtlinie kann jederzeit mit Wirkung für die Zukunft erfolgen, wenn es hierfür sachliche Gründe gibt.[29] Ein dem entgegenstehender Vertrauensschutz besteht nicht. Das ergibt sich aus dem breiten förderpolitischen Ermessen der Verwaltung.

B. Ausschreibungsphase

I. Bekanntmachungspflicht

Die Ausschreibungsphase dient neben dem öffentlichen Interesse an einer optimalen Ressourcenallokation auch der Sicherstellung individueller Partizipationschancen.[30] Daraus folgt eine Bekanntmachungspflicht, die hinsichtlich Art und Umfang des Publikationsmediums dem Interessentenkreis entsprechen muss.[31] Dazu sollte mindestens eine digitale Bekanntmachung auf der Webseite der jeweiligen Behörde gehören.[32] Daneben empfiehlt sich die Einrichtung eines abonnierbaren Newsletters oder eine Weiterverbreitung über die in der Regel viel beachteten

---

27 *Burshille*, Planungswettbewerbe, S. 123.

28 *Dittrich*, § 44 BHO, Rn. 6.45f.

29 *Dittrich*, § 44 BHO, Rn. 6.50 m. w. Nw.

30 *Wollenschläger*, Verteilungsverfahren, S. 550.

31 BeckOK VergabeR/*Marx*, § 97 GWB, Rn. 55; *Pünder*, VerwArch 2004, S. 38 (50); Gröpl/*Rossi*, § 44 BHO, Rn. 63; Beck VOB/B/*Schneider*, § 79 VgV, Rn. 28f.; *Wollenschläger*, Verteilungsverfahren, S. 55; Sachs/*Nußberger*, Art. 3 GG, Rn. 119; *Kiefer*, LKRZ 2007, S. 212 (214); einen Trend zu mehr Informations- und Begründungspflichten auch mit Blick auf das Informationsfreiheitsgesetz sehen *Hufen/Siegel*, Fehler im Verwaltungsverfahren, Teil 3 Rn. 785; gegen eine Bekanntmachungspflicht: *Müller/Richter/Ziekow*, Handb. Zuwendungsrecht, Teil A, Rn. 79; *Dittrich*, § 44 BHO, Rn. 6.19.

32 Eine ähnliche Verpflichtung kennt § 28 Abs. 1 UvGO, danach sind Auftragsbekanntmachungen auf den Internetseiten des Auftraggebers oder auf Internetportalen zu veröffentlichen. Zusätzlich können Auftragsbekanntmachungen in Tageszeitungen, amtlichen Veröffentlichungsblättern oder Fachzeitschriften veröffentlicht werden. Zusätzlich wurde im Bereich der Unterschwellenvergabe die Bedeutung eines zentralisierten Informationssystems erkannt. Die Auftragsbekanntmachungen auf Internetseiten des Auftraggebers oder auf Internetportalen müssen zentral über die Suchfunktion des Internetportals www.bund.de ermittelt werden können. Ein Beispiel, dem die Kunstförderung trotz dezentraler Organisation folgen sollte. Eine solche Informationsplattform könnte in Zusammenarbeit mit den Dach-

Newsletter entsprechender Dach- und Regionalverbände der jeweiligen künstlerischen Sparten. Der fehlende Informationszugang zu Ausschreibungen stellt in der Praxis eine nicht zu unterschätzende *de facto* Hürde dar.[33] Das beeinträchtigt den Wettbewerb.[34] Das Vergaberecht kennt im Unterschwellenbereich die Verpflichtung des Auftraggebers gem. § 41 Abs. 1 VgV Vergabeunterlagen unentgeltlich, uneingeschränkt, vollständig und direkt elektronisch abrufbar zu machen. Dieser Maßstab sollte der Mindeststandard auch für Bekanntmachungen eines Förderprogramms der Kunstförderung sein. Selektive Informationserteilung ist mit der Bekanntmachungspflicht nicht in Einklang zu bringen, sie verstößt gegen den Wettbewerbsgrundsatz. Das Verbot der selektiven Informationserteilung umfasst die gezielte Aufforderung eines geeigneten Antragstellers oder Antragstellerin zur Teilnahme an einem Verfahren, sofern dadurch ein zeitlich oder inhaltlich relevanter Informationsvorsprung entsteht.[35]

Das in § 10 S. 2 VwVfG verankerte Prinzip der Verfahrensökonomie beschränkt den Inhalt der Bekanntmachungspflicht auf ein dem raschen Abschluss und kostensparend ausgestalteten Verfahren angemessenes Maß.[36] Zugleich sind auch für grundsätzlich formlose Verfahren formale Mindeststandards zu berücksichtigen,[37] so darf nicht mit Verweis auf die Verfahrensökonomie eine willkürliche Begrenzung des Interessentenkreises vorgenommen werden.[38] Inhaltlich sollte die Bekanntmachung das gesamte Verteilungskonzept umfassen. Besondere Beachtung verdient die Angabe des Antragszeitraums. Die Frist zum Einreichen eines Antrags umfasst in der Regel ca. sechs Wochen, teilweise acht bis zehn Wochen.[39] Nach Fristablauf verspätet eingegangene Anträge werden nicht berücksichtigt. Mit Blick auf den chancengleichen Wettbewerb ist zu beachten, dass der Kreis der möglichen Antragstellenden nicht von vornherein durch unangemessen kurze Fristen für eine Antragerstellung beschränkt wird.[40]

Das Vergaberecht kennt spezielle Vorgaben zur Bekanntmachung, die als Anregung dienen können. Teil der Bekanntmachung sind die Zuschlagskriterien so-

---

verbänden der jeweiligen Sparten erfolgen, die um einen ähnlichen Service bereits redlich bemüht sind; ähnlich *Kiefer*, LKRZ 2007, S. 212 (215).

33 Vgl. *Müller/Richter/Ziekow*, Handb. Zuwendungsrecht, Teil A, Rn. 357.

34 Zustimmend *Dittrich*, § 44 BHO, Rn. 8.8.

35 *Wollenschläger*, Verteilungsverfahren, S. 594.

36 BeckOK VwVfG/*Gerstner-Heck* § 10 VwVfG, Rn. 15.

37 HK-VerwR/*Kyrill-Alexander/Schwarz*, § 10 VwVfG, Rn. 7.

38 Vgl. *Pünder*, VerwArch 2004, S. 38 (56).

39 Beispielweise in Berlin, abrufbar unter: https://www.berlin.de/sen/kultur/foerderung/antragsfristen/, zuletzt abgerufen am 28. November 2018.

40 Vgl. Pünder/Schellenberg/*Fehling*, Vergaberecht § 97 GWB, Rn. 60; vgl. *Burshille*, Planungswettbewerb, S. 110.

wie deren Gewichtung.[41] Ein späteres Nachschieben von Entscheidungsmaßstäben oder der Rückgriff auf nicht vorher angegebene Maßstäbe ist unzulässig. Ebenso ist der nachträgliche Verzicht auf bekanntgegebene Maßstäbe unzulässig.[42] Das ermöglicht es den Kunstschaffenden, ihre Projekt- oder Programmskizze bzw. künstlerische Mappe oder ähnliche Unterlagen auf die von dem Förderprogramm vorgesehenen künstlerischen Kriterien abzustimmen.

Die Verfahrensmodalitäten – beispielsweise die Zusammensetzung von Gremien – werden in der Praxis nicht einheitlich vor Ende der Ausschreibung bekanntgegeben, sodass dem Interesse an Transparenz nicht überall gleichermaßen nachgekommen wird.[43] Das ist insbesondere vor dem Hintergrund einer nachträglichen Änderungsmöglichkeit zu beanstanden, denn vergleichbar dem Vergaberecht ist eine nachträgliche Änderung aus Gründen der Zweckmäßigkeit zulässig, sofern dies in einem transparenten Verfahren und diskriminierungsfrei geschieht.[44] Es spricht also nichts dagegen, einen hohen Anspruch an die Bekanntmachungspflicht zu stellen, der die Verwaltung mit vergleichsweise einfachen Mitteln nachzukommen im Stande sein sollte.

II. Widerruf und Änderung der Ausschreibung

Die Selbstbindung der Verwaltung durch ein Verteilungskonzept reicht so weit, dass nicht nur das »Wie« der Durchführung, sondern auch das »Ob« der tatsächlichen Umsetzung ab dem Zeitpunkt der Ausschreibung regelmäßig nicht zur freien Disposition steht.[45] Macht die Verwaltung dagegen von einem Widerrufsvorbehalt Gebrauch, ist der Widerruf in derselben Weise wie die Ausschreibung bekannt zu machen oder hat durch besondere Mitteilung zu erfolgen. Aufgrund der gesteigerten

---

41 Voppel/Osenbrück/Bubert/*Voppel*, § 58 VgV, Rn. 58ff.; § 58 VgV wiederholt einzelne Grundsätze des § 127 Abs. 5 GWB und konkretisiert diese, Pünder/Schellenberg/*Renner*, Vergaberecht § 58 VgV, Rn. 1; zum Streitstand, wie zu verfahren ist, wenn für die bekannt gemachten Zuschlagskriterien keine Gewichtungsregeln angegeben sind, siehe MüKoVergabeR I/*Hölzl*, § 127 GWB, Rn. 99.

42 Vgl. MüKoVergabeR I/*Hölzl*, § 127 GWB, Rn. 83; vgl. Beck VOB/B/*Opitz*, § 127 GWB, Rn. 146; vgl. Ziekow/Völlink/*Ziekow*, § 97 GWB, Rn. 40; vgl. Voppel/Osenbrück/Bubert/*Voppel*, § 58 VgV, Rn. 26; für den Planungswettbewerb vgl. *Burshille*, Planungswettbewerb, S. 104f.

43 Für die Veröffentlichung der Gremienbesetzung plädiert beispielsweise der Kulturrat NRW in einem offenen Brief an die Kulturministerin, abrufbar unter: https://www.kulturrat-nrw.de/juryverfahren-in-nrw-offener-brief-an-ministerin-pfeiffer-poensgen/, zuletzt abgerufen am 7. Juli 2020.

44 Vgl. Pünder/Schellenberg/*Fehling*, Vergaberecht § 97 GWB, Rn. 68.

45 Etwas anderes gilt, wenn ein vertretbarer Grund in Anbetracht veränderter allgemeiner Rahmenbedingungen vorliegt. Ausführlich mit weiterer Rechtsprechung zu Stichtagsregelungen: BeckOK VwVfG/*Aschke*, § 40 VwVfG, Rn. 67; *Müller/Richter/Ziekow*, Handb. Zuwendungsrecht, Teil A, Rn. 90.

Schutzbedürftigkeit im öffentlichen Recht besteht ein Begründungsbedürfnis, das sich materiell nicht auf Fehlverhalten der Verwaltung oder vorhersehbare Gründe stützen kann und den Antragstellenden kommuniziert werden muss.[46] Ist eine Änderung der Ausschreibung erforderlich, empfiehlt sich in Anlehnung an § 1 Abs. 4 UA 2 RPW 2013 dies auf Ausnahmefälle und nur sachlich zwingende Gründe zu beschränken. Zudem sollte dabei der jeweilige Berufsverband konsultiert werden, um ein Mindestmaß an Transparenz und Kontrolle zuzulassen und dadurch den Anspruch eines Verwaltungshandelns »auf Augenhöhe« zu wahren.

C. Antragsphase

Die Teilnahme an einem begünstigenden Verteilungsverfahren bedarf eines Antrags.[47] Der Verfahrensaufwand sollte für die Antragstellenden durch eine verstärkte Nutzung elektronischer Verfahren gering gehalten werden.[48] Für die Berücksichtigung in den Verfahren der Kunstförderung erfolgt die Antragstellung teilweise ausschließlich digital,[49] vielfach ist auch die postalische »analoge« Antragstellung weiterhin erforderlich.[50] Eine Beschränkung der Anträge auf elektronische Wege dürfte mit Blick auf den Teilhabeanspruch zulässig sein, sofern die technischen Voraussetzungen eines Antrags allgemein zugänglich sind.

I. Ausschluss von Anträgen

Der vorschnelle Ausschluss von Anträgen kann im Einzelfall eine unzulässige Einschränkung des Teilhabeanspruchs darstellen, wenn die Beachtung von Form-

46 *Burshille*, Planungswettbewerb, S. 113.

47 Gem. Nr. 3.1 VV zu § 44 BHO hat ein Antrag schriftlich zu erfolgen; zum Dispositionsprinzip Ehlers/Pünder/*Pünder*, Allg VerwR, § 14, Rn. 18.

48 Vgl. Pünder/Schellenberg/*Fehling*, Vergaberecht § 97 GWB, Rn. 48.

49 Der nach Nr. 3.1. VV zu § 44 B/LHO erforderliche schriftliche Antrag kann gem. Nr. 15.6 VV zu § 44 B/LHO durch die elektronische Form ersetzt werden; in Berlin sind Anträge für alle Förderprogramme digital einzureichen, mit Ausnahme der »Konzeptförderung Darstellende Kunst« und »Neue Musik«. https://www.berlin.de/sen/kultur/foerderung/antragscenter/, zuletzt abgerufen am 28. November 2018.

50 So etwa in Hamburg: Die Behörde für Kultur und Medien akzeptiert ausschließlich Anträge in Papierform, teilweise wird das Einreichen von CD-ROMs ausdrücklich ausgeschlossen, https://www.hamburg.de/bkm/programmfoerderung/, zuletzt abgerufen 28. November 2019; die Kulturförderrichtlinie der Regionalförderung Oldenburg sieht eine 8-fache (!) Ausfertigung des Antrags vor, abrufbar unter: https://oldenburgische-landschaft.de/uploads/files/voraussetzungen_und_richtlinien_f_r_die_antragstellung_regionale_kulturf_rderung.pdf, zuletzt abgerufen am 13. Januar 2021.

vorschriften zum Selbstzweck wird.[51] Das gilt für die formellen Vorgaben bei Anträgen der Kunstförderung in besonders hohem Maße, die in der Praxis meist keiner Notwendigkeit für die Sicherung der Chancengleichheit dienen, sondern lediglich eine »historisch« gewachsene Gewohnheit darstellen. Gleichwohl ist im Blick zu behalten, dass die Verwendung von Formularen oder formellen Vorgaben zur Chancengleichheit im Wettbewerb beiträgt, wenn eine Vereinheitlichung der Anonymisierung dient, damit Entscheidungsbefugte neutral und unvoreingenommen auswählen können.[52] Die inhaltlichen Anforderungen an den Förderantrag liegen weitgehend im Ermessen der Bewilligungsbehörde.[53] Die Antragsunterlagen und der Finanzierungsplan müssen jedenfalls diejenigen Angaben enthalten, die erforderlich sind, um die Notwendigkeit und Angemessenheit der Zuwendung beurteilen zu können.[54] Nach Beendigung der Antragsphase sollten zum Zweck der Chancengleichheit und Gleichbehandlung die Einreichungen als bindend behandelt werden, keine Überarbeitungen mehr zugelassen und insbesondere nicht durch die Entscheidungsbefugten initiiert oder erfragt werden, selbst wenn diese leicht durchzuführen wären.[55] Damit ist die Beratungsfunktion des Zuwendungsgebers im Vorfeld der Antragstellung in angemessene Abwägung zu bringen.

Im Interesse der Chancengleichheit kommen verschiedene Gründe in Betracht, einzelne Antragstellende bereits in der Antragsphase auszuschließen.[56] Als reine Vorbereitungsmaßnahme ist diese Entscheidung durch die Kulturverwaltung zu

---

51 Vgl. Pünder/Schellenberg/*Fehling*, Vergaberecht § 97 GWB, Rn. 60; es empfiehlt sich daher Beispiele ausgefüllter Formulare sowie Erläuterungen, wie das Formular auszufüllen ist, zur Verfügung zu stellen.

52 Vgl. Pünder/Schellenberg/*Martini*, Vergaberecht § 72 VgV, Rn. 13.

53 Gem. Nr. 3.2 VV zu § 44 B/LHO bedarf es lediglich eines Finanzierungsplans (aufgegliederte Berechnung der mit dem Zuwendungszweck zusammenhängenden Ausgaben mit einer Übersicht über die beabsichtigte Finanzierung) und eine Erklärung, dass mit der Maßnahme noch nicht begonnen worden ist. Die Behörde kann über die formal geforderten Unterlagen hinaus weitere Informationen einfordern, um die Förderfähigkeit des beantragten Projekts oder der Institution umfassend und gründlich prüfen zu können, *v. Lewinski/Burbat*, § 44 BHO, Rn. 15; *Dittrich*, § 44 BHO, Rn. 8.6.

54 Nr. 3.2.1 VV zu § 44 BHO; Gröpl/*Rossi*, § 44 BHO, Rn. 64; *Dittrich*, § 44 BHO, Rn. 9.1ff.

55 Vgl. Pünder/Schellenberg/*Martini*, Vergaberecht § 79 VgV, Rn. 33; das soll sich entsprechend aus § 79 Abs. 4 S. 1 VgV ergeben. Danach hat das Preisgericht in seinen Entscheidungen die in der Wettbewerbsbekanntmachung als bindend bezeichneten Vorgaben des Ausrichters zu beachten.

56 Gem. § 79 Abs. 5 S. 4 VgV erfolgt die Berücksichtigung der Teilnahmeberechtigung erst nach der Entscheidung des Preisgerichts. Diese Vorschrift als Anregung heranzuziehen, ist jedoch nicht empfehlenswert. Hintergrund ist die Vermeidung zusätzlichen Arbeitsaufwandes, der entstünde, wenn das Preisgericht oder der Auftraggeber die Teilnahmeberechtigung aller Interessierten prüfen müsste, *Burshille*, Planungswettbewerbe, S. 146f., weshalb eine Prüfung im Vorfeld durch die Verwaltung sachgerecht ist.

treffen.[57] Es sollte ein Protokoll über den Ausschluss der einzelnen Anträge geführt werden. Ein solches kann zur Überprüfung den späteren Entscheidungsbefugten vorgelegt werden.[58]

Ein Ausschlussgrund liegt vor, wenn Antragstellende, die durch Kenntnis- oder Zeitvorsprünge Vorteile hinsichtlich des Verfahrens haben, die nicht potentiell allen Wettbewerbern zugänglich sind.[59] Das dient der Sicherung der Chancengleichheit. In Anlehnung an § 79 Abs. 2 S. 1 VgV sind das Personen, die infolge ihrer Beteiligung an der Vorbereitung oder Durchführung des Planungswettbewerbs bevorzugt werden oder Einfluss auf die Entscheidung des Preisgerichts nehmen können. Das betrifft in der Regel die Mitglieder eines an der Entscheidungsfindung teilnehmenden Gremiums und Mitarbeiter der jeweiligen Kulturverwaltung. Über die im engeren Sinne mit der Ausschreibung betrauten Mitarbeiter der Kulturverwaltung, sind in Anlehnung an § 6 Abs. 1 VgV, der nach der gesetzgeberischen Wertung neben § 79 VgV Anwendung findet,[60] auch Mitarbeiter der Verwaltung auszuschließen, bei denen ein Interessenkonflikt besteht. Wann ein Interessenkonflikt vorliegt, regeln § 79 Abs. 2 und Abs. 3 VgV (Vermutungsregelung).[61]

Es kommen insbesondere zur Entlastung des Förderverfahrens weitere Ausschlussgründe in Betracht. Die Verwaltung kann das Verfahren so ausgestalten, dass Antragstellende nur mit zeitlichem Abstand zum letzten Antrag zugelassen werden.[62] Mitunter wird die jeweils erneute Antragstellung auch quantitativ auf eine maximale Anzahl vergeblicher Versuche des Antragstellers oder der Antragstellerin begrenzt. Werden in der Vergangenheit geförderte Antragstellende von

57 Vgl. *Burshille*, Planungswettbewerbe, S. 133; den Regelablauf der Vorprüfung in »Architekten- und Ingenieurswettbewerben« gibt Anlage VI RPW 2013 vor. Für eine ähnliche »Zweistufigkeit« von öffentlichen und ausgelagerten Entscheidungsbefugten plädiert auch *Hufen*, Handb. der Grundrechte Band IV, § 101, Rn. 142; ähnlich *Braun*, Jahrbuch für Kulturpolitik 2014, S. 305 (310); *Palm*, Öffentliche Kunstförderung, S. 240.

58 Diese Lösung ist keineswegs zwingend, sondern geht den »Mittelweg« zwischen den niedrigschwelligen Vorgaben des Vergaberechts, die die Entscheidung dem Ausschreibenden überlassen und § 2 Abs. 5 RPW 2013, der für die Prüfung in der Regel einen fachkundigen Wettbewerbsbetreuer vorsieht und an der auch ein Gremienmitglied (bzw. Preisrichter und Preisrichterinnen) teilnehmen kann; dazu Anlage VII RPW 2013.

59 Vgl. Pünder/Schellenberg/*Martini*, Vergaberecht § 79 VgV, Rn. 11.

60 Vgl. Pünder/Schellenberg/*Martini*, Vergaberecht § 79 VgV, Rn. 12; *Burshille* plädiert im überschneidenden Anwendungsbereich von § 6 VgV und § 79 Abs. 2 VgV für eine vorrangige Anwendung des § 6 VgV, da dieser eine Widerlegung der Vermutung zulasse und hinsichtlich seiner Rechtsfolge daher gegenüber § 79 Abs. 2 VgV sachgerechter sei, *Burshille*, Planungswettbewerbe, S. 138f.

61 Ausführlich Pünder/Schellenberg/*Martini*, Vergaberecht § 79 VgV, Rn. 13ff.

62 Die Bewerbung für das Arbeitsstipendium in Berlin ist nur im Zwei-Jahres-Rhythmus zulässig, https://www.berlin.de/sen/kultur/foerderung/foerderprogramme/bildende-kunst/artikel.59934.php, zuletzt abgerufen 28. November 2018.

der erneuten Antragstellung ausgeschlossen, folgt das im Sinne des Pluralismusprinzips dem Gedanken, dass ein vielfältiges Feld neuer Anträge zum Zuge kommt. Gleichwohl wird die Eigengesetzlichkeit der Kunst potentiell beschränkt, denn es ist nicht auszuschließen, dass bereits erfolgreiche Antragstellende erneut die materiellen künstlerischen Kriterien im Vergleich zu Dritten bevorzugungswürdig erfüllen. Es drängt sich die These auf, dass der Ausschluss bereits zum Zuge gekommener Antragstellender auch aus sozialen Erwägungen erfolgt, denn Förderungen tragen auch zur Finanzierung der Lebensgrundlage bei. Sozialstaatliche Erwägungen sind jedoch sachfremd. Ein Ausschluss bereits zum Zuge gekommener Antragstellender empfiehlt sich folglich in der Regel nicht.

In Betracht kommen zudem formelle Ausschlussgründe. Bei der Antragsprüfung besteht das Bedürfnis nach Nr. 1.2 VV zu § 44 B/LHO eine Bonitätsprüfung des Antragstellenden vorzunehmen, um eine zweckentsprechende Verwendung sicherzustellen. Die Prüfungstiefe richtet sich nach Art und Höhe der Förderung.[63] Bei den Antragstellenden muss eine ordnungsgemäße Geschäftsführung gesichert erscheinen. Dafür sind bei der Prüfung insbesondere staatsanwaltschaftliche Ermittlungsverfahren wegen eines gegen öffentliche Haushalte gerichteten Vermögensdeliktes besonders zu berücksichtigen. Die Verwaltung kann aber auch Unterlagen wie einen Handelsregisterauszug oder Bankauskünfte oder Eigenerklärungen verlangen.

Des Weiteren sind Ausschlussgründe gegeben, wenn beispielsweise über das Geforderte hinausgehende Teilleistungen erbracht werden, denn andernfalls würden Anreize gesetzt, Mehrleistungen vorzulegen, wenn lediglich der Antrag – lediglich gekürzt um die Mehrleistungen – bestehen bliebe.[64] Dem wohnt der Grundsatz der Chancengleichheit inne, damit über die Anforderungen hinausgehende Anträge keinen Vorteil erlangen. »Nach unten« – für die spiegelbildliche Minderleistung – bietet sich ein großzügiger Maßstab an, da keine den Wettbewerb beeinträchtigende Chancenungleichheit zu befürchten ist. Zudem werden dadurch die Zugangshürden niedrigschwellig gehalten, wenn eine Beurteilung aufgrund der eingereichten Unterlagen möglich ist.[65] Ein Ausschluss aufgrund formeller Gründe kann auch die Stellung mehrerer Anträge sein.[66] Verwaltungspraktisch sollten mehrfache Anträge jedoch als Aktualisierung betrachtet werden, so dass lediglich der zeitlich zuletzt gestellte Antrag zu berücksichtigen ist.

63 *Dittrich*, § 44 BHO, Rn. 12.3.

64 VK Sachsen, IBR 2013, 565; für die gegenteilige Auffassung, dass eine sinnvolle Restleistung »gekürzt« um die teilweise Mehrleistung, für die Bewertung verbleibt, spricht der Verhältnismäßigkeitsgrundsatz, *Burshille*, Planungswettbewerbe, S. 132.

65 Vgl. § 5 Abs. 2 S. 3 RPW 2013.

66 Idealerweise unterbinden schon die technischen Umstände eine mehrfache Antragstellung, sofern eine digitale Antragstellung erfolgt. Andernfalls handelt es sich um eine administrative Entscheidung über den Ausschluss einzelner Anträge; vgl. § 5 Abs. 2 S. 1 RPW 2013.

Ein weiterer formeller Ausschlussgrund ist ein vorzeitiger Maßnahmebeginn. Ist mit dem im Antrag eingereichten Vorhaben bereits vor der Entscheidung über die Förderung begonnen worden, indem verbindliche finanzielle Verpflichtungen eingegangen wurden, die sich auf die Ausführung des Vorhabens beziehen, liegt ein vorzeitiger Maßnahmenbeginn vor (Nr. 1.3 VV zu § 44 B/LHO).[67] Dem liegt die Vermutung zugrunde, dass ein Vorhaben, das bereits begonnen wurde, im Sinne des Subsidiaritätsgrundsatzes auf öffentliche Förderung nicht zwingend angewiesen ist.[68] Diese Vorschrift ist in der Kulturförderpraxis erheblicher Kritik ausgesetzt.[69]

Streitbar ist, ob angesichts der engen Verbindung der Kunstfreiheit zur Meinungsfreiheit die rechtskräftige Verurteilung aufgrund von Delikten, wie das Verwenden von Kennzeichen verfassungswidriger Organisationen (§ 86 StGB) oder Volksverhetzung (§ 130 StGB), zu einem zwingenden Ausschluss vom Verfahren führen sollte. Dafür spricht, dass die Identifizierung mit nationalsozialistischem Gedankengut in diametralem Widerspruch zu den aufgezeigten Prinzipien der Kunst steht, sodass der Erfolg des Verteilungsverfahrens gefährdet sein könnte. Gleichwohl ist die Kunstfreiheit anders als die Meinungsfreiheit vorbehaltlos gewährleistet und nur durch verfassungsimmanente Schranken begrenzt. Das spricht für einen Ausnahmecharakter einer Anwendung solcher Ausschlusstatbestände und – wenn eine solche Wertung überhaupt auf die Kunstförderung anwendbar ist – für die Verschiebung dieser Fragestellung in die Phase der Entscheidungsfindung, damit sie einer wertenden Beurteilung zugeführt wird.[70] Andernfalls besteht das Risiko, den Teilhabeanspruch übergebührlich einzuschränken.

II. Anonymität der Anträge

Die Verfahrensgrundsätze der Planungswettbewerbe legen als Anregung nahe, die gesetzgeberische Entscheidung zugunsten einer Anonymisierung der Anträge in Erwägung zu ziehen (vgl. § 72 Abs. 2 S. 3 VgV). Die Entscheidung des Preisgerichts über anonyme Beiträge konkretisiert dort den Gleichbehandlungsgrundsatz durch

---

67 Ausführlich *Dittrich*, § 44 BHO, Rn. 16.7.

68 *Dittrich*, § 44 BHO, Rn. 16.1.

69 *Arbeitsgemeinschaft für wirtschaftliche Verwaltung e.V.* (Hg.), Modernisierung der Zuwendungspraxis für den Dritten Sektor, 2018, S. 19; *Härberer*, NVwZ 2019, S. 1230 (1231).

70 Siehe dazu auch den kontrovers diskutierten Fall Jonathan Meese, dessen Performance als strafbares Verhalten angeklagt, jedoch im Ergebnis freigesprochen wurde. So kann die satirisch geprägte Darstellung des so genannten Hitlergrußes im Rahmen einer Kunstperformance dem Schutz des Art. 5 Abs. 3 GG unterfallen; verfolgt der Handelnde in diesem Zusammenhang das Ziel einer bewussten Enttabuisierung des so genannten Hitlergrußes, um eine inhaltliche Auseinandersetzung zu ermöglichen, tangiert sein Verhalten auch unter dem Gesichtspunkt des Tabuisierungsgedankens nicht den Schutzzweck des § 86 a StGB, AG Kassel, NJW 2014, S. 801.

eine erhöhte Chancengleichheit.[71] Dadurch wird unter anderem parteilichen Entscheidungen vorgebeugt und die Neutralität des Gremiums wird gesichert. Zu diesem Zweck sind in praktischer Hinsicht vorbereitend die Antragsunterlagen von Namenszeichen etc. zu befreien, damit keine Hinweise auf die Identität der Antragstellenden vorliegen.[72] In der praktischen Anwendung ergeben sich allerdings Schwierigkeiten, wenn nicht-künstlerische Kriterien Berücksichtigung finden, die Informationen über die Antragstellenden erfordern. Die Anonymisierung hat auch zur Folge, dass weniger »bekannte und bewährte« Kunstschaffende in den Mittelpunkt gerückt werden, sodass gerade auch Berufsanfänger höhere Erfolgschancen haben, zum Zuge zu kommen.[73] Zugleich kann eine Anonymisierung auch eine im Übrigen diskriminierungsfreie Entscheidung, wie beispielsweise eine genderneutrale Auswahl, befördern.[74]

Soweit Kunstschaffende aufgrund einer besonderen bzw. bekannten »eigenen Handschrift« oder eines besonderen Stils durch sachkundige Gremienmitglieder potentiell identifiziert werden können oder die in dem Antrag dargestellte künstlerische Arbeit aus anderen Ausschreibungen, Ausstellungen oder der Öffentlichkeit bekannt ist, ist das hinzunehmen.[75] Ein Ausschluss im Interesse der Chancengleichheit ist nicht erforderlich.

III. Antragsersetzende Vorschlagsphase

Häufig wird von vornherein keine Antragsphase durchgeführt, sondern lediglich solche Kandidaten und Kandidatinnen zum Verfahren zugelassen, die von einer oder mehreren vorher festgelegten Person(en) oder Institution(en) vorgeschlagen werden (»Vorschlagsphase«). So werden für den Preis der Nationalgalerie ausgewählte Direktoren und Kuratoren, die im Bereich der zeitgenössischen Kunst tätig sind, sowie alle Mitglieder der Freunde der Nationalgalerie aufgefordert, Kandidaten für den Preis zu benennen (»Longlist«).[76] Ebenso werden für den Förderpreis der

71 *Burshille*, Planungswettbewerbe, S. 70; Beck VOB/B/*Hüttinger*, § 72 VGV, Rn. 22; Voppel/Osenbrück/Bubert/*Voppel*, § 72 VgV, Rn. 8.

72 Dieckmann/Scharf/Wagner-Cardenal/*Ingerowski*, § 72 VgV, Rn. 13; Voppel/Osenbrück/Bubert/*Voppel*, § 72 VgV, Rn. 9.

73 *Burshille*, Planungswettbewerbe, S. 70f.

74 So lautet eine Forderung des Deutschen Kulturrats zur Herstellung von Geschlechtergerechtigkeit in Kultur und Medien, abrufbar unter: https://www.kulturrat.de/positionen/forderungskatalog-zur-herstellung-von-geschlechtergerechtigkeit-in-kultur-und-medien/, zuletzt abgerufen am: 26. August 2020.

75 Vgl. *Burshille*, Planungswettbewerbe, S. 71; Voppel/Osenbrück/Bubert/*Voppel*, § 72 VgV, Rn. 9; Beck VOB/B/*Hüttinger*, § 72 VGV, Rn. 24; für einen Ausschluss in diesen Fällen plädiert hingegen Pünder/Schellenberg/*Martini*, Vergaberecht § 72 VgV, Rn. 13.

76 Abrufbar unter: http://preisdernationalgalerie.de/procedere/, zuletzt abgerufen am: 10. März 2020; die Frage, ob der Preis der Nationalgalerie überhaupt in den Anwendungsbe-

Stadt München im Bereich bildende und angewandte Kunst nur solche Kandidaten und Kandidatinnen für die Gremienentscheidung berücksichtigt, die von einem Gremienmitglied initiativ vorgeschlagen werden. Das reduziert das potentielle Teilnehmendenfeld, schafft auf diese Weise Zugangshürden und beschränkt damit den Pluralismus. Es werden allenfalls verfahrensökonomische Effekte erzielt. Zudem werden bei exklusiven Vorschlagsrechten der Gremienmitglieder Kollisionen mit dem Anspruch an unabhängige Experten und Expertinnen offensichtlich.

Vorschlagsphasen erinnern an Einladungswettbewerbe, die es dem Auslobenden in »Architekten- und Ingenieurswettbewerben« erlauben, einen beschränkten Teilnehmerkreis direkt zu bestimmen, § 3 Abs. 3 UA 3 S. 2 RPW 2013. Dieser ist jedoch ausdrücklich nur privaten Auslobenden vorbehalten und nicht von grundrechtsgebundenen öffentlichen Auslobenden durchzuführen. Eine entsprechende Vorauswahl verstieße gegen den Gleichbehandlungsgrundsatz, der nicht nur während des Wettbewerbs, sondern auch hinsichtlich des Zugangs zum Wettbewerb gilt.[77] Ähnlich verhält es sich bei der öffentlichen Kunstförderung, die durch eine antragsersetzende Vorschlagsphase gegen die verfassungsrechtlichen Prinzipien der Kunstfreiheit verstieße.

IV. Beratung und Coaching

Es werden Beratungen durch die Verwaltung und Coachings durch Dritte im Rahmen der Antragsphase angeboten. Die Antragstellenden werden dabei unterstützt, ihr Vorhaben in geeigneter Weise vorzubereiten. Eine anlasslose Beratungspflicht oder ein Beratungsanspruch gegenüber der Verwaltung besteht hingegen auch mit Blick auf § 25 VwVfG nicht.[78] Die Verwaltung soll lediglich anregen, wenn Anträge oder Erklärungen offensichtlich nur versehentlich oder aus Unkenntnis unterblieben oder unrichtig gestellt worden sind. Die Antragstellenden sind für ihr Handeln verantwortlich.[79] Zurückhaltung bei der Beratung baut jedoch nicht die *de facto*

---

reich der hier entwickelten Vorgaben fällt, ist nicht eindeutig zu beantworten. Formal wird der Preis durch den eingetragenen Verein »Freunde der Nationalgalerie« verliehen bzw. »ermöglicht«. Gleichwohl trägt der Preis offenkundig den Namen der staatlichen Einrichtung, wird auf der Webseite der Nationalgalerie publiziert und »in Anwesenheit der Kulturstaatsministerin [...] bekannt gegeben«. Für eine Betrachtung nach öffentlich-rechtlichen Grundsätzen spricht insbesondere, dass der Preis nicht in einer Geldleistung, sondern in einer Ausstellung in der öffentlichen Institution besteht, sodass im Sinne der Zweistufentheorie das »ob« des Zugangs betroffen ist.

77 *Burshille*, Planungswettbewerbe, S. 156.

78 *Müller/Richter/Ziekow*, Handb. Zuwendungsrecht, Teil A, Rn. 361; zu einem modernisierten Kommunikationsverständnis von Bürger und Verwaltung siehe *Woldt*, Unternehmen Kultur, S. 103 (105ff.).

79 Stelkens/Bonk/Sachs/*Kallerhoff/Fellenberg*, § 25 VwVfG, Rn. 12; für die Beratungsfunktion der Bewilligungsbehörde spricht sich auch *Dittrich*, § 44 BHO, Rn. 11.11 aus.

Hürden einer in vielen Fällen überkomplexen Zuwendungspraxis ab.[80] Gerade für die freie Szene, die keinen professionellen Verwaltungsapparat hinter sich hat, bestehen oft Schwierigkeiten, die Anforderungen eines Antrags und die Pflichten des Zuwendungsrechts zu erfüllen.[81] Der Umfang der Betreuung ist im Einzelfall insbesondere nach Komplexität des Förderprogramms in tatsächlicher und rechtlicher Hinsicht, des zu vermutenden Kenntnisstandes der Antragstellenden, der eventuellen Unerfahrenheit im Umgang mit der Verwaltung und einer daraus resultierenden Fürsorgebedürftigkeit, zu bestimmen.[82]

Soweit eine Beratung ohne Rechtspflicht gewährt wird, nimmt das auf der einen Seite Einfluss auf die Konkurrenzsituation zwischen den Antragstellenden, auf der anderen Seite dient es dem Abbau von Informationsdefiziten und einem sachgerechten Verfahren. Antragstellende werden in die Lage versetzt, geeignete Unterlagen einzureichen. Die Einwirkung auf die Konkurrenzsituation dürfte mit dem Gebot des fairen Wettbewerbs unproblematisch vereinbar sein, sofern das Angebot allen Antragstellenden gleichermaßen zugänglich ist und keine Ungleichbehandlung etwa durch selektive Informationsverteilung entsteht.[83] Zur Entlastung der Verwaltung, aber auch um von vornherein nicht in die Situation zu kommen, einen Informationsvorsprung vermitteln zu können, werden auch private Dienstleister in den Prozess einbezogen (Coaching). Teilweise gehen solche Initiativen auch von den jeweiligen Berufsverbänden der Kunstszene aus.

Ausdrücklich schreibt die Bereitstellung eines solchen Angebots etwa § 22 Abs. 3 KulturGB-NRW vor, der Bezirksregierungen verpflichtet, die Kulturschaffenden bei der Antragstellung zu beraten und regelmäßig Informationsveranstaltungen zum Zuwendungsverfahren anzubieten.[84] Dieses mediative Element kann zu einer verbesserten Kommunikation zwischen Behörde und den potentiellen Zuwendungsempfängern und -empfängerinnen führen und schon präventiv für Konfliktvermeidung sorgen. Dafür ist speziell auch die Anwesenheit oder Mitwirkung der im Verfahren Entscheidungsbefugten gewinnbringend.[85]

---

80 *Müller/Richter/Ziekow*, Handb. Zuwendungsrecht, Teil A, Rn. 361; Schulungen und Beratungsangebote werden auch für die Modernisierung der Zuwendungspraxis gefordert, *Arbeitsgemeinschaft für wirtschaftliche Verwaltung e.V.* (Hg.), Modernisierung der Zuwendungspraxis für den Dritten Sektor, 2018, S. 51ff.

81 *Landmann*, Kulturfördergesetz NRW, S. 98.

82 *Müller/Richter/Ziekow*, Handb. Zuwendungsrecht, Teil A, Rn. 362; Stelkens/Bonk/Sachs/*Kallerhoff/Fellenberg*, § 25 VwVfG, Rn. 24; HK-VerwR/*Kyrill-Alexander/Schwarz*, § 25 VwVfG, Rn. 3.

83 Vgl. *Burshille*, Planungswettbewerbe, S. 129.

84 Im Ergebnis insbesondere zu verwaltungsmäßigen Fragestellungen zustimmend, *Dittrich*, § 44 BHO, Rn. 6.42; auch Wettbewerbe im Anwendungsbereich des § 5 Abs. 1 UA 2 S. 1 RPW 2013 kennen ein ähnliches Instrument. Kolloquien dienen dem Dialog zwischen Auslobenden und Teilnehmenden, zur Klärung von Rückfragen sowie der Präzisierung der Aufgabe.

85 Vgl. Anlage IV RPW 2013; vgl. *Burgi*, Vergaberecht, § 7 Rn. 28.

D. Entscheidungsfindungsphase

Die Art der Entscheidungsfindung lässt sich anhand des Charakters ihrer Auswahlkriterien grundsätzlich in zwei Typen unterscheiden: eine schematische Entscheidung und eine bewertende Entscheidung.[86] Der erste Typus setzt voraus, dass die Entscheidung nach Kriterien erfolgt, deren Vorliegen oder Nicht-Vorliegen zweifelsfrei festzustellen ist. Die Vorteile einer schematischen Entscheidung liegen auf der Hand: geringerer Verwaltungsaufwand, ein transparentes und zügiges Verfahren frei von sachwidrigen Einflüssen sowie volle gerichtliche Überprüfbarkeit.[87] Die Analyse der materiellen Kriterien hat allerdings gezeigt, dass die öffentliche Kunstförderung eine bewertende Entscheidung ist, da insbesondere die künstlerischen Kriterien einen Bewertungsspielraum erfordern. Für einen Vorrang bewertender Maßstäbe spricht der Grundsatz der sachgerechten Entscheidung, denn schematische Kriterien führten zu einer Einebnung materieller Unterschiede.[88]

I. Entscheidungsbefugnis

Für die Beantwortung der Frage wer befugt ist, die Auswahlentscheidung zu treffen, ist dem Neutralitätsprinzip in hohem Maße Aufmerksamkeit zu schenken. Die Verfahrensgestaltung bedarf eines »aufgabenspezifisch hinreichenden Unparteilichkeitsniveaus«,[89] es muss die besonderen Anforderungen des der Kunstförderung zugrundeliegenden Spannungsfeldes abbilden.[90] Es stehen sich bei der Verfahrensgestaltung auf der einen Seite die Notwendigkeit der »Entstaatlichung« und auf der anderen Seite das Risiko einer Machtkonzentration zugunsten Privater (»Kunstdirigismus durch Private«) gegenüber.[91]

Die Zwischenstufen dieses Verfahrensspektrums schließen die Hinzuziehung von Sachverständigen in unterschiedlichen Funktionen und weitere Hybride der Beteiligungs- und Partizipationsformate ein.[92] Die Notwendigkeit der Beteiligung und Partizipation dritter nicht-staatlicher Akteure und Akteurinnen im Verwaltungsverfahren wird mit der Informationsverschaffung, die die Verwaltung für

86 *Wollenschläger*, Verteilungsverfahren, S. 554.

87 *Wollenschläger*, Verteilungsverfahren, S. 558.

88 V. Mangoldt/Klein/*Wollenschläger*, Art. 3 GG, Rn. 306; *Wollenschläger*, Verteilungsverfahren, S. 559.

89 *Wollenschläger*, Verteilungsverfahren, S. 598.

90 *Wollenschläger*, Verteilungsverfahren, S. 594.

91 *Graul*, Künstlerische Urteile, S. 75, bezeichnet die Auslagerung aller Förderentscheidungen beispielsweise an Akademien als praktisch unmöglich; *Höfling*, DÖV 1985, S. 387 (392); *Lenski*, Öffentliches Kulturrecht, S. 431.

92 Als weitere in Betracht kommende Verfahren sind beispielsweise Kulturausschüsse und Kulturbeiräte zu nennen, überblicksartig *Braun*, Jahrbuch für Kulturpolitik 2014, S. 305 (308).

eine rechtmäßige, effektive und effiziente Entscheidung benötigt, begründet.[93] Expertise fördert die Neutralität, Entscheidungsstabilität und Sachlichkeit.[94]

Ein Abgleich mit der Praxis zeigt, dass die Bandbreite verschiedener in Betracht kommender Verfahren genutzt wird.[95] Auf der einen Seite des Spektrums steht eine durch die Verwaltung nach eigenem Ermessen durchgeführte Auswahlentscheidung, auf der anderen Seite die eigenverantwortliche Auswahl durch Antragstellerinnen und Antragsteller selbst (Selbstverwaltung).[96] Die Partizipation durch die Antragstellenden stellt eine spezielle, verstärkte Form der Beteiligung dar, die über die Wahrnehmung, Anerkennung und Kommunikation hinaus auch auf Mitgestaltung und Teilhabe abzielt.[97]

Es gibt keinen Vorrang unter den nachfolgend dargestellten Typen der Entscheidungsbefugnis. Die Ausgestaltung des Verfahrens sollte als ein Spektrum verschiedener Möglichkeiten gesehen werden. Keiner der Typen verspricht, eine objektive Entscheidung herbeiführen zu können oder alle verfassungsrechtlichen Prinzipien gleichermaßen zu wahren. Die von vornherein »gefahrengeneigte« Tätigkeit der Kunstförderung macht es der Verwaltung zur Aufgabe, organisatorische Lösungen für die freie Kunst zu finden, die die jeweiligen Vorteile nutzen und deren Nachteile soweit möglich vermeiden.[98]

II. Entscheidungsfindung durch die Verwaltung

Vereinzelt wird die Auswahlentscheidung ausschließlich durch die Verwaltung selbst, d.h. durch die jeweiligen Behördenmitarbeitenden, oder durch ein öffentli-

---

93 *Mihatsch*, Öffentliche Kunstsubventionierung, S. 134; *Lenski*, Öffentliches Kulturrecht, S. 430.

94 *Mihatsch*, Öffentliche Kunstsubventionierung, S. 135; *Scheytt*, Handb. Kulturmanagement, A.1.3, S. 3.

95 Zur politischen Dimension der Thematik siehe auch den offenen Brief des Kulturrat NRW an die Ministerin für Kultur und Wissenschaft des Landes Nordrhein-Westfalen, Isabel Pfeiffer-Poensgen, vom 27.05.2019, abrufbar unter: https://www.kulturrat-nrw.de/juryverfahren-in-nrw-offener-brief-an-ministerin-pfeiffer-poensgen/, zuletzt abgerufen am 02. März 2020.

96 *Mihatsch*, Öffentliche Kunstsubventionierung, S. 138, Leisner, VVDStRL 42 (1984), S. 124 (126), warnen vor einer Zurückdrängung der hoheitlichen Entscheidungsbefugnis bzw. der übermäßigen Selbstverwaltung.

97 *Braun*, Prinzipien öffentlicher Kunstförderung, S. 284; *Lenski*, Öffentliches Kulturrecht, S. 431; die Verfahren streben nach einer »subjektiven Sachlichkeit«, *Steiner*, HStR IV, § 86, Rn. 14.

98 VGH Kassel, NJW 1987, S. 1436 (1438).

ches Gemeindeorgan bzw. seine gewählten Mitglieder getroffen.[99] Diese Verfahren werden auch als »Staatsmonopolisierungsmodelle« bezeichnet.[100]

Grundsätzlich ist die Entscheidung über Kunstförderung durch die politisch verantwortlichen Verwaltungsorgane zulässig.[101] Auswahlentscheidungen sind Bestandteil der politischen Gestaltungsaufgabe, die durch demokratische Wahlen regelmäßig neu strukturiert werden.[102] Die demokratische Legitimation der Auswahlentscheidung ist ein starkes Argument zugunsten der Wahl eines Staatsmonopolisierungsmodells.[103] In der Praxis werden Staatsmonopolisierungsmodelle meist nur zur Vereinfachung des Verfahrens für geringe Fördersummen angewendet.[104]

Das Staatsmonopolisierungsmodell unterliegt einer besonders großen Gefahr der ideologiebegründeten Parteilichkeit und der staatlichen Einflussnahme.[105] Zudem werden Bedenken gegenüber dem künstlerischen Sachverstand der Verwaltung geäußert.[106] Vereinzelt sind Informationspflichten der entscheidenden Ver-

---

99 Staatsmonopolisierungsmodelle sind auf allen föderalen Ebenen zu finden: Beispielsweise trifft für die Sparte Musik in Schleswig-Holstein ausschließlich das Fachreferat »Kulturelle Bildung« die Entscheidung über die Anträge, abrufbar unter: https://www.schleswig-holstein.de/DE/Fachinhalte/K/kulturfoerderung/musik.html, zuletzt abgerufen am 15. Dezember 2018; ebenso der Freistaat Bayern, der über Anträge für Projekt- und Investitionsförderung im Kunstbereich durch das Staatsministerium für Wissenschaft und Kunst entscheidet, abrufbar unter: https://www.freistaat.bayern/dokumente/leistung/57775040590, zuletzt abgerufen am 15. Dezember 2018; in Karlsruhe entscheidet das Kulturamt über Kunstförderanträge, abrufbar unter: https://www.karlsruhe.de/b1/kultur/kulturfoerderung/foerderrichtlinien/HF_sections/content/ZZjX8gAhFgY9wC/ZZjWDcCqV7EQgZ/Richtlinie%20Projektförderung.pdf, zuletzt abgerufen am 15. Dezember 2018; laut Kulturförderrichtlinie für die Samtgemeinde Bersenbrück trifft der Samtgemeindeausschuss, der sich aus Mitgliedern des Samtgemeinderats zusammensetzt, unter Vorsitz des Bürgermeisters die Auswahlentscheidung, abrufbar unter: www.bersenbrueck.de/staticsite/staticsite.php?menuid=3188&topmenu=2879, zuletzt abgerufen am 11. Dezember 2018.

100 *Höfling*, DÖV 1985, S. 387 (391); *Thiel*, Die verwaltete Kunst, S. 208.

101 *Germelmann*, Kultur und staatliches Handeln, S. 404; *Steiner*, HStR IV, § 86, Rn. 14; *Steiner*, VVDStRL 42 (1984), S. 7 (37); a. A. *Hufen*, NJW 1997, S. 1112 (1113); *Hufen/Siegel*, Fehler im Verwaltungsverfahren, Teil 2, Rn. 212.

102 *Steiner*, FS-Starck, S. 449 (453).

103 *Korinek*, Staat und Kunst, S. 62

104 So entscheiden etwa in Dresden für Summen unter 2.500 Euro nicht die spartenspezifischen Facharbeitsgruppen, sondern das Amt für Kultur und Denkmalschutz in eigener Zuständigkeit, https://www.dresden.de/media/pdf/satzungen/richtlinie_kulturfoerderung.pdf, zuletzt abgerufen am 15. Dezember 2018.

105 *Höfling*, DÖV 1985, S. 387 (393); *Thiel*, Die verwaltete Kunst, S. 208.

106 Kritisch *Steiner*, VVDStRL 42 (1984), S. 7 (36).

waltung an Kulturausschüsse über die Verwaltungsentscheidung vorgesehen, um Transparenz und Überprüfbarkeit einer Entscheidung zu fördern.[107]

Das Staatsmonopolisierungsmodell in »Reinform« dürfte der Sicherung der verfassungsrechtlichen Prinzipien in geringster denkbarer Weise entsprechen. Vereinzelt wird die Frage diskutiert, ob die Heranziehung Dritter gar eine Pflicht darstellt.[108] Dafür spricht das Neutralitätsprinzip, dem durch eine Abkehr von einem Staatsmonopolisierungsmodell in hohem Maße Rechnung getragen würde.[109] Teilweise werden die Risiken einer staatlichen und entstaatlichten Entscheidungsfindung aufgrund ihrer jeweils verfahrenseigenen Beurteilungsschwächen als gleichwertig betrachtet.[110] Verfassungsrechtlich ist nicht festgelegt, in welcher Organisationsform Neutralität zu gewährleisten ist.[111] Die Entscheidungsfindung durch ein Gremium stellt daher allenfalls die *best practice* Maßnahme (Regelfall) in der öffentlichen Kunstförderung dar.[112]

Dafür spricht auch ein Seitenblick auf das Wesen des Planungswettbewerbs als »Inspirationsbörse«[113], der die Kunstförderung in mancher Hinsicht ähnelt. Sowohl die Kunstförderung als auch die Planungswettbewerbe können vor Beginn des Verfahrens nicht »eindeutig und erschöpfend beschrieben werden«[114]. Diese

107 Beispielsweise in der Kulturförderrichtlinie für die Stadt Paderborn, abrufbar unter: https://www.paderborn.de/rathaus-service/stadtverwaltung/satzungen/kultur.php.media/90333/Kulturfoerderrichtlinien_ab_01.01.13.pdf, zuletzt abgerufen am 1. Februar 2019.

108 *Braun*, Prinzipien öffentlicher Kunstförderung, S. 105; *Germelmann*, Kultur und staatliches Handeln, S. 402; *Höfling*, DÖV 1985, S. 387 (393ff.); *Hufen*, Handb. der Grundrechte Bd. IV, § 101, Rn. 141, betont die Bedeutung einer beteiligungsoffenen Organisationsstruktur; dafür spricht sich implizit Dreier/*Wittreck*, Art. 5 Abs. 3 GG, Rn. 73, aus, der die Verwaltung in der Pflicht sieht, eine sachverständige und pluralistische Zusammensetzung eines Gremiums zu garantieren; eine Auslagerung der Auswahlentscheidung auf unabhängige Dritte hält auch *Stern*, Staatsrecht Bd. IV/2, S. 660, für »angezeigt«; für einen Gremienentscheid plädiert auch der Kulturrat NRW in einem offenen Brief an die Kulturministerin, abrufbar unter: https://www.kulturrat-nrw.de/juryverfahren-in-nrw-offener-brief-an-ministerin-pfeiffer-poensgen/, zuletzt abgerufen am 7. Juli 2020.

109 Für eine solche Pflicht, die dogmatisch an Art. 5 Abs. 3 GG anknüpft, *Schreyer*, Pluralistische Entscheidungsgremien, S. 138; *Graul*, Künstlerische Urteile, S. 83ff.

110 *Steiner*, HStR IV, § 86, Rn. 14.

111 Vgl. *Grimm*, VVDStRL 42 (1984), S. 46 (73); Kahl et al./*v. Arnauld*, BR GG, Art. 5 Abs. 3, Rn. 214; im Ergebnis zustimmend *Germelmann*, Kultur und staatliches Handeln, S. 403; für eine organisatorisch größtmögliche Dezentralität, Sicherung der Eigengesetzlichkeit und Pluralismus durch Entscheidungsfindung außerhalb der Verwaltung spricht sich auch *Hufen*, NVwZ 1983, S. 516 (519), aus.

112 Dafür spricht sich mit Blick auf die Fachlichkeit der Entscheidung auch *Knoblich*, Kulturpolitische Mitteilungen II/2021, S. 35 (37), aus; ähnlich *Eichler*, Kulturpolitische Mitteilungen II/2021, S. 42 (44).

113 Pünder/Schellenberg/*Martini*, Vergaberecht § 69 VgV, Rn. 2.

114 Pünder/Schellenberg/*Martini*, Vergaberecht § 69 VgV, Rn. 3.

Nähe von Kunstförderung und Planungswettbewerb spricht dafür, dass der im Planungswettbewerb zu suchende Interessenausgleich durch die Entscheidung eines Preisgerichts auch in der Kunstförderung ähnliche Anwendung finden sollte.

Für die Praxis sollte erwogen werden, das Regel-Ausnahme-Verhältnis dahingehend festzulegen, dass das Staatsmonopolisierungsmodell der Ausnahmefall bleibt.[115]

III. Entscheidungsfindung durch ein Gremium

Das wohl häufigste Verfahren ist die Auswahlentscheidung auf Grundlage des künstlerischen Werturteils eines Gremiums als Verwaltungshelfer.[116] Diese Form eines Staatsmediatisierungsmodells tritt in zahlreichen Facetten und Spielarten auf und lässt sich als »kooperative Wahrheitssuche« beschreiben.[117] In Zusammenarbeit mit einem sachverständigen Gremium soll ein hohes Maß an Sachkunde gewährleistet werden.[118] Zudem wird aufgrund eines unabhängigen Gremiums die Akzeptanz und Legitimation der Verfahrensentscheidung gesteigert.[119]

In Nordrhein-Westfalen ist die Hinzuziehung eines Gremiums oder externen Sachverstands nicht mehr wie noch in § 31 KFG-NRW als »Soll-Vorschrift« geregelt, sondern nunmehr gem. § 27 KulturGB der gesetzlich vorgesehene Regelfall. Ausnahmen können für Einzelentscheidungen bestehen, bei denen der Aufwand eines Gremienentscheids in Bezug auf die Bedeutung der Entscheidung unverhältnismäßig ist. Der Einsatz eines Gremiums ist insbesondere in längerfristig angelegten antragsoffenen Förderprogrammen ratsam, die eine oder mehrere Auswahlentscheidungen über eine Vielzahl von Anträgen erwarten lassen.[120]

Das Votum eines Gremiums wird als Empfehlung für die Verwaltung von dieser in ihre Entscheidung miteinbezogen (Vorbereitungshandlung).[121] Die endgültige Entscheidung verbleibt bei der Verwaltung.[122] An der Zulässigkeit bestehen auf-

---

115 Im Ergebnis ähnlich *Hufen*, Handb. der Grundrechte Bd. IV, § 101, Rn. 140ff.

116 *Germelmann*, Kultur und staatliches Handeln, S. 391; *Lenski*, Öffentliches Kulturrecht, S. 434; der Begriff des Gremiums entspricht dem »Preisgericht« in Planungswettbewerben.

117 *Höfling*, DÖV 1985, S. 391; *Scheytt*, Handb. Kulturmanagement, A.1.3, S. 4, weist darauf hin, dass private Initiativen und Unternehmen vielfach Gremien in die Entscheidungsfindung einbeziehen und nennt weitere exemplarische Bezeichnungen wie »Kulturrat«, »Kuratorium«, »Beirat«, die im Einzelfall unterschiedliche Gestaltung annehmen können; *Thiel*, Die verwaltete Kunst, S. 207.

118 *Korinek*, Staat und Kunst, S. 63.

119 Vgl. *Burshille*, Planungswettbewerbe, S. 117.

120 *Landmann*, Kulturfördergesetz NRW, S. 97.

121 *Germelmann*, Kultur und öffentliches Handeln, S. 398.

122 Nach a. A. kann die Entscheidung unter gewissen Umständen auch vollständig dem direkten staatlich-öffentlichen Einfluss und damit auch dem Verantwortungsbereich der politisch-parlamentarisch verantwortlichen Personen entzogen werden, *Steiner*, HStR IV, § 86, Rn. 14.

grund der Letztentscheidung durch die Verwaltung insofern keine Bedenken. Diese Form der Verwaltungshilfe belässt die Verantwortlichkeit für die Gesamtaufgabe bei der öffentlichen Stelle.[123] Dogmatisch wird für die Zulässigkeit einer Verwaltungsentscheidung unter Hinzuziehung eines sachverständigen Gremiums § 26 Abs. 1 Nr. 2 VwVfG herangezogen. Danach kann bzw. muss[124] die Behörde nach pflichtgemäßem Ermessen zur Ermittlung des Sachverhalts Sachverständige vernehmen oder schriftliche Äußerungen von Sachverständigen einholen. Diese der Beweisermittlung dienende Vorschrift kann auf die Situation eines künstlerisch-fachlichen Urteils entsprechend angewendet werden.[125]

Von der Empfehlung des Gremiums darf nur in Ausnahmefällen abgewichen werden. Die Abweichung von einer Gremienentscheidung macht einen kunstdirigistischen Einfluss besonders evident.[126] Wenn sich die Verwaltung über externen Sachverstand zur Lösung eines Problems, das zu lösen sie selbst nicht in der Lage ist, hinwegsetzt, muss mindestens ein atypischer Sachverhalt vorliegen. Atypische Fälle, die ein Abweichen vom Regelfall legitimieren, sind Verfahrensfehler, Tatsachenirrtümer, sachfremde Erwägungen und Verstöße gegen Verfahrensvorschriften seitens des Gremiums.[127] Ein weiterer atypischer Fall ist gegeben, wenn der Gremienvorschlag eine größere Anzahl von Anträgen umfasst, als aufgrund von begrenzten Ressourcen tatsächlich positiv zu bescheiden sind, sodass eine anschließende Auswahlentscheidung durch die Verwaltung zwingend erforderlich ist.[128] Sofern das Gremium Anträge aufgrund von Fehlern in der Organisationssphäre der Verwaltung für die Entscheidung zugrunde gelegt hat, kann eine Korrektur erforderlich sein. In diesen Fällen kann die Verwaltung ohne erneute Befassung des Gremiums auskommen, wenn der Fehler geringfügig ist und der Gesamtcharakter der Empfehlung unverändert bleibt.[129]

Die »Entscheidungsermächtigung« des Gremiums bezieht sich auf die (vergleichende) Auswahl der förderungswürdigen Antragstellenden.[130] Das Gremium gleicht die Anträge mit dem Konzept ab und nimmt eine darauf beruhende Bewertung vor, welche Antragstellenden den Vorzug erhalten.[131] Im Rückschluss dazu

---

123 *Germelmann*, Kultur und öffentliches Handeln, S. 396.

124 *Höfling* stellt die Einbeziehung von Kunstsachverstand für die konkrete Auswahlentscheidung für geboten, *Höfling*, DÖV 1985, S. 387 (395).

125 *Lenski*, Öffentliches Kulturrecht, S. 438.

126 *Höfling*, DÖV 1985, S. 387 (395).

127 *Höfling*, DÖV 1985, S. 387 (395).

128 *Höfling*, DÖV 1985, S. 387 (395); *Lenski*, Öffentliches Kulturrecht, S. 437.

129 In Anlehnung an die Wertung des § 132 Abs. 3 VgV, vgl. Pünder/Schellenberg/*Ritzenhoff*, Vergaberecht § 132 GWB, Rn. 69.

130 Vgl. *Burshille*, Planungswettbewerbe, S. 114.

131 *Burshille*, Planungswettbewerbe, S. 115, spricht von der Entscheidung im Ideenwettstreit.

sind administrative Entscheidungen in der Antragsphase zur Zulässigkeit von Anträgen nicht Gegenstand der Entscheidungsermächtigung des Gremiums.[132]

Im Interesse der Antragstellenden sollten die Gremienmitglieder (privatvertraglich) zur Verschwiegen verpflichtet werden. Um eine ausreichende Vorbereitung und zeitliche Verfügbarkeit der Gremienmitglieder zu gewährleisten, sollten eine Aufwandsentschädigung vereinbart und die übrigen Umstände der Tätigkeit vertraglich vereinbart werden.[133] Um sich dem Eindruck der Einflussnahme zu entziehen, sollte ein Gremienmitglied nach seiner Berufung nicht mehr auf Initiative der Verwaltung ausgetauscht werden.[134] Schon vor der Gremiensitzung sollten Vertretungen für die Gremienmitglieder vorgesehen werden.[135] Kann ein Gremienmitglied nicht höchstpersönlich an der Entscheidung teilnehmen, sollte eine Vertretung für das gesamte verbleibende Verfahren bestimmt werden.[136]

Die Zusammenstellung eines Gremiums ist nicht gesetzlich normiert. Die Freiheit der Verfahrensausgestaltung ist Teil der Kompetenz, überhaupt fördernd aktiv zu werden.[137] Trotz fehlender ausdrücklicher Regelungen eines Gremienverfahrens – anders als beispielweise bei Kommissionen gem. §§ 20ff. FFG – zeichnen das Verwaltungsrecht sowie die Anregungen der bereits benannten Verteilungsverfahren einzelne Determinanten vor, die für ein *best practice* Verfahren zu berücksichtigen sind.[138]

Die Gremienbesetzung muss durch ein demokratisch legitimiertes Organ erfolgen.[139] Das Pluralismusprinzip verbietet eine beliebige oder zufallsgenerierte Beset-

---

132 Die Überprüfung von Form und Frist der Bewerbung erfolgt in Preisausschreiben gem. §§ 657ff. BGB als separate Phase der Verfahrenszulassung; diese Aufgabe der zuständigen Verwaltung zu überlassen dürfte sachgerecht sein, MüKoBGB/*Schäfer*, § 661 BGB, Rn. 23; etwas anderes sieht der Regelablauf der Preisgerichtssitzung gem. Anlage VII der RPW 2013 vor: danach hat das Preisgericht auch über die Zulassung der Anträge zu entscheiden.

133 *Braun*, Prinzipien öffentlicher Kulturförderung, S. 296; ein Anspruch auf Sitzungsgeld ist beispielsweise im Kunstförderungsgesetz in Österreich gem. § 9 Abs. 2 ausdrücklich vorgesehen; ehrenamtlich ist hingegen die Mitgliedschaft im Kulturbeirat unter Geltung des § 4 Abs. 8 S. 1 SächsKultRG. Für eine Aufwandsentschädigung spricht auch die Wertung des § 26 Abs. 3 S. 2 VwVfG. Die Vergütungshöhe könnte sich dann an §§ 8, 9 JVEG orientieren.

134 *Burshille*, Planungswettbewerbe, S. 121

135 Voppel/Osenbrück/Bubert/*Voppel*, § 72 VgV, Rn. 3; die ständige Anwesenheit während der laufenden Sitzung des Gremiums, wie es § 6 Abs. 2 S. 3 RPW 2013 vorsieht, dürfte indes für die Kunstförderung nicht erforderlich sein, da die Beurteilungen nach künstlerischen Kriterien in höherem Maße subjektiv sind als die fachliche Expertise in »Architekten- und Ingenieurswettbewerben«.

136 Insofern orientiert sich die Stellvertretung eines Gremienmitglieds an den Fachpreisrichtern (in Abgrenzung zu den Sachpreisrichtern) des »Architekten- und Ingenieurswettbewerbs«, § 6 Abs. 2 S. 3 RPW 2013.

137 *Lenski*, Öffentliches Kulturrecht, S. 438; siehe ausführlich S. 88.

138 *Höfling*, DÖV 1985, S. 387 (395).

139 *Braun*, Prinzipien der Kunstförderung, S. 295.

zung von Gremien.[140] Daher sind die nachfolgenden Erwägungen bei der Besetzung des Gremiums zu berücksichtigen. Der Staat ist gegenüber dem von ihm geförderten freien Kunstleben verpflichtet, die Chance für einen Pluralismus künstlerischer Stile zu gewährleisten.[141] Dementsprechend darf die Zusammenstellung nicht einseitig erfolgen, damit sich die Verwaltung nicht mittelbar mit einer Stilrichtung identifiziert.[142] Zu diesem Zweck sind Unparteilichkeit, Expertise, Zusammensetzung, Begründungserfordernisse sowie der Modus und Aufbau der Entscheidungsfindung durch das Gremium zu berücksichtigen.

1. Unparteilichkeit der Gremienmitglieder

An der Beteiligung interessengebundener Privater bei der Auswahlentscheidung durch ein pluralistisches Entscheidungsgremium knüpft die Unparteilichkeitsproblematik an.[143] Die Verwaltung nimmt für eine insgesamt unparteiliche Aufgabenerfüllung im Rahmen der Auswahlentscheidung der Kunstförderung eine Garantenstellung ein. Zu unterscheiden ist zwischen der Heranziehung von Sachverstand und der Einbindung unterschiedlicher Interessengruppen.[144] Beide Herangehensweisen werden für die Unparteilichkeit bei der Auswahlentscheidung eingesetzt. Während bei Personen mit Sachverstand eine möglichst weitreichende individuelle Interessenunabhängigkeit zum Zweck der Unparteilichkeit im Vordergrund steht, soll im Fall der Heranziehung der Interessenvertretung eine pluralistisch-ausgewogene Ausbalancierung der Sonderinteressen erreicht werden.[145] Die Zuordnung eines Stimmrechts zugunsten eines Interessenvertreters kann in einem ansonsten mit interessenunabhängigen Personen besetzten Gremium auch die Interessen von Minderheiten stärken, wenn diese andernfalls unberücksichtigt blieben. So werden beispielsweise gem. § 4 Abs. 4 S. 1 SächsKultRG ausdrücklich die Belange des sorbischen Volkes im Kulturkonvent Oberlausitz-Niederschlesien durch eine Vertretung der Stiftung für das sorbische Volk wahrgenommen.

Angewendet auf die Verfahren der Kunstförderung bedeutet diese Unterscheidung, dass die Heranziehung von Interessenvertretungen in der Regel sinnvoll

---

140 *Braun*, Prinzipien öffentlicher Kulturförderung, S. 294; ein Negativ-Beispiel ist insofern die Jurybesetzung des DfdK Hamburg, die aus den freiwilligen Mitgliedern gelost wird, siehe unter: https://dfdk.de/foerderung/367-wiederaufnahme-und-gastspielfoerderung.html, zuletzt abgerufen am 02. März 2020.

141 *Braun*, Prinzipien öffentlicher Kulturförderung, S. 293; *Graul*, Künstlerische Urteile, S. 83; *Mihatsch*, Öffentliche Kunstsubventionierung, S. 139; als Gremienmitglieder kommen nur natürliche Personen in Betracht, vgl. Voppel/Osenbrück/Bubert/*Voppel*, § 72 VgV, Rn. 3; ausdrücklich § 6 Abs. 1 S. 1 RPW; siehe ausführlich S. 145.

142 *Graul*, Künstlerische Urteile, S. 83.

143 *Fehling*, Unparteilichkeit, S. 29; *Höfling*, DÖV 1985, S. 387 (395).

144 *Schreyer*, Pluralistische Entscheidungsgremien, S. 39.

145 *Fehling*, Unparteilichkeit, S. 414; kritisch *Steiner*, VVDStRL 42 (1984), S. 7 (36).

ist, wenn Sonderinteressen im Sinne einer langfristigen Infrastrukturförderung zum Erhalt einer lebendigen Kunstszene durch ein Programm förderpolitisch bezweckt werden. Interessenvertretungen mit Sonderinteressen repräsentieren die jeweiligen künstlerischen Szenen oder berufsständischen Interessen.[146] Auch im Kontext von Sonderinteressen ist eine gewisse Unabhängigkeit der Interessenvertretung von Antragstellenden und Institutionen erforderlich, damit ein – von strukturbedingten Abhängigkeiten abgesehen – freies Mandat gewährleistet ist.[147] Für die Wahrnehmung der Unparteilichkeitsverantwortung kommt es dann darauf an, dass das Gremienmitglied nicht weisungsgebunden und in der Lage ist, eine höchstpersönliche Entscheidung zu treffen.[148] Strukturbedingte Abhängigkeiten sind informelle Zwänge, wie etwa die Erfolgsbilanz des mit dem Sonderinteresse assoziierten Klientel innerhalb des betreffenden Verfahrens. Die Annahme, es gäbe keine außerdogmatischen und vorpositiven Wertungen und Einflüsse, gilt als wirklichkeitsfremd.[149] Gleichwohl führt der Generalverdacht zu weit, wenn überspitzt formuliert wird, dass die Auswahlentscheidung ein Dilemma zwischen Unabhängigkeit und Kennerschaft darstelle.[150] Die Zusammensetzung eines Gremiums wird der Unparteilichkeitsanforderung nicht gerecht, wenn nur einzelne Sonderinteressenvertretungen eingesetzt werden. Um dem vorzubeugen kann Verbänden und Institutionen ein formales Vorschlagsrecht gewährt werden.[151]

Einer übermäßigen Orientierung des Kunstbetriebs an Verbands- und Branchenbeteiligungen sollte entgegengewirkt werden, damit keine »Cliquenbildung und Selbstbedienungsmentalität« entsteht.[152] Gegenüber den Sonderinteressen ist die Einsetzung eines Gremiums mit Personen mit Sachverstand für Maßnahmen der individuellen Kunstförderung geeignet und wohl auch der Regelfall. Die Unterscheidung von Sachverstand und Interessenvertretung mag dabei nicht immer trennscharf möglich sein, vielmehr sind diese miteinander verwoben und nur graduell unterscheidbar.[153] Dementsprechend dürfte eine sachverständige Person in anderem Kontext auch eine Interessenvertretung sein bzw. andersherum. Bei

146 *Braun*, Prinzipien öffentlicher Kulturförderung, S. 293; *Mihatsch*, Öffentliche Kunstsubventionierung, S. 139, kritisiert die Beteiligung von Verbänden mit dem Argument, diese könnten Außenstehende außerhalb des Verbandes nicht repräsentieren. Diesem Problem könne nur mit einer Zwangsmitgliedschaft in einer berufsständischen Kammer begegnet werden.

147 *Fehling*, Unparteilichkeit, S. 417; zur parallelen Diskussion im Kontext von Intendanzbesetzungen *Burstein*, Elfenbeinturm, S. 59ff.

148 *Burshille*, Planungswettbewerbe, S. 120.

149 *Schreyer*, Pluralistische Entscheidungsgremien, S. 40.

150 *E. Huber*, Kulturstaat, S. 14f.

151 *Müller-Schöll et al.*, Potentialanalyse, S. 87.

152 *Braun*, Prinzipien öffentlicher Kulturförderung, S. 295; *Höfling*, DÖV 1985, S. 387 (393); *Thiel*, Die verwaltete Kunst, S. 209.

153 *Fehling*, Unparteilichkeit, S. 414.

Personen mit Sachverstand sind bei der Besetzung des Gremiums im Interesse der Transparenz und Chancengleichheit Interessenkonflikte zu beachten und zu prüfen, ob deshalb eine Parteilichkeit vorliegt. An der Aufdeckung muss sich die Verwaltung aktiv beteiligen.[154] Fragen der Befangenheit sind auch im Rahmen des Modus der Entscheidungsfindung zu berücksichtigen.

Um den Ansprüchen an die Unparteilichkeit gerecht zu werden, bedarf es der Möglichkeit des Ausschlusses von Gremienmitgliedern wegen Befangenheit. Befangenheit liegt vor, wenn keine Unabhängigkeit von den Antragstellenden besteht, also das Gremienmitglied in einer personellen, organisatorischen oder wirtschaftlichen Verknüpfung mit Antragstellenden steht, welche die Entscheidungsfreiheit und damit das Neutralitätsprinzip gefährden kann.[155] Ein Interessenkonflikt besteht für Gremienmitglieder, die an der Durchführung des Antragsverfahrens beteiligt sind oder Einfluss auf den Ausgang des Verfahrens nehmen können, und die ein direktes oder indirektes finanzielles, wirtschaftliches oder persönliches Interesse haben, das ihre Unabhängigkeit im Verfahren beeinträchtigen könnte.[156] Zudem wird das Bestehen eines Interessenkonflikts vermutet, wenn das Gremienmitglied selber einen Antrag gestellt hat, Antragstellende berät, sonst unterstützt oder vertritt, bei Antragstellenden beschäftigt ist oder diesen als Organmitglied angehört. Zudem gilt die Vermutung auch, wenn Angehörige des Gremienmitglieds diese Voraussetzung erfüllen.

Einen Schritt weiter geht die Befangenheitsregelung für Organe gem. § 11 FFG. Steht ein Mitglied des Gremiums zu einem Dritten in einem persönlichen Näheverhältnis oder in vertraglichen oder organschaftlichen Beziehungen, die geeignet sind, Misstrauen gegen eine unparteiische Amtsausübung zu rechtfertigen (Befangenheit), so darf dieses Mitglied nicht an Beschlüssen mitwirken, insbesondere nicht an Beschlüssen über die Gewährung von Förderhilfen, die den Dritten begünstigen können. Die Regelung zielt auf die Außenwahrnehmung der Legitimation des Gremiums ab und schützt damit insbesondere das Vertrauen in eine unabhängige Entscheidung.

---

154 Vgl. Ziekow/Völlink/*Ziekow*, § 97 GWB, Rn. 49.

155 Vgl. Dieckmann/Scharf/Wagner-Cardenal/*Ingerowski*, § 72 VgV, Rn. 4; vgl. Pünder/Schellenberg/*Martini*, Vergaberecht § 72 VgV, Rn. 5; vgl. Voppel/Osenbrück/Bubert/*Voppel*, § 72 VgV, Rn. 5.

156 Vgl. ausführlich Dieckmann/Scharf/Wagner-Cardenal/*Ingerowski*, § 6 VgV, Rn. 17ff.; Pünder/Schellenberg/*Martini*, Vergaberecht § 6 VgV, Rn. 9 ff; vgl. Voppel/Osenbrück/Bubert/*Voppel*, § 6 VgV, Rn. 4ff.

2. Expertise der Gremienmitglieder

Es sollten stets sachlich versierte und kompetente Personen herangezogen werden, die unmittelbar im Werk- und Wirkbereich der Kunst stehen.[157] Für die Wahrung der Eigengesetzlichkeit der Kunst kommen dafür Personen aus drei Kreisen in Betracht: erstens Kunstschaffende, zweitens Personen aus Kreisen der Kunstvermittlung und der Rezeption sowie drittens Vertretungen künstlerischer Vereinigungen. Personen der Kunstvermittlung und Rezeption bilden die Gruppe der Sachverständigen, sie sollten über nachweisbare fachliche oder wissenschaftliche Expertise sowie praktische Beschäftigung – etwa in Form von umfassender rezeptiver Erfahrung – mit der Kunst verfügen.[158]

Auch der interdisziplinäre Sachverstand ist im Sinne des Pluralismus zu berücksichtigen. Dieser Anspruch deckt sich mit den Anforderungen der Förderkommissionsbesetzung im Bereich der Produktions- und Drehbuchförderung gem. § 21 Abs. 3 S. 1 FFG. Danach müssen für die Kommission vorgeschlagene Personen auf dem Gebiet des Filmwesens sachkundig sein sowie über maßgebliche und aktuelle Praxiserfahrung in der Film- und Kinowirtschaft verfügen. Zudem muss ein Gremienmitglied gem. § 21 Abs. 3 S. 2 FFG die Mitwirkung an einer bestimmten Anzahl von Filmen auf Produktions- oder Verwertungsseite nachweisen können. Expertise auf diese Weise nachzuweisen, könnte bzgl. der Kunstförderung bedeuten, an der Werkentstehung beteiligt oder im Bereich der Kunstvermittlung (Galerien, Museen oder ähnlichem) tätig gewesen zu sein. Dieser Nachweis der Expertise ist in der Kunstförderung jedoch ungeeignet, da der Gegenstand des Verteilungsverfahrens nicht in gleicher Weise wie in der Filmförderung (verfilmtes programmfüllendes Kinoprojekt) definierbar ist. Daher wird für die Kunstförderung vorgeschlagen, eine ausdifferenzierte Besetzung nach den verschiedenen Einflussfaktoren der Kunstentstehung und -verwertung vorzunehmen. Das umfasst Vertretungen der produzierenden Institutionen (beispielsweise Theater), aus den Bereichen Wissenschaft und Theorie (Ausbildungsstätten, Akademien), dem Bereich Wahrnehmung (Publikum, Fachöffentlichkeit), Vorstellung (bildende, darstellende und musizie-

157 *Braun*, Prinzipien öffentlicher Kulturförderung, S. 294; *Graul*, Künstlerische Urteile, S. 79. *Lenski*, Öffentliches Kulturrecht, S. 438, schlägt eine Orientierung an § 26 Abs. Nr. 2 VwVfG vor. Danach ist eine besondere (über dem Durchschnitt liegende) Sachkunde erforderlich, Stelkens/Bonk/Sachs/*Kallerhoff/Fellenberg*, § 26 VwVfG, Rn. 66.

158 *Braun*, Prinzipien öffentlicher Kulturförderung, S. 293; *Fallert*, GRUR 2014, S. 719 (720); die Bedeutung von Kunstvermittlern für den Kunstdiskurs ist nicht zu unterschätzen, denn ihr Einfluss kann zu produktiven kunsthistorischen Brüchen führen. So wird im Laufe des 19. Jahrhunderts für den Impressionismus ein »Dealer-Critic-System« als zentrale Distributions- aber auch Ermöglichungs- und Anerkennungsstruktur identifiziert, *Buckermann*, Vermessung der Kunstwelt, S. 255; anders *Palm*, Öffentliche Kunstförderung, S. 239, der Galeristen und Kunsthändler als von vornherein ungeeignet für die Förderentscheidung ansieht.

rende Kunstschaffende), dem Bereich Diskurs (Medien, Festivals, Universitäten) und dem Bereich der Praxis (Kulturlandschaft, Interessenvertretungen).[159]

Zudem korrespondiert die Auswahl der Gremienmitglieder hinsichtlich der Expertise auch mit den weiteren künstlerischen Kriterien des Entscheidungsprogramms. Vergleichbar dem Vorrang der künstlerischen vor den nicht-künstlerischen Kriterien, sollte bei der Gremienbesetzung ebenfalls die künstlerische Expertise im Vordergrund stehen, nachrangig aber auch Expertise über die nicht-künstlerischen Kriterien Berücksichtigung finden. Je nach Förderrichtlinie kann etwa die Heranziehung lokaler Expertise (Ortsbezug) erforderlich sein, gleichwohl sollte auch erwogen werden, ob es zweckdienlich ist, Sachverständige einzubinden, die außerhalb der jeweiligen Region tätig sind.[160] Eine grundsätzliche »Publikumsbeteiligung« mit dem Argument einer Demokratisierung der Auswahlentscheidung ist mit Blick auf die künstlerischen Wertungskriterien abzulehnen.

Planungswettbewerbe kennen gem. § 72 Abs. 1 S. 2 VgV bzw. § 79 Abs. 3 S. 1 VgV die Vorgabe einer anteiligen Besetzung des Gremiums mit Experten und Expertinnen, die dieselbe oder eine gleichwertige Qualifikation aufweisen, wie sie von den Teilnehmenden gefordert wird. Es empfiehlt sich jedoch nicht, diesen Gedanken auf die öffentliche Kunstförderung zu übertragen. Expertise auf dem Gebiet der Kunst steht angesichts eines kaum definierbaren Berufsbildes der Kunstschaffenden in keinem vergleichbaren Zusammenhang mit einer beruflichen Qualifikation, einem Ausbildungsgang oder ähnlichem. Auf diese Weise würde die Kunst, die aus ihrer Interdisziplinarität (kommunikationsbezogener Ansatz) und Offenheit auch durch Autodidakten eine Selbsterneuerung erfährt, auf der Suche nach einer neuen Avantgarde eingeschränkt.[161]

3. Zusammensetzung des Gremiums

Die konkrete Anzahl der Gremienmitglieder ist dem weiten Gestaltungsermessen der Verwaltung überlassen. Um in Einzelfällen einer Abstimmung – dazu noch später – Pattsituationen zu vermeiden, empfiehlt sich eine ungerade Anzahl an Gremienmitgliedern.[162] In Planungswettbewerben richtet sich die Größe des Preisgerichts nach Umfang und Schwierigkeit der Planungsaufgabe sowie der Zahl der Teilnehmenden.[163] In der öffentlichen Kunstförderung stellt sich das Bild dagegen etwas anders dar: Hier muss das Gremium einen Ausgleich zwischen effizienter

---

159 *Bergmann et al.*, Handb. Kulturmanagement, F 2.10., S. 8.

160 Vgl. *Landmann*, Kulturfördergesetz NRW, S. 97.

161 Dafür spricht auch § 6 Abs. 1 UAbs. 6 RPW 2013, wonach auch in Wettbewerben nach der RPW in interdisziplinären Wettbewerben jede Fachdisziplin im Preisgericht vertreten sein muss.

162 Vgl. § 6 Abs. 1 UA 3 S. 5 RPW 2013; vgl. *Burshille*, Planungswettbewerbe, S. 116; Pünder/Schellenberg/*Martini*, Vergaberecht § 79 VgV, Rn. 27.

163 Pünder/Schellenberg/*Martini*, Vergaberecht § 79 VgV, Rn. 27.

Leistungsfähigkeit und Pluralismus sicherndem Diskurs schaffen. Dafür dürfte weder die Höhe der zu vergebenden Mittel noch die Anzahl der Anträge entscheidend sein.[164] Vielmehr liegt der Fokus auf dem diskursiven Element, wenn eine vergleichsweise kleine Anzahl an Anträgen zum Zug kommt, während die proportional weitaus größere Zahl abgelehnt wird (geringe Förderquote). Andersherum wird eine kleinere Anzahl an Gremienmitgliedern ausreichen, wenn damit zu rechnen ist, dass eine vergleichsweise hohe Anzahl an Anträgen bewilligt wird (hohe Förderquote).

Für wiederholt eingesetzte Gremien wird ein regelmäßiger (zeitversetzter) Wechsel der Mitglieder angeregt, um durch Fluktuation einen Perspektivenwechsel zu gewährleisten.[165] Mit Blick auf das Neutralitäts- und Pluralismusprinzip sind Kontinuität der Wissenserhaltung bzw. Erfahrung hinsichtlich des Verteilungsverfahrens mit dem Risiko der Manifestierung des bestehenden Status quo und der Gefahr der Klüngelei in Abwägung zu bringen.[166] Der Rotationsrhythmus hängt vom jeweiligen Förderprogramm ab.[167] Die Amtszeit der Gremienmitglieder sollte in jedem Falle nicht unbeschränkt sein und entweder zeitlich oder mit Blick auf die Zahl der Entscheidungen begrenzt werden.[168] Andernfalls bestünde die Gefahr, dass Private mit der ständigen Ausübung hoheitlicher Befugnisse betraut werden,

---

164 *Fehling*, Unparteilichkeit, S. 416; in Hamburg entscheiden beispielsweise über individuelle Projektförderung (Jahresetat ca. 50.000 Euro) drei Personen, allerdings auch über 50 Anträge, wohingegen die Jury für die Programmförderung (Jahresetat ca. 200.00) aus sieben Personen besteht, die über 20 Anträge zu entscheiden hat; a. A. *Bergmann et al.*, Handb. Kulturmanagement, F 2.10., S. 8.

165 *Bergmann et al.*, Handb. Kulturmanagement, F 2.10., S. 7; *Braun*, Prinzipien der Kunstförderung, S. 296; *Palm*, Öffentliche Kunstförderung, S. 238; Bspw. § 27 Abs. 3 S. 3 KulturGB-NRW.

166 *Braun*, Prinzipien der Kunstförderung, S. 296; *Schad*, ZfK 2015, S. 29 (40); der Theaterbeirat Hannover trifft diese Abwägung beispielsweise zugunsten der Kontinuität, indem die Mitglieder für vier Jahre mit der Möglichkeit einer einmaligen Verlängerung um weitere vier Jahre berufen werden und immer nur ein Mitglied ersetzt werden soll: Richtlinie zur Förderung des freien Theaters Hannover, abrufbar unter: https://www.hannover.de/L e b e n -in-der-Region-Hannover/Verwaltungen-Kommunen/Die-Verwaltung-der-Landeshauptstadt-Hannover/Dezernate-und-Fachbereiche-der-LHH/Kulturdezernat/Fachbereich-Kultur/Kulturbüro/Kulturförderung/Darstellende-Künste, zuletzt abgerufen am 24. März 2020.

167 Vgl. *Landmann*, Kulturfördergesetz NRW, S. 97; *Braun*, Jahrbuch für Kulturpolitik 2014, S. 305 (311), schlägt eine Begrenzung der Gremienmitgliedschaft auf zwei bis drei Perioden vor.

168 Beispielsweise wird für die Freie Darstellende Szene in Hamburg eine Begrenzung der Amtszeit auf drei Jahre vorgeschlagen, *Müller-Schöll et al.*, Potentialanalyse, S. 87; gem. § 22 Abs. 1 FFG werden Mitglieder der Vergabekommission für höchstens drei Jahre benannt und können gem. § 24 Abs. 5 FFG einmal wiederbenannt werden; gem. § 4 Abs. 7 S. 1 SächsKultRG werden Kultursachverständige für jeweils bis zu fünf Jahre in den Kulturbeirat berufen, eine (wohl einmalige) Wiederberufung ist möglich.

ohne dass diese in einem öffentlich-rechtlichen Dienstverhältnis stehen.[169] Nach einer Karenzzeit kann auf frühere Gremienmitglieder wieder zurückgegriffen werden.[170]

Wie die Untersuchung der materiellen Auswahlkriterien gezeigt hat, sollte zur Stärkung der aufgrund von *de facto* Diskriminierung in der Kunstförderung unterrepräsentierten Frauen im Interesse des Pluralismus eine Gleichstellung insbesondere durch prozedurale Maßnahmen gesucht werden.[171] Dabei nimmt die Gremienbesetzung im Zuge einer Staatsmediatisierung als häufiger Fall der Entscheidungsfindung eine Schlüsselrolle ein. Oft haben diejenigen Antragstellerinnen und Antragsteller die besten Chancen, deren Arbeiten am ehesten dem Selbstbild der Gremienmitglieder entsprechen.[172] Von einem überwiegend männlich besetzten Gremium ist daher eine Diskriminierung von weiblichen Künstlerinnen zu erwarten. Ein Gremium der Kunstförderung unterfällt den zahlreichen jeweils anwendbaren Gleichstellungsgesetzen der Länder. Auch auf Bundesebene existiert das Bundesgremienbesetzungsgesetz. Ziel des Gesetzes ist die paritätische Vertretung von Frauen und Männern in Gremien, § 1 BGremBG. Zieht man die Wertung des BGremBG exemplarisch heran, so ist eine Quote des weiblichen wie auch des männlichen Geschlechts von 30 % nicht zu unterschreiten und die paritätische Besetzung durch eine Zielbestimmung vorgegeben, § 4 Abs. 1 BGremBG. Die Bestellung der Kommissionsmitglieder der Produktions- und Drehbuchförderung erfolgt sogar paritätisch, § 22 Abs. 4 FFG.

Über das Geschlecht hinaus sollte die Zusammensetzung des Gremiums nach weiteren Gesichtspunkten der gesellschaftlichen Diversität erfolgen, um dem Pluralismusprinzip Rechnung zu tragen.[173]

Ein Detailproblem der Gremienzusammensetzung ist – mit Blick auf das Neutralitätsprinzip – die Integration von Verwaltungsmitarbeitenden.[174] Zunächst darf

---

169 Vgl. BVerfGE 83, 130 (150).

170 Gem. § 7 Abs. 3 FFG a. F. vom 7. August 2013 kann eine Person später erneut als Mitglied benannt werden, wenn seit Beendigung ihrer letzten Mitgliedschaft fünf Jahre vergangen sind.

171 Siehe ausführlich S. 147.

172 *Künzel*, APuZ 2004, S. 37.

173 *Bergmann et al.*, Handb. Kulturmanagement, F 2.10., S. 8; dazu gehört auch die Berücksichtigung verschiedener Altersgruppen, siehe dazu Richtlinie zur Förderung des Freien Theater Hannover, abrufbar unter: https://www.hannover.de/Leben-in-der-Region-Hannover/Verwaltungen-Kommunen/Die-Verwaltung-der-Landeshauptstadt-Hannover/Dezernate-und-Fachbereiche-der-LHH/Kulturdezernat/Fachbereich-Kultur/Kulturbüro/Kulturförderung/Darstellende-Künste, zuletzt abgerufen: 24. März 2020.

174 *Braun*, Jahrbuch für Kulturpolitik 2014, S. 305 (311), lehnt Verwaltungsvertreter in Auswahlgremien gänzlich ab; *Thiel*, Die verwaltete Kunst, S. 208, sieht über die Neutralitätsschwächen von Verwaltungsvertretern mit dem Argument hinweg, dass auch private Dritte nicht frei von Abhängigkeiten seien und Verwaltungsvertretern nicht jeglicher kunst-spezifischer Sachverstand abzusprechen sei; für die Kompetenz und Entscheidung durch Verwaltungs-

gem. § 20 VwVfG, dem Gebot der personell-individuellen Neutralität folgend, nicht tätig werden, wer unter den Ausschlussgründen des § 20 Abs. 1 Nr. 1 – 6 VwVfG als befangen anzusehen ist. Das Interesse der Verwaltungsmitarbeitenden wird sich regelmäßig auch an Ressortegoismen und eigener Profilierung innerhalb der Verwaltung orientieren. Angesichts der Zulässigkeit der Entscheidung durch die Verwaltung insgesamt, sind grundsätzlich *a maiore ad minus* auch Verwaltungsmitarbeitende als Gremienmitglieder zulässig. Es besteht jedoch ein Missbrauchspotential, das von vornherein vermieden werden sollte: Durch die Beeinflussung eines Gremiums durch Verwaltungsmitarbeitende kann unter dem »Deckmantel« eines Gremienentscheids eine Legitimationswirkung der Auswahlentscheidung entstehen, die durch eine offen seitens der Verwaltung getroffene Entscheidung nicht bestünde.[175] Gleichwohl sind die neutrale Vermittlungsrolle und die organisatorische Steuerung der Sitzung durch Verwaltungsmitarbeitende als Vorteil zu nennen. Diese Rolle können Verwaltungsmitarbeitende jedoch auch als Beisitzende bzw. als Moderierende ohne Stimmrecht ausüben. In diesen Fällen ist der Steuerungseinfluss durch Verwaltungsmitarbeitende mangels Stimmrecht ungleich geringer.

4. Modus der Gremienentscheidung

Auch die Art und Weise der Entscheidungsfindung durch das Gremium liegt im Ermessen der Verwaltung, kann aber auch auf die beteiligten Gremienmitglieder im Sinne eines Self-Governance-Ansatzes übertragen werden.[176] Die Gremienmitglieder sollten zeitlich ausreichend vor der Entscheidung über Daten und Ablauf informiert werden und die zulässigen Anträge zur Vorbereitung sichten können.[177]

Um Distanz der Gremienmitglieder zu den eigenen Abhängigkeiten herzustellen, sollte anstelle eines reinen Abstimmungsverfahrens ein diskursives Verfahrenselement berücksichtigt werden. Ein solches wirkt rationalitätsfordernd und -fördernd, sichert Offenheit ab und gleicht die Unbestimmtheit inhaltlicher Bewertungsmaßstäbe aus. Zudem kann auf diese Weise kognitiven Verzerrungen wie z.B. Ankereffekten bei Gruppenentscheidungen vorgebeugt werden.

Zur Reduzierung der zu beratenden Anzahl der Anträge wird in der Filmförderung gem. § 4 Abs. 1 der Geschäftsordnung der ständigen Förderkommissionen der

---

mitarbeiter spricht sich *Leisner*, VVDStRL 42 (1984), S. 124 (126) aus; zur Entsendung von ex-officio Mitgliedern *König*, APuZ 2004, S. 15.

175 Ähnlich *Burshille*, Planungswettbewerbe, S. 121.

176 *Bergmann et al.*, Handb. Kulturmanagement, F 2.10., S. 8; vgl. auch Anlage VII RPW 2013.

177 Umfassende Transparenz über die Verfahrensweise der Gremienentscheidung leistet der Fonds Darstellende Künste, abrufbar unter: https://www.fonds-daku.de/assets/Publikationen/2022/Wer-wie-und-warum_Fonds-Darstellende-Künste.pdf, zuletzt abgerufen am 9. August. 2023.

Filmförderungsanstalt (§ 25 Abs. 1 FFG) eine Vorabstimmung durchgeführt.[178] Vor der Beratung und Abstimmung über die Förderwürdigkeit einzelner Filmvorhaben stimmt die Kommission ohne weitergehende Beratung über die Auswahl jedes Filmvorhabens ab. Filmvorhaben, die keine einzige positive Stimme erhalten haben, gelten als abgelehnt.[179]

Für den Ablauf der Entscheidungsfindung wird in der Praxis dazu geraten, dass das Gremium selbst eine (ggf. wechselnde) Moderation festlegt, die die vorliegenden Anträge zur Aussprache bringt und auf die Einhaltung von Zeitlimits achtet, um Diskussionen zu komprimieren und Wiederholungen zu vermeiden.[180] Weniger empfehlenswert erscheint, die Moderation danach zu bestimmen, welches Gremienmitglied sich in einem der Sitzung vorgeschalteten vorläufigen Stimmungsbild für den jeweiligen Antrag ausspricht.[181] Durch das (vorläufige) Stimmungsbild können psychologische Ankereffekte entstehen, die das Pluralismusprinzip gefährden. Die Vorteile einer Moderation unter Vermeidung eines Ankereffekts finden auch in der Filmförderung Anwendung, indem gem. § 26 Abs. 4 FFG (Produktions- und Drehbuchförderung) ein unabhängige dritte Person (Vorstand der Filmförderungsanstalt) den Vorsitz der Kommission ohne eigenes Stimmrecht führt.[182] Für diese Aufgabe können unter Umständen auch die bereits diskutierten Verwaltungsmitarbeitenden mitwirken.

Kann im Diskurs kein Konsens erreicht werden, bedarf es in der Regel einer Abstimmung. Blickt man auf die Regelungen der zivilrechtlichen Auslobung, werden verschiedene Mehrheitsverhältnisse bei der Preiszuteilung im Falle einer Abstimmung befürwortet. Teilweise wird eine absolute Mehrheit für vorzugswürdig erachtet,[183] teilweise wird unter Verweis auf § 1052 ZPO ein relativer Mehrheitsentscheid für vorzugswürdig gehalten.[184] Letzteres dürfte im Bereich der Kunstförderung dem Eigengesetzlichkeitsprinzip gerecht werden, denn auf diese Weise

---

178 Vgl. auch die Negativ-Auslese gem. Nr. 4 a) Anlage VII RPW 2013 in »Architekten- und Ingenieurswettbewerben«.

179 Eine Einstimmigkeit erfordert auch die Negativ-Auslese gem. Nr. 4 a) Anlage VII RPW 2013 in »Architekten- und Ingenieurswettbewerben«.

180 *Bergmann et al.*, Handb. Kulturmanagement, F 2.10., S. 9; ähnlich ist es den Mitgliedern des Kulturkonvent nach § 4 Abs. 5 S. 1 SächsKultRG überlassen sich zu einigen, wer von ihnen Vorsitzender des Kulturkonventes und wer von ihnen sein Stellvertreter ist.

181 *Bergmann et al.*, Handb. Kulturmanagement, F 2.10., S. 9; eine wertungsfreie Erläuterung aller Anträge bestimmt auch Anlage VII Nr. 2 c) RPW 2013.

182 Die Wertung des § 6 Abs. 1 UAbs. 7 RPW 2013 ist zu vernachlässigen, denn in der Kunstförderung kommt es für die Expertise nicht in gleicher Weise auf berufsqualifizierende Aspekte an wie in Verfahren nach der RPW 2013, gleichwohl kommt auch die Wahl eines Vorsitzenden aus dem Kreis der Gremienmitglieder in Betracht, vgl. Anlage VII Nr. 1 b) RPWW 2013.

183 BeckOK BGB/Kotzian-Marggraf/*Kneller*, § 661 BGB, Rn. 5.

184 MüKoBGB/*Schäfer* BGB § 661 Rn. 25; so grundsätzlich auch § 6 Abs. 2 UA 3 RPW 2013.

werden eher avantgardistische Ideen anstatt eines konsensualen Mainstreams gefördert.[185] Zudem besteht für Gremienmitglieder ein Abstimmungszwang.[186] Diesen Weg gehen auch die Kommissionen der Produktions- und Drehbuchförderung, gem. § 26 Abs. 3 S. 2 FFG.

Werden mehrere Anträge für gleichermaßen förderungswürdig erachtet, empfiehlt sich die Bestimmung einer »engeren Wahl«.[187] In Anlehnung an § 4 Abs. 3 – 6 der Geschäftsordnung der ständigen Förderkommissionen der Filmförderungsanstalt kann das zur Verfügung stehende Budget für alle ausgewählten Vorhaben auf das Minimum einer für die Projektdurchführung erforderlichen Summe reduziert werden. In einem nächsten Schritt wird dann über einen darüber hinausgehenden Anteil der Restsumme für einzelne Anträge beraten und abgestimmt. Reicht das Budget nicht aus, um die Durchführung der Vorhaben zu finanzieren, kann eine Rangliste der förderungswürdigen Vorhaben durch Abstimmung erstellt werden, die von oben nach unten mit den Mindestbeträgen ausgestattet werden, bis das Budget aufgebraucht ist.

5. Entscheidungsbegründung und Öffentlichkeit

Neben den allgemeinen verwaltungsrechtlichen Begründungspflichten der Entscheidung empfiehlt sich eine darüber hinaus gehende Begründung der Entscheidungsfindung.[188] Die Aussicht auf eine Entscheidungsbegründung ist ein rationalitätsfördernder Faktor. Zudem wird die Nachvollziehbarkeit der Entscheidungsfindung unterstützt und der Transparenzgrundsatz gefördert.[189] Auch die Legitimationswirkung einer Entscheidung wird erhöht, wenn der Öffentlichkeit bewusst gemacht wird, dass die Geförderten durch ein qualifiziertes Gremium ausgewählt wurden.[190]

Ähnlich verhält es sich in der Filmförderung. § 4 Abs. 1 der Geschäftsordnung der ständigen Förderkommissionen der Filmförderungsanstalt (§ 25 Abs. 1 FFG) sieht vor, dass Anträge als abgelehnt gelten, die bei einer Vorabstimmung keine einzige positive Stimme erhalten haben. Die Ablehnung ist zu begründen. Auf diese Weise

---

185 Eine Zwei-Drittel-Mehrheit befürworten hingegen *Bergmann et al.*, Handb. Kulturmanagement, F 2.10., S. 9.

186 Vgl. § 6 Abs. 2 UA 3 S. 2 RPW 2013.

187 Vgl. Anlage VII Nr. 4 b) RPW 2013.

188 Eine unterbleibende Begründung kann jedoch als Formfehler keinen Anspruch auf Förderung begründen, VG Schleswig, BeckRS 2021, 4661, Rn. 22.

189 Ähnlich *Burshille*, Planungswettbewerbe, S. 175; vgl. Pünder/Schellenberg/*Martini*, Vergaberecht § 79 VgV, Rn. 40.

190 Vgl. *Burshille*, Planungswettbewerbe, S. 173; diese Vermittlungstätigkeit von Preisgerichten in Planungswettbewerben fordert auch § 2 Abs. 3 S. 3 RPW 2013 ein. Insoweit soll das Preisgericht »an der Vermittlung der Ergebnisse beteiligt werden«.

wird der Anreiz der »Arbeitsvermeidung« durch eine umfassende Eliminierung in der Vorauswahl reduziert und Willkür wird vermieden.

Als Mindeststandard sollte das Gremium in Anlehnung an § 72 Abs. 3 VgV einen unterzeichneten Bericht über die Rangfolge und hierin eine Beurteilung der von ihm ausgewählten Antragstellenden erstellen.[191] Der Bericht umfasst auch die nachvollziehbare Begründung des Ausschlusses der nicht ausgewählten Antragstellenden.[192] Grundsätzlich darf das Begründungserfordernis jedoch nicht das Verfahren an die Grenzen des Handhabbaren führen, sodass der Anspruch an die Begründung sinkt, je mehr Antragstellende am Verfahren teilnehmen. Dann hat das Gremium lediglich die für eine positive Entscheidung in Betracht zu ziehenden Anträge in ausreichender Zahl (engere Wahl) schriftlich zu bewerten.[193] Nachrangig zu einer individuellen Begründung kann auch der bereits erwähnte zusammenfassende Kommentar der Gesamtentscheidung zu einer gewissen Legitimations- und Akzeptanzförderung beitragen.[194]

Eine Öffentlichkeit ist in der Regel nicht vorgesehen und auch in den gewählten Referenzgebieten nicht vorgeschrieben. Die nicht-öffentliche Sitzung dient der Stärkung der Unabhängigkeit des Gremiums.[195] Andererseits kann ein gewisser Grad an Öffentlichkeit der Akzeptanz und Legitimation dienen, indem der Verdacht von Klüngelei und Vetternwirtschaft ausgeräumt und das Vertrauen in die Wahrung des Neutralitätsprinzips gestärkt wird. Eine Öffentlichkeit kann durch Beobachtende oder Beisitzende, die den Entscheidungsprozess begleiten, aber kein Stimmrecht ausüben, hergestellt werden. Während Beobachtende »stumm« sind, haben Beisitzende ein Äußerungsrecht. In Auswahlentscheidungen über Anträge in der Kunstförderung sind dafür Interessenvertreter der jeweiligen Verbände in besonderem Maße geeignet.[196] Zur Beschränkung dessen, was nach außen kommuniziert werden kann bzw. darf, bietet sich eine entsprechende Verschwiegenheitsvereinbarung über die Einzelheiten der Entscheidungsfindung an.

---

191 Für den »Architekten- und Ingenieurswettbewerb« siehe unter § 79 Abs. 5 S. 1 VgV.

192 *Burshille*, Planungswettbewerbe, S. 174f.

193 Entsprechend § 6 Abs. 2 UA 6 S. 4 RPW 2013 kann das Gremium auch in Erwägung ziehen, eine Empfehlung für die zweckmäßige weitere Bearbeitung bzw. Umsetzung des Vorhabens auszusprechen.

194 Vgl. auch Anlage VII Nr. 4 a) RPW 2013, obgleich auch hier im Ergebnis eine individuelle Begründung zu erfolgen hat, *Burshille*, Planungswettbewerbe, S. 175.

195 Vgl. *Burshille*, Planungswettbewerbe, S. 127; Vgl. § 6 Abs. 2 UA 1 S. 1 RPW 2013.

196 Das legt ein Vergleich mit dem Planungswettbewerb nahe. Gem. § 78 Abs. 2 S. 3 VgV, der in Form von § 2 Abs. 4 UAbs. 2 S. 1 RPW 2013 Eingang in die Richtlinien gefunden hat, erfolgt die Kontrolle über ein rechtmäßiges Wettbewerbsverfahren und die Beachtung der einzuhaltenden Regeln durch die berufsständischen Kammern der Verfahrensbeteiligten, denen im Fall der Kunstförderung die jeweiligen Verbände, wie der Verband für darstellende Kunst oder der Berufsverband bildender Künstler*innen, am nächsten kommen.

6. Ein- und zweiphasige Gremienentscheidung

In der Praxis wird die Gremienentscheidung gelegentlich in zwei Phasen durchgeführt.[197] Gemeint ist nicht die dem Gremienentscheid vorangestellte administrative Entscheidung in der Antragsphase, sondern eine in zwei »Runden« gestaffelte Auswahlentscheidung, in denen zwei Gremien nacheinander entscheiden. Die Verfahrensgestaltung eines ein- oder zweiphasigen Gremienentscheids folgt maßgeblich der Abwägung zwischen sachgerechter Entscheidungsfindung im Zuge des betreffenden Förderprogramms und verfahrensökonomischen Erwägungen aufgrund des durch zwei Gremienentscheide entstehenden Mehraufwands. Eine reduzierte Anzahl von Antragstellenden durch eine Vorauswahl (erste Phase) bietet die Möglichkeit, dass die verbliebenen Antragstellenden eine über das formale Auswahlverfahren hinausgehende Präsentation etwa in Form einer Ausstellung[198] oder einer persönlichen Projektvorstellung (»Pitch«) mit anschließendem Kurzgespräch[199] durchführen können (zweite Phase). Eine »live«-Präsentation verspricht gegenüber einer Präsentation »auf dem Papier« gerade für die Prüfung anhand künstlerischer Bewertungskriterien, die auch auf sinnlich-ästhetischer Wahrnehmung beruht, eine sachgerechte Entscheidungsfindung. Ein Dialog im weiteren Sinne zwischen Gremium und Antragstellenden (auch in Textform) kann gewinnbringend sein, sofern die Chancengleichheit beachtet wird.[200]

7. Dilemma der Pluralismussicherung

Es wird befürchtet, dass die »Demokratisierung oder gar völlige Zugangsgleichheit [...] zur Auflösung jeglicher Konzeption, zur Gießkanne, zur Popularisierung und Verflachung führen« könne.[201] Die Problematik eines demokratischen Mainstreams ist differenziert zu betrachten. Ein Kompromiss »im Großen« ist beispielsweise das kaum mehr vorhandene Konzept des Publikumspreises.[202] In der Sache drückt ein

197 So zum Beispiel für das Hamburger Arbeitsstipendium, abrufbar unter: https://www.hamburg.de/contentblob/11619982/6d0ee9c303630702787b3c93b373d1ca/data/informationen-bewerbungsverfahren.pdf, zuletzt abgerufen am 23. März 2020.

198 Eine gewisse Parallele ist zu § 79 Abs. 5 S. 3 VgV ersichtlich. Gem. dieser Vorschrift soll der Ausrichter spätestens einen Monat nach der Entscheidung des Preisgerichts alle eingereichten Wettbewerbsarbeiten mit Namensangaben der Verfasser unter Auslegung des Protokolls öffentlich ausstellen.

199 Ein solcher Pitch kann gem. § 2 der Geschäftsordnung des Theaterbeirats in Hannover durchgeführt werden.

200 Voppel/Osenbrück/Bubert/*Voppel*, § 72 VgV, Rn. 15.

201 *Hufen*, NJW 1997, S. 1112 (1114).

202 Beispielsweise wird von der Stadt Weißenburg (Bayern) ein Publikumspreis ausgerichtet, deren Gewinner durch die Besucher einer Ausstellung, die als Ergebnis einer Jury-Entscheidung zusammengestellt wurde, ausgewählt wird, abrufbar unter: https://www.weissenburg.de/kunstpreis/, zuletzt abgerufen am 11. Dezember 2018; auch der Preis der Nationalgalerie umfasst einen Publikumspreis, dem jedoch eine von einer Jury ausgewählte »Short List« voraus-

Publikumspreis die Demokratisierung der Kunstrezeption aus. Jeder ist zu gleichen Teilen aufgefordert, sich an der Meinungsbildung zu beteiligen. Die Einsetzung eines Gremiums birgt die gleiche Gefahr der konventionellen und bequemen Mehrheitsentscheidung »im Kleinen«.[203] Die Auswahl durch das »Publikum en large« trägt das kunstgeschichtliche Phänomen in sich, dass jede neue künstlerische Avantgarde zunächst auf Unverständnis und Ablehnung in der breiten Masse stößt und erst in der Rückschau mit zeitlichem Abstand ihre Anerkennung findet.[204] Dem liegt das sich ständig erneuernde Wesen der Kunst zugrunde:[205] Die Beziehung des Einspruchs des Besonderen gegen die durchschnittliche Allgemeinheit, die das Spannungsverhältnis von Kunstschaffenden zu der sie umgebenden Gesellschaft beschreibt.[206] Der pluralistische Kompromiss riskiert, den ständigen Einspruch der Kunst gegen das Bestehende zu nivellieren, indem lediglich Kunst ausgewählt wird, die den gegenwärtigen Verweisungszusammenhang bestätigt.[207] Ein »demokratischer Mainstream« widerspricht der Eigengesetzlichkeit der Kunst, denn die Herrschaft des Durchschnittsgeschmacks und einer massendemokratischen Übereinkunft reduziert die Anerkennung grenzüberschreitender Kunst.[208] Der Staat muss die Eigengesetzlichkeit bewahren, indem Raum für eine »Selbstkorrektur der Unzulänglichkeiten des Verfahrens« – ähnlich einem der Demokratie innewohnenden Minderheitenschutz[209] – geschaffen wird.[210] Das Verfahren muss insoweit schwanken können, als dass die Entscheidungsfindung sich selbst »auf den Kopf stellt«, indem es zwischen Vergessen und Wissen seiner eigenen materiellen Kri-

geht, abrufbar unter: http://preisdernationalgalerie.de/publikumspreis/, zuletzt abgerufen am 10. März 2020.

203 *Graul*, Künstlerische Urteile, S. 81, 84; *Steiner*, VVDStRL 42 (1984), S. 7 (37).

204 *Graul*, Künstlerische Urteile, S. 79; *Luhmann*, Schriften zu Kunst und Literatur, S. 401 (413); *Ridder*, Freiheit der Kunst nach dem Grundgesetz, S. 24.

205 BVerfGE 67, 213 (225).

206 *Graul*, Künstlerische Urteile, S. 79.

207 *Luhmann*, Schriften zu Kunst und Literatur, S. 401 (413); *Palm*, Öffentliche Kunstförderung, S. 164, spricht von »risikobehafteter Prognoseentscheidung«, denn was heute gefördert werde, könne sich als historisch belanglos herausstellen.

208 *Braun*, Prinzipien öffentlicher Kulturförderung, S. 294; *Ridder*, Freiheit der Kunst nach dem Grundgesetz, S. 24.

209 *Ridder*, Freiheit der Kunst nach dem Grundgesetz, S. 23; *Geis*, FS-Lynen, S. 221 (228)

210 Die Funktion eines Korrektivs beschreibt *Luhmann*, Schriften zu Kunst und Literatur, S. 401 (413), als »Oszillation des Systems«; in der Sache zustimmend *Ridder*, Freiheit der Kunst nach dem Grundgesetz, S. 24; kritisch zu monokratischen Auswahlverfahren *Hufen*, NJW 1997, S. 1112; *Graul*, Künstlerische Urteile, S. 80f., stellt fest, dass eine interessengerechte Auflösung dieses Spannungsgeflechts des »Kunstrichtertums« unmöglich sei und nur annäherungsweise eine Ausbalancierung stattfinden könne.

terien changiert, um die Diskriminierungswirkung der Konstanz aufzuheben.[211] Was »gestern« förderungswürdig war, muss es »morgen« schon nicht mehr sein. Künstlerische Avantgarde entwickelt sich nicht linear. Der Sache nach geht es um die Vermeidung einer Dogmatisierung des Irrtums oder anders gewendet:[212] Den Irrtum in Kauf nehmen und zulassen, um das »Besondere« im »Allgemeinen« zu befördern.[213]

Für eine notwendige Selbstkorrektur in Gremienentscheiden kommen mehrere pragmatische Ansätze in Betracht, sich einer Lösung anzunähern: (a) Besetzung des Gremiums durch Kunstschaffende, (b) Losentscheid unter den förderungswürdigen Kunstschaffenden als Zufälligkeits-Korrektiv, (c) monokratische Elemente zur Stärkung von Einzelmeinungen.[214] Alle bergen jedoch Vor- und Nachteile und sind je nach Einzelfall zu erwägen.

(a) Durch die Besetzung eines Gremiums mit Kunstschaffenden tragen betroffene Grundrechtsträger als Repräsentanten der freien Szene zu einer sachgerechten Entscheidung bei.[215] Dabei bringen sie insbesondere eine praktische Perspektive und die »Innensicht« der freien Szene ein. Zudem wird ihnen aber auch eine den Prinzipien der Kunst verpflichtete Bewahrung der Eigengesetzlichkeit zugeschrieben. Durch ihre »Mitgliedschaft« im System der künstlerischen Selbsterneuerung bringen Kunstschaffende ein Subjektivierungselement in die Auswahlentscheidung ein, das als Innovationsfaktor die Entscheidungsfindung schwanken lassen kann.

Eine andere Auffassung spricht sich dafür aus, zur Vermeidung einer »künstlerischen Aristokratie« das Gremium mit Laien zu besetzen.[216] Es sei erforderlich, sich von dem Vorhaben einer objektivierten Entscheidung zu verabschieden. Der

---

211 Die »memory function« ist das Gedächtnis des Systems, die Gegenwart als Resultat der Vergangenheit zu sehen, die zu konstanten Ergebnissen führt, die der permanenten Selbsterneuerung der Kunst entgegenstehen, *Luhmann*, Schriften zu Kunst und Literatur, S. 401 (412).

212 *Graul*, Künstlerische Urteile, S. 82.

213 Kritisch *Ritenour*, RJoLaPP Vol. 3 Iss. 1, 2011, S. 95 (116).

214 Schließlich wird angeraten auch Gremienentscheidungen zuzulassen, die von vornherein künstlerische Entscheidungskriterien ignorieren *Bergmann et al.*, Handb. Kulturmanagement F 2.10., S. 10. Die völlige Eliminierung der künstlerischen Kriterien überzeugt indes nicht, kann doch ein Vorhaben, das von vornherein nicht auf künstlerische Qualität oder Kommunikation ausgerichtet ist, die Prinzipien der Kunst nicht wahren.

215 Vgl. *Landmann*, Kulturfördergesetz NRW, S. 97; *Braun*, Jahrbuch für Kulturpolitik 2014, S. 305 (309), plädiert vorbehaltlos für eine Besetzung eines Gremiums aus der Mitte der künstlerischen Szene; *Lenski*, Öffentliches Kulturrecht, S. 435, äußert sich kritisch gegenüber Kunstschaffenden als »Repräsentanten«, da individuelle Kunstschaffende nicht die betroffene objektive Dimension der Kunstfreiheit, den freiheitlichen Lebensbereich Kunst, repräsentieren könnten. § 27 Abs. 3 S. 2 KulturGB-NRW sieht die Besetzung von Jurys mit Kunstschaffenden als »Soll-Vorschrift« vor.

216 *Geis*, Kulturstaat und kulturelle Freiheit, S. 258.

Sache nach ist das die Kapitulation vor der Herausforderung, einer objektivierten und sachgerechten Entscheidung so nah wie möglich zu kommen. Im Ergebnis bedeutet die teilweise Besetzung eines Gremiums mit Laien, die Entscheidung dem Zufall zu überlassen.

(b) Der Losentscheid kann bei »Ranggleichheit« der Anträge als *ultima ratio* sachgerecht sein,[217] da die Auflösung des Verteilungskonflikts unter gleichermaßen förderungswürdigen Antragstellenden einen inneren Zusammenhang mit dem Ziel einer Entstehungsförderung (anstatt einer Gießkannenförderung) aufweist und es sich nicht lediglich um eine Erwägung der Verwaltungspraktikabilität handelt.[218]

(c) Die Entscheidungsgewalt Einzelner (monokratisches Element) entspricht dem (vermeintlichen) Gegenteil einer demokratischen Kompromissfindung.[219] Gerade die Stärkung von Einzelmeinungen kann aber die dargestellte Suche des »Besonderen« im »Allgemeinen« auf Kosten der demokratischen Entscheidungsfindung ermöglichen.[220] Ein Einzelvotum kann durch zeitlich oder sachlich beschränkte Übertragung der Auswahlentscheidung auf Einzelne erfolgen oder durch ein größeres Stimmgewicht zugunsten Einzelner erreicht werden. Allerdings birgt dieser Modus Nachteile; insbesondere kann sich eine etwaige Parteilichkeit einschleichen. Als Lösung kommt auch ein mehrstufiges Verfahren in Betracht, das auf erster Stufe einen demokratischen Gremienentscheid herbeiführt und auf zweiten Stufe mittels subjektiver Einzelmeinung (»Veto«) auswählt.[221]

IV. Entscheidungsfindung durch Selbstverwaltung

Die »Selbstverwaltung« der Kunst, mitunter auch »Staatseliminierungsmodell«[222] oder »Staatsdistanzmodell«[223] genannt, beschreibt ein maximales Maß an Eigenverantwortung der Kunstszene, die vom Einfluss des Staates weitestgehend befreit

217 *Dittrich*, § 44 BHO, Rn. 11.13; v. Mangoldt/Klein/*Wollenschläger*, Art. 3 Abs. 1 GG, Rn. 308.

218 *Jarass*, NVwZ 2017, S. 273 (279); Mitunter werden Losverfahren und monokratisches Element auch als »lucky loser« Verfahren kombiniert, bspw. im Auswahlverfahren des Fonds Darstellende Künste, abrufbar unter: https://www.fonds-daku.de/assets/Publikationen/2022/Wer-wie-und-warum_Fonds-Darstellende-Künste.pdf, zuletzt abgerufen am: 8. August 2023.

219 *Graul*, Künstlerische Urteile, S. 84.

220 *Hufen*, NJW 1997, S. 1112 (1114).

221 *Hufen*, NJW 1997, S. 1112 (1114).

222 *Höfling*, DÖV 1985, S. 387 (391); *Thiel*, Die verwaltete Kunst, S. 207; *Mihatsch*, Öffentliche Kunstsubventionierung, S. 133, verwendet den Begriff der »Förderungsselbstverwaltung«.

223 *Steiner*, VVDStRL 42 (1984), S. 7 (35).

ist.[224] Auf »Selbstverwaltung« besteht kein gleichheitsrechtlicher Anspruch. Angesichts des weiten Gestaltungsspielraums ist diese Organisationsform jedenfalls zulässig.[225] Für den durch die objektiv-rechtliche Dimension des Art. 5 Abs. 3 GG gewährleisteten freiheitlichen Lebensbereich Kunst kann die Selbstverwaltung durch die Szene selbst einen angemessenen Interessenausgleich herbeiführen.[226] Zusätzlich erfolgt durch Partizipation eine demokratische Optimierung.[227] Als »Minus« zur Selbstverwaltung kommen auf der Skala von einer »reinen« Verwaltungsentscheidung (Staatsmonopolisierung) bis hin zur Selbstverwaltung (Staatsdistanz) selbstverständlich zahlreiche Hybride der kooperativen oder partizipativen Zusammenarbeit in Betracht.[228] Zunächst werden die verschiedenen Erscheinung der Selbstverwaltung vorgestellt, bevor deren Organisation untersucht wird.

1. Erscheinungsformen der Selbstverwaltung

Angewendet auf die Kunstförderung der freien Szene, erfolgt die (teilweise) Übertragung der Aufgabenverantwortung auf Dritte durch die Einrichtung sogenannter »Netzwerkbüros« – beispielsweise in Nordrhein-Westfalen – oder Förderfonds wie den Fonds Darstellende Künste. Inwieweit über die Jahre etablierte Akteure – wie die genannten Beispiele – noch im engeren Sinne der freien Szene zuzurechnen sind oder es sich um Intermediäre handelt, mag auf unterschiedliche Bewertung stoßen. Im Ausgangspunkt haben sich diese aber zumindest aus der freien Szene heraus entwickelt.[229] Die entscheidende Abgrenzungsfrage für die Betrachtung der

---

224 *Graul*, Künstlerische Urteile, S. 75; ein kooperatives Verfahren, das »die schrittweise Annäherung an Aufgabe und Ziele in einem Meinungsaustausch zwischen den Beteiligten« beinhaltet, kennt auch der »Architekten- und Ingenieurswettbewerb« in § 3 Abs. 5 RPW 2013; dafür ist der gleiche Informationsstand unter den Teilnehmern von besonderer Bedeutung.

225 Vgl. Maunz/Dürig/*Kirchhof*, Art. 3 Abs. 1 GG, Rn. 293.

226 *Graul*, Künstlerische Urteile, S. 73 ff; *Lenski*, Öffentliches Kulturrecht, S. 431; *Mihatsch*, Öffentliche Kunstsubventionierung, S. 153; vgl. *Schreyer*, Pluralistische Entscheidungsgremien, S. 138; a. A. *Steiner*, HStR IV, § 86, Rn. 14.

227 *Lenski*, Öffentliches Kulturrecht, S. 431; zustimmend *Braun*, Prinzipien öffentlicher Kunstförderung, S. 308; Partizipative Gestaltung der Kunstförderung ist der Ausnahmefall. Im Bereich der darstellenden Kunst liegen Daten vor, denen zufolge eine Beteiligung der freien Szene an der Erarbeitung der Förderkonzepte (Selbstverwaltung im weiteren Sinne) für den Bereich der Projektförderung in lediglich einem Viertel der Fälle von kommunalen Akteuren durchgeführt wurde, *Blumenreich*, Förderstrukturen, S. 93; dieses Argument macht sich auch die kuratorische Strömung des »Commoning« zu eigen, ausführlich *Hofmann/et al*, Commoning Art, S. 24ff.

228 Die Stufen der Beteiligung werden nach Umfang, Reichweite und Qualität der Beteiligungsform auch als »Beteiligungsleiter« systematisiert, *Nanz/Fritsche*, Handb. Bürgerbeteiligung, S. 23f.

229 Ähnlich *Bergmann*, Kulturpolitische Mitteilungen Nr. 173, II/2021, S. 48.

Selbstverwaltung lautet, ob die Verwaltung ihre Letztentscheidungsbefugnis an einen Dritten überträgt und damit ihre Aufgabenwahrnehmung abgibt.

Um eine Selbstverwaltung handelt es sich, wenn die Auswahlentscheidung in eigenverantwortlicher Organisation erfolgt und damit gewissermaßen »in die Hände« der freien Szene gelegt wird, sodass die Auswahlentscheidung nach selbstgewählten materiellen und prozeduralen Maßstäben erfolgt. Die staatliche Einflussnahme beschränkt sich dann auf die Auswahl der betreffenden nichtstaatlichen Verteilungsinstanz und deren Kontrolle. Die Festlegung der Auswahlkriterien »durch die Kunstszene selbst« birgt ein besonders hohes Potential an Eigengesetzlichkeit und Sachnähe der Entscheidung,[230] wobei auch die Selbstverwaltung im Interesse der sachgerechten Verteilung den verfassungsrechtlichen Direktiven der Kunstförderung folgen sollte. Demgegenüber bestehen Bedenken, soweit eine nicht-staatliche Auswahl den gleichen Gefahren wie die (teil)staatliche Auswahl begegnet: Abhängigkeiten, faktische ökonomische und soziologische Zwänge und insbesondere die der Verbands- und Branchenbeteiligung innewohnende Cliquenbildung und Vetternwirtschaft.[231] Davor ist auch die freie Szene nicht gefeit. Insoweit stellen sich auch im Kontext der Selbstverwaltung ähnliche Herausforderungen in neuem Gewand, wie sie auch anderen Entscheidungsbefugten begegnen.

Zahlreiche Hybride der partizipativen Organisation kommen der Selbstverwaltung sehr nahe, wenn sie auch nicht den »Archetyp« der Staatseliminierung darstellen. Ein Beispiel ist die Auszeichnung künstlerischer Projekträume und -initiativen der Stadt Berlin im Jahr 2018.[232] Die Auswahl der Preisträgerinnen und Preisträger aus den Anträgen erfolgte zwar auch durch eine Jury, jedoch wurde zusätzlich zum Juryverfahren ein partizipatives Abstimmungsverfahren unter den Antragstellenden durchgeführt.[233] Das Ergebnis dieses Votums wurde als Meinungsbild in die Juryentscheidung einbezogen.[234] Gegenüber der Selbstverwaltung handelt es sich um Verfahren, bei denen die Auswahlentscheidung nicht durch die freie Szene selbst

230 *Germelmann*, Kultur und staatliches Handeln, S. 395; *Höfling*, DÖV 1985, S. 387 (392).

231 *Höfling*, DÖV 1985, S. 387 (393).

232 Informationsblatt für die Auszeichnung künstlerischer Projekträume und -initiativen im Jahr 2018 abrufbar unter: https://www.berlin.de/sen/kultur/foerderung/foerderprogramme/bildende-kunst/artikel.60203.php, zuletzt abgerufen am 17. Dezember 2018.

233 Ein solches hält *Mihatsch*, Öffentliche Kunstsubventionierung, S. 136, im Jahr 1990 für nicht durchführbar; die Digitalisierung dürfte entscheidend zu einer leichteren Verfahrensgestaltung beitragen.

234 Auf eine partnerschaftliche Ausgestaltung der Förderung drängt auch die *Arbeitsgemeinschaft für wirtschaftliche Verwaltung e.V.* (Hg.), Modernisierung der Zuwendungspraxis für den Dritten Sektor, 2018, S. 10ff.; *Braun*, Jahrbuch für Kulturpolitik 2014, S. 305 (306), sieht das Subsidiaritätsprinzip als dogmatischen Anknüpfungspunkt für eine partizipative Einbindung des Bürgers.

getroffen wird, aber die Verfahrensorganisation die freie Szene als Akteurin bei der Entscheidungsfindung einbindet.

Weitere Hybride sind Verfahren, die Partizipationsprozesse zur kooperativen Vorbereitung eines Auswahlprozesses einbinden. Vorbereitende Partizipation ist im Ergebnis für die Entscheidungsbefugten unverbindlich, aber kann Grundlage einer Entscheidung werden.[235] Ein Beispiel ist etwa die Kulturentwicklungsplanung: eine systematische Bestandsaufnahme mit dem Ziel, den Bestand auf seine Zukunftsfähigkeit zu prüfen und daraus mögliche Entscheidungen für die Neuausrichtung der Fördersystematik zu liefern.[236] Die Konzeptphase wird durch ein konsensuales Verfahren ersetzt, sodass Einfluss auf eine gemeinsam erarbeitete Förderrichtlinie besteht. Indem Festlegungen für die Entscheidungsfindung über den Verteilungskonflikt getroffen werden, versprechen solche Verfahren unter Auswertung der Beteiligteninteressen besonders sachgerecht zu sein.[237] Auf diese Weise wird auch ein neues Kräfteverhältnis zwischen den Akteuren und Akteurinnen etabliert.[238] Partizipative Prozesse schaffen insbesondere in einem sich wiederholenden Konflikt eine Verstetigung von Erfahrungswerten (»geronnener Sachverstand«[239]) und hohe Akzeptanz.[240]

Es können auch Berufsverbände in partizipative Verfahren eingebunden werden, ähnlich den Architekten- und Ingenieurkammern, die bei Vor- und Nachbereitung sowie Durchführung von Wettbewerben beratend mitwirken. Den Berufsverbänden wird ein weitreichendes quasi-notarielles Beteiligungsrecht zugesprochen.[241] Die Kontrolle über ein rechtmäßiges Wettbewerbsverfahren und die Beachtung der einzuhaltenden Regeln erfolgt folglich mittelbar durch eine Vertretung der Verfahrensbeteiligten.[242]

Ähnlich wird eine Partizipation durch das KulturGB-NRW bei der Erstellung einer kulturpolitischen Planung berücksichtigt, die im Rahmen von Konferenzen den Kulturschaffenden und -verantwortlichen vorgestellt wird, § 25 KulturGB-NRW.

---

235 *Schad*, ZfK 2015, S. 29 (38).

236 *Braun*, Jahrbuch für Kulturpolitik 2014, S. 305 (307); *Tröndle*, Kulturentwicklung, S. 17; kritisch zur Mitwirkung der Zuwendungsempfänger an der Erstellung von Förderrichtlinien: *Müller/Richter/Ziekow*, Handb. Zuwendungsrecht, Teil B, Rn. 18; ein aktuelles Beispiel ist die Kulturentwicklungsplanung in Wiesbaden. Siehe zu aktuellen Entwicklungen das Blog zur Kulturentwicklung, abrufbar unter: https://www.kulturentwicklungsplan-wiesbaden.de/einleitung/, zuletzt abgerufen am 12. Februar 2020.

237 *Nanz/Fritsche*, Handb. Bürgerbeteiligung, S. 11; zugleich wird vor weiterer ehrenamtlicher Belastung der freien Szene gewarnt, *Schad*, ZfK 2015, S. 29 (40).

238 *Teissel*, ZfK 2015, S. 15 (22).

239 Vgl. Pünder/Schellenberg/*Martini*, Vergaberecht § 78 VgV, Rn. 13.

240 *Schad*, ZfK 2015, S. 29 (44); *Landmann*, Jahrbuch für Kulturpolitik 2014, S. 47 (53).

241 Pünder/Schellenberg/*Martini*, Vergaberecht § 78 VgV, Rn. 13.

242 Pünder/Schellenberg/*Martini*, Vergaberecht § 78 VgV, Rn. 13.

Daneben wird auch ein Raum für Zielvereinbarungen eröffnet (S. 3) sowie auf eine angemessene Beteiligung von Künstlerinnen und Künstlern aller Kunstsparten, der Kunstinstitutionen, der freien Szene und der Kulturverbände geachtet (S. 4).

2. Organisation der Selbstverwaltung

Verwaltungsrechtlich agieren Intermediäre der Selbstverwaltung entweder als Beliehene oder werden im Wege der Weiterleitung von Haushaltsmitteln an dem Verwaltungshandeln beteiligt.[243] Der häufigere Fall dürfte die Weiterleitung i. S. v. Nr. 12 VV zu § 44 B/LHO sein, wonach die Bewilligungsbehörde im Zuwendungsbescheid vorsehen kann, dass der Zuwendungsempfänger als Erstempfänger die Zuwendung ganz oder teilweise weiterleitet. Durch die zweckbestimmte Weiterleitung erfüllt der Erstempfänger den Zuwendungszweck. In den Bestimmungen des Zuwendungsbescheids drückt sich aus, wie eng oder weit der eigenverantwortliche Spielraum des jeweiligen Intermediärs gefasst wird.

Einer besonderen inhaltlich-sachlichen Legitimation der Selbstverwaltung bedarf es nicht. Die Übertragung von Entscheidungsbefugnissen widerspricht nicht den Anforderungen der demokratischen Legitimation gem. Art. 20 Abs. 1 GG. Eine völlige Entstaatlichung, die zu einem Legitimationsproblem führen könnte, ist nicht gegeben.[244] Es ist nicht erforderlich, dass jede einzelne Förderentscheidung von einer demokratisch legitimierten Stelle getroffen wird, soweit die Effektivität der Aufgabenwahrnehmung aufgrund besonderer Sachnähe eine Übertragung rechtfertigt.[245] Durch die Festlegung des »Ob« einer Ausschreibung der Fördermaßnahme, die letztlich auf den demokratischen Haushaltsgesetzgeber zurückgeht, ist dem demokratischen Legitimierungsbedürfnis Genüge getan. Die Verwaltung muss beim Einsatz von Intermediären durch Organisationsprivatisierung, Beleihung oder Weiterleitung auf eine dem Förderzweck entsprechende Verwendung achten.[246] Für die Eigenbewirtschaftung aufgrund einer Weiterleitung findet das allgemeine Zuwendungsrecht Anwendung, wie es bereits überblicksartig dargestellt wurde. Die staatliche Kontrolle bezieht sich dann auf die Prüfung der zweckentsprechenden Verwendung.

Es entspricht heute einem modernen Staat-Bürger-Verständnis, dass in einem aktivierenden Staat zivile Subjekte als Kunden, Partizipierende und Mitgestal-

---

243 *Germelmann*, Kultur und staatliches Handeln, S. 396; zur Unterscheidung nicht beliehener und beliehener Projektträger siehe *Dittrich*, § 44 BHO, Rn. 79.1f.; Gestaltungsmöglichkeiten siehe *Ulrich*, Vergabe staatlicher Zuwendungen, S. 10ff.

244 Dazu *Mihatsch*, Öffentliche Kunstsubventionierung, S. 138; kritisch *Leisner*, der die Übertragung der Entscheidungsverantwortung über die Auswahl von Verwaltungsangestellten für Gremien unter Beteiligung von Sachverständigen und Verbänden als »Neokorporativismus« bezeichnet, *Leisner*, VVDStRL 42 (1984), S. 126.

245 *Ulrich*, Vergabe staatlicher Zuwendungen, S. 21f.

246 *Mihatsch*, Öffentliche Kunstsubventionierung, S. 139.

ter des staatlichen Handelns gedacht werden, die öffentliche Aufgaben auch selbst erfüllen.[247] Partizipative Verfahren dienen der Auflösung von systemischen Blockaden, interessengerechten Vereinbarungen bzw. einer sachgerechten Verteilungsentscheidung. Diese Formen der adäquaten (Verteilungs-)Konfliktklärung können zu präventiver und aktiver Bürgerbeteiligung genutzt werden.[248] Gerade im Zuwendungsrecht wird auf eine fehlende Akzeptanz eines partnerschaftlichen Verhältnisses zwischen Staat und Bürger hingewiesen.[249] Es wird jedoch auch auf das Spaltungspotential innerhalb der freien Szene hingewiesen, wenn die Lösung des Verteilungskonflikts in ein Spannungsverhältnis zur Solidarität der Gemeinschaft tritt.[250]

Für die Implementierung von partizipativen Prozessen in Verwaltungsverfahren spricht insbesondere die gesteigerte Innovationskraft durch Zusammenarbeit der Partikularinteressen. Insbesondere bei der Bewältigung »multipolarer« und »multidimensionaler« Konflikte – also solche, die nicht nur das Verhältnis zwischen einem Bürger und dem Staat, sondern mehrerer Bürger zum Staat betreffen – gerät der Staat an die Grenze der Überforderung und es entstehen Akzeptanzprobleme.[251] Die Verwaltung sieht sich häufig politischem Druck der Zivilgesellschaft bis hin zu Protestbewegungen ausgesetzt. Die Vorzüge der Partizipation dritter nicht-staatlicher Akteure und Akteurinnen im Verwaltungsverfahren ergeben sich auch aus der verbesserten Informationsverschaffung, die die Verwaltung für eine sachgerechte Entscheidung benötigt. Daran knüpft grundsätzlich auch der Gedanke der Verfahrensökonomisierung bzw. die Entlastung der Gerichte an, denn sachgerechte Entscheidungen und Akzeptanz verringern das Risiko eines streitigen Verfahrens im Rahmen des Rechtsschutzes. Zudem verlagert Partizipation den Zeitpunkt der Fehlerkorrektur nach vorne. Während eine solche im Grundmodell der VwGO erst im Wege des Rechtsschutzes erfolgt (mit Ausnahme eines Normenkontrollverfahrens) und damit der Auswahlentscheidung nachgelagert ist, können in partizipativen Verfahren Korrekturen bereits verfahrensbegleitend vorgenommen werden.

---

247 *Baer*, »Der Bürger« im Verwaltungsrecht, S. 249 f; *Otto*, FS-Battis, S. 405 (406), sieht Beteiligungskultur als »Teil des europäischen Wertekanons«; ähnlich zum Paradigmenwechsel der öffentlichen Verwaltung Ehlers/Pünder/*Pünder*, Allg VerwR, § 16, Rn. 2; Stelkens/Bonk/Sachs/*Schmitz*, § 9 VwVfG, Rn. 46; Johlen/Oerder/*Voß*, MAH Verwaltungsrecht, § 3 Rn. 57ff.; *Woldt*, Unternehmen Kultur, S. 103 (105ff.).

248 *Kaeding*, Bürgermeister und Mediation, S. 67 (73).

249 *Bode/Vogt*, Kulturpolitische Mitteilungen II/2019, S. 45; *Müller/Richter/Ziekow*, Handb. Zuwendungsrecht, Einl. Rn. 11; *Teissel*, ZfK 2015, S. 15 (24).

250 *Rodatz*, Solidarische Mittelvergabe, S. 28 (46f.).

251 Ehlers/Pünder/*Pünder*, Allg VerwR, § 16, Rn. 1; *Würtenberger*, NJW 1991, S. 257 (258); zu Kooperations- und Kommunikationsstrukturen zwischen Verwaltung und Bürger siehe *Woldt*, Unternehmen Kultur, S. 103 (105ff.).

E. Entscheidungsformungsphase

I. Dokumentation

Für die Verwirklichung der Gleichbehandlung in Verteilungskonflikten sind Dokumentationspflichten von besonderer Bedeutung und dienen der prozeduralen demokratischen Legitimation.[252] Gegenstand der Dokumentation ist der »Herstellungsprozess« der Verteilungsentscheidung.[253] Je umfassender der Entscheidungsspielraum ist, desto größere Bedeutung kommt den Dokumentationspflichten zu. In Konstellationen, in denen Verwaltungen selbstständig entscheiden, ist Dokumentation im Interesse der Neutralitätssicherung von überragender Bedeutung. In Gremienentscheidungen ohne die Mitwirkung der Verwaltung gibt die Verwaltung ihren Einfluss überwiegend auf und überträgt ihn auf Dritte, ebenso in Prozessen der Selbstverwaltung. Gleichwohl sollte das nicht zu einem Entfallen der Dokumentation führen. Schließlich sichert die Dokumentation ein transparentes, kontrollierbares, von sachwidrigen Einflüssen freies und rationales Verfahren und ist insbesondere für den Rechtsschutz von besonderer Bedeutung.[254]

Dokumentationspflichten sind in den allgemeinen Regelungen nur in geringem Maß vorhanden. Die allgemeinen Vorschriften des VwVfG für das nichtförmliche Verfahren der Kunstförderung kennen das Akteneinsichtsrecht gem. § 29 VwVfG. Dieses regelt eine Dokumentation zwar nicht ausdrücklich, macht aber die Führung vollständiger und wahrheitsgetreuer Akten für die Einsichtnahme zu einer notwendigen Voraussetzung.[255] Die Einsichtnahme und die darauf aufbauende Anhörung (§ 28 VwVfG) gewährleisten ein Mindestmaß an Kommunikation zwischen Staat und Bürger und damit ein faires und nachprüfbares Verfahren.[256]

Das Transparenzgebot macht die Dokumentation zeitnah zu den einzelnen Phasen des Verteilungsverfahrens und fortlaufend erforderlich.[257] Insoweit ist zu betonen, dass die Dokumentation eine alle Phasen durchdringende Pflicht ist.[258]

---

252 Ehlers/Pünder/*Pünder*, Allg VerwR, § 13, Rn. 18; *Wollenschläger*, Verteilungsverfahren, S. 592.

253 *Wollenschläger*, Verteilungsverfahren, S. 592; insbesondere sollen Notwendigkeit und Angemessenheit der Zuwendung festgehalten werden, Gröpl/*Rossi*, § 44 BHO, Rn. 67.

254 Vgl. Pünder/Schellenberg/*Fehling*, Vergaberecht § 97 GWB, Rn. 69; Dokumentationspflichten bestehen im Vergaberecht im Übrigen auch nach der Unterschwellenvergabeordnung für Verfahren unterhalb der entsprechenden Schwellenwerte, § 6 UVgO.

255 NK-VwVfG/*Engel*, § 29 VwVfG, Rn. 3; BeckOK VwVfG/*Herrmann*, § 29 VwVfG, Rn. 1; Stelkens/Bonk/Sachs/*Kallerhoff*/*Mayen*, § 29 VwVfG, Rn. 1.

256 NK-VwVfG/*Engel*/*Pfau*, § 28 VwVfG, Rn. 3; Stelkens/Bonk/Sachs/*Kallerhoff*/*Mayen*, § 29 VwVfG, Rn. 2.

257 Vgl. Pünder/Schellenberg/*Fehling*, Vergaberecht § 97 GWB, Rn. 69.

258 Vgl. § 6 Abs. 2 UA 6 S. 6 RPW 2013.

Beispielhaft sei dafür die bereits dargestellte Dokumentation der administrativen Ausschlussentscheidung genannt. Der Umfang der Aktenführung bezieht sich auf die eingereichten Anträge und die wesentlichen Gesichtspunkte, die die Auswahlentscheidung tragen.

In vergleichbaren Vergabeentscheidungen umfasst die Dokumentation die Kommunikation mit den Antragstellenden und interne Beratungen, die Vorbereitung der Auftragsbekanntmachung und die Vergabeunterlagen, die Öffnung der Angebote, Teilnahmeanträge und Interessensbestätigungen, die Verhandlungen und Dialoge mit den teilnehmenden Antragstellenden sowie der Gründe für Auswahlentscheidungen und den Zuschlag. Der öffentliche Auftraggeber ist verpflichtet über jedes Vergabeverfahren einen Vermerk in Textform anzufertigen. Zusammengenommen dienen diese Pflichten der Nachprüfung sowie der Vorbeugung von Korruption und Manipulation.[259] Dieses Bedürfnis besteht in der Kunstförderung nur, wenn die Verwaltung entscheidungsbefugt ist. Die Bedeutung der Dokumentation nimmt ab, je größer die Distanz zwischen Entscheidungsbefugten und Staat ist.

II. Bekanntgabe und Begründung

Für einen Zuwendungsbescheid durch Verwaltungsakt bedarf es einer Entscheidung im Außenverhältnis (§ 35 VwVfG).[260] Die Entscheidung über die Verteilung ist den Beteiligten (§ 13 Abs. 1 VwVfG) bekannt zu geben (§ 41 Abs. 1 S. 1 Alt. 1 VwVfG). Gemäß der Verwaltungsvorschriften muss der Verwaltungsakt die Finanzierungsform, die Finanzierungsart, den Umfang der zuwendungsfähigen Ausgaben (Nr. 4.2.4 VV zu § 44 B/LHO) und den Bewilligungszeitraum (Nr. 4.2.5 VV zu § 44 B/LHO) festlegen. Nr. 4.2.3 VV zu § 44 B/LHO verlangt vor allem detaillierte Angaben zum Zuwendungszweck. Dadurch wird der Nachweis einer zweckentsprechenden Verwendung der Zuwendung und deren entsprechende Kontrolle ermöglicht.[261] Nr. 4.2 VV zu § 44 B/LHO umreißt den Inhalt des Zuwendungsbescheides, der an der Bestimmtheit i.S.d. § 37 Abs. 1 VwVfG zu messen ist. Zudem muss auf etwaige Nebenbestimmungen hingewiesen werden und der Bescheid eine Rechtsbehelfsbelehrung enthalten. Gem. § 41 Abs. 1 S. 1 Alt. 2 VwVfG ist den nicht geförderten

259 Beck VergabeR/*Langenbach*, § 8 VgV, Rn. 6; im Vergaberecht ist es umstritten, ob eine unvollständige Dokumentation im Laufe des Nachprüfungsverfahrens nachgebessert werden kann, wird aber im Ergebnis jedenfalls für rein formelle Mängel angenommen, um die Beschleunigung und Effizienz des Verfahrens zu gewährleisten, Pünder/Schellenberg/*Fehling*, Vergaberecht § 97 GWB, Rn. 70.

260 Der öffentlich-rechtliche Vertrag wird nachfolgend vernachlässigt, da dieser nur eine untergeordnete Rolle in der Zuwendungspraxis spielt, NK-VwGO/*Sodan*, § 42 VwGO, Rn. 300; NK-VwVfG/*Brüning*/*Bosesky*, § 54 VwVfG, Rn. 190.

261 Gröpl/*Rossi*, § 44 BHO, Rn. 110.

Antragstellenden als Drittbetroffenen das Ergebnis hinsichtlich der zum Zuge gekommenen Konkurrenten bekanntzugeben. Denn nur wenn die Entscheidung zeitnah bekannt gemacht wird, können unberücksichtigte Antragstellende effektiven Rechtsschutz erlangen und ihre Chancengleichheit wahren.[262]

Eine Bekanntgabe der Entscheidung sollte auch in öffentlich zugänglicher Form erfolgen, um dem öffentlichen Informationsinteresse gerecht zu werden. Nicht erforderlich ist die Angabe der negativen Entscheidungen, um dem öffentlichen Ansehen der Antragstellenden nicht zu schaden und dadurch ggf. sogar Barrieren für die Teilnahme an einem Antragsverfahren aufzubauen. Die öffentliche Bekanntgabe stärkt das Vertrauen in die sachgerechte Entscheidung und reduziert Verdachtsmomente der Klüngelei. Die Veröffentlichung der Auswahlentscheidung an geeigneter Stelle trägt zur Transparenz bei und führt damit zum Abbau von Vorbehalten gegenüber »undurchsichtigen« Entscheidungsstrukturen. Dadurch werden Legitimation und Akzeptanz der Entscheidung gestärkt. Eine anonymisierte Bekanntgabe dürfte in den meisten Fällen datenschutzrechtlich nicht erforderlich sein, sollte aber zusätzlich durch eine entsprechende Einwilligung der Antragstellenden im Antragsverfahren abgesichert werden.[263]

Gem. § 39 Abs. 1 VwVfG bedarf es einer schriftlichen Begründung des Verwaltungsaktes.[264] In der Begründung sind die wesentlichen tatsächlichen und rechtlichen Gründe mitzuteilen, die die Verwaltung zu ihrer Entscheidung bewogen haben.[265] Hintergrund sind Transparenz, die Garantie effektiven Rechtsschutzes sowie der verfassungsrechtliche Teilhabeanspruch.[266] Die Begründung dient auch der

---

262 *Korinek*, Staat und Kunst, S. 64; vgl. *Pünder*, VerwArch 2004, S. 38 (58); vgl. Pünder/Schellenberg/*Martini*, Vergaberecht § 79 VgV, Rn. 41; in Anlehnung an § 70 Abs. 3 S. 1 VgV sollte eine Bekanntgabe nicht später als 30 Tage nach der Entscheidungsfindung erfolgen, besser unverzüglich vgl. § 79 Abs. 5 S. 2 VgV.

263 Siehe etwa die anonymisierte Bekanntgabe des Kulturamts Leipzig, abrufbar unter: https://static.leipzig.de/fileadmin/mediendatenbank/leipzig-de/Stadt/02.4_Dez4_Kultur/41_Kulturamt/Kulturentwicklung_und_Kulturfoerderung/Fordermittelliste-Kultur-2020-Projektforderung-2-Verfahren-Antrage-zum-31-03-2020.pdf, zuletzt abgerufen am 24. August 2020.

264 § 39 VwVfG ist auch mit Blick auf § 2 Abs. 3 Nr. 2 VwVfG anzuwenden, da es sich um keine Prüfung im Sinne einer höchstpersönlichen menschlichen Eigenschaft oder Fähigkeit handelt, sondern um einen nicht dem Prüfungsbegriff unterfallenden Vorgang, Stelkens/Bonk/Sachs/*Schmitz*, § 2 VwVfG, Rn. 128. Zu den Folgen einer fehlenden oder unzureichenden Begründung siehe Ehlers/Pünder/*Pünder*, Allg VerwR, § 14, Rn. 72f.

265 Eine »Abbedingung« dieses Begründungserfordernisses durch die Förderrichtlinie wie es die Stadt Saalfeld für das Förderungsverfahren vornimmt, dürfte unzulässig sein. Richtlinie zur allgemeinen Kunst- und Kulturförderung der Stadt Saalfeld/Saale abrufbar unter: https://www.saalfeld.de/files/1425B0FE0CA/Förderrichtlinie%20Kunst%20und%20Kultur%202011.pdf, zuletzt abgerufen am 26. Februar 2020.

266 Ehlers/Pünder/*Pünder*, Allg VerwR, § 13, Rn. 14ff.; *Wollenschläger*, Verteilungsverfahren, S. 585; vgl. BVerwGE 39, 197 (204).

Selbstkontrolle einer sachgerechten Entscheidung sowie der Fremdkontrolle im Widerspruchsverfahren.[267] Allerdings bedarf es einer Begründung gem. § 39 Abs. 2 Nr. 1 VwVfG nur selten für positive Entscheidungen, soweit die Behörde dem Antrag entspricht.

Die Begründungsintensität richtet sich nach dem Zweck der Begründung, also insbesondere der Überprüfbarkeit. Dies erfordert mindestens die Nennung des zum Zuge gekommenen Antragstellenden und eine Erläuterung der maßgeblichen Auswahlerwägungen, die auf den konkreten Fall abstellen.[268] Eine Begründung ist auch nicht gem. § 39 Abs. 2 Nr. 3 VwVfG entbehrlich, weil die Behörde gleichartige Verwaltungsakte in größerer Zahl erlässt und die Begründung nach den Umständen des Einzelfalls nicht geboten ist. Dieser Ausnahmetatbestand ist restriktiv zu handhaben und muss Nr. 1 bzw. Nr. 2 vergleichbar sein, d.h. Antragstellenden muss der Sache nach bekannt sein, weshalb sie nicht zum Zuge kommen.[269] Gleichwohl kann eine gleichlautende Begründung mehrfach verwendet werden, soweit die Fälle der abgelehnten Antragstellenden gleich liegen.[270] Antragstellende sind zudem über den Rechtsbehelf zu belehren (§ 37 Abs. 6 VwVfG).

Eine Begründung der Entscheidung stellt ein konfliktvorbeugendes Element dar, denn sie trägt zur Wahrung des Vertrauensverhältnisses zwischen dem Kreis der Geförderten bzw. Nicht-Geförderten und der Verwaltung bei, wenn Antragstellende ihre Ablehnung nicht anonymen Listen oder Presseveröffentlichungen entnehmen müssen.[271] Ein gewisses Maß an Wertschätzung und Vertrauen sind für eine sachgerechte Auflösung wiederkehrender Verteilungskonflikte vorteilhaft. Die (zeitnahe) Mitteilung an die Antragstellenden vermeidet in der Praxis auch Nachfragen an die unter Umständen zur Verschwiegenheit verpflichteten Entscheidungsbefugten.[272] Um die Entscheidungsbefugten vor Fragen oder gar Angriffen gegen ihre Entscheidungsbegründung zu schützen, wird vorgeschlagen, Personen, die die Entscheidungsfindung als Beisitzende mitverfolgt haben und das

---

267 Heuer/Scheller/*Dommach*, § 23 BHO, Rn. 5; vergleichbar der Vergabeentscheidung von Frequenzen im Rundfunkrecht handelt es sich um das Ergebnis eines komplexen, auf einer Bewertung der Anträge unter programmlichen Gesichtspunkten beruhenden Prozesses, der nur eingeschränkt überprüfbar ist, vgl. *Wollenschläger*, Verteilungsverfahren, S. 453.

268 Ehlers/Pünder/*Pünder*, Allg VerwR, § 14, Rn. 71; *Wollenschläger*, Verteilungsverfahren, S. 585; für die Veröffentlichung von Förderentscheidungen plädiert auch der Kulturrat NRW in einem offenen Brief an die Kulturministerin, abrufbar unter: https://www.kulturrat-nrw.de/juryverfahren-in-nrw-offener-brief-an-ministerin-pfeiffer-poensgen/, zuletzt abgerufen am 7. Juli 2020.

269 Ehlers/Pünder/*Pünder*, Allg VerwR, § 14, Rn. 70.

270 Ehlers/Pünder/*Pünder*, Allg VerwR, § 14, Rn. 71.

271 *Bergmann et al.*, Handb. Kulturmanagement F 2.10., S. 17.

272 *Bergmann et al.*, Handb. Kulturmanagement F 2.10., S. 17.

Vertrauen der Entscheidungsbefugten genießen, Erklärungen oder Kommentare abgegeben zu lassen.[273]

Eine Anhörung der abgelehnten Antragstellenden gem. § 28 VwVfG ist nicht erforderlich, denn die Verwehrung von Leistungen, auf die kein Anspruch besteht, greift nicht in bestehende Rechte ein.[274]

III. Entscheidungsumsetzung

An die Entscheidungsformung schließt sich die für das grundrechtliche Spannungsverhältnis von Kunstfreiheit und Kunstförderung weniger relevante zuwendungsrechtliche Entscheidungsumsetzung an. Die Umsetzung betrifft das Auszahlungsverfahren, das Überwachungsverfahren, das Prüfungsverfahren, die Erfolgskontrolle und das Rückforderungsverfahren. Diese Verfahrenselemente werden nachfolgend nur überblicksartig erörtert.[275]

Auf den Zuwendungsbescheid, dessen Rücknahme oder Widerruf finden die allgemeinen Regelungen für das Verwaltungsverfahren Anwendung. Die ANBest-P werden als Nebenbestimmungen zum Verwaltungsakt erlassen. Erfolgt die Förderung durch einen Fördervertrag, so sind die entsprechenden Rückforderungsmodalitäten vertraglich zu regeln.[276]

Die Förderung soll gem. Nr. 7.1. VV zu § 44 B/LHO regelmäßig erst ausgezahlt werden, wenn der Bescheid bestandskräftig geworden ist, §§ 43ff. VwVfG. Das ist nach Ablauf der Rechtsbehelfsfrist gem. § 70 VwGO nach einem Monat der Fall. Geförderte können die Bestandskraft des Zuwendungsbescheides herbeiführen und damit die Auszahlung beschleunigen, wenn sie einen Rechtsbehelfsverzicht erklären.[277] Während der Überwachungsphase unterliegen Anpassungen des Projektvorhabens verschiedenen Anzeige- und Zustimmungspflichten seitens der Verwaltung.

Nach Ende des Zuwendungszeitraums ist ein Verwendungsnachweis zu erbringen. Der Verwendungsnachweis muss korrespondierend zum Kosten- und

---

273 *Bergmann et al.*, Handb. Kulturmanagement F 2.10., S. 18.

274 *Dittrich*, § 44 BHO, Rn. 20.1.

275 Ausführlich dazu: Gröpl/*Rossi*, § 44 BHO, Rn. 57ff.; *Müller/Richter/Ziekow*, Handb. Zuwendungsrecht, Teil B, Rn. 197ff.; Ehlers/Fehling/Pünder/*Kühling*, Bes VerwR Bd. 1, § 30, Rn. 61; *Präs. d. BRH* (Hg.), Zuwendungen, S. 97ff.; *Dittrich*, § 44 BHO, Rn. 40ff.

276 Der Fördervertrag spielt in der Subventionspraxis der freien Szene jedoch nur eine untergeordnete Rolle, NK-VwGO/*Sodan*, § 42 VwGO, Rn. 300; *Dittrich*, § 44 BHO, Rn. 18.

277 In der Praxis wird die Bereitstellung der Fördermittel als unangemessen hoher Verwaltungsaufwand kritisiert, *Arbeitsgemeinschaft für wirtschaftliche Verwaltung e.V.* (Hg.), Modernisierung der Zuwendungspraxis für den Dritten Sektor, 2018, S. 38; zustimmend *Esper*, Kulturpolitische Mitteilungen II/2019, S. 48 (49).

Finanzierungsplan vollständig sein und alle Einnahmen und Ausgaben aufführen (Nr. 6.2.2 ANBest-P). Der Verwendungsnachweis erfüllt eine Doppelfunktion: zum einen die Rechenschaft der Geförderten, zum anderen die Selbstkontrolle der Verwaltung hinsichtlich Legitimation und Erfolg der Förderung.[278] Auf die Vorlage von Belegen wird zugunsten einer Belegliste verzichtet und diese lediglich strichprobenartig überprüft, ausgenommen in vertieften Prüfungen.[279] Ergänzend wird ein Sachbericht vorlegt, der die erzielten Ergebnisse den vorgegebenen Zielen gegenüberstellt.

IV. Rechtsschutz

Die Systematik des Rechtsschutzes muss neben dem Korrekturinteresse auch das Interesse am Bestand einer Entscheidung berücksichtigen und einen angemessenen Ausgleich schaffen.[280] Die vorhandene Rechtsprechung mit Bezug zur Kunstförderung ist äußerst spärlich. Über die Gründe für die geringe Anzahl gerichtlicher Entscheidungen lässt sich nur mutmaßen. Das geringe Fallaufkommen mag unter anderem auf den eingeschränkten Prüfungsmaßstab der Verteilungsentscheidung und die einhergehenden geringen Erfolgsaussichten zurückzuführen sein.[281] Insgesamt wird die Position des Bürgers im Rechtsschutzsystem der Zuwendungspraxis als schwach charakterisiert, da die verwaltungsinternen Prozesse in der Praxis »im Dunkeln« abliefen und daher kaum beweisbar seien.[282] Insbesondere Kunstschaffende der freien Szene dürften nach der allgemeinen Lebenserfahrung wenig prozessgeneigt sein: Zum einen ist der Rechtsweg mit finanziellem Risiko behaftet, das angesichts der meist schwachen sozialen Lage abschreckt. Zum anderen mag eine gewisse ideelle Verbundenheit unter den Kunstschaffenden bestehen, die, anders als im Fall der Wirtschaftsförderung, ein geringeres wirtschaftliches Konkurrenz- und Wettbewerbsdenken innerhalb der freien Szene nach sich zieht.

Es besteht kein Rechtsschutz gegen die Förderrichtlinie als solche im Wege eines Normenkontrollverfahrens. Nach Auffassung der Rechtsprechung, ist eine Verwaltungsvorschrift mit lediglich mittelbarer Außenwirkung keine »Rechtsvorschrift«

---

278 *Präs. d. BRH* (Hg.), Zuwendungen, S. 115; kritisiert wird der hohe Verwaltungsaufwand der (Zwischen-)und abschließenden Verwendungsnachweise, *Arbeitsgemeinschaft für wirtschaftliche Verwaltung e.V.* (Hg.), Modernisierung der Zuwendungspraxis für den Dritten Sektor, 2018, S. 47f.; zustimmend *Esper*, Kulturpolitische Mitteilungen II/2019, S. 48 (49).

279 Die Einführung von Beleglisten wird auch auf Landes- und Kommunalebene gefordert *Bode/Vogt*, Kulturpolitische Mitteilungen II/2019, S. 45 (47).

280 *Wollenschläger*, Verteilungsverfahren, S. 602.

281 *Germelmann*, Kultur und staatliches Handeln, S. 373f.; Rechtsprechung zum Zuwendungsrecht betrifft überwiegend die (Un)rechtmäßigkeit der Rückforderung einer Zuwendung durch die Verwaltung. Eine Ausnahme ist die Entscheidung VG Schleswig, BeckRS 2021, 4661.

282 *Kluckert*, Zuwendung und Gesetz, S. 26.

i. S. d. § 7 Abs. 1 Nr. 2 VwGO, denn Verwaltungsvorschriften lösen keine Rechte der Bürgerinnern und Bürger aus.[283] Es ist Sache der Exekutive, innerhalb ihrer durch das Gesetz belassenen Spielräume für einen geordneten und gleichmäßigen Vollzug zu sorgen.[284] Dass dem Einzelnen kein Rechtsweg gegen die Förderrichtlinie offensteht, verkürzt seinen Rechtsschutz nicht unzumutbar, kann er doch gegen eine individuelle Entscheidung vorgehen.

Der Rechtsschutz gegen die individuelle Verteilungsentscheidung ist abhängig von der Rechtsnatur des Verwaltungshandelns und des zu ihm führenden Verfahrens im jeweiligen Einzelfall.[285] Auf den Rechtsschutz finden die allgemeinen Vorschriften des Verwaltungsrechts Anwendung. Im Rahmen der Zulässigkeit einer Klage ist auf die besondere Problematik der richtigen Klageart mit Blick auf die Konkurrentenverdrängung im Bereich der Leistungsverwaltung hinzuweisen.

Obgleich den einzelnen materiellen Bewertungsmaßstäben durch eine Anknüpfung an den verfassungsrechtlichen Prinzipien der Kunstförderung in dieser Arbeit eine Kontur gegeben wurde, ist der Kern der Auswahlentscheidung, was förderungswürdige Kunst ist, normativ nicht in befriedigendem Maße als richtig oder falsch zu erfassen. Eine objektive Entscheidung ist nicht möglich. Die Auswahlentscheidung der Kunstförderung ist nicht schematisch und hat den Charakter einer komplexen wertenden Entscheidung, die mit Blick auf die künstlerischen Bewertungskriterien zudem eine Prognoseentscheidung darstellt.[286] Das spricht für eine Beurteilungsermächtigung der Verwaltung.[287] Aufgrund einer Beurteilungsermächtigung im Zuge der Auswahlentscheidung besteht ein eingeschränkter gerichtlicher Kontrollmaßstab, der die gerichtliche Nachprüfung auf die Einhaltung der rechtlichen Grenzen einer willkürfreien und sachlichen Beurteilung beschränkt.[288] Normativer Anknüpfungspunkt ist § 114 S. 1 VwGO. In Fällen der Staatsmediatisierungs- und -eliminierungsmodelle, in denen die Entscheidungsfindung durch ein weisungsunabhängiges Gremium bzw. in Selbstverwaltung erfolgt, besteht ebenfalls ein Beurteilungsspielraum.[289]

283 BVerwG, NJW 1996, 2046 (2047); zustimmend *Dittrich*, § 44 BHO, Rn. 6.7.

284 Ehlers/Pünder/*Möstl*, Allg VerwR, § 19, Rn. 8.

285 *Wollenschläger*, Verteilungsverfahren, S. 634.

286 Zustimmend VG Schleswig, BeckRS 2021, 4661, Rn. 33.

287 Im Ergebnis zustimmend: *Germelmann*, Kultur und staatliches Handeln, S. 383; HK-VerwR/*Kyrill-Alexander/Schwarz*, § 114 VwGO, Rn. 58.

288 Eyermann/*Rennert*, § 114 VwGO, Rn. 51; NK-VwGO/*Wolff*, § 114 VwGO, Rn. 351; HK-VerwR/*Kyrill-Alexander/Schwarz*, § 114 VwGO, Rn. 56; Wysk/*Bamberger*, § 114 VwGO, Rn. 10; *Palm*, Öffentliche Kunstförderung, S. 259ff., nennt konkrete Beispiele einer rechtswidrigen Förderentscheidung, namentlich den Sachverhaltsirrtum, mangelhafte Prüfung und Begründung, willkürliche Bewertung, Verletzung von Bewertungsmaßstäben und Verfahrensfehler.

289 Andere Fallgruppen sind u.a. beamtenrechtliche Beurteilungen, Auswahlentscheidungen bei Bewerbungen, Planungsermessen, Prognoseentscheidungen, Prüfungsentscheidungen; ausführlich: BeckOK VwGO/*Decker*, § 114 VwGO, Rn. 36; die Ähnlichkeit der künstlerischen

Besteht ein eingeschränkter Kontrollmaßstab, kann das Gericht einen Rechtsverstoß feststellen, wenn die Verwaltung Verfahrensfehler begeht, von einem unrichtigen Sachverhalt ausgeht, anzuwendendes Recht verkennt, bei seiner Anwendung allgemeingültige Bewertungsmaßstäbe verletzt oder sich von sachfremden Erwägungen leiten lässt.[290] Zu den Verfahrensfehlern gehört insbesondere, dass Anträge unberechtigt von der Auswahlentscheidung ausgeschlossen wurden oder umgekehrt solche Anträge, die den Vorgaben der Ausschreibung schon in formaler Hinsicht nicht entsprechen, ausgewählt wurden.[291] Mit Blick auf einen effektiven Rechtsschutz sind vergleichbar dem Prüfungsrecht nur die prüfungsspezifischen Wertungen reduziert kontrollierbar. Das spricht dafür, dass die Entscheidung, soweit sie auf künstlerischen Bewertungskriterien beruht, nur eingeschränkt kontrollierbar ist, dass sie, soweit sie jedoch auf (objektiven) nicht-künstlerischen Bewertungskriterien beruht, hingegen voll überprüfbar ist. Darüber hinaus sollte die Kontrolle im Fall von Staatsmediatisierungsmodellen auch die Zusammensetzung des Gremiums in den Blick nehmen, ob dieses nach den in dieser Arbeit entwickelten prozeduralen Maßstäben als hinreichend pluralistisch anzuerkennen ist. Andernfalls kann von einer Versachlichung der Entscheidung nicht die Rede sein.

Neben dem gerichtlichen Rechtsschutz kommen auch ADR-Verfahren in Betracht. »ADR«, üblicherweise als Akronym für »Alternative Dispute Resolution« verwendet, wird nach modernem Verständnis als »Adequate Dispute Resolution« ausgeschrieben. Durch ADR-Verfahren können die höchst unterschiedlichen Arbeitsweisen administrativer Verwaltung und freier Kunst, die in Verfahren der öffentlichen Kunstförderung aufeinandertreffen, in hohem Maße berücksichtigt werden.[292] Auch Verbände oder Vereine, die keine eigenen Rechte in Bezug auf das Verteilungsverfahren haben, aber ideelle oder politische Interessen mit dem Ausgang des Verfahrens verknüpfen bzw. die Position einzelner Verfahrens-

---

Bewertung zur Prüfungsentscheidung beschreibt der VGH Kassel als unvermeidbar, »weil die Subjektivität künstlerischer Werturteile [...] im Interesse einer lebendigen Kunst auch erwünscht ist, verbietet sich für die Gerichte auch die Hinzuziehung von Sachverständigen, denn auch hier würde eine subjektive Betrachtung nur durch eine andere ersetzt werden.«, NJW 1987, S. 1436 (1439); zustimmend *Germelmann*, Kultur und staatliches Handeln, S. 383; kritisch zur Systematisierung anhand von Fallgruppen: Schoch/Schneider/Bier/*Riese*, § 114 VwGO, Rn. 140.

290 *Germelmann*, Kultur und staatliches Handeln, S. 383f.; Stelkens/Bonk/Sachs/*Sachs*, § 40 VwVfG, Rn. 221; HK-VerwR/*Kyrill-Alexander/Schwarz*, § 114 VwGO, Rn. 60.

291 Vgl. Pünder/Schellenberg/*Martini*, Vergaberecht § 79 VgV, Rn. 50.

292 *V. Beyme*, Kulturpolitik in Deutschland, S. 158, charakterisiert die Bandbreite unterschiedlicher Kulturverwaltungen zwischen »traditionell-offene Leistungsverwaltung« und »innovativ-spezialisierte Verwaltung«.

beteiligter stärken, können beteiligt werden.[293] Es kommt für die Geeignetheit eines Konflikts für eine Mediation auf die Kompromissfähigkeit, ausreichende Verhandlungsanreize für die Beteiligten und die Möglichkeit der Bindung an die Verhandlungsergebnisse an.[294] Insofern bietet sich die Mediation in der Kunstförderung beispielsweise auch an, um Konflikte über Nachweise und Rückforderungen beizulegen.

Das Mediationsverfahren kann und soll das Verwaltungsverfahren nicht ersetzen. Es kann eine vorbereitende, begleitende oder nachlaufende Funktion haben.[295] Die Letztentscheidungsverantwortung liegt immer bei der Verwaltung. Des Weiteren steht das Ergebnis einer Mediation unter dem Vorbehalt der Vereinbarkeit mit der Rechtsordnung. Letztlich besteht keine Bindungswirkung für die Verwaltungsentscheidung der Behörde.[296] Derartige mediative Prozesse tragen zu einem »Mehr« an Demokratisierung für die gelebte Gesellschaft und zu einer Weiterentwicklung gesellschaftlicher Konsenskultur bei.[297] Die einverständliche Lösung eines Konflikts ist mit dem Rechtsstaat nicht nur grundsätzlich vereinbar, sondern gegenüber einer richterlichen Streitentscheidung vorzugswürdig.[298]

---

293 *Holznagel/Ramsauer*, Handb. Mediation, § 40, Rn. 3.

294 In der Praxis betrifft das zum Beispiel das Gewerbe- und Gaststättenrecht in Fällen von Lärmbeeinträchtigungen; *Holznagel/Ramsauer*, Handb. Mediation, § 40, Rn. 22ff.; *Hugenroth*, FS-Marx, S. 313 (319f.); zu den Vorbehalten der Verwaltung gegenüber einer Mediation Stelkens/Bonk/Sachs/*Schmitz*, § 9 VwVfG, Rn. 191; zur Mediation im »öffentlichen Bereich« siehe *Meuer*, Mediation im öffentlichen Bereich, S. 16; für Verfahren außerhalb der Gerichtsbarkeit im (zivilen) Kunstrecht spricht sich *Raue*, SchiedsVZ 2019, S. 1 (4), aus, der die Bedeutung von spezifischem Sachverstand auf dem Gebiet hervorhebt.

295 Johlen/Oerder/*Voß*, MAH Verwaltungsrecht, § 3 Rn. 53, spricht in Abgrenzung von der »vorauslaufenden« und »mitlaufenden« von der »nachlaufenden« Mediation.

296 Johlen/Oerder/*Voß*, MAH Verwaltungsrecht, § 3 Rn. 82; Ehlers/Pünder/*Pünder*, Allg VerwR, § 16, Rn. 16; *Hugenroth*, FS-Marx, S. 313 (325), weist daher insbesondere auf die Qualifikation des Mediators hin, der über Entscheidungsprozesse in der Verwaltung in Kenntnis sein muss und schlägt Personen mit Verwaltungs- oder Richtererfahrung vor.

297 *Meuer*, Mediation im öffentlichen Bereich, S. 5.

298 BVerfG, NJW-RR 2007, S. 1073 (1074).

Vierter Teil:
Ergebnis

Erster Abschnitt: Zusammenfassung

A. Grundlagen der Untersuchung

1. Eine Begriffsbestimmung der Kunst erfolgt vorzugsweise über ihr Verhältnis zur Kultur: Bei der Kunst handelt es sich um eine Teilmenge der Kultur bzw. ihren Kernbereich. Kunst ist begrifflich immer Kultur, Kultur nicht immer Kunst. Öffentliche Kunstförderung ist eine Schnittstellenmaterie verschiedener Begriffe, die hoheitliche Leistungen beschreiben. In der Regel handelt es sich bei Kunstförderung der Sache nach um Zuwendungen.

2. Die Aufgaben der Kulturverwaltung sind mannigfaltig. Eine besondere Nähe zum Kern der Kunstfreiheit weist die Kunstentstehungsförderung auf. Kunstentstehung ist in die Zukunft gerichtet, ihre Förderung unterstützt künstlerische Vorhaben und Schaffensprozesse. Eine Systematisierung der Kunstförderung verspricht die politisierte Diskussion zu ordnen und Anknüpfungspunkte aufzuzeigen, wie kulturpolitische Vorhaben zur Strukturierung der Kunstförderung umgesetzt werden können.

3. Zu den öffentlichen Akteuren gehören Kommunen, Länder, Bund und die Europäische Union. Daraus ergibt sich ein Trägerpluralismus, der einer zentralisierten Kulturförderung vorbeugen soll. Ca. 83 % des finanziellen Aufwandes der Kulturförderung wird zu etwa gleichen Teilen von Ländern und Kommunen getragen. Der Bund trägt die verbleibenden ca. 17 % der Ausgaben, wobei das Finanzierungsvolumen des Bundes in den letzten 15 Jahren signifikant anstieg. Insgesamt ist ein leichter Anstieg der Kulturhaushalte zu verzeichnen. Diese stellen vom Gesamthaushalt nunmehr etwas unter ca. 2 % dar.

4. Die freie Kunstszene ist keine verfestigte Organisationsstruktur, ihr sind zahlreiche individuelle Kunstschaffende wie auch kollektive Zusammenschlüsse zuzurechnen. Ihre »Mitglieder« sind selten ausschließlich Teil der freien Szene, sondern auch anderweitig engagiert. Die freie Szene ist eine für viele Akteure unsichtbare Subkultur, die sich insbesondere über ihre Arbeitsweise definiert. Arbeitsprozesse

finden zumeist in zeitlich begrenzten, innovationsorientierten Projekten zu ausgesuchten Fragestellungen statt. Von besonders großer Bedeutung für die kulturpolitische Arbeit und eine gemeinsame Stimme der freien Kunstszene sind die Berufs- und Interessenverbände. Diese strukturieren das Interessengeflecht innerhalb der heterogenen freien Szene und vertreten diese in politischen Aushandlungsprozessen gegenüber der Verwaltung.

5. Durch die Einbeziehung Dritter als Intermediäre in den Verteilungsvorgang der Kunstförderung können zwischen Kulturverwaltung und freier Szene »Brücken« gebaut werden. Intermediäre der Organisationsprivatisierung sind grundsätzlich nah an der Kulturverwaltung, verfügen typischerweise aber über ein höheres Maß an Kenntnissen über die freie Szene. Im Gegensatz zu Intermediären der Aufgabenprivatisierung sind sie dem politischen Einfluss nur geringfügig entzogen. Die Intermediäre der Aufgabenprivatisierung sind nicht in gleichem Maße der verfassungsrechtlichen Bindung unterworfen, verfügen über mehr Flexibilität, aber stehen insbesondere hinsichtlich ihrer finanziellen Ausstattung unter höherem Rechtfertigungsdruck.

6. Private Finanzierung der Kunstförderung findet unter dem Begriff des »Kultursponsorings« statt und beruht auf einem Austauschverhältnis von Leistung und Gegenleistung. Kultursponsoring ist eine überwiegend langfristige und von erheblichem Pflegeaufwand geprägte Tätigkeit, die daher in erster Linie Institutionen und weniger der freien Kunstszene als Finanzierungsinstrument zur Verfügung steht. Das Kultursponsoring sieht sich aufgrund politischer Vorbehalte gegenüber Mäzenen einem zunehmenden Legitimationsdruck ausgesetzt.

7. Die Kunstförderung hat sich historisch immer wieder einer staatlichen Vereinnahmung als politisches Instrument ausgesetzt gesehen, dessen Höhepunkt die staatlich diktierte Einheitskultur im nationalsozialistischen Terrorregime darstellt. Seither hat die Kulturpolitik einen Erneuerungsprozess durchlaufen, dessen Tendenz sich entlang einer Schwerpunktverschiebung von Kulturerhalt zu Kulturentstehung abzeichnet.

8. Der maßgeblich von der AfD betriebene »Kulturkampf von Rechts« versucht den Trend der kulturpolitischen Schwerpunktsetzung umzukehren: An die Stelle von Kulturentstehung tritt Kulturerhalt. Es findet eine Politisierung und Instrumentalisierung der Kunstförderung statt, die einer nationalen Identitätspolitik dient. Es zeigt sich das erhebliche Missbrauchspotential der Kulturpolitik, die in Ansätzen Ähnlichkeiten mit der nationalsozialistischen Indienstnahme der Kultur aufweist. Der »Kulturkampf von Rechts« setzt die öffentliche Förderung gerade der freien Szene einem neuen Legitimationsdruck aus und stellt das Verhältnis von Staat und Kunst auf die Probe.

9. Das Verhältnis von freier Kunst und Staat blickt auf eine Geschichte der künstlerischen Emanzipation zurück. Soziologische Erwägungen sprechen dafür, dass von staatlicher Leistungsgewähr eine positive Wirkung für die freie Kunst und ihre gesellschaftliche Funktion zu erwarten ist. Ökonomische Begründungsansätze bieten plausible Argumentationslinien, die jedoch für eine staatliches Tätigwerden keineswegs zwingend sind.

B. Verfassungsrechtlicher Rahmen der öffentlichen Kunstförderung

1. Die Frage der verfassungsrechtlichen Legitimation öffentlicher Kulturförderung ist umstritten. Das Meinungsspektrum reicht von einer Förderpflicht bis hin zu einem Förderverbot. Trotz teilweise unbefriedigender dogmatischer Begründungen hat der überwiegende Konsens weiterhin Bestand, dass weder eine Pflicht noch ein Verbot, sondern eine »freiwillige« Betätigung des Staates zulässig ist.

2. Ein dogmatischer Ansatzpunkt für die Legitimation der Kulturförderung sind die Landesverfassungen. Des Weiteren werden das Sozialstaatsprinzip und das (ungeschriebene) Staatsziel eines Kulturstaates als Begründungsansätze herangezogen. Überzeugender – wenn auch mit dogmatischen Schwächen – ist die objektive Dimension der Kunstfreiheit, die einen freiheitlichen Lebensbereich Kunst gewährleistet, in dem die Grundrechtsträger in die Lage versetzt werden, die Freiheit tatsächlich auszuüben.

3. Der Kunstförderung steht kein Eingriff in das Demokratieprinzip entgegen. Kern der Diskussion ist die Frage nach dem Verhältnis von Staat und freiheitlicher Kunstentstehung, die nicht pauschal beantwortet werden kann. Dem Demokratieprinzip ist durch einen marktliberalen Ansatz, eine Verflachung der Kunst in Kauf zu nehmen, nicht geholfen. Der richtige Weg dieses Dilemma aufzulösen, führt über die sachgerechte Ausgestaltung der öffentlichen Kunstförderung, die sich innerhalb der verfassungsrechtlichen Leitgedanken bewegt. Die Gegenauffassung kann allenfalls als weiteres Indiz für das Bedürfnis einer spezialgesetzlichen Regelung dienen.

4. Die Aufgabenverantwortung von Bund, Ländern und Kommunen ergibt sich aus dem Kompetenzgefüge des Grundgesetzes. Grundsätzlich sind die Länder für die Kultur zuständig, eigenständige Verantwortung des Bundes besteht nur in der Peripherie anderer Kompetenzen wie etwa die Repräsentation des Bundesstaates durch Kultur. Darüberhinausgehende – insbesondere ungeschriebene – Kompetenzen, derer sich der Bund in jüngerer Zeit zunehmend bedient, sind zur Finanzierung opportun, aber mit Blick auf das Kompetenzgefüge mit Skepsis zu betrachten und bedürfen fortwährender Infragestellung ihrer Legitimation. Den Gemeinden ist es im Rahmen ihrer Selbstverwaltungsgarantie überlassen, sich der Belange anzunehmen, die die örtliche Gemeinschaft betreffen; Länder und Bund stehen dahinter subsidiär zurück.

5. Eine Kulturstaatsklausel im Grundgesetz aufzunehmen, ist Gegenstand fortwährender Diskussion. Für das Erkenntnisinteresse dieser Arbeit zeigt sich, dass von der Verankerung eines Staatsziels Kultur kaum Impulse ausgingen. Einzig könnte eine Kulturstaatsklausel ein Indikator für die Grundrechtswesentlichkeit der Kunstförderung sein. Das spräche für einen Vorbehalt des Gesetzes und stärkt Auffassungen, die einer spezialgesetzlichen Regulierung der Kunstförderung offen gegenüberstehen.

6. Ein Vorbehalt des Gesetzes ist im Rahmen der Leistungsverwaltung umstritten. Zwingend ist eine gesetzliche Regelung nur, wenn diese für das betreffende Grundrecht wesentlich ist. Die Wertungsentscheidung, ob die öffentliche Kunstförderung für die Kunstfreiheit wesentlich ist, wird unterschiedlich beantwortet. Angesichts der großen Bedeutung öffentlicher Kunstförderung für den Lebensbereich Kunst, speziell der freien Szene, ist es vorzugswürdig, der selten vertretenen Auffassung zuzustimmen, die einen Vorbehalt des Gesetzes und eine entsprechende gesetzliche Regelung – wie sie in einzelnen Bundesländern bereits existieren – befürwortet.

7. Der Verfassung lassen sich für die Aufgabe der öffentlichen Kunstförderung einen freiheitlichen Lebensbereich zu gewährleisten, verschiedene Prinzipien entnehmen, namentlich Neutralität, Pluralismus, Eigengesetzlichkeit, Gemeinwohl und Subsidiarität. Diese stehen zumeist in einer Wechselwirkung zueinander, teilweise überschneiden oder ergänzen sie sich. Diese Prinzipien bei der Kunstförderung in einen Ausgleich zu bringen und keines gänzlich zu eliminieren, ist Aufgabe und zugleich Herausforderung der Kulturverwaltung bei der Konzeption und Ausgestaltung der Fördermaßnahmen.

8. Der Gleichheitssatz ist verfassungsrechtlicher Ausgangspunkt, die öffentliche Kunstförderung als Verteilungsverfahren zu denken, das den mehrpoligen Konflikt um ein knappes Gut auflöst. Kunstschaffende haben zwar keinen originären Anspruch auf Leistung, aber einen derivativen Teilhabeanspruch auf chancengleiche Berücksichtigung bei der Auswahl. Dieser Teilhabeanspruch verpflichtet die Kulturverwaltung zu einer entsprechenden Ausgestaltung der prozeduralen und materiellen Maßstäbe, die zusammengenommen ein Förderkonzept ergeben, das sich in der jeweiligen Verwaltungsrichtlinie manifestiert.

9. Obgleich wesentliche dogmatische Unterschiede zwischen der durch Zuwendung gewährten Kunstförderung und weiteren Verteilungsverfahren wie dem Vergabeverfahren, dem Planungswettbewerb und der Filmförderung bestehen, bieten diese in Anbetracht der Anknüpfung am allgemeinen verfassungsrechtlichen Gleichheitssatz Anregungen für die Lösung einzelner strukturell vergleichbarer Problematiken. Das betrifft insbesondere die faire und chancengleiche Ausgestaltung des Verfahrens sowie Anhaltspunkte bei der Auswahlentscheidung aufgrund von Wertungskriterien.

C. Verwaltungsrechtlicher Rahmen der öffentlichen Kunstförderung

1. Die anwendbaren zuwendungsrechtlichen Regelungen ergeben sich aus dem europäischen Unionsrecht, dem Haushaltsrecht, den allgemeinen Verwaltungsvorschriften, den verwaltungsrechtlichen Nebenbestimmungen und den »besonderen« Verwaltungsvorschriften (Förderrichtlinien). Diese »Regelungskaskade« wird mit jeder abnehmenden Stufe spezieller und ergibt ein komplexes und zugleich »zersplittertes« Regelungsregime. Zahlreiche Reformbemühungen und -vorschläge zielen auf eine Vereinfachung der Regelungen und verbesserte Handhabung, insbesondere zugunsten der weniger administrationserfahrenen freien Kunstszene.

2. Auch in Anbetracht des Verfassungsprinzips der Neutralität besteht eine Bewertungskompetenz des Staates, im Zuge der öffentlichen Kunstförderung eine Auswahl zu treffen und eine maßstabslose »Gießkannenförderung« zu vermeiden. Bei der Auswahl handelt es sich um eine Wertungsentscheidung. Die Bewertung umfasst primär künstlerische Bewertungskriterien: ästhetische Qualität, Kommunikationsbezug und formale Kriterien. Diese beruhen auf den verfassungsrechtlichen Prinzipien, die den freiheitlichen Lebensbereich Kunst absichern. Es handelt sich um hinreichende, aber nicht notwendige Bewertungskriterien. Ein »Kunstrichtertum« etwa durch eine Auswahl aufgrund von Stil und Inhalt ist unzulässig.

3. Nicht-künstlerische Bewertungskriterien sind grundsätzlich zulässig, aber nachrangig anzuwenden. Keinen legitimen Zweck verfolgen nicht-künstlerische Kriterien, soweit sie die verfassungsrechtlichen Prinzipien der Kunstförderung einschränken. Die nicht-künstlerischen Bewertungskriterien weisen ein hohes kulturpolitisches Steuerungspotential auf, um bspw. Vorhaben wie Geschlechtergleichbehandlung, die Diversifizierung der Geförderten und regionale Strukturförderung zu verwirklichen.

4. Das Förderverfahren gliedert sich in fünf Verfahrensphasen: die Konzeptphase, die Ausschreibungsphase, die Antragsphase, die Entscheidungsfindungsphase und die Phase der Entscheidungsformung. Die Identifikation und Unterscheidung dieser Phasen bieten die Möglichkeit, einzelne Aspekte des Verfahrens entsprechend den Anregungen anderer Verteilungsverfahren zu optimieren. Dazu gehört insbesondere die Bestimmtheit der Bewertungskriterien, die Erstellungs- und Bekanntmachungspflicht des Konzepts, die Administrierung des Verfahrens sowie Beratung und Coachingangebote für die Verfahrensbeteiligten.

5. Die Entscheidungsfindungsphase ist die für das Verfahren bedeutendste Verfahrensphase. Es besteht – wie in Bezug auf das gesamte Verfahren – ein großer Ausgestaltungsspielraum der Verwaltung. Denkbar sind zahlreiche Hybride, denen drei Archetypen der Entscheidungsbefugnis zugrunde liegen: die Verwaltung, ein pluralistisch besetztes Gremium sowie die Selbstverwaltung.

6. Eine Auswahlentscheidung durch die Verwaltung ist grundsätzlich zulässig, sie verfügt über die Letztentscheidungskompetenz. Die Bedenken gegen eine staatliche Auswahlentscheidung (Staatsmonopolisierungsmodell) sind erheblich. Die Übertragung der Auswahlentscheidung auf andere Entscheidungsbefugte stellt das *best practice* Verfahren dar, um einer objektivierten Entscheidung unter Berücksichtigung der verfassungsrechtlichen Prinzipien so nah wie möglich zu kommen.

7. Ein entscheidungsbefugtes Gremium setzt zur Wahrung der verfassungsrechtlichen Prinzipien der Kunstförderung eine pluralistische Besetzung voraus (Staatsmediatisierungsmodell). Die bei der Berufung zu berücksichtigende Unparteilichkeit, Expertise und der Modus der Entscheidungsfindung balancieren Pluralismus, Neutralität und Eigengesetzlichkeit aus. Es besteht zudem die Gefahr einer pluralismusgefährdenden Konsenskultur, die es zu minimieren gilt.

8. Partizipative Verfahren und Selbstverwaltung gewinnen an Bedeutung und versprechen eine sachgerechte Entscheidungsfindung unter Berücksichtigung der freien Szene. Ihre Anwendung ist anhand des konkreten Verteilungsproblems und der betreffenden Akteure zu erwägen. Entscheidungsbefugte außerhalb der Verwaltung entziehen sich aufgrund der haushaltsrechtlichen Kontroll- und Einwirkungsmöglichkeiten nie gänzlich dem Einfluss der Verwaltung, vermögen den Staat im Übrigen aber bei der Entscheidungsfindung fast gänzlich zu eliminieren (Staatseliminierungsmodell).

9. Die Dokumentation, Bekanntgabe und Begründung der Entscheidungsfindung bereiten die Möglichkeit einer gerichtliche Überprüfung der Entscheidung vor und fordern die Entscheidungsbefugten zu einer rational nachvollziehbaren Entscheidungsfindung auf. Rechtsprechung hierzu findet sich in keinem nennenswerten Umfang. Die Position des Rechtsschutzsuchenden ist mit Blick auf Beweisbarkeit und Beurteilungsspielraum als schwach zu beschreiben. Das unterstreicht die Bedeutung einer chancengleichen Ausgestaltung des Verfahrens.

10. Eine Möglichkeit, im Wege des Rechtsschutzes das Verteilungskonzept der Verwaltung zu überprüfen, besteht nicht. Bei dem Verteilungskonzept in Form der Förderrichtlinie handelt es sich um eine Verwaltungsvorschrift ohne Außenwirkung. Ein abstraktes Normenkontrollverfahren zur Überprüfung des Verteilungskonzepts kommt daher nicht in Betracht.

11. Die Auswahlentscheidung ist der gerichtlichen Kontrolle aufgrund einer Beurteilungsermächtigung hinsichtlich der Förderungswürdigkeit der Kunst in weiten Teilen entzogen. Der Prüfungsmaßstab der gerichtlichen Kontrolle umfasst das Verfahren, die Ermittlung des Sachverhalts, sachfremde Erwägungen, anwendbares Recht sowie die Bewertung nach (objektiven) nicht-künstlerischen Bewertungskriterien. Daneben kommen in Konfliktfällen Methoden der adäquaten Konfliktklärung wie z.B. die Mediation in Betracht, die die unterschiedlichen Arbeitsweisen der freien Kunst und der Verwaltung angemessen berücksichtigen können.

Zweiter Abschnitt: Ausblick

Wer Teilhabe verspricht und weitere Stakeholder an den »Tisch« holt, muss damit rechnen, dass Konflikte zunehmen. Zeigt sich die Kunstförderung für Transparenz und Partizipation offen, wird sie um Veränderungsimpulse von außen nicht umhinkommen. Das dient jedoch der Aufgabenbewältigung, wenn dem Ziel einer sachgerechten Verteilung dadurch Vorschub geleistet wird. Zugleich ist es die Basis für Veränderung und Anpassung tiefgreifender gesellschaftlicher Veränderungen, denen sich die Kunstförderung nicht verschließen kann.

Der Koalitionsvertrag »Mehr Fortschritt wagen« nennt die Modernisierung des Zuwendungsrechts als ein Ziel der neuen Bundesregierung.[1] Im Bereich der Kultur wird insbesondere für Vereinfachung und Flexibilität geworben. Das ist wenig verwunderlich, denn die meisten Förderungen sehen sich einem hohen Administrationsbedarf ausgesetzt. Verglichen mit der Wirtschaftsförderung, auf die das Zuwendungsrecht ebenso angewendet wird, handelt es sich in der Kultur jedoch um geringe Fördersummen, so dass ein weniger dichtes Regelungsregime angemessen sein könnte. Das dürfte auch die vielfachen Vorstöße und Initiativen erklären, die kulturspezifische Regulierung fordern und in der Sache (nachvollziehbar) von der komplexen Administration überwältigt sind. Die von den zahlreichen (Grund)Gesetzesinitiativen erhoffte Sicherheit, dass die kulturbezogenen öffentlichen Haushalte keine Kürzungen erfahren, dürfte sich durch eine Normierung oder Vereinfachung der vorhandenen Regelungen wohl kaum erfüllen.

Es zeigt sich daran, dass die geringe Normierung der Leistungsverwaltung ein Paradox mit sich bringt: Die Freiheit der Ausgestaltung gefährdet zuweilen die Freiheit des Lebensbereichs. Ob eine Normierung das (nur) positiv zu ändern vermag, lässt sich kaum prophezeien. Doch die Strukturierung der öffentlichen Kunstförderung in welcher Form auch immer ließe die Diskussion zu weiteren dringend notwendigen Veränderungen zu: Eine Kunstförderung, die die Herausforderungen der Pandemie bewältigt, eine Kunstförderung, die sich ökologischer Verantwortung

---

1 Abrufbar unter: https://cms.gruene.de/uploads/documents/Koalitionsvertrag-SPD-GRUENE-FDP-2021-2025.pdf, zuletzt abgerufen am: 25. Februar 2022.

stellt, eine Kunstförderung, die den Ansprüchen an diskriminierungsfreie Teilhabe in einer postmigrantischen Gesellschaft gerecht wird, eine Kunstförderung, die subkulturelle Strukturen erhält, eine Kunstförderung, die nicht der Profilierung öffentlicher Akteure dient, eine Kunstförderung, die sich nicht politisch instrumentalisieren lässt.

Literaturverzeichnis

Alexy, Robert: Theorie der Grundrechte, 5. Auflage, Frankfurt a.M. 2006.

Alloa, Emmanuel/Haffter, Christoph: Ästhetische Erfahrung, in: Siegmund, Judith (Hg.), Handbuch Kunstphilosophie, Bielefeld 2022, S. 357–371, zitiert als: *Alloa/Haffter*, Handb. Kunstphilosophie.

Arnauld, Andreas von: Freiheit der Kunst, in: ders./Isensee, Josef/Kirchhof, Paul (Hg.), Handbuch des Staatsrechts der Bundesrepublik Deutschland, Band VII, Freiheitsrechte, 3. Auflage, Heidelberg 2009, zitiert als: *v. Arnauld*, HStR VII, § 167.

Bader, Johann/Ronellenfitsch, Michael (Hg.): Verwaltungsverfahrensgesetz, Beck'scher Online-Kommentar, 47. Edition, München 2020, zitiert als: BeckOK VwVfG/*Bearbeiter*, VwVfG.

Badura, Jens/Zierold, Martin: Eine Krise der Konzepte. Warum Kulturförderung neu denken und sprechen lernen sollte, Kulturpolitische Mitteilungen Nr. 173, II/2021, S. 38–39.

Baer, Susanne: »Der Bürger« im Verwaltungsrecht. Subjektkonstruktion durch Leitbilder vom Staat, Tübingen 2006, zitiert als: *Baer*, Der Bürger im Verwaltungsrecht.

Bartosch, Andreas: EU-Beihilfenrecht, Kommentar, 2. Auflage, München 2016, zitiert als: *Bartosch*, EU-Beihilfenrecht.

Bauer, Martin: Kultur und Sport im Bundesverfassungsrecht, Frankfurt a.M. [u.a.] 1999, zitiert als: *Bauer*, Kultur und Sport.

Baum, Gerhart: Die Freiheit der Kunst. Die neue Gefahr eines Kulturkampfs von Rechts, Kulturpoltische Mitteilungen Nr. 167 IV/2019, S. 67–69.

Baum, Gerhart: Kulturpolitik als Freiheitsmotor. Die Demokratisierung der Gesellschaft durch Kultur, in: Knoblich, Tobias/Sievers, Norbert/Mohr, Henning (Hg.), Kulturpolitik Neu Denken, Festschrift für Olaf Schwencke, Bonn 2021, S. 52–57, zitiert als: *Baum*, FS-Schwencke.

Baumast, Annett: Nachhaltigkeit im Kulturbetrieb. Annäherung an ein Konzept und Umsetzungsmöglichkeiten für Kulturbetriebe, in: Loock, Friedrich et al. (Hg.), Handbuch Kulturmanagement. Recht, Politik & Praxis, Ausgabe 73, Berlin 2020, D 1.44, zitiert als: *Baumast*, Handb. Kulturmanagement D 1.44.

Beaucamp, Guy: Sollten Kultur- und Sportförderung als Staatsziele in das Grundgesetz aufgenommen werden?, NordÖR 2009, S. 492–496.

Becker, Jürgen: Verfassungsrechtliche Vorgaben einer Bundesfilmförderung, ZUM 2010, S. 752–756.

Beissel, Charlotte: Deutscher Kulturföderalismus im Wandel der europäischen Integration, Baden-Baden 2012, zitiert als: *Beissel*, Kulturföderalismus.

Bendixen, Peter/Weikl, Bernd: Einführung in die Kultur- und Kunstökonomie, 3. Auflage, Wiesbaden 2011, zitiert als: *Bendixen/Weikl*, Kultur- und Kunstökonomie.

Bergmann, Holger et al.: Wie das Geld zu Künstlerinnen und Künstlern kommt. Ein Leitfaden zur Förderung der freien darstellenden Künste, in: Loock, Friedrich et al. (Hg.), Handbuch Kulturmanagement. Recht, Politik & Praxis, Ausgabe 63, Berlin 2018, F 2.10, zitiert als: *Bergmann et al.*, Handb. Kulturmanagement F 2.10.

Bergmann, Holger: Reform überfällig. Mit dem Fördersystem aus dem letzten Jahrtausend sind die FREIEN Künste der Gegenwart nicht zu sichern, Kulturpolitische Mitteilungen Nr. 173, II/2021, S. 48–49.

Bertram, Georg: Autonomie der Kunst, in: Siegmund, Judith (Hg.), Handbuch Kunstphilosophie, Bielefeld 2022, S. 553–563, zitiert als: *Bertram*, Handb. Kunstphilosophie.

Bertram, Georg: Kunst. Eine philosophische Einführung, Stuttgart 2011, zitiert als: *Bertram*, Kunst.

Beyme, Klaus von: Kulturpolitik in Deutschland. Von der Staatsförderung zur Kreativwirtschaft, Wiesbaden 2012, zitiert als: *v. Beyme*, Kulturpolitik in Deutschland.

Blumenreich, Ulrike: Aktuelle Förderstrukturen der freien Darstellenden Künste in Deutschland. Ergebnisse der Befragung von Kommunen und Ländern, in: Bundesverband Freie Darstellende Künste e.V. (Hg.), Materialien und Dokumente zu den freien Darstellenden Künsten Nr. 1 2016, zitiert als: *Blumenreich*, Förderstrukturen.

Blumenreich, Ulrike: Die öffentliche Kulturfinanzierung in Deutschland seit der Jahrausendwende, Kulturpolitische Mitteilungen Nr. 173, II/2021, S. 58–61.

Blumenreich, Ulrike: Soziale Lage der Kulturschaffenden. Ein Schwerpunktthema der Kulturministerkonferenz 2022, Kulturpolitische Mitteilungen Nr. 174, III/2022, S. 61–62.

Bode, Rainer/Vogt, Gerhard: Modernisierung des Zuwendungsrechts. Der aktuelle Stand in Nordrhein-Westfalen, Kulturpolitische Mitteilungen Nr. 165, II/2019, S. 45–47.

Bramkamp, Nicola/Rietschel, Anne: Klima wandelt Kunst. Wie wir Betriebsökologie und Ästhetik zusammendenken können, in: Kröger, Franz/Mohr, Henning/Sievers, Norbert/Weiß, Ralf (Hg.), Jahrbuch für Kulturpolitik 2021/22. Kultur der Nachhaltigkeit, Bielefeld 2022, S. 283–289, zitiert als: *Bramkamp/Rietschel*, Jahrbuch für Kulturpolitik 2021/22.

Braun, Eckhard: Beteiligungs- und Beratungsformen in der neuen Kulturförderung, in: Institut für Kulturpolitik der Kulturpolitischen Gesellschaft e.V. (Hg.), Jahrbuch für Kulturpolitik 2014, S. 305–313, Essen 2015, zitiert als: *Braun*, Jahrbuch für Kulturpolitik 2014.

Braun, Eckhard: Prinzipien öffentlicher Kunstförderung in Deutschland, Essen 2013, zitiert als: *Braun*, Prinzipien öffentlicher Kunstförderung.

Braun, Eckhard: Projektförderung im Kunst- und Kulturbereich aus der Grundrechtsperspektive, Kulturpolitische Mitteilungen Nr. 165, II/2019, S. 42–44.

Britz, Gabriele: Die Freiheit der Kunst in der europäischen Kulturpolitik, EuR 2004, S. 1–26.

Brosda, Carsten: Rolle vorwärts: Wie geht es weiter mit Kunst und Kultur?, Kulturpolitische Mitteilungen Nr. 173, II/2021, S. 40–41.

Brünger, Sebastian/Duhnkrack, Justus: Ökologische Nachhaltigkeit in der Kulturförderung. Untersuchungen und Projekte der Kulturstiftung des Bundes, in: Kröger, Franz/Mohr, Henning/Sievers, Norbert/Weiß, Ralf (Hg.), Jahrbuch für Kulturpolitik 2021/22. Kultur der Nachhaltigkeit, Bielefeld 2022, S. 291–298, zitiert als: *Brünger/Duhnkrack*, Jahrbuch für Kulturpolitik 2021/22.

Buckermann, Paul: Die Vermessung der Kunstwelt. Quantifizierende Beobachtungen und plurale Ordnungen der Kunst, Weilerswist 2020, zitiert als: *Buckermann*, Vermessung der Kunstwelt.

Bull, Hans Peter: Die Staatsaufgaben nach dem Grundgesetz, 2. Auflage, Kronberg/Ts 1977, zitiert als: *Bull*, Staatsaufgaben.

Bundesministerium des Innern und Bundesminister der Justiz (Hg.): Staatszielbestimmungen, Gesetzgebungsaufträge. Bericht der Sachverständigenkommission, Bühl 1983, zitiert als: *Bundesministerium d. Innern u. Bundesminister d. Justiz*, Staatszielbestimmungen.

Burgi, Martin: Vergabefremde Zwecke und Verfassungsrecht, NZBau 2011, S. 64–72.

Burgi, Martin: Vergaberecht. Systematische Darstellung für Praxis und Ausbildung, 2. Auflage, München 2018, zitiert als: *Burgi*, Vergaberecht.

Burgi, Martin/Dreher, Meinrad (Hg.): Beck'scher Vergaberechtskommentar, Band 1, 3. Auflage, München 2017, zitiert als: Beck VOB/B/*Bearbeiter*, GWB.

Burshille, Lars: Öffentliche Beschaffung durch Planungswettbewerbe. Eine Untersuchung der Vorgaben des Kartellvergaberechts für die Durchführung von Planungswettbewerben unter besonderer Berücksichtigung der »Richtlinie für Planungswettbewerbe«, Baden-Baden 2018, zitiert als: *Burshille*, Planungswettbewerbe.

Burstein, Fabian: Die Eroberung des Elfenbeinturmes. Streitschrift für eine bessere Kultur, Wien 2022, zitiert als: *Burstein*, Elfenbeinturm.

Callies, Christian/Ruffert, Matthias (Hg.): Das Verfassungsrecht der Europäischen Union mit Europäischer Grundrechtecharta, Kommentar, 5. Auflage, München 2016, zitiert als: Callies/Ruffert/*Bearbeiter*, AEUV.

Charles, Stefan: Culture Climate Circle. Eine Koalition der Entschlossenen, in: Kröger, Franz/Mohr, Henning/Sievers, Norbert/Weiß, Ralf (Hg.), Jahrbuch für Kulturpolitik 2021/22. Kultur der Nachhaltigkeit, Bielefeld 2022, S. 179–190, zitiert als: *Charles*, Jahrbuch für Kulturpolitik 2021/22.

Claasen, Claus: Die Kulturquote – ein taugliches Instrument zur Sicherung der landesverfassungsrechtlichen Förderpflicht zugunsten der Kultur?, DVBl 2016, S. 406–413.

Collenberg-Plotnikov, Bernadette: Funktionen von Künsten, in: Siegmund, Judith (Hg.), Handbuch Kunstphilosophie, Bielefeld 2022, S. 537–551, zitiert als: *Collenberg-Plotnikov*, Handb. Kunstphilosophie.

Conrad, Niklas: Öffentliche Kulturförderung und Welthandelsrecht: WTO, UNESCO und das Recht des Staates zur Förderung der Künste, Köln/München 2008, zitiert als: *Conrad*, Öffentliche Kulturförderung und Welthandelsrecht.

Dahm, Volker: Anfänge und Ideologie der Reichskulturkammer, Vierteljahreshefte für Zeitgeschichte, 1/1986, S. 53–84, zitiert als: *Dahm*, Reichskulturkammer.

Der Präsident des Bundesrechnungshofes als Bundesbeauftragter für Wirtschaftlichkeit in der Verwaltung (Hg.): Prüfung der Vergabe und Bewirtschaftung von Zuwendungen – Typische Mängel und Fehler im Zuwendungsbereich, 2. Auflage, Stuttgart 2016, zitiert als: *Präs. d. BRH* (Hg.), Zuwendungen.

Detterbeck, Steffen: Vorrang und Vorbehalt des Gesetzes, Jura 2002, S. 235–241.

Deuflhard, Amelie: Kultur institutionell oder projektbezogen fördern?, in: Institut für Kulturpolitik der Kulturpolitischen Gesellschaft e.V. (Hg.), Jahrbuch für Kulturpolitik 2014, S. 56–60, Essen 2015, zitiert als: *Deuflhard*, Jahrbuch für Kulturpolitik 2014.

Dieckmann, Martin/Scharf, Jan Peter/Wagner-Cardenal, Kersten (Hg.): Vergabeverordnung. Unterschwellenvergabeordnung, Kommentar, 2. Auflage, München 2019, zitiert als: Dieckmann/Scharf/Wagner-Cardenal/*Bearbeiter*, VgV.

Dittrich, Norbert: Bundeshaushaltsordnung, Kommentar, Loseblattsammlung, 59. Aktualisierung, Heidelberg 2020, zitiert als: *Dittrich*, BHO.

Dreier, Horst (Hg.): Grundgesetz-Kommentar, 3. Auflage, Tübingen 2013, zitiert als: Dreier/*Bearbeiter*, GG.

Duhnkrack, Justus: Kulturpolitik und Populismus. Angst hat schwarz-rot-goldene Farben an, Kulturpolitische Mitteilungen Nr. 169, II/2020, S. 36–38.

Ebert, Ralf et al.: Öffentlich geförderter, intermediärer und privater Kultursektor – Wirkungsketten, Interdependenzen, Potenziale. Forschungsgutachten für den Beauftragten der Bundesregierung für Kultur und Medien (BKM), Dortmund 2012, zitiert als: *Ebert et al.*, Öffentlich geförderter, intermediärer und privater Kultursektor.

Ehlers, Dirk: Rechtsfragen des Subventionsrechts, DVBl 2014, S. 1–14.

Ehlers, Dirk/Fehling, Michael/Pünder, Hermann (Hg.): Besonderes Verwaltungsrecht, Band 1, Öffentliches Wirtschaftsrecht, 4. Auflage, Heidelberg 2019, zitiert als: Ehlers/Fehling/Pünder/*Bearbeiter*, Bes. VerwR. Bd. 1.

Ehlers, Dirk/Pünder, Hermann: Allgemeines Verwaltungsrecht, 16. Auflage, Berlin [u.a.] 2022, zitiert als: Ehlers/Pünder/*Bearbeiter*, Allg. VerwR.

Eichelberger, Jan/Wirth, Thomas/Seifert, Fedor: Urheberrechtsgesetz mit Verwertungsgesellschaftengesetz, Kommentar, 3. Auflage, Baden-Baden 2019, zitiert als: Eichelberger/Wirth/Seifert/*Bearbeiter*, UrhRG/UrhWahrnG.

Eichler, Kurt: Erwartungen erfüllt? Das Kulturfördergesetz NRW steht vor der Ablösung durch ein Kulturgesetzbuch, Kulturpolitische Mitteilungen Nr. 173, II/2021, S. 20–21.

Eichler, Kurt: Status quo ante oder transformierte Kulturförderung? Resilienz erfordert eine verteilungsgerechte Kulturpolitik, Kulturpolitische Mitteilungen Nr. 173, II/2021, S. 42–44.

Epping, Volker/Hillgruber, Christian (Hg.): Grundgesetz, Beck'scher Online-Kommentar, 43. Edition, München 2020, zitiert als: BeckOK GG/*Bearbeiter*, GG.

Erbel, Günter: Ein Definitionsverbot für den verfassungsrechtlichen Begriff »Kunst« (Art. 5 Abs. 3 Satz 1 GG)?, DVBl 1969, S. 863–867.

Erbel, Günter: Inhalt und Auswirkungen der verfassungsrechtlichen Kunstfreiheitsgarantie, Berlin/Heidelberg/New York 1966, zitiert als: *Erbel*, Kunstfreiheitsgarantie.

Esper, Thomas: Modernisierung des Zuwendungsrechts in RLP, Kulturpolitische Mitteilungen Nr. 165, II/2019, S. 48–49.

Evans, Mel: Artwash: Big Oil and the Arts, London 2015.

Evers, Hans-Ulrich: Kulturauftrag im staatlichen Gemeinwesen. Dargestellt am Beispiel der deutschen und österreichischen Rechtsordnung, NJW 1983, S. 2161–2167.

Eyermann, Erich/Fröhler, Ludwig (Begr.): Verwaltungsgerichtsordnung, Kommentar, 15. Auflage, München 2019, zitiert als: Eyermann/*Bearbeiter*, VwGO.

Fallert, Nicole: Definitionskompetenz – Wer entscheidet, was als Kunst gilt?, GRUR 2014, S. 719–724.

Fehling, Michael: Verwaltung zwischen Unparteilichkeit und Gestaltungsaufgabe, Tübingen 2001, zitiert als: *Fehling*, Unparteilichkeit.

Fehling, Michael/Kastner, Berthold/Störmer, Rainer: Verwaltungsrecht, Kommentar, 4. Auflage, Baden-Baden 2016, zitiert als: HK-VerwR/*Bearbeiter*, VwGO/VwVfG.

Fuchs, Max: Die Kultur und das gute Leben. Warum man mit Kultur Staat macht und warum der Staat daher Kultur machen muss, in: Zimmermann, Olaf/Geißler, Theo (Hg.), Max Fuchs: Kulturpolitik und Zivilgesellschaft. Analysen und Positionen, Berlin 2008, S. 83–89, zitiert als: *Fuchs*, Kulturpolitik und Zivilgesellschaft.

Fuchs, Max: Kulturpolitik, Wiesbaden 2017.

Gabriel, Marc et al. (Hg.): Vergaberecht, Beck'scher Online-Kommentar, 16. Edition, München 2020, zitiert als: BeckOK VergabeR/*Bearbeiter*, GWB.

Gabriel, Marc/Krohn, Wolfram/Neun, Andreas (Hg.): Handbuch des Vergaberechts, 2. Auflage, München 2017, zitiert als: Gabriel/Krohn/Neun/*Bearbeiter*, Handb. d. Vergaberechts.

Gabriel, Markus: Die Macht der Kunst, Leipzig 2021.

Gadola, Cilgia/Meyer, Helge-Björn/Soltau, Sandra: Für mehr Fairness! Die Frage der sozialen Absicherung von Künstler*innen in den freien darstellenden Künsten, Kulturpolitische Mitteilungen Nr. 174, III/2022, S. 58–60.

Gallé, Volker: Marketing und Identitätspolitik in Regionen aus Sicht der Kultur, in: Institut für Kulturpolitik der Kulturpolitischen Gesellschaft e.V. (Hg.), Jahrbuch für Kulturpolitik 2019/20, S. 211–215, Bielefeld 2020, zitiert als: *Gallé*, Jahrbuch für Kulturpolitik 2019/20.

Gallep, Bernd: Die steile Entwicklung des Bundeskulturhaushalts, Kulturpolitische Mitteilungen Nr. 173, II/2021, S. 62–64.

Geis, Max-Emanuel: Kulturstaat und kulturelle Freiheit. Eine Untersuchung des Kulturstaatskonzepts von Ernst Rudolf Huber aus verfassungsrechtlicher Sicht, Baden-Baden 1990, zitiert als: *Geis*, Kulturstaat und kulturelle Freiheit.

Geis, Max-Emmanuel: Eigengesetzlichkeit als Strukturprinzip der Kunst, in: Mahmoudi, Nathalie/Mahmoudi, Yasmin (Hg.), Kunst – Wissenschaft – Recht – Management, Festschrift für Peter Michael Lynen, Baden-Baden 2018, S. 221–238, zitiert als: *Geis*, FS-Lynen.

Gerlach-Mach, Rita: Kulturfinanzierung, Wiesbaden 2010.

Germelmann, Claas Friedrich: Kultur und staatliches Handeln. Grundlagen eines öffentlichen Kulturrechts in Deutschland, Tübingen 2013, zitiert als: *Germelmann*, Kultur und staatliches Handeln.

Gern, Alfons/Brüning, Christoph: Deutsches Kommunalrecht, 4. Auflage, Baden-Baden 2019, zitiert als: *Gern/Brüning*, Deutsches Kommunalrecht.

Grabitz, Eberhard/Hilf, Meinhard/Nettesheim, Martin (Hg.): Das Recht der Europäischen Union, Kommentar, Loseblattsammlung, 69. Ergänzungslieferung, München 2020, zitiert als: Grabitz/Hilf/Nettesheim/*Bearbeiter*, AEUV.

Grandmontagne, Marc: Corona und die Folgen – Vom Fehlen der Utopie(n), Kulturpolitische Mitteilungen Nr. 169, II/2020, S. 8–9.

Graul, Heidemarie: Künstlerische Urteile im Rahmen der staatlichen Förderungstätigkeit. Ein Versuch zur Begrenzung der Staatsaufgabe, Berlin 1970, zitiert als: *Graul*, Künstlerische Urteile.

Grimm, Dieter: Kulturauftrag im staatlichen Gemeinwesen, 2. Bericht, VVDStRL Band 42 1984, S. 46–70.

Gröpl, Christoph (Hg.): Bundeshaushaltsordnung/Landeshaushaltsordnungen. Staatliches Haushaltsrecht, Kommentar, 2. Auflage, München 2019, zitiert als: Gröpl/*Bearbeiter*, BHO.

Gross, Hellen/Kaempffe, Eva-Maria/Rottler, Maren: Diversität in Kulturorganisationen und Kulturpolitik. Eine Bestandsaufnahme diversitätshemmender Prozesse und Strukturen, Kulturpolitische Mitteilungen Nr. 171, I/2021, S. 50–52.

Häberle, Peter: Das Bundesverfassungsgericht im Leistungsstaat. Die Numerus-clausus-Entscheidung vom 18.7.1972, DÖV 1972, S. 729–740.

Häberle, Peter: Kulturhoheit und Bundesstaat – Entwicklungen und Perspektiven, AöR 1999, S. 549–582.

Häberle, Peter: Vom Kulturstaat zum Kulturverfassungsrecht, in: ders. (Hg.), Kulturstaatlichkeit und Kulturverfassungsrecht, Darmstadt 1982, S. 1–59, zitiert als: *Häberle*, Kulturstaatlichkeit und Kulturverfassungsrecht.

Häberle, Peter/Kotzur, Markus: Die Covid-19-Pandemie aus der kulturwissenschaftlichen Perspektive einer europäischen und universalen Verfassungslehre, NJW 2021, 132–137.

Häberle, Peter/Kotzur, Markus: Kunst, Kultur und ihr aktives Publikum in Zeiten der Pandemie, ZRP 2022, S. 24–27.

Hammerich, Arne Joachim: Kunstförderung durch das Steuerrecht, Baden-Baden 2019.

Hansen, Gerd: Warum Urheberrecht? Die Rechtfertigung des Urheberrechts unter besonderer Berücksichtigung der Nutzungsrechte, Baden-Baden 2009, zitiert als: *Hansen*, Warum Urheberrecht?.

Härberer, Steffen: Vorzeitiger Maßnahmebeginn – Nichts geht mehr, NVwZ 2019, S. 1230–1237.

Haselbach, Dieter et al.: Der Kulturinfarkt. Von allem zu viel und überall das Gleiche, München 2012, zitiert als: *Haselbach et al.*, Kulturinfarkt.

Haselbach, Dieter: Öffentliche Kulturförderung und ihre Nebenfolgen, ZfK 2018, S. 103–117.

Haug, Volker (Hg.): Verfassung des Landes Baden-Württemberg, Handkommentar, Baden-Baden 2018, zitiert als: Haug/*Bearbeiter*, BWVerf.

Have, Harro von: Filmförderungsgesetz, Kommentar, München 2005, zitiert als: *v. Have*, Filmförderungsgesetz.

Haversath, Peter: Zur Legitimation des Kulturstaats. Eine verfassungsrechtliche Untersuchung staatlicher Kunstförderung, Berlin 2018, zitiert als: *Haversath*, Legitimation des Kulturstaats.

Henning, Christoph: Künste und Ökonomie, in: Siegmund, Judith (Hg.), Handbuch Kunstphilosophie, Bielefeld 2022, S. 613–627, zitiert als: *Henning*, Handb. Kunstphilosophie.

Henschel, Johann Friedrich: Die Kunstfreiheit in der Rechtsprechung des BVerfG, NJW 1990, S. 1937–1944.

Heskia, Thomas: Money Talks. Über die Nichtneutralität von Geld in der Kulturfinanzierung, ZfK 2015, S. 13–50.

Heuer, Carl-Heinz: Das Steuerrecht als Instrument der Kunstförderung, NJW 1985, S. 232–237.

Heuer, Carl-Heinz: Die Bewertung von Kunstgegenständen, NJW 2008, S. 689–697.

Heuer, Ernst/Scheller, Kay (Begr./Hg.): Kommentar zum Haushaltsrecht und der Vorschriften zur Finanzkontrolle, Loseblattsammlung, 36. Aktualisierung, Neuwied 2019, zitiert als: Heuer/Scheller/*Bearbeiter*, BHO.

Hilterhaus, Stefan: Kunstproduktion – Kulturförderung – Projektitis. Künstler als Experten für die Horizonte der Erkenntnis und die Tiefe der Dinge, in: Institut für Kulturpolitik der Kulturpolitischen Gesellschaft e.V. (Hg.), Jahrbuch für Kulturpolitik 2014, S. 61–66, Essen 2015, zitiert als: *Hilterhaus*, Jahrbuch für Kulturpolitik 2014.

Höfling, Wolfgang: Zur hoheitlichen Kunstförderung. Grundrechtliche Direktiven für den »neutralen« Kulturstaat, DÖV 1985, S. 387–396.

Hofmann, Vera/Euler, Johannes/Zurmühlen, Linus/Helfrich, Silke: Commoning Art. Die transformativen Potenziale von Commons in der Kunst, Bielefeld 2022, zitiert als: *Hofmann/et al*, Commoning Art.

Holznagel, Bernd/Ramsauer, Ulrich: Mediation im Verwaltungsrecht, in: Haft, Fritjof/Schlieffen, Katharina von (Hg.), Handbuch Mediation, München 2016, S. 921–954, zitiert als: *Holznagel/Ramsauer*, Handb. Mediation, § 40.

Holzner, Thomas: Verfassung des Freistaates Bayern. Unter besonderer Berücksichtigung der Staats- und Kommunalverwaltung, Kommentar, Wiesbaden 2014.

Huber, Ernst Rudolf: Zur Problematik des Kulturstaats, Tübingen 1958, zitiert als: *E. Huber*, Kulturstaat.

Huber, Peter: Der ungeliebte Bundesstaat. Zur Lage des Föderalismus nach 70 Jahren Grundgesetz, NVwZ 2019, S. 665–672; zitiert als: *P. Huber*, NVwZ 2019, S. 665.

Huck, Winfried/Müller, Martin: Verwaltungsverfahrensgesetz, Kommentar, 3. Auflage, München 2020, zitiert als: Huck/Müller/*Bearbeiter*, VwVfG.

Hufen, Friedhelm: Die Freiheit der Kunst in staatlichen Institutionen. Dargestellt am Beispiel der Kunst- und Musikhochschulen, Baden-Baden 1982, zitiert als: *Hufen*, Die Freiheit der Kunst.

Hufen, Friedhelm: Kulturauftrag als Selbstverwaltungsgarantie. Legitimationszusammenhänge kommunaler Kulturpolitik, NVwZ 1983, S. 516–522.

Hufen, Friedhelm: Kunstfreiheit, in: Merten, Detlef/Papier, Hans-Jürgen (Hg.), Handbuch der Grundrechte, Band IV, Heidelberg 2011, zitiert als: *Hufen*, Handb. der Grundrechte Bd. IV, § 101.

Hufen, Friedhelm: Muß Kunst monokratisch sein? Der Fall documenta, NJW 1997, S. 1112–1114.

Hufen, Friedhelm/Siegel, Thorsten: Fehler im Verwaltungsverfahren, 6. Auflage, Baden-Baden 2018.

Hugenroth, Sabine: Mediation und öffentliches Auftragswesen, in: Prieß, Hans-Joachim/Lau, Niels/Kratzenberg, Rüdiger (Hg.), Wettbewerb – Transparenz –

Gleichbehandlung. 15 Jahre GWB-Vergaberecht, Festschrift für Friedhelm Marx, München 2013, S. 313–327, zitiert als: *Hugenroth*, FS-Marx.

Huster, Stefan: Die ethische Neutralität des Staates. Eine liberale Interpretation der Verfassung, Tübingen 2002, zitiert als: *Huster*, Ethische Neutralität.

Huster, Stefan: Kultur im Verfassungsstaat, 2. Bericht, VVDStRL Band 65 2006, S. 51–82.

Immenga, Ulrich/Mestmäcker, Ernst-Joachim (Begr.): Wettbewerbsrecht, Kommentar, Band 2, 5. Auflage, München 2014, zitiert als: Immenga/Mestmäcker/*Bearbeiter*, Wettbewerbsrecht.

Isensee, Josef: Staatsaufgaben, in: ders./Kirchhof, Paul (Hg.), Handbuch des Staatsrechts der Bundesrepublik Deutschland, Band IV, Aufgaben des Staates, 3. Auflage, Heidelberg 2006, zitiert als: *Isensee*, HStR IV, § 73.

Jarass, Hans: Losverfahren und Grundrechte. Am Beispiel der Spielhallenerlaubnis, NVwZ 2017, S. 273–280.

Johlen, Heribert/Oerder, Michael (Hg.): Münchener Anwaltshandbuch Verwaltungsrecht, 4. Auflage, München 2017, zitiert als: Johlen/Oerder/*Bearbeiter*, MAH Verwaltungsrecht.

Kadelbach, Stefan: Kommunaler Kulturbetrieb, Freiheit der Kunst und Privatrechtsreform, NJW 1997, S. 1114–1119.

Kaeding, Peer: Auswahl geeigneter Verfahren für verschiedene Anwendungsbereiche, in: Becker, Nicole/Fittschen, Arp (Hg.), Bürgermeister und Mediation, Wiesbaden 2013, S. 67–95, zitiert als: *Kaeding*, Bürgermeister und Mediation.

Kahl, Wolfgang/Waldhoff, Christian/Walter, Christian (Hg.): Bonner Kommentar zum Grundgesetz, Loseblattsammlung, 184. Aktualisierung, Heidelberg 2017, zitiert als: Kahl et al./*Bearbeiter*, BK GG, Art.

Karpen, Ulrich: Kommunale Kulturvielfalt in Bedrängnis, in: Grisko, Michael/Knoblich, Tobias (Hg.), Pro Kultur: Gesetzgebung und Lobbyarbeit, Leipzig 2017, S. 11–26, zitiert als: *Karpen*, Pro Kultur.

Karpen, Ulrich: Kulturstaatsklausel ins Grundgesetz? Die Gelegenheit ist günstig, ein Paket zu schnüren, in: Zimmermann, Olaf/Geißler, Theo (Hg.), Wertedebatte. Von Leitkultur bis kulturelle Integration, Berlin 2018, S. 118–121, zitiert als: *Karpen*, Wertedebatte.

Kiefer, Wolfgang: Rechtsstaatliche Pflicht zur Veröffentlichung von Verwaltungsvorschriften, LKRZ 2007, S. 212–216.

Klein, Armin: Der schmerzhafte Abschied vom Wachstumsparadigma im Kulturbetrieb. Kulturpolitik in der Nachhaltigkeitsfalle, in: Kröger, Franz/Mohr, Henning/Sievers, Norbert/Weiß, Ralf (Hg.), Jahrbuch für Kulturpolitik 2021/22. Kultur der Nachhaltigkeit, Bielefeld 2022, S. 191–201, zitiert als: *Klein*, Jahrbuch für Kulturpolitik 2021/22.

Klein, Armin: Kulturpolitik in Deutschland, in: ders. (Hg.), Kompendium Kulturmanagement. Handbuch für Studium und Praxis, S. 100–118, zitiert als: *Klein*, Kompendium Kulturmanagement.

Kluckert, Sebastian: Zuwendung und Gesetz. Insbesondere zu Grund und Grenzen der Außenwirkung von Haushaltsgesetz und Haushaltsplan, Tübingen 2018, zitiert als: *Kluckert*, Zuwendung und Gesetz.

Knies, Wolfgang: Schranken der Kunstfreiheit als verfassungsrechtliches Problem, München 1967, zitiert als: *Knies*, Schranken der Kunstfreiheit.

Knoblich, Tobias: Kulturförderung in der Krise?, Kulturpolitische Mitteilungen Nr. 173, II/2021, S. 35–37.

Knoblich, Tobias: Kulturförderung zwischen Anspruch und Wirklichkeit, APuZ 20–22/2016, S. 7–14.

Knoblich, Tobias: Warum Kultur als Staatsziel in das Grundgesetz gehört. Unterstützung einer aktuellen Petition, Kulturpolitische Mitteilungen Nr. 172, I/2021, S. 6–7.

Knorr, Andreas/Schulz, Christina: Filmförderung in Deutschland – zur Problematik eines kulturpolitischen Anspruchs, in: Wentzel, Dirk (Hg.), Medienökonomik – Theoretische Grundlagen und ordnungspolitische Gestaltungsalternativen, Stuttgart 2009, S. 247–276, zitiert als: *Knorr/Schulz*, Medienökonomik.

Knüsel, Pius: Die Unvollendete. Projektförderung bei der Schweizer Kulturstiftung Pro Helvetia, in: Institut für Kulturpolitik der Kulturpolitischen Gesellschaft e.V. (Hg.), Jahrbuch für Kulturpolitik 2014, S. 133–144, Essen 2015, zitiert als: *Knüsel*, Jahrbuch für Kulturpolitik 2014.

Koenig, Christian/Kühling, Jürgen: Mitgliedstaatliche Kulturförderung und gemeinschaftliche Beihilfenkontrolle durch die EG-Kommission, EuZW 2000, S. 197–203.

Könneke, Achim: Die Wiederentdeckung des Gemeinwohls. Neue Leitmotive kommunaler Kulturpolitik, Kulturpolitische Mitteilungen Nr. 173, II/2021, S. 46–47.

Korinek, Karl: Staat und Kunst, Paderborn [u.a.] 2006.

Kotzerke, Moritz: Vermissen, Frustrieren, Umsorgen, in: Rodatz, Christoph/et al (Hg.), Solidarische Mittelvergabe. Neue Perspektiven für die Zusammenarbeit in der freien Szene, Bielefeld 2023, S. 184–193, zitiert als: *Kotzerke*, Solidarische Mittelvergabe.

Kubowitsch, Nina: Die Reichskammer der bildenden Künste. Grenzsetzung in der künstlerischen Freiheit, in: Ruppert, Wolfgang (Hg.), Künstler im Nationalsozialismus, S. 74–95, zitiert als: *Kubowitsch*, Künstler im Nationalsozialismus.

Künzel, Annegret: Geschlechtsspezifische Aspekte der Kunst- und Kulturförderung, APuZ 49/2004, S. 34–38.

Küpper, Beate: Rechtspopulistische Einstellungen. Herausforderungen (auch) für den Kulturbereich, Kulturpolitische Mitteilungen Nr. 169, II/2020, S. 31–33.

Landmann, Peter: Drei kritische Fragen an das neue Kulturfördergesetz des Landes Nordrhein-Westfalen – was es kann und was es nicht kann, in: Institut für Kulturpolitik der Kulturpolitischen Gesellschaft e.V. (Hg.), Jahrbuch für Kulturpolitik 2014, S. 47–54, Essen 2015, zitiert als: *Landmann*, Jahrbuch für Kulturpolitik 2014.

Landmann, Peter: Erläuterungen zum Gesetz zur Förderung und Entwicklung der Kultur, der Kunst und der kulturellen Bildung in Nordrein-Westfalen, in: Ministerium für Familie, Kinder, Jugend, Kultur und Sport des Landes Nordrhein-Westfalen (Hrsg), Kulturfördergesetz NRW, Düsseldorf 2015, S. 22–99, zitiert als: *Landmann*, Kulturfördergesetz NRW.

Landmann, Peter: Kooperation und Netzwerkbildung als Gegenstand der Kulturförderung des Landes Nordrhein-Westfalen, in: Institut für Kulturpolitik der Kulturpolitischen Gesellschaft e.V. (Hg.), Jahrbuch für Kulturpolitik 2014, S. 199–207, Essen 2015, zitiert als: *Landmann*, Jahrbuch für Kulturpolitik 2014.

Lätzel, Martin: Eine Sache der Hoffnung. Kulturpolitische Implikationen zu Heimat und Identifikation, in: Institut für Kulturpolitik der Kulturpolitischen Gesellschaft e.V. (Hg.), Jahrbuch für Kulturpolitik 2019/20, S. 95–103, Bielefeld 2020, zitiert als: *Lätzel*, Jahrbuch für Kulturpolitik 2019/20.

Leisner, Walter: Der schöne Staat. Ästhetik in rechtlicher Ordnung, Berlin 2018, zitiert als: *Leisner*, Der schöne Staat.

Leisner, Walter: Diskussionsbeitrag, VVDStRL Band 42 1984, S. 124–127.

Lenski, Sophie-Charlotte: Öffentliches Kulturrecht. Materielle und immaterielle Kulturwerke zwischen Schutz, Förderung und Wertschöpfung, Tübingen 2013, zitiert als: *Lenski*, Öffentliches Kulturrecht.

Lewinski, Kai von/Burbat, Daniela: Bundeshaushaltsordnung, Kommentar, Baden-Baden 2013, zitiert als: *v. Lewinski/Burbat*, BHO.

Lorey, Isabell: Eigenverantwortung und Selbstausbeutung, in: Günter Jeschonnek, Kulturpolitische Gesellschaft e.V. (Hg.), Freies Theater in Deutschland. Förderstrukturen und Perspektiven, Bonn 2007, S. 77–81, zitiert als: *Lorey*, Freies Theater in Deutschland.

Lück, Manuela: Die Kulturpolitik der Alternative für Deutschland, in: Eitel, Hannah/Schönfelder, Stefan (Hg.), Weiterdenken, Dresden 2017, zitiert als: *Lück*, Kulturpolitik der AfD.

Ludyga, Hannes: Kunstfreiheit und Antisemitismus, NJW 2023, S. 713–717.

Luhmann, Niklas: Die Ausdifferenzierung des Kunstsystems, in: Werber, Niels (Hg.), Niklas Luhmann Schriften zu Kunst und Literatur, Frankfurt a.M. 2008, S. 316–352, zitiert als: *Luhmann*, Schriften zu Kunst und Literatur.

Luhmann, Niklas: Die Autonomie der Kunst, in: Werber, Niels (Hg.), Niklas Luhmann Schriften zu Kunst und Literatur, Frankfurt a.M. 2008, S. 416–428, zitiert als: *Luhmann*, Schriften zu Kunst und Literatur.

Luhmann, Niklas: Die Kunst der Gesellschaft, in: Werber, Niels (Hg.), Niklas Luhmann Schriften zu Kunst und Literatur, Frankfurt a.M. 2008, S. 428–437, zitiert als: *Luhmann*, Schriften zu Kunst und Literatur.

Luhmann, Niklas: Sinn der Kunst und Sinn des Marktes – zwei autonome Systeme, in: Werber, Niels (Hg.), Niklas Luhmann Schriften zu Kunst und Literatur, Frankfurt a.M. 2008, S. 389–400, zitiert als: *Luhmann*, Schriften zu Kunst und Literatur.

Luy, Maren Constanze: Die Beauftragte der Bundesregierung für Kultur und Medien, Berlin 2019, zitiert als: *Luy*, Beauftragte für Kultur und Medien.

Mädler, Peggy: Das »politische Wesen« de Freien Theaters, in: Günter Jeschonnek, Kulturpolitische Gesellschaft e.V. (Hg.), Freies Theater in Deutschland. Förderstrukturen und Perspektiven, Bonn 2007, S. 75–76, zitiert als: *Mädler*, Freies Theater in Deutschland.

Mahrenholz, Ernst: Die Kultur und der Bund. Kompetenzrechtliche Erwägungen anlässlich der Gründung der Bundeskulturstiftung im März 2002, DVBl 2002, S. 857–867.

Malaviya, Nina: Verteilungsentscheidungen und Verteilungsverfahren. Zur staatlichen Güterverteilung in Konkurrenzsituationen, Tübingen 2009, zitiert als: *Malaviya*, Verteilungsentscheidungen.

Mandel, Birgit: Vom ›paternalistischen Kulturstaat‹ zur kooperativen Gestaltung des gesellschaftlichen Kulturlebens durch Kulturpolitik und Kulturmanagement, in: Bekmeier-Feuerhan, Sigrid et al. (Hg.), Jahrbuch für Kulturmanagement 2011, S. 23–40, zitiert als: *Mandel*, Jahrbuch für Kulturmanagement 2011.

Mandel, Birgit/Wolf, Birgit: Staatsauftrag: »Kultur für alle«. Ziele, Programme und Wirkungen kultureller Teilhabe und Kulturvermittlung in der DDR, Bielefeld 2020, zitiert als: *Mandel/Wolf*, Kultur für alle.

Mangoldt, Hermann von/Klein, Friedrich/Starck, Christian (Hg.): Grundgesetz, Kommentar, 7. Auflage München 2018, zitiert als: v. Mangoldt/Klein/Starck/*Bearbeiter*, GG.

Marsovszky, Magdalena: Indentitäre Kulturpolitik in Ungarn, Kulturpolitische Mitteilungen Nr. 169, II/2020, S. 47–49.

Martin, Olaf: Vereinfachung von Förderverfahren durch neue Regeln? Der Trend geht zu Allgemeinen Kulturförderrichtlinien, Kulturpolitische Mitteilungen Nr. 176, I/2022, S. 27–29.

Maunz, Theodor/Dürig, Günter (Begr.): Grundgesetz, Kommentar, 90. Ergänzungslieferung, München 2020, zitiert als: Maunz/Dürig/*Bearbeiter*, GG.

Meissner, Linn: Stiefkind Popmusikförderung. Perspektiven einer nachhaltigen Nachwuchs- und Frauenförderung, Kulturpolitische Mitteilungen Nr. 168, I/2020, S. 38–41.

Meuer, Dirk: Mediation im öffentlichen Bereich – Status und Erfahrungen in Deutschland 1996–2002, Oldenburg 2004, zitiert als: *Meuer*, Mediation im öffentlichen Bereich.

Michalik, Udo: Kulturförderung in Deutschland, in: Zimmermann, Olaf (Hg.) Wachgeküsst. 20 Jahre neue Kulturpolitik des Bundes 1998–2018, S. 428–429, Berlin 2018, zitiert als: *Michalik*, 20 Jahre neue Kulturpolitik des Bundes.

Mihatsch, Michael: Öffentliche Kunstsubventionierung. Verfassungs- und verwaltungsrechtliche Probleme, insbesondere bei Einschaltung nicht-staatlicher Instanzen in das Subventionsverfahren, Regensburg 1989, zitiert als: *Mihatsch*, Öffentliche Kunstförderung.

Mohr, Henning: In der Zukunftsgefährdungshaftung. Überlegungen zur Notwendigkeit einer innovationsorientierten Kulturpolitik, Kulturpolitische Mitteilungen Nr. 168, I/2020, S. 6–7.

Mokre, Monika: Kulturpolitik in der Demokratie, ZfK 2015, S. 51–64.

Müller-Schöll, Nikolaus et al.: Potentialanalyse der freien Theater- und Tanzszene in Hamburg, Hamburg 2011, zitiert als: *Müller-Schöll*, Potentialanalyse.

Müller, Friedrich: Freiheit der Kunst als Problem der Grundrechtsdogmatik, Berlin 1969.

Müller, Hans-Martin/Richter, Bettina/Ziekow, Jan: Handbuch Zuwendungsrecht. Rechtsgrundlagen. Verfahren. Rechtsschutz, München 2017, zitiert als: *Müller/Richter/Ziekow*, Handb. Zuwendungsrecht.

Münch, Ingo von/Kunig, Philip (Begr./Hg.): Grundgesetz, Kommentar, 6. Auflage, München 2012, zitiert als: v. Münch/Kunig/*Bearbeiter*, GG.

Murswiek, Dietrich: Grundrechte als Teilhaberechte, soziale Grundrechte, in: Isensee, Josef/Kirchhof, Paul (Hg.), Handbuch des Staatsrechts der Bundesrepublik Deutschland, Band IX, Allgemeine Grundrechtslehren, 3. Auflage, Heidelberg 2011, zitiert als: *Murswiek*, HStR IX, § 192.

Neumann, Thomas: Das Recht der Filmförderung in Deutschland, Köln 2017, zitiert als: *Neumann*, Recht der Filmförderung.

Nothelle-Wildfeuer, Ursula: Soziale Gerechtigkeit und Zivilgesellschaft, Paderborn [u.a.] 1999.

Ogorek, Markus/Pu, Tian: The Allocation of Cultural Policy Powers in the Federal Republic of Germany, German Law Journal 2005, S. 1335–1354.

Opitz, Stephan/Steinbrink, Matthias/Thomas, Volker: Öffentliche Zuwendungen, in: Klein, Armin (Hg.), Kompendium Kulturmanagement. Handbuch für Studium und Praxis, S. 460–475, zitiert als: *Opitz/Steinbrink/Thomas*, Kompendium Kulturmanagement.

Oppermann, Thomas: Ergänzung des Grundgesetzes durch eine (Kultur)Staatsklausel?, in: Püttner, Günter (Hg.), Festschrift Otto Bachof, München 1984, S. 3–19, zitiert als: *Oppermann*, FS-Bachof.

Oppermann, Thomas: Kulturverwaltungsrecht. Bildung, Wissenschaft, Kunst, Tübingen 1969, zitiert als: *Oppermann*, Kulturverwaltungsrecht.

Ossenbühl, Fritz: Autonome Rechtsetzung der Verwaltung, in: Isensee, Josef/Kirchhof, Paul (Hg.), Handbuch des Staatsrechts der Bundesrepublik Deutschland, Band V, Rechtsquellen, Organisation, Finanzen, 3. Auflage, Heidelberg 2007, zitiert als: *Ossenbühl*, HStR V, § 86.

Otto, Christian: Beteiligung der Öffentlichkeit, in: Bultmann, Peter Friedrich (Hg.), Allgemeines Verwaltungsrecht. Institute, Kontexte, System, Festschrift für Ulrich Battis, München 2014, S. 405–419, zitiert als: *Otto*, FS-Battis.

Pabel, Katharina: Grundfragen der Kompetenzordnung im Bereich der Kunst, Berlin 2003, zitiert als: *Pabel*, Kompetenzordnung im Bereich der Kunst.

Palm, Wolfgang: Öffentliche Kunstförderung zwischen Kunstfreiheitsgarantie und Kulturstaat, Berlin 1998, zitiert als: *Palm*, Öffentliche Kunstförderung.

Pfeiffer-Poensgen, Isabel: Kräftespiel der föderalen Ebenen, in: Zimmermann, Olaf (Hg.) Wachgeküsst. 20 Jahre neue Kulturpolitik des Bundes 1998–2018, Berlin 2018, S. 436–438, zitiert als: *Pfeiffer-Poensgen*, 20 Jahre neue Kulturpolitik des Bundes.

Pieroth, Bodo: Kultur – weniger wichtig als Tierschutz? Einen rechtlichen Markierungspunkt setzen, in: Zimmermann, Olaf/Geißler, Theo (Hg.), Wertedebatte. Von Leitkultur bis kulturelle Integration, Berlin 2018, S. 105–107, zitiert als: *Pieroth*, Wertedebatte.

Pieroth, Bodo: Kunstfreiheit im Verfassungswandel, Tübingen 2021.

Pliplat, Srirak: Sicherheit, Kreativität, Toleranz und ihre Co-Existenz. Die neue Europäische Agenda für Kunstfreiheit, Kulturpolitische Mitteilungen Nr. 169, II/2020, S. 20–21.

Posser, Herbert/Wolff, Heinrich Amadeus (Hg.): Verwaltungsgerichtsordnung, Beck'scher Online-Kommentar, 53. Edition, München 2020, zitiert als: BeckOK VwGO/*Bearbeiter*, VwGO.

Postel, Dirk: Die Stiftung Bauhaus Dessau – eine staatliche Stiftung im Land Sachsen-Anhalt, ZStV 2021, S. 92–98.

Pres, Sascha: Filmwirtschafts- oder Filmkulturförderung? Das FFG und seine Novellierung: Taugliches Instrument bundeseinheitlicher Filmförderung oder verfassungswidriges Gesetz?, DÖV 2009, S. 155–160.

Pröbstle, Yvonne: Förderkriterium Kulturtourismus. Chancen, Risiken und aktuelle Beispiele aus der Förderlandschaft, in: Institut für Kulturpolitik der Kulturpolitischen Gesellschaft e.V. (Hg.), Jahrbuch für Kulturpolitik 2014, S. 115–122, Essen 2015, zitiert als: *Pröbstle*, Jahrbuch für Kulturpolitik 2014.

Pünder, Hermann: Haushaltsrecht im Umbruch. Eine Untersuchung der Erfordernisse einer sowohl demokratisch legitimierten als auch effektiven und effizienten Haushaltswirtschaft am Beispiel der Kommunalverwaltung, Stuttgart 2003, zitiert als: *Pünder*, Haushaltsrecht im Umbruch.

Pünder, Hermann: Zu den Vorgaben des grundgesetzlichen Gleichheitssatzes für die Vergabe öffentlicher Aufträge, VerwArch 2004, S. 38–62.

Pünder, Hermann/Schellenberg, Martin (Hg.): Vergaberecht, Kommentar, 3. Auflage, Baden-Baden 2019, zitiert als: Pünder/Schellenberg/*Bearbeiter*, Vergaberecht.

Raue, Peter: Streitigkeiten im Kunstbereich und Schiedsgerichtsbarkeit – Eine empfehlenswerte Alternative?, SchiedsVZ 2019, S. 1–5.

Rauterberg, Hanno: Greenwashing: Die Kunst der Scheinheiligkeit, in: Institut für Kulturpolitik der Kulturpolitischen Gesellschaft e.V. (Hg.), Jahrbuch für Kulturpolitik 2019/20, S. 153–157, Bielefeld 2020, zitiert als: *Rauterberg*, Jahrbuch für Kulturpolitik 2019/20.

Rawls, John: Eine Theorie der Gerechtigkeit, 1. Auflage [Nachdruck], Frankfurt a.M. 2003.

Reckwitz, Andreas: Die Gesellschaft der Singularitäten. Zum Strukturwandel der Moderne, Bonn 2018, zitiert als: *Reckwitz*, Die Gesellschaft der Singularitäten.

Redmer, Harald: Mut zum Paradigmenwechsel – Die Förderung der freien Szene in Nordrhein-Westfalen, in: Kultur & Politik 3/2018, S. 24.

Ridder, Helmut: Freiheit der Kunst nach dem Grundgesetz, Berlin/Frankfurt a.M. 1963.

Ritenour, Shawn: Economist's Arguments for Government Arts Subsidies, Regent Journal of Law & Public Policy 2011, Volume 3, Issue 1, S. 95–117.

Röbke, Thomas: Verwaltungsreform und freie Szene in Zeiten schrumpfender Haushalte, in: Richter, Reinhard/Sievers, Norbert/Siewert, Hans-Jörg (Hg.), Unternehmen Kultur. Neue Strukturen und Steuerungsformen in der kommunalen Verwaltung, S. 135–141, zitiert als: *Röbke*, Unternehmen Kultur.

Rodatz, Christoph: Solidarische Mittelvergabe – eine Utopie?, in: Rodatz, Christoph/et al (Hg.), Solidarische Mittelvergabe. Neue Perspektiven für die Zusammenarbeit in der freien Szene, Bielefeld 2023, S. 28–49, zitiert als: *Rodatz*, Solidarische Mittelvergabe.

Rüfner, Wolfgang: Leistungsrechte, in: Merten, Detlef/Papier, Hans-Jürgen (Hg.), Handbuch der Grundrechte, Band II, Heidelberg 2006, zitiert als: *Rüfner*, Handb. der Grundrechte Bd. II, § 40.

Sachs, Michael (Hg.): Grundgesetz, Kommentar, 8. Auflage, München 2018, zitiert als: Sachs/*Bearbeiter*, GG.

Säcker, Franz Jürgen (Hg.): Münchener Kommentar Europäisches und Deutsches Wettbewerbsrecht, Band 3, 2. Auflage, München 2020, zitiert als: MüKoVergabeR I/*Bearbeiter*, GWB/VgV.

Säcker, Franz Jürgen et al. (Hg.): Münchener Kommentar zum Bürgerlichen Gesetzbuch, Band 6, 8. Auflage, München 2020, zitiert als: MüKoBGB/*Bearbeiter*, BGB.

Schad, Anke: Kulturfinanzierung, Governance und Demokratie. Mehr Partizipation wagen?, ZfK 2015, S. 29–51.

Schäfer, Ute: Vorwort zum Gesetz zur Förderung und Entwicklung der Kultur, der Kunst und der kulturellen Bildung in Nordrhein-Westfalen, in: Ministerium für Familie, Kinder, Jugend, Kultur und Sport des Landes Nordrhein-Westfalen (Hg.), Kulturfördergesetz NRW, Düsseldorf 2015, S. 2–4, zitiert als: *Schäfer*, Kulturfördergesetz NRW.

Schalk, Helge: Umberto Eco und das Problem der Interpretation. Ästhetik, Semiotik, Textpragmatik, Würzburg [u.a.] 2000, zitiert als: *Schalk*, Umberto Eco und das Problem der Interpretation.

Schätzle, Susanne: Migration und Integration in Deutschland: eine Bestandsaufnahme mit Konsequenzen für die Pädagogik, Göttingen 2005, zitiert als: *Schätzle*, Migration und Integration in Deutschland.

Scheytt, Oliver: Kommunales Kulturrecht. Kultureinrichtungen, Kulturförderung und Kulturveranstaltungen, München 2005, zitiert als: *Scheytt*, Kommunales Kulturrecht.

Scheytt, Oliver: Kooperativer Kulturföderalismus als Leitbild des Kulturverfassungsrechts in Deutschland, in: Loock, Friedrich et al. (Hg.), Handbuch Kulturmanagement. Recht, Politik & Praxis, Ausgabe 63, Berlin 2018, B 1.11, zitiert als: *Scheytt*, Handb. Kulturmanagement B 1.11.

Scheytt, Oliver: Kulturstaat Deutschland. Plädoyer für eine aktivierende Kulturpolitik, Bielefeld 2008, zitiert als: *Scheytt*, Kulturstaat Deutschland.

Scheytt, Oliver: Kulturverfassungsrecht – Kulturverwaltungsrecht, in: Klein, Armin (Hg.), Kompendium Kulturmanagement. Handbuch für Studium und Praxis, S. 187–209, zitiert als: *Scheytt*, Kompendium Kulturmanagement.

Schlaich, Klaus: Neutralität als verfassungsrechtliches Prinzip. Vornehmlich im Kulturverfassungs- und Staatskirchenrecht, Tübingen 1972, zitiert als: *Schlaich*, Neutralität als verfassungsrechtliches Prinzip.

Schlarmann, Hans/Krappel, Thomas: Subvention, in: Bultmann, Peter Friedrich (Hg.), Allgemeines Verwaltungsrecht. Institute, Kontexte, System, Festschrift für Ulrich Battis, München 2014, S. 257–265, zitiert als: *Schlarmann/Krappel*, FS-Battis.

Schmidt-Bleibtreu, Bruno (Begr.)/*Hofmann, Hans/Henneke, Hans-Günter* (Hg.): Grundgesetz, Kommentar, 14. Auflage, Köln 2018, zitiert als: Schmidt-Bleibtreu/Hofmann/Henneke/*Bearbeiter*, GG.

Schoch, Friedrich/Schneider, Jens-Peter/Bier, Wolfgang (Hg.): Verwaltungsgerichtsordnung, Kommentar, 37. Ergänzungslieferung, München 2019, zitiert als: Schoch/Schneider/Bier/*Bearbeiter*, VwGO.

Schreyer, Edith: Pluralistische Entscheidungsgremien im Bereich sozialer und kultureller Staatsaufgaben. Eine verwaltungs- und verfassungsrechtliche Untersuchung am Beispiel der Bundesprüfstelle für jugendgefährdende Schriften, der Jugendwohlfahrtsausschüsse und der Filmförderungsanstalt, Berlin 1982, zitiert als: *Schreyer*, Pluralistische Entscheidungsgremien.

Schulz, Gabriele/Zimmermann, Olaf: Frauen und Männer im Kulturmarkt. Bericht zur wirtschaftlichen und sozialen Lage, Berlin 2020, zitiert als: *Schulz/Zimmermann*, Frauen und Männer im Kulturmarkt.

Schulz, Uwe: Die Anti-BDS-Beschlüsse im Lichte des kommunalrechtlichen Anspruchs auf Nutzung öffentlicher Einrichtungen der Gemeinde, KommJur 2020, S. 245–248.

Schulze-Fieliz, Helmuth: Art.35 EinigungsV – Freibrief für eine Bundeskulturpolitik?, NJW 1991, S. 2456–2060.

Sievers, Norbert: Editorial, Kulturpolitische Mitteilungen Nr. 165, II/2019, S. 3.

Sievers, Norbert: Projektförderung. Innovations- und Risikofaktor, Kulturpolitische Mitteilungen Nr. 165, II/2019, S. 37–41.

Sievers, Norbert/Föhl, Patrick: Neue Kulturpolitik und neue Kulturförderung. Anmerkungen zu einem unabgeschlossenen Prozess, in: Institut für Kulturpolitik der Kulturpolitischen Gesellschaft e.V. (Hg.), Jahrbuch für Kulturpolitik 2014, S. 17–35, Essen 2015, zitiert als: *Sievers/Föhl*, Jahrbuch für Kulturpolitik 2014.

Sievers, Norbert/Wagner, Bernd/Wiesand, Andreas: Objektive und transparente Förderkriterien staatlicher Kulturfinanzierung – Vergleiche mit dem Ausland, Bonn 2004, zitiert als: *Sievers/Wagner/Wiesand*, Förderkriterien staatlicher Kulturfinanzierung.

Sodan, Helge/Ziekow, Jan (Hg.): Verwaltungsgerichtsordnung, Großkommentar, 5. Auflage, Baden-Baden 2018, zitiert als: NK-VwGO/*Bearbeiter*, VwGO.

Sommer, Jörg: Das diffuse Dreieck; Heimat, Kultur und Nachhaltigkeit, in: Institut für Kulturpolitik der Kulturpolitischen Gesellschaft e.V. (Hg.), Jahrbuch für Kulturpolitik 2019/20, S. 169–174, Bielefeld 2020, zitiert als: *Sommer*, Jahrbuch für Kulturpolitik 2019/20.

Sommermann, Karl-Peter: Kultur im Verfassungsstaat, 1. Bericht, VVDStRL Band 65 2006, S. 7–50.

Sommermann, Karl-Peter: Staatsziele und Staatszielbestimmungen, Tübingen 1997.

Staeck, Klaus: Braucht die Kunst Kulturpolitik?, in: Knoblich, Tobias/Sievers, Norbert/Mohr, Henning (Hg.), Kulturpolitik Neu Denken, Festschrift für Olaf Schwencke, Bonn 2021, S. 67–70, zitiert als: *Staeck*, FS-Schwencke.

Statistische Ämter des Bundes und der Länder (Hg.): Kulturfinanzbericht 2020, Wiesbaden 2020, zitiert als: *Statistische Ämter Bund/Länder* (Hg.), Kulturfinanzbericht 2020.

Steiner, Udo: Claas Friedrich Germelmann, Kultur und staatliches Handeln. Buchbesprechung, DVBl 2014, S. 1585–1586.

Steiner, Udo: Haversath: Zur Legitimation des Kulturstaats. Buchbesprechung, DVBl 2019, S. 1321–1322.

Steiner, Udo: Kultur, in: Isensee, Josef/Kirchhof, Paul (Hg.), Handbuch des Staatsrechts der Bundesrepublik Deutschland, Band IV, Aufgaben des Staates, 3. Auflage, Heidelberg 2006, zitiert als: *Steiner*, HStR IV, § 86.

Steiner, Udo: Kulturauftrag im staatlichen Gemeinwesen, VVDStRL Band 42 1984, S. 7–41.

Steiner, Udo: Neuere Entwicklungen im Kulturverfassungsrecht, in: Grote, Reiner/Härtel, Ines (Hg.), Die Ordnung der Freiheit. Festschrift für Christian Starck, Tübingen 2007, S. 449–461, zitiert als: *Steiner*, FS-Starck.

Stelkens, Paul/Bonk, Heinz Joachim/Sachs, Michael (Begr./Hg.): Verwaltungsverfahrensgesetz, Kommentar, 9. Auflage, München 2018, zitiert als: Stelkens/Bonk/Sachs/*Bearbeiter*, VwVfG.

Stern, Klaus: Das Staatsrecht der Bundesrepublik Deutschland. Die einzelnen Grundrechte, Band IV/2, München 2011, zitiert als: *Stern*, Staatsrecht Bd. IV/2.

Stern, Klaus: Eine Kulturstaatsklausel für das Grundgesetz. Verfassungsrechtliche Überlegungen aus aktuellem Anlass, in: Zimmermann, Olaf/Geißler, Theo (Hg.), Wertedebatte. Von Leitkultur bis kulturelle Integration, Berlin 2018, S. 122–124, zitiert als: *Stern*, Wertedebatte.

Stern, Klaus: Kulturstaatlichkeit – ein verfassungsrechtliches Ziel, in: Hufen, Friedhelm (Hg.), Verfassungen. Zwischen Recht und Politik, Festschrift zum 70. Geburtstag für Hans-Peter Schneider, Baden-Baden 2008, S. 111–125, zitiert als: *Stern*, FS-Schneider.

Sternberg, Thomas: Kulturfördergesetz Nordrhein-Westfalen. Ein Besinnungsaufsatz zur Kulturpolitik, Kulturpolitische Mitteilungen Nr. 146, III/2014, S. 34–35.

Stöver, Lea: Geschlechtergerechtigkeit und europäische Kulturförderung, Kulturpolitische Mitteilungen Nr. 168, I/2020, S. 31

Streinz, Rudolf (Hrsg,): Vertrag über die Europäische Union. Vertrag über die Arbeitsweise der Europäischen Union. Charta der Grundrechte der Europäischen Union, Kommentar, 3. Auflage, München 2018, zitiert als: Streinz/*Bearbeiter*, AEUV.

Stüdemann, Jörg: Kulturförderung. Despektierliche Anmerkungen und ermunternde Anregungen, APuZ 49/2004, S. 3–4.

Sumser, Emerich: Die Schuldfrage als Beziehungsmanagement – die Perspektive der Evolutionsbiologie, in: Lüke, Ulrich/Souvignier, Georg (Hg.), Schuld – Überholte Kategorie oder menschliches Existential?, Freiburg/Basel/Wien 2015, S. 63–87, zitiert als: *Sumser*, Beziehungsmanagement.

Teissel, Verena: Dispositive der Kulturfinanzierung, ZfK 2015, S. 15–28.

Thiel, Markus: Die verwaltete Kunst. Rechtliche und organisatorische Aspekte öffentlicher Kulturverwaltung, Frankfurt a.M. [u.a.] 2003, zitiert als: *Thiel*, Die verwaltete Kunst.

Tröndle, Martin: Kulturentwicklungsplanung und Kulturkonzeption, in: ders. (Hrsg), Die Kulturkonzeption. Stadtentwicklung und Kulturpolitik am Beispiel der Stadt Ravensburg, Wiesbaden 2017, S. 17–24, zitiert als: *Tröndle*, Kulturentwicklung.

Ulrich, Carsten: Die Privatisierung im Bereich der Vergabe öffentlicher Zuwendungen, abrufbar: http://nbn-resolving.de/urn:nbn:de:bsz:352-opus-84895, Karlsruhe 2009, zitiert als: *Ulrich*, Vergabe öffentlicher Zuwendungen.

Van der Beek, Gregor: Kulturfinanzen. Ein volkswirtschaftlicher Beitrag zur Reform der öffentlichen Museen und Theater in Deutschland, Berlin 2002, zitiert als: *Van der Beek*, Kulturfinanzen.

Van der Burg, Wibren/Brom Frans: Eine Verteidigung der staatlichen Neutralität, in: Rippe, Klaus Peter (Hg.), Angewandte Ethik in der pluralistischen Gesellschaft, Freiburg 1999, S. 53–82, zitiert als: *Van der Burg/Frans*, Angewandte Ethik.

Vogt, Gerhard: Die finanzielle Förderung der Kultur. Ein Vergleich Deutschlands mit einigen europäischen Ländern, in: Institut für Kulturpolitik der Kulturpolitischen Gesellschaft e.V. (Hg.), Jahrbuch für Kulturpolitik 2014, S. 347–357, Essen 2015, zitiert als: *Vogt*, Jahrbuch für Kulturpolitik 2014.

Vogt, Gerhard: Die Förderung der Kultur und das Leiden am Zuwendungsrecht, in: Institut für Kulturpolitik der Kulturpolitischen Gesellschaft e.V. (Hg.), Jahrbuch für Kulturpolitik 2014, S. 325–330, Essen 2015, zitiert als: *Vogt*, Jahrbuch für Kulturpolitik 2014.

Völckers, Hortensia: Was wollt ihr? Was braucht ihr? Programme der Kulturstiftung des Bundes fördern Veränderung – im Denken, im Blick auf die Welt, im kulturellen Handeln, in: Institut für Kulturpolitik der Kulturpolitischen Gesellschaft e.V. (Hg.), Jahrbuch für Kulturpolitik 2014, S. 125–131, Essen 2015, zitiert als: *Völckers*, Jahrbuch für Kulturpolitik 2014.

Von der Groeben, Hans/Schwarze, Jürgen (Hg.): Europäisches Unionsrecht, Kommentar, 7. Auflage, Baden-Baden 2015, zitiert als: v. d. Groeben/Schwarze/*Bearbeiter*, AEUV.

Voppel, Reinhard/Osenbrück, Wolf/Bubert, Christoph: Verordnung über die Vergabe öffentlicher Aufträge, Kommentar, 4. Auflage, München 2018, zitiert als: Voppel/Osenbrück/Bubert/*Bearbeiter*, VgV.

Voßkuhle, Andreas: Rechtsstaat und Demokratie, NJW 2018, S. 3154–3159.

Walter, Birgit: Ökonomische Rechtfertigung öffentlicher Kulturförderung. Kultursubventionen als staatliche Intervention bei Marktversagen, in: Loock, Friedrich et al. (Hg.), Handbuch Kulturmanagement. Recht, Politik & Praxis, Ausgabe 63, Berlin 2018, F 2.13, zitiert als: *Walter*, Handb. Kulturmanagement F 2.13.

Wandtke, Artur-Axel/Bullinger, Winfried (Hg.): Praxiskommentar Urheberrecht, 5. Auflage, München 2019, zitiert als: Wandtke/Bullinger/*Bearbeiter*, UrhR.

Wanka, Johanna: Die Kulturpolitik der Länder nach der Föderalismusreform, Kulturpolitische Mitteilungen Nr. 115, IV/2006, S. 6–8.

Weck, Bernhard: Verfassungsrechtliche Legitimationsprobleme öffentlicher Kunstförderung aus wirklichkeitswissenschaftlicher Perspektive, Berlin 2001, zitiert als: *Weck*, Legitimationsprobleme öffentlicher Kunstförderung.

Weiß, Ralf: Nachhaltige Kulturpolitik und der europäische Green Deal, Kulturpoltische Mitteilungen Nr. 169 II/2020, S. 12–13.

Werner, Olaf/Saenger, Ingo/Fischer, Christian (Hg.): Die Stiftung. Recht. Steuern. Wirtschaft, 2. Auflage, Baden-Baden 2019, zitiert als: Werner/Saenger/Fischer/*Bearbeiter*, Die Stiftung.

Wettlaufer, Arno: Die Hessische Landesverfassung und ihre Reformen, NVwZ 2019, S. 355–359.

Winands, Günter: Von den Anfängen der BKM bis heute. Schlaglichter einer kulturpolitischen Erfolgsgeschichte, in: Zimmermann, Olaf (Hg.) Wachgeküsst. 20 Jahre neue Kulturpolitik des Bundes 1998–2018, Berlin 2018, S. 173–180, zitiert als: *Winands*, 20 Jahre neue Kulturpolitik des Bundes.

Woldt, Petra: Bürgerbeteiligung und Verwaltungsreform, in: Richter, Reinhard/Sievers, Norbert/Siewert, Hans-Jörg (Hg.), Unternehmen Kultur. Neue Strukturen und Steuerungsformen in der kommunalen Verwaltung, S. 103–116, zitiert als: *Woldt*, Unternehmen Kultur.

Wolf, Sascha: Die Rolle der staatlichen Theater im Kulturkampf, NVwZ 2020, S. 845–850.

Wollenschläger, Ferdinand: Verteilungsverfahren. Die staatliche Verteilung knapper Güter: verfassungs- und unionsrechtlicher Rahmen, Verfahren im Fachrecht, bereichsspezifische und verwaltungsrechtliche Typen- und Systembildung, Tübingen 2010, zitiert als: *Wollenschläger*, Verteilungsverfahren.

Würtenberger, Thomas: Akzeptanz durch Verwaltungsverfahren, NJW 1991, S. 257–263.

Wysk, Peter (Hg.): Verwaltungsgerichtsordnung, Kommentar, 3. Auflage, München 2020, zitiert als: Wysk/*Bearbeiter*, VwGO.

Zembylas, Tasos: Aisthesis, in: Siegmund, Judith (Hg.), Handbuch Kunstphilosophie, Bielefeld 2022, S. 343–356, zitiert als: *Zembylas*, Handb. Kunstphilosophie.

Zembylas, Tasos: Rechtspolitischer Sinn oder Unsinn von Kulturfördergesetzen, in: Bekmeier-Feuerhan, Sigrid/et al (Hg.), Jahrbuch für Kulturmanagement 2011, S. 129–147, Bielefeld 2011, zitiert als: *Zembylas*, Jahrbuch für Kulturmanagement 2011.

Ziekow, Jan: Zur Abgrenzung von Zuwendungen nach Haushaltsrecht und ausschreibungspflichtigen öffentlichen Aufträgen, in: Prieß, Hans-Joachim/Lau, Niels/Kratzenberg, Rüdiger (Hg.), Wettbewerb – Transparenz – Gleichbehandlung. 15 Jahre GWB-Vergaberecht, Festschrift für Friedhelm Marx, München 2013, S. 885–900, zitiert als: *Ziekow*, FS-Marx.

Ziekow, Jan/Völlink, Uwe-Carsten (Hg.): Vergaberecht, Kommentar, 3. Auflage, München 2018, zitiert als: Ziekow/Völlink/*Bearbeiter*, GWB.

Zimmermann, Olaf: Freie Szene – Orte der Kunstinnovation und der Armut, in: Politik & Kultur 3/2018, S. 21.

Zimmermann, Olaf/Schulz, Gabriele: Strukturen der Kulturpolitik in der Bundesrepublik Deutschland, in: Loock, Friedrich et al. (Hg.), Handbuch Kulturmanagement. Recht, Politik & Praxis, Ausgabe 63, Berlin 2018, B 1.1, zitiert als: *Zimmermann/Schulz*, Handb. Kulturmanagement B 1.1.